Inhalt

Prolog 7
Körper 15
Haar 49
Kleidung 75
Stimme 103
Haut 129
Bewegung 175
Gefühl 213
Ehrgeiz 227
Epilog 241

Danksagung 245
Anmerkungen 247
Namen- und Sachregister 265

Prolog

Bei uns zu Hause gab es ein Spiel, das »Tischdecken« hieß, und ich durfte Mutter dabei helfen. Die Gabeln lagen links vom Teller, Messer und Löffel rechts. Wie ich mich erinnere, gehörte es zu meinen ersten Pflichten, das Besteck richtig anzuordnen. Und alles daran steckte voller Bedeutung. Wenn ein Messer oder eine Gabel zu Boden fiel, hieß das, ein Mann kam unerwartet zum Abendessen; bei einem gefallenen Löffel war mit einer Frau zu rechnen. Es spielte keine Rolle, daß sich auf diese Zeichen hin nie Gäste einstellten; ich hatte jedenfalls eine Regel gelernt, um die Geschlechter zu unterscheiden. Männer waren scharfkantig, mit spitzen Zinken ausgestattet und gefährlich; Frauen hatten sanfte Kurven und nahmen die Nahrung in einer weichen Rundung auf. Es leuchtete ein wie die Zuordnung von Rosa und Blau, die ich bei den Babys beobachtete. Daraus sprach eine wohlgeordnete Welt. Daddy war tagsüber nicht da, weil er arbeiten mußte. Zu Hause beschäftigte er sich am liebsten mit Pfeife, Tabak und der Werkzeugkiste. Er war Messer und Gabel. Mami und Großmutter mit ihren stattlichen Figuren, ihren Töpfen und Pfannen waren ausgewachsene Suppenlöffel mit einem beachtlichen Fassungsvermögen. Und ich war ein kleiner und zierlicher Kaffeelöffel – leicht zu halten und gerade richtig für Pudding, mein liebster Nachtisch.
Es gehörte zu meinen ersten Absichten, brav zu sein, wie man es von mir erwartete, denn wie die meisten Kinder wurde ich nicht nur belohnt, wenn ich etwas richtig gemacht hatte, eine gute Leistung machte mich stolz und gab mir Sicherheit. Mädchen unterschieden sich von Jungen, und es schien meine Aufgabe zu sein, diesen Unterschied deutlich zu machen. Erteilte meine Mutter mir die ersten Lektionen, wenn sie mir weiße Organdyschürzchen und Kniestrümpfe anzog und bittere Tränen weinte, weil ich sie schmutzig machte? Natürlich! Trugen meine liebevollen Tanten und Onkel, die mir hübsche Puppen und niedliches Puppengeschirr schenkten, zu meiner Erziehung bei?

Natürlich! Aber selbst ohne das entsprechende Spielzeug und die passenden Kleider lehrte mich alles in meiner Umgebung die Kunst der Weiblichkeit. Und ich verinnerlichte jede dieser Lektionen: Märchen, die man mir abends vorlas; bunte Anzeigen, die ich in den Zeitschriften bestaunte, noch ehe ich den Text entziffern konnte; Filme, die ich sah, Comics, die ich sammelte; schnulzige Hörspiele, die ich begeistert anhörte, wenn ich mit einer Erkältung im Bett lag. Ich war gern ein kleines Mädchen oder vielmehr eine Märchenprinzessin, denn dafür hielt ich mich.

Im Verlauf meiner stürmischen Jugend, der ein turbulentes Leben als erwachsene Frau folgte, wurde die Weiblichkeit immer mehr zu einem Ärgernis. Sie hüllte sich in eine strahlende, subtile, jedoch verblüffend unbeständige Ästhetik, war jedoch gleichzeitig etwas genau Definierbares und Forderndes, kurz gesagt ein strenger Kodex, der Erscheinung und Verhalten durch Dinge festlegte, die das Etikett »Du darfst« oder »Du darfst nicht« trugen, und dagegen lehnte sich etwas in mir auf. Weiblichkeit war eine Herausforderung, die dem weiblichen Geschlecht auferlegt wurde. Keine stolze, selbstbewußte Frau konnte es sich leisten, sie zu ignorieren, besonders dann nicht, wenn sie insgeheim äußerst ehrgeizig war und ihre keimenden Ambitionen in völliger Verwirrung abwechselnd erstickte oder nährte.

»Verlier deine Weiblichkeit nicht« und »Ist es nicht großartig, wie sie es schafft, sich ihre Weiblichkeit zu bewahren?« Solche Sätze hatten ein erschreckendes Gewicht. Sie sprachen von einem so grundsätzlichen, endgültigen Versagen, daß alles andere nicht zählte. Der Flipperautomat registrierte »Tilt«, das Spiel war zu Ende. Der Frau, die ihre Weiblichkeit verloren hatte, stand die Disqualifikation auf die Stirn geschrieben. Unter ihrem Namen sammelten sich keine Punkte mehr an, denn mit ihrem unglückseligen, unschicklichen Bemühen, einen Mann zu imitieren, hatte sie sich um ihr Geburtsrecht gebracht. Ein solches bedauernswertes Wesen lebte in der Vorhölle, und ich hatte die Vorstellung, ich würde es eines Tages vielleicht sehen, wenn ich in den Spiegel blickte. Offenbar lag die Gefahr so nahe, daß überall Warntafeln standen. War es dann nicht möglich, daß das kleine Päckchen Unmut aufbrach, das ich insgeheim mit mir herumtrug, und das Zeichen auf meiner Stirn erschien? Gleichgültig, welche Probleme ich mit der Weiblichkeit auch hatte, ich behielt sie für mich; ich mußte mit den Hindernissen allein fertig werden, die die Weiblichkeit mir in den Weg stellte, denn es gab keine Frauenbewegung, die entscheidende Fragen stellte oder schamlos die Regeln mißachtete.

Im wesentlichen ist Weiblichkeit eine romantische Empfindung, die sentimental auferlegte Beschränkungen tradiert. Selbst während sie in den achtziger Jahren vorwärtsstürmt, Lippenstift anlegt und hohe Absätze trägt, um gut gekleidet zu wirken, stolpert sie über die Rüschen und Unterröcke einer längst vergangenen Zeit. Die Weiblichkeit ist unweigerlich und unveränderlich etwas, das Frauen in der Vergangenheit in größerem Maß besaßen – nicht nur in der historischen Vergangenheit früherer Generationen, sondern auch im persönlichen Leben jeder Frau. Sie lebt in der jungfräulichen Unschuld, auf die das Wissen folgt, in der samtigen Wange, die das Alter rauh werden läßt, im »angeborenen Wesen«, das eine Frau zu vergessen und mißachten scheint, wenn sie ihre Fesseln abwirft. Warum ist das so? Die Informationen der XX-Chromosomen sind nicht durcheinandergeraten, das vom Östrogen bestimmte hormonelle Gleichgewicht besteht im allgemeinen immer noch, wie die Natur es vorsieht; die Fortpflanzungsorgane sind üblicherweise dort, wo sie hingehören, gleich wie man sie benutzt, und die Brüste, ob groß, ob klein, sind meist an der richtigen Stelle. Aber biologische Weiblichkeit genügt eindeutig nicht.

Weiblichkeit verlangt immer mehr. Sie muß ihren Verehrerkreis ständig mit einer bereitwilligen Demonstration des Unterschieds beruhigen, selbst wenn er eigentlich nicht besteht, oder sie muß eine natürliche Variante aufgreifen, betonen und in dieser Tonart eine atemberaubende Symphonie komponieren. Man stelle sich vor, es liegt einem nichts daran, man hat anderes im Kopf und ist trotz bester Anleitung und Ausbildung taub und bleibt von dieser Musik ungerührt? Den weiblichen Unterschied zu mißachten bedeutet soviel, als läge einem nichts an Männern. Damit riskiert man den Verlust ihrer Aufmerksamkeit und Verehrung. Mangelnde Weiblichkeit gilt als elementares Versagen sexueller Identität oder als Nachlässigkeit gegenüber sich selbst, denn eine solche Frau hält man (und sie hält sich selbst) für

unfraulich, für ein Neutrum oder schlicht für unattraktiv – das sind jedenfalls die Worte der Männer dafür.
Zugegeben, wir sprechen über eine raffinierte Ästhetik. Weibliche Neigungen können großen Genuß verschaffen, sei es als kreatives Betätigungsfeld oder lediglich als Mittel der Entspannung. Solchen Regungen nachzugeben, weil es Spaß macht, Aufmerksamkeit erweckt oder um sie zur Kunst zu erheben, gehört zu den großen Freuden der Frauen. Doch die größte Attraktion (und gleichzeitig das zentrale Paradox) ist der Aspekt der Konkurrenz, den Weiblichkeit beim unaufhörlichen Kampf, zu überleben und vielleicht sogar zu siegen, zu verheißen scheint. Die Welt schenkt der weiblichen Frau ein freundliches Lächeln; sie kommt ihr mit kleinen höflichen Gesten und unbedeutenden Privilegien entgegen. Doch die Wettbewerbssituation ist bestenfalls eine Ironie, denn Weiblichkeit erreicht man nur, indem man Einschränkungen hinnimmt, seine eigene Meinung auf gewisse Themen beschränkt, sich für indirektes Vorgehen entscheidet, sich auf alle möglichen Dinge konzentriert und sich seinen Interessen nicht mit der Ausschließlichkeit widmet, wie ein Mann seinen eindeutig männlichen. Eine Frau muß kein allzu großes Vorstellungsvermögen besitzen, um zu begreifen, daß das Prinzip Weiblichkeit eine einzige Ansammlung großer und kleiner Kompromisse ist, auf die sie sich einlassen muß, um eine erfolgreiche Frau zu sein. Eine Frau, die Schwierigkeiten hat, die Anforderungen der Weiblichkeit zu erfüllen, die sich von ihren Trugbildern nicht täuschen läßt, oder die vielleicht wegen ihrer Fehler und Unvollkommenheiten kritisiert wird, sieht in der Weiblichkeit eher eine verzweifelte Beschwichtigungsstrategie. Und sie hat vielleicht weder den Wunsch noch den Mut, diese Strategie aufzugeben, denn die Niederlage droht ihr so oder so.
In gewissen Kreisen ist es gerade modern, das weibliche und das männliche Prinzip als Gegenpole des menschlichen Spektrums zu sehen und klugerweise zu erklären, beide Pole seien in jedem Menschen zu finden. Sonne und Mond, Yin und Yang, weich und hart, aktiv und passiv usw. mögen in der Tat Gegensätze sein, aber ein linearer Verlauf erhellt das Problem nicht. (Die Weiblichkeit in all ihren Facetten ist ein sehr aktives Unterfangen.) Wo liegt also der grundsätzliche Unterschied? Das männ-

liche Prinzip läßt sich als treibende ethische Kraft der Überlegenheit erklären, die direkten und sicheren Erfolg verheißt, während das weibliche Prinzip sich aus Verletzlichkeit, Schutzbedürfnis, den Ritualen der Fügsamkeit und der Konfliktvermeidung zusammensetzt – kurz, ein Ausdruck der Abhängigkeit und des guten Willens ist, der dem maskulinen Prinzip seine romantische Gültigkeit verleiht und ihm bewundernd Beifall zollt.

Männer schätzen Weiblichkeit, denn durch den Gegensatz wirken sie männlicher; und das besondere Geschenk der Weiblichkeit an sie ist das Einräumen einer Extraportion unverdienten Geschlechtsunterschiedes, der den Männern einen unangefochtenen Raum zubilligt, in dem sie frei atmen, sich stärker, klüger und kompetenter fühlen können. Man könnte sagen, Männlichkeit sei oft das Bemühen, den Frauen zu gefallen, doch es ist bekannt, daß Männlichkeit durch Zurschaustellung von Beherrschung und Kompetenz gefällt, während Weiblichkeit dadurch angenehm wird, daß sie erkennen läßt, daß ihr solche Absichten fernliegen, wenn es nicht gerade um unbedeutende Dinge geht. Launen, Unberechenbarkeiten und gefühlsbetontes Denken und Verhalten, wie etwa Tränen der Freude oder Angst hält man gerade deshalb für feminin, weil sie nicht auf dem sicheren Weg zum Erfolg liegen.

In den Anfängen der Geschichte war die weibliche Frau durch ihre physische Abhängigkeit definiert, durch ihre biologisch angelegte Unfähigkeit, den Kampf mit den Kräften der Natur aufzunehmen, der ein Prüfstein männlicher Stärke und Kraft war. Heute spiegelt sie eine ökonomische und emotionale Abhängigkeit wider, die man immer noch als »natürlich«, romantisch und begehrenswert hält. Nach fünfzehn beunruhigenden Jahren, in denen viele grundlegende Vorstellungen über die Geschlechter in Frage gestellt wurden, ist die ökonomische Ungleichheit immer noch nicht verschwunden. Eine große Zahl Frauen – Mütter mit kleinen Kindern oder Frauen in den mittleren Jahren, die nach einer Scheidung auf dem Trockenen sitzen – ist auf finanzielle Unterstützung angewiesen. Aber selbst Frauen, die ihren Lebensunterhalt selbst verdienen, teilen ein universelles Bedürfnis nach Zugehörigkeit (man kann es Liebe nennen, wenn man will). Noch nie haben so viele Männer ihr sexuelles Interesse an Frauen verloren wie heute; andere nutzen die Gelegenheit und beschließen, ihr Interesse zu zeigen, indem sie ihre Partnerinnen wechseln und die Betonung auf Abwechslung legen. Es ist ein soziologisches Faktum, daß der weibliche Konkurrenzkampf um zwei rare Dinge – Männer und Arbeitsplätze – noch nie mit solcher Heftigkeit geführt wurde wie in den achtziger Jahren.

Deshalb erstaunt es nicht, daß wir zur Zeit ein neuerwachtes Interesse an Weiblichkeit und das unverhüllte Verfolgen weiblicher Ziele beobachten. Weiblichkeit dient dazu, den Männern zu versichern, daß die Frauen sie brauchen und daß ihnen sehr viel an Männern liegt. Indem die Weiblichkeit das Dekorative und Frivole zum Stil erhebt, funktioniert sie als wirksamstes Gegenmittel zur erzwungenen Ernsthaftigkeit, das heißt dem Zwang, sich in einer harten, schwierigen Welt durchzusetzen. Durch ihren Anspruch, direkte Konfrontation zu vermeiden und Konflikte zu glätten, erweist sich die Weiblichkeit als Wertsystem des Netten, als eine Quelle des Einfühlungsvermögens und der Rücksichtnahme, und genau das ist in der modernen Gesellschaft Mangelware.

Es gibt keinen Grund zu leugnen, daß die Hinwendung zur weiblichen Kunst der Illusion einer Frau Sicherheit geben kann, wenn sie sich darauf versteht. Die Sexualität unterliegt atemberaubenden Wandlungen, und deshalb besitzt die Feststellung, daß jemand »durch und durch« eine Frau ist (die Frage des Inquisitors) durchaus einen gewissen Wert. Eine Antwort auf diese Frage läßt sich durch Anhäufung weiteren Beweismaterials finden; deshalb kann die Bestätigung in einem so einsichtigen, aber trivialen weiblichen Verhalten bestehen wie dem Kauf eines neuen Lidschattens, dem Experimentieren mit dem neuesten Nagellack oder dem Tränenausbruch beim Happy-End im gerade aktuellen und populären Liebesroman. Ist daran etwas destruktiv? Zeit und Kosten, Energieverschleiß und die Konzentration auf Bedeutungsloses fallen einem dabei sofort ein; und wie in der Buchhaltung muß das alles gegen die bestätigenden Vorteile aufgerechnet werden.

Ich habe in diesem Buch versucht, bedeutsame Prinzipien der Weiblichkeit bis zu den elementar biologischen Aspekten zurückzuverfolgen, denn der Ausdruck der Weiblichkeit wird im allgemeinen als Steigerung der Fraulichkeit gepriesen oder als die gestaltete und geformte Vervollkommnung des weiblichen Rohmaterials. Manchmal stellte ich fest, daß ein biologischer Zusammenhang besteht und manchmal nicht. Hin und wieder mußte ich mir auch eingestehen, daß viele wissenschaftliche Behauptungen über die Natur der Frau keineswegs bewiesen und sehr umstritten sind. Eine vernünftige Schlußfolgerung ist nicht möglich, ehe alle Beweise vorliegen. Es erwies sich als aufschlußreicher, den Ursprüngen der Weiblichkeit in den übernommenen Statussymbolen der Oberschicht nachzuspüren und in der historischen Unterwerfung der Frauen durch die Mittel sexueller Gewalt, von Religion und Gesetz, indem man gewisse Märchen über die Natur der Frau als biologische Tatsachen hinstellte. Es war auch sehr lehrreich, die Weiblichkeit unter dem Gesichtspunkt der Verführungskunst zu betrachten, die sich im allgemeinen nicht unbedingt mit aristokratischer Verfeinerung vereinbaren läßt und die für manche widersprüchliche weiblichen Signale verantwortlich ist, die oft ein unergründliches Rätsel darstellen.

Zu den wichtigsten Themen, denen ich nachgegangen bin, gehört der Konkurrenzaspekt der Weiblichkeit, der Wettkampf von Frau gegen Frau, der auf das Bemühen zurückzuführen ist, Männern zu gefallen und sie an sich zu fesseln. Der Konkurrenzkampf von Mann gegen Mann um Rangordnung und die Verfügbarkeit von Frauen ist ein beliebtes Thema in der Anthropologie und nimmt in Untersuchungen von Mensch und Tier einen bedeutenden Platz ein. Doch nur wenige Wissenschaftler haben daran gedacht, den erbitterten Kampf der Frauen um Rang und Männer zu studieren. Und doch ist das Bemühen, dem weiblichen Ideal näherzukommen, ebenso weiblich zu sein wie andere Frauen, ja sie zu übertreffen, das wichtigste Feld (ganz sicher auch das einzig sanktionierte), auf dem man der modernen Frau erlaubt, den Konkurrenzkampf nach Herzenslust zu führen, wobei man sie natürlich ermutigt.

Es ist eine berechtigte Frage, ob dieser Wettstreit eine gesunde oder nützliche Überlebensstrategie darstellt.

Es hat nie an Lobgesängen auf die Weiblichkeit (in Verbindung mit entsprechenden Verhaltensregeln) gefehlt. Mehrere Generationen von Frauen kennen das Rezept von Zucker und Peitsche und die Anforderungen auswendig, die an »die Frau, die ich heirate« gestellt werden (eine niedliche, weiche rosa Puppe mit Spitzenhemdchen, lackierten Nägeln und einer Blume im Haar), und den Stoßseufzer: »Typisch Frau«, »Empfindlich wie ein kleines Mädchen«, mit dem sie dafür belohnt wird. Mein Beitrag mag ausgesprochen unmusikalisch sein; aber er ist kein Lehrbuch dafür, wie man es nicht tut, und ebensowenig eine pauschale Verurteilung. Die Weiblichkeit verdient, daß man sich gründlich mit ihr beschäftigt, und das habe ich versucht.

Ein wirkungsvolles ästhetisches Konzept, das auf dem Eingeständnis von Machtlosigkeit basiert, ist ein schwieriges Thema, denn seine Widersprüchlichkeiten sind schwer faßbar, verflüchtigen sich, sind letztendlich aber sehr bezeichnend. Ein Auftreten, das unterwürfiges Verhalten mit dem Glanz der Oberschicht vereint, und Umgangsformen, die sich zu gleichen Teilen aus Bescheidenheit und Zurschaustellung zusammensetzen, sind Widersprüche, die wohlüberlegt interpretiert werden müssen. Eine Überlebensstrategie, die auf unverhüllten Zugeständnissen und auferlegten Restriktionen basiert, verdient eine eingehende Untersuchung, denn es wird nicht immer deutlich, was aufgegeben und was gewonnen wird. Ich habe meine Kapitel nach pragmatischen Gesichtspunkten unterteilt: Körper, Haar, Kleidung, Stimme etc., um zu einer rationalen Analyse zu gelangen, die frei ist von Mystifikationen. Im Bemühen, den weiblichen Strategien gerecht zu werden, die ich selbst praktiziere oder abgelegt habe, war es unvermeidlich, mit bestimmten vertrauten Aspekten hart ins Gericht zu gehen, während andere wohlwollende Toleranz fanden. Ich beabsichtige nicht, meine Kompromisse und Entscheidungen als den besseren Weg darzustellen oder zu behaupten, sie seien das letzte Wort zu diesem Thema. Ich möchte auch keineswegs Frauen verurteilen, die ihr »Handwerk« anders ausüben als ich. Ich würde mich freuen, wenn dieses Buch dazu beiträgt, das Bewußtsein zu schärfen, und hoffe, daß das weibliche Ideal nicht länger dazu benutzt wird, die Ungleichheit zwischen den Geschlechtern fortzuschreiben; ich hoffe, daß Übertreibungen unnötig werden, um aus dem biologischen Geschlecht Sicherheit zu schöpfen.

New York City, im September 1983   Susan Brownmiller

Körper

Die Darstellung des nackten Menschen, sagt Kenneth Clark in seiner Studie über den idealen Körper, ist eine Kunstform, die von den Griechen im fünften Jahrhundert vor Christus erfunden wurde, »so wie die Oper eine Kunstform ist, die im siebzehnten Jahrhundert in Italien entstand«. Aus dem männlichen Wunsch heraus, erotischer Vollkommenheit zu huldigen, entstanden Statuen nackter Körper von harmonischen Proportionen, aus denen Göttlichkeit und Stärke sprachen.
Falten und andere Makel waren nicht erlaubt. Das geometrisch ausgewogene Maß wurde zu einer mystischen Religion erhoben. Die ersten großen Nackten waren Statuen schöner junger Männer. Erst etwas später folgten ihnen Statuen schöner junger Frauen.
Für die klassischen Griechen waren beim vollkommen weiblichen Körper die Abstände zwischen den beiden Brustwarzen, vom unteren Ansatz der Bruste bis zum Nabel und vom Nabel zum Schritt gleich groß. Das Schönheitsideal der Gotik, Jahrhunderte später, unterschied sich davon erheblich. Die Brüste waren nur noch ovale Rundungen, die Clark als »beträblich klein« empfindet; der Bauch beschrieb eine lange, eiförmige Kurve, die zumindest in unseren Augen an eine fortgeschrittene Schwangerschaft denken läßt. Und Clark stellt fest, daß »der Nabel im Vergleich zum klassischen Schönheitskanon genau doppelt so weit von den Brüsten entfernt ist«. Das Schönheitsideal der Griechen, der Gotik und der Renaissance weist auch Ähnlichkeiten auf. Füße und Zehen sind weit, stark und kräftig; die Fingernägel – wenn sichtbar – sind nach heutigen Maßstäben kurz geschnitten und nicht gerade schmal.
Die vollkommene Frauengestalt einer Zeit orientiert sich meist nur an einem Ideal, gleichgültig welche natürlichen Varianten des Körperbaus es auch gibt – dick oder dünn, groß oder klein, die Vorstellungen von körperlicher Vollkommenheit können sich schlagartig verändern. Es ist nicht erstaunlich, daß sich der Ge-

danke vom idealen weiblichen Körper am häufigsten mit dem Namen Venus verbindet; denn Venus ist die Göttin der Liebe, und wie Byron es treffend für die Männer formulierte: »Die Liebe eines Mannes und sein Leben sind zwei verschiedene Dinge, eine Frau macht diesen Unterschied nicht.« Die erste entdeckte, mittlerweile berühmte steinzeitliche Statuette einer Frau mit üppigen Brüsten, dickem Bauch und ausladendem Hinterteil, die damit jedem anerkannten weiblichen Schönheitsideal widersprach, wurde sarkastisch mit dem Namen *Venus von Willendorf* bedacht – ein Männerwitz.

Eine Frau spürt die Tyrannei der Venus, wenn sie glaubt – oder wenn ein Mann es glaubt und es ihr sagt –, ihre Hüften seien zu breit, ihre Schenkel zu dick, ihre Brüste zu klein, ihre Beine zu kurz und ihre Taille sei nicht an der richtigen Stelle, um den augenblicklichen Maßstäben erotischer Anziehungskraft gerecht zu werden. Die Londoner Gesellschaft vor Ausbruch des Ersten Weltkriegs sah in einer Venus des spanischen Malers Velasquez aus dem siebzehnten Jahrhundert die vollkommenste Venus überhaupt (sie hat auch heute noch ihre Anhänger). Sie ist als *Rokeby Venus* bekannt und ruht wie eine Odaliske mit dem Rücken zum Betrachter auf dem Diwan und blickt in einen Spiegel. (O weibliche Eitelkeit! O weibliche List!) Der denkwürdigste Aspekt der *Rokeby Venus*, der Schwerpunkt des Bildes ist – um es deutlich zu sagen – ihr üppiger nackter Hintern.

Als die militante Frauenbewegung in England 1914 das Stadium eines Guerillakriegs erreicht hatte und Emily Pankhurst im Hollowaygefängnis in einen Hungerstreik getreten war, entschloß sich Mary Richardson, alias Polly Dick, eine Aktivistin der Bewegung, zu einer kühnen Tat. Sie sah einen verblüffenden Zusammenhang zwischen der öffentlichen Huldigung des erotischen nackten weiblichen Körpers und der Weigerung des britischen (Männer-!)Parlaments, den Frauen das Stimmrecht zu gewähren. Mary Richardson ging, mit einem kleinen Beil bewaffnet, das sie im Ärmel ihrer Jacke versteckte, in die National Gallery und zerschlug das schützende Glas der Rokeby Venus, ehe die Aufseher sie davonzerrten.

In einer Parallelität, die in der Politik vielleicht ebenso üblich ist wie in der Kunst, wählte sich die neuerwachte Frauenbewegung, die vor fünfzehn Jahren in Amerika ihren Anfang nahm, in einer ersten dramatischen Tat ein Symbol der Venus als Ziel ihres Angriffs. *The Women's Liberation Movement* präsentierte sich 1968 mit einer Demonstration während der »Miss Amerika-Wahl« in Atlantic City einer aufgeschreckten Öffentlichkeit. Unter anderem protestierte man dagegen, daß »Frauen in unserer Gesellschaft Tag für Tag gezwungen sind, sich das Wohlwollen der Männer zu erkämpfen und dabei von lächerlichen Schönheitsidealen versklavt werden, die ernstzunehmen und zu akzeptieren uns anerzogen wird«.

In welchem Alter beginnt ein Mädchen, sich ihrer Vorzüge bewußt zu werden und ihre Mängel zu zählen? Wann schließt sie zum ersten Mal die Zimmertür ab und verrenkt sich vor dem Spiegel, um sich von hinten, im Profil, von links und von rechts zu sehen, um die Form ihrer Waden und Schenkel zu begutachten, um sich über ihre Schulterblätter Gedanken zu machen und sich zu fragen, ob sie je eine Taille haben wird? Als nächstes zieht sie den Bauch ein, streckt die Brust vor und dreht sich noch einmal vor dem Spiegel, auf der Suche nach der schmeichelhaftesten Pose. Sie hält in Gedanken fest, woran sie arbeiten, was sich verbessern und was bleiben muß, denn sonst... In welchem Alter setzt dieser Prozeß ein, diese zwanghafte Konzentration auf jede Einzelheit ihres Körpers, die sehr wahrscheinlich für den Rest ihres Lebens einen Gutteil der Zeit in Anspruch nehmen wird? Wann darf sie vergessen, daß ihre Anatomie von anderen ständig begutachtet wird, daß es einen Standard begehrenswerter Schönheit, auch für einzelne Körperteile, gibt, an dem Freunde, Geliebte, Arbeitskollegen, Konkurrentinnen, Feinde und Fremde sie messen? Wie kann sie immun bleiben gegen den allgemeinen Lobgesang auf *den* Filmstar mit dem Körper der Saison, gegen Pinupkalender in der Tankstelle nebenan, gegen das faszinierende Model in der Modezeitschrift, gegen die zufällige Bemerkung ihres Freundes, gegen den wehmütigen Blick ihres Ehemanns, gegen das Pfeifen oder die plötzliche feindselige Bemerkung, die sie auf der Straße hört?

Ich erinnere mich noch, daß ich als erstes Zeichen der Weiblichkeit von meinem sich entwickelnden Körper ein dünnes, zerbrechliches Handgelenk forderte, das ich mit den Fingern der anderen Hand mühelos umfassen konnte. Als zweites eine schlanke, eng gegürtete Taille. Als nächstes beschäftigte mich das Problem, unter allen Umständen kleiner zu bleiben als die Jungen oder zumindest nicht den Platz des größten Mädchens anzustreben. »Oh, wie sie gewachsen ist!« Und: »Ist sie nicht groß?« waren erste Warnungen vor dem Unheil. In der fünften Klasse wußte ich, daß ich alles andere als groß werden wollte. Ich hatte den Ehrgeiz, als Erwachsene zierlich und schlank zu sein. Meine Mutter, die stattlich und eher etwas rundlich war, hatte für meine Seelenruhe etwas zu oft (vor meinem Vater!) verkündet, ich würde einmal ihren üppigen Busen haben. *Nein, bestimmt nicht,* murmelte ich erschrocken, wenn ich daran dachte, was ich beim gemeinsamen Bad gesehen hatte. Doch noch schlimmer war die Angst, daß ich mich überhaupt nicht entwickeln würde und für den Rest meines Lebens Unterhemden tragen müßte.

Ich glaube, meine Mutter hatte mir, ohne es zu beabsichtigen, zu verstehen gegeben, daß Brüste ein Problem sind. Sie glaubte, ihre seien durch enges Schnüren ruiniert worden, als sie in den zwanziger Jahren die flachbrüstige, knabenhafte Figur anstrebte. »Binde niemals deine Brüste«, erklärte meine vollschlanke Mutter, während sie sich in ihre zweiteilige Korsage zwängte. Wie sich herausstellte, mußte ich diesen Rat nie beherzigen. In den fünfziger Jahren, als ich auf dem College war, beherrschen die aufgeblähten Jane Russell-/Marilyn Monroe-Busen die Szene. Ich litt unendlich unter meinen erbärmlich flachen Brüsten und trug sie in einem Stütz-BH mit Schaumeinlagen unnatürlich hoch und vorstehend.

Wenigstens hatte ich weder breite Schultern noch kräftige Gelenke. Die Vorstellung von Grübchen in den Knien verwirrte mich, denn meine waren knochenhart und glatt. Doch noch beunruhigender war die Tatsache, daß sie sich nicht berührten, wenn ich aufstand und die Füße zusammenpreßte. Ich mußte mir eingestehen, daß ich O-Beine hatte. Über meinen Hintern bildete ich mir, um die Wahrheit zu sagen, erst in der Mitte der sechziger Jahre eine Meinung, denn ich war in der Zeit der Hüftgürtel und Korseletts aufgewachsen, als man behauptete, alle jungen Damen brauchten eine gewisse Stütze für den Bauch und etwas, um die schwingenden Hinterbacken zu halten, ganz zu schweigen von einer sicheren Möglichkeit, die Strümpfe zu befestigen. Als ich in der Mitte der sechziger Jahre als Reaktion auf ein neueres Modell des weiblichen Körpers BH und Gürtel beiseitelegte, stellte ich fest, daß meine Brüste plötzlich nicht mehr zu klein waren und daß meine Schenkel, meine Hüften und mein Hintern die entscheidende Prüfung bestanden: Sie paßten ohne Schwierigkeiten in Männerjeans.

Es läßt sich nicht leugnen, mein Bauch nimmt in den letzten Jahren etwas an Umfang zu. Er wirkt unerbittlich weiblich und nicht mehr jugendlich flach. Ich kann nicht an den Bauarbeitern auf einer der New Yorker Straßen vorbeigehen, ohne unwillkürlich den Bauch einzuziehen. Ich mache jeden Morgen Yoga, esse weniger als früher und versuche nicht an Schokolade zu denken. Schlank bleiben ist an die Stelle des »Kleiner bleiben als die Jungen« getreten und: »Wir müssen, wir müssen, wir müssen unseren Brustumfang vergrößern.« Ich vermute, mein Gewicht wird mich solange beschäftigen, bis ich, wie Lea in *Chéris Ende*, über das Alter sexueller Begutachtung hinaus bin und mich nicht länger damit beschäftige, was ein Mann vielleicht über mich denkt.

Zum Zeitpunkt der Geburt ist der anatomische Unterschied eine recht einfache Sache. *Es ist ein Mädchen! Es ist ein Junge!* Diese uralten Ausrufe der Erleichterung folgen nach einem kurzen, schnellen Blick auf die Geschlechtsteile eines Babys. Entsprechend der Information des Chromosomensatzes – XX bei einer Frau, XY bei einem Mann – sehen sie eine winzige Scheide oder einen kleinen Penis. Von den Genitalien abgesehen tritt der sexuelle Dimorphismus in Größe und Figur erst in der Pubertät auf, wenn aufgrund eines hormonellen Mechanismus, der üblicherweise einsetzt, ein Junge wächst und ein Mädchen weibliche Formen entwickelt.

Ausgelöst durch Östrogene, vergrößern sich die Genitalien des pubertierenden Mädchens und werden sensitiver; die Brüste wachsen, der Uterus weitet und das Becken verbreitert sich. Ovarien und Eileiter werden funktionsbereit, und die Menstruation setzt ein. Die sexuelle Reife wird sichtbar durch Bildung von Fettgewebe, das Becken und Brustdrüsen umgibt – es entsteht der eindeutig weibliche Körper, die vollkommenen weiblichen Rundungen der Brüste, Hüften, Schenkel und des

Hinterns. Die Geschlechtsreife bringt einer jungen Frau ihre Figur, das physische Wahrzeichen ihrer sexuellen Natur. Dichter, Maler und Bildhauer haben den weiblichen Körper gefeiert, wenn auch oft auf Einzelteile reduziert. Er war der beliebteste Gegenstand menschlicher Anbetung, und um ihn rankten sich Mythen; aber er unterlag auch kritischer Beurteilung, ästhetischen Eingriffen, wurde lächerlich gemacht und gewaltsam mißbraucht.

Auch die Geschlechtsteile des Mannes vergrößern sich mit Beginn der Pubertät und werden fortpflanzungsfähig. Der junge Mann darf stolz sein auf die schwellenden Muskeln an den Armen, an Brust, Rücken, Schultern und Beinen. Gymnastik und Sport können diesen schnellen Zuwachs an Muskulatur und Kraft unterstützen, aber die Ursache ist genetischer und hormoneller Natur. Geflügelzüchter haben sich die fettbildende Wirkung des Östrogens mit großem Erfolg zunutze gemacht, um ihre Ware zart und fleischig auf den Markt zu bringen. Testosteron dagegen würde zu schrecklich zähen und mageren Hühnern führen. In der Pubertät wächst das Knochengerüst eines Mannes stärker als das einer Frau, in jeder Hinsicht, mit Ausnahme des Beckens, und seine Knochen werden fester. Breite Schultern, kräftige Knochen und schwellende Muskeln charakterisieren die ideale männliche Figur. Sie unterscheiden den Mann vom Knaben und die Frau vom Mann.

Kurz nach der ersten Menstruation, meist mit etwa dreizehn, ist ein Mädchen mehr oder weniger ausgewachsen; mit etwa achtzehn hat sie ihre endgültige Größe erreicht. Und gerade wenn sie verzweifelt feststellt, daß sie wahrscheinlich nie einen Mann finden wird, der groß genug für sie ist, schießen die Jungen in die Höhe. Die Pubertät setzt bei Knaben zwei Jahre später ein als bei Mädchen, und sie wachsen, bis sie etwa zwanzig sind. Beim Zusammenwirken der Sexualhormone und Wachstumshormone ist das Testosteron ein äußerst wirksamer Faktor. Aber im wesentlichen ist eine längere Wachstumsphase der Männer – aufgrund ihrer später einsetzenden Geschlechtsreife – dafür verantwortlich, daß sie fünf bis zehn Prozent größer als Frauen werden.

Eine Erklärung dafür, daß Mädchen schneller geschlechtsreif werden als Knaben und nach Einsetzen der Menstruation das

Knochengerüst nicht mehr wächst, liefert vielleicht die urmenschliche Vergangenheit, in der die Lebenserwartung gering war und eine Frau so schnell wie möglich die wichtige Aufgabe der Fortpflanzung erfüllen mußte. Je früher sie die Pubertät erreichte, desto besser. Der männliche Reifeprozeß stand nicht unter einem solchen biologischen Druck. Hatte eine Frau erst einmal Kinder, dann wäre es für den Organismus belastend gewesen, wenn er sich noch in der Wachstumsphase befunden hätte. Ein entstehender Fötus und ein Kind, das gestillt werden muß, erfordern große Mengen an Proteinen, Calcium und anderen Spurenelementen. Die Erfüllung solch lebenswichtiger Voraussetzungen setzen einen Körper, der selbst noch im Wachstum begriffen ist, einer doppelten Belastung und einem schwerwiegenden Ernährungsengpaß aus. Eine Mutter, deren Knochenbau ausgewachsen war, hatte besser Überlebenschancen und somit auch ihr Baby. Ashley Montagu hat auf das Phänomen hingewiesen, daß ein Mädchen üblicherweise in den ersten Jahren nach Einsetzen der Menstruation trotz äußerer Anzeichen nicht fruchtbar ist. Es sind dies die Jahre geringen, aber anhaltenden Wachstums. Die Natur scheint die Unfruchtbarkeit als ein Mittel zu betrachten, die Sterblichkeit von Müttern und Kindern zu verringern.

Anthropologen sehen in der Körpergröße eines Mannes einen Vorteil im Konkurrenzkampf um Frauen. In der allgemeinen Vorstellung verbinden sich mit Maskulinität immer die Begriffe groß und stark, während zierlich und schwach dem Weiblichen zugeordnet werden. Eine Männerportion bedeutet mehr Essen auf dem Teller, und »Kleenex« packt für Männer mehr Papiertücher in die Schachtel. Der durchschnittliche amerikanische Mann ist einen Hauch größer als ein Meter fünfundsiebzig und die durchschnittliche amerikanische Frau ein Meter vierundsechzig. Eine Frau, die dem Durchschnitt entspricht und ein paar Zentimeter kleiner ist als der Mann, wird wahrscheinlich mit ihrer Größe zufrieden sein und lebt in Harmonie mit der Größenästhetik der Mann-Frau-Beziehungen.

Doch zehn Prozent aller Amerikanerinnen sind größer als ein Meter einundsiebzig, und sie überragen die zehn Prozent der amerikanischen Männer, die kleiner als ein Meter achtundsechzig sind. (Zehn Prozent der Bevölkerung entsprechen bei ande-

ren geschlechtsspezifischen Merkmalen wie Taille und Schulterbreite nicht den Durchschnittswerten.) Fünf Prozent der weiblichen Bevölkerung, die wirklich großen Frauen, bringen das konventionelle Größenverhältnis durcheinander, da sie die Durchschnittsmänner bei weitem überragen.
Die meisten Gesten der Etikette und die Anstandsregeln gehen von der konventionellen Ungleichheit in Größe und Stärke aus. Ein kleiner Mann, der schützend den Regenschirm über eine größere Frau hält, wirkt leicht komisch. Und in den romantischen Vorstellungen gilt der übliche Größenunterschied ebenso als Norm. Die größte Frau der Welt hat erklärt, sie könne sich nie in einen kleineren Mann verlieben – mit zwei Meter einunddreißig bleibt sie leider ledig. Cher ist größer als Sonny, aber in ihren gemeinsamen Fernsehauftritten war sie das nicht. Lady Di ist nur einen Zentimeter kleiner als Prinz Charles, wenn sie flache Absätze trägt. Aber für die Briefmarke anläßlich der Hochzeit des königlichen Paares wurde sie schlicht einen Kopf kleiner gemacht. »Sie sah zu ihm auf« ist mehr als der verzückte Seufzer aus einem Liebesroman. Der Satz stimmt mit unseren Vorstellungen von einer heterosexuellen Beziehung überein. Eine Frau, die einen Mann überragt, verletzt eine Grundregel der Weiblichkeit, denn ihre Körpergröße erinnert ihn daran, daß er vielleicht zu klein – unzulänglich, untauglich – für den Konkurrenzkampf in der Männerwelt ist. Sie hat seiner Männlichkeit einen Schlag versetzt und seine Stellung als Aggressor-Beschützer untergraben. Einem Mann zu zeigen, daß er vielleicht nicht gebraucht wird, ist eine äußerst unweibliche Haltung. Die Frau weiß, daß sie dafür bezahlen wird, wenn sie es auf andere Weise nicht wiedergutmachen kann.
Obwohl ich nicht ganz ein Meter achtundsechzig bin, eine günstige Größe für eine Frau, komme ich mir neben einem kleineren Mann immer etwas plump vor. Die vertrauten Proportionen sind nicht mehr im Gleichgewicht. Der Augenkontakt ist merkwürdig verschoben. Vielleicht bringe ich ihn mit einer unbewußt kräftigen Bewegung zu Fall. Ich leide für ihn, weil er so klein ist, und fühle mich schuldig, weil ich unabänderlich größer bin. Ich mache mich klein, ich verrenke mich und neige den Kopf. Ich greife in meine Kiste weiblicher Listen und tue alles, um meine scheinbare Überlegenheit, meine relative Stärke zu verwischen.

In einem überfüllten U-Bahn-Wagen in Tokio erreichte ich die äußerste Grenze schicklicher Größe und stand in Gefahr, für alle anwesenden japanischen Männer ein echter Affront und eine grobe Beleidigung des Gefühls für ausgewogene Proportionen zu sein, das in diesem Land herrscht. Es war kaum meine Schuld, daß Amerikaner im allgemeinen zu den größeren Menschen gehören, aber ich wollte nicht unweiblich erscheinen: übergroß, bedrängend, unhöflich.

In Amerika leben einige der größten Frauen der Welt und werden nur noch von den Schweizerinnen, den Schwedinnen, den Deutschen und den Norwegerinnen übertroffen. Wir sind ebenso groß wie viele Männer in Südeuropa, Asien und Lateinamerika. Wir sind größer als die meisten vietnamesischen, thailändischen und laotischen Soldaten. Wir überragen die Yanomamokrieger aus Brasilien, die Männer der kriegerischen Stämme aus Neuguinea, die Javaner, die Lappen, die Mayas und die Quechuaindianer. Die Buschmänner der Kalahari, die Pygmäen und einige andere afrikanische Stämme sind zweifellos kleiner als wir. Amerikanerinnen überragen jemenitische Juden, Sibirier und die ganze Bevölkerung sardinischer und mancher spanischer Dörfer. Amerikanerinnen sind beträchtlich größer als die meisten Französinnen, Italienerinnen und Spanierinnen; die polnischen Männer können kaum auf uns herabblicken. Genetik und Ernährung haben uns in diese Position gebracht. Vielleicht liegt es mehr an unserer Körpergröße als an unserer angeblichen Unabhängigkeit, sexuellen Freiheit oder unserem Durchsetzungsvermögen, daß wir im Vergleich zu anderen Frauen auf der Welt hartnäckig im Ruf stehen, weniger Weiblichkeit zu besitzen als andere Frauen auf der Welt.

Die Gleichsetzung von Männlichkeit mit Körpergröße ist scheinbar eine unausrottbare, vielgeliebte Vorstellung. In Kenia habe ich beim Anblick von Elefantenkühen mit ihren Kälbern den Ausruf gehört: »Sieh doch die großen Bullen«, und in Alaska: »Ist das ein großer Bulle«, angesichts einer Moschusochsenmutter mit ihrem Nachwuchs, und in beiden Fällen mußte ich insgeheim mit den Zähnen knirschen. Frauen, die Irrtümer korrigieren, gelten als unweiblich und rechthaberisch, doch es ist schlichtweg eine Tatsache, daß der durchschnittliche Tierfreund beim Anblick einer Gruppe im allgemeinen das

größte Tier für ein Männchen und selbstverständlich für den Anführer hält.
Frühe sexuelle Reife bremst das Wachstum von Pavian- und Gorillaweibchen energisch, während die Männchen beider Gattungen einige Jahre länger an Größe zunehmen. Barthaare, zottige Mähnen, lange Eckzähne und andere geschlechtsspezifische Kennzeichen, die ein Männchen vom Weibchen unterscheiden, entwickeln sich üblicherweise in dieser späten Wachstumsphase. Bei den Gibbons werden andererseits Männchen und Weibchen etwa im gleichen Alter geschlechtsreif, und sie unterscheiden sich in Größe und Aussehen kaum voneinander. (Bei achtzehn Prozent der Primaten fehlen geschlechtsspezifische Merkmale, und interessanterweise leben diese Tierarten im wesentlichen monogam.) Der schlechte Ruf der Hyänen hat viel mit ihrer Häßlichkeit und dem unheimlichen »Hohngelächter« zu tun; und die Tatsache, daß das Weibchen größer ist als das Männchen (es wird erst ein Jahr später geschlechtsreif), ihm überlegen ist und eine große lange Klitoris neben einem Pseudoskrotum besitzt, macht Hyänen auch nicht beliebter. Man hielt sie für hermaphroditische, homosexuelle, ausschweifende und lüsterne Tiere, als Horace Walpole die Mary Wollstonecraft als »eine Hyäne in Unterröcken« bezeichnete und so in einem einzigen bösartigen Satz ihre Weiblichkeit und die ganze Frauenbewegung beleidigte.
Der Anblick eines großen Weibchens, das sich mit einem kleineren Männchen paart, ist aus menschlicher Sicht und dem vermenschlichten Bild der Tiere in Kinderbüchern so ungewöhnlich, daß viele intelligente Menschen staunen, wenn sie hören, daß in der Mehrzahl aller Tierarten die Weibchen das größere Geschlecht sind. Dies ist eine evolutionsbedingte Anpassung, die vermutlich für die Erhaltung der Art Vorteile bringt. Man denke an den amerikanischen Weißkopfseeadler, die Königskrabbe, die Schnee-Eule, den Großen Schwammspinner, die Chinchilla, die Vipernnatter, die Python, den Grönlandwal, den Buckelwal, den Grauwal, den Blauwal (das heißt, das größte Lebewesen der Welt ist weiblich), alle Arten von Kaninchen und Hasen, an Habichte und Falken, an Kröten, Haie, den Lachs, die Flunder, die meisten Kolibris, Schildkröten und Fische, Vögel, Reptilien und Amphibien und zahllose Insekten. Zugege-

ben, die meisten Arten mit großen geschlechtsreifen Weibchen drängen sich auf den unteren Sprossen der Evolutionsleiter; und das läßt die Annahme zu, daß Mutter Natur für ihre späteren Modelle eine Änderung im Auge hatte oder eine wirkungsvollere Art der Mutterschaft fand. Trotzdem ist eine Korrektur des Gesamtbildes ein ausgezeichnetes Argument, um einige weitverbreitete Vorstellungen von Größe und Männlichkeit bei großen und kleinen Tieren zu widerlegen.

Wenn wir uns wieder den Menschen und den meisten anderen Primaten zuwenden, begegnen wir einer Ungleichheit von Größe und Stärke; und das hat ernstzunehmende Folgen. Die Anthropologin Sarah Hrdy hat das so ausgedrückt: »Männchen sind größer als Weibchen und in der Lage, sie zu tyrannisieren.« In Untersuchungen über Primaten spricht man im allgemeinen von Dominieren; bei Gorillas und Pavianen läuft das im wesentlichen darauf hinaus, wer auf dem beliebtesten Ast sitzen darf oder die süßesten Früchte frißt. Bei den Menschen geht es eindeutig um mehr. Vermutlich wird ein Wissenschaftler eines Tages nachweisen, daß Selbstsicherheit und Aktivität nicht durch das Vertrauen wachsen, das überlegene Körperkraft schenkt, doch irgendwie bezweifle ich es. Das Konkurrenzverhalten der Männer hat eine sehr lange Geschichte, und sie ist geprägt von Gewalttätigkeit. Die Unfähigkeit der meisten Frauen, sich im Hinblick auf Körperkräfte mit Männern zu messen, beruht auf einem biologischen Unterschied. Man könnte in diesem Zusammenhang an den Katzenmaki denken, dessen Weibchen zwar kleiner ist als das Männchen, aber trotzdem dominiert – es beachtet das auffällige Werbungsverhalten des Männchens nicht und versetzt ihm nach Lust und Laune Knüffe und Püffe –, aber wenn es darum geht, sind wir eben doch keine Katzenmakis.

Trotzdem sind die Frauen auch nicht so schwach, zart oder kraftlos, wie es das augenblickliche ästhetische Ideal suggeriert. Der sexuelle Dimorphismus unterscheidet den Mann vielleicht durch Muskelstärke und Größe von der Frau, doch die andere Seite der Münze ist keineswegs Weiblichkeit. Beachtliche Mengen weichen Fettgewebes sind charakteristisch für das weibliche Geschlecht – eine biologische Anpassung an die Zwänge von Mutterschaft und Überleben. Der weibliche Körper besteht im

Durchschnitt zu fünfundzwanzig Prozent aus Fettgewebe, der männliche dagegen üblicherweise nur zu fünfzehn Prozent. Und dieser Unterschied beruht nicht in erster Linie auf anstrengender körperlicher Arbeit oder Muskeltraining. Als sich unsere entwicklungsgeschichtlichen Eigenschaften vor einigen Millionen Jahren verfestigten, waren die Nahrungsquellen vermutlich recht unsicher; und die subkutanen Fettpolster im weiblichen Körper entstanden wahrscheinlich als zusätzliche Nahrungsreserve. Eine Schwangerschaft verschlingt ganze achtzigtausend Kalorien, und das Körperfett ist für die Milchproduktion vonnöten. Dr. Rose Frisch von der Harvard University hat die Theorie aufgestellt, daß der Ovulationszyklus aussetzt, sobald ein bestimmtes Maß an Fettgewebe unterschritten wird. Frauen, die unter chronischer Appetitlosigkeit leiden, menstruieren üblicherweise nicht mehr, wenn dieser kritische Punkt erreicht ist. Auch bei Berufssportlerinnen kann es zeitweilig zum Aussetzen des Menstruationszyklus kommen, während sich das Verhältnis von Fett- und Muskelgewebe in ihrem Körper verändert.

Wie wir wissen, ist rundliches Aussehen für die heutige Vorstellung vom Weiblichen problematisch. Fettgewebe läßt zwar die gefeierten fraulichen Rundungen entstehen, ist jedoch auch die Ursache für Masse und Fülle – Eigenschaften, die man eher mit männlicher Kraft und Stärke in Zusammenhang bringt. Die scheinbar natürliche Tendenz des weiblichen Körpers, füllig, wenn nicht sogar wabbelig zu werden, steht der Idealvorstellung von zarten Formen entgegen. Außerdem nimmt das Fettgewebe an den bekannten Stellen wie Hüften, Brüsten, Bauch und Schenkeln nicht notwendigerweise im gleichen Maß zu; die genetischen Unterschiede zwischen Frauen sind allgemein bekannt. Trotzdem hat praktisch jede Kultur versucht, den weiblichen Körper in eine einheitliche Form zu bringen, und zwar meist aufgrund einer Ästhetik, die Körperfülle leugnet, indem sie einen Teil der weiblichen Anatomie verändert, betont oder der natürlichen Form des Körpers drastisch entgegenwirkt.

In vergangenen Jahrhunderten mußte eine Frau von Rang schmerzhafte Einschränkungen ihrer Bewegungsfähigkeit auf sich nehmen, die sie am Atmen hinderten oder das Gehen beschwerlich machten, weil ein bestimmter Teil ihres Körpers

eingeschnürt wurde – Taille, Bauch, Brustkorb, Brust, Nacken oder Füße. Dahinter stand der Glaube, eine ästhetisch unvollkommene, formlose natürliche Figur zu verschönern oder zu verfeinern. Im Osten mußte die Japanerin den Obi erdulden, in Burma den Halsring und in China die gebundenen Füße. Im Westen trug sie das Korsett aus Stahl oder Fischbein.
Jedes Mittel der Verschönerung schränkte ihre Freiheit ein und schwächte ihre Kraft; es war ein Hindernis auf dem Parcours, den sie mit künstlicher Anmut versuchen mußte zu bewältigen. Jedes dieser Folterinstrumente betrachtete sie als Zeichen ihrer privilegierten Stellung und als moralisches Rüstzeug für korrektes Verhalten. Alle diese einfallsreichen Fesseln wurden von den Männern als Objekte, die nichts mit der Frau zu tun hatten, die sie verschönern sollten, erotisch verklärt.
Bernhard Rudofsky, ein provozierender Gesellschaftskritiker, behauptet, Männer würden vom erzwungenen Trippeln der Frauen sexuell aufs höchste erregt. Eine solche Aussage ist äußerst ketzerisch, aber nicht so einfach von der Hand zu weisen. Man denke an eine chinesische Kurtisane oder die Frau eines chinesischen Adeligen, die anstelle normaler Füße zwei weniger als zehn Zentimeter große Stümpfe in hübschen Stoffschühchen hat, und man versteht einiges von der gewaltsamen Unterwerfung der Frauen durch die Männer. Aber weniger deutlich wird die Auffassung von ausgesuchter weiblicher Schönheit, die sich hinter dieser gewaltsamen Entstellung verbirgt – die sinnlich erregende Nutzlosigkeit, der dekorative Reiz, den die entstellten, verkrümmten Glieder darstellen. Eine Lotosblüte mit den Bewegungen einer Weide: romantische Bilder für den Sieg des Menschen über die Natur. Der von Kindesbeinen an am Wachsen gehinderte Fuß ähnelte, wie man sagte, der Lotosblüte, die sehr verehrt wurde; und die Frau, die sich, mit Hilfe eines langen Stabes oder auf ihren Mann beziehungsweise auf Dienerinnen gestützt, vorwärtsbewegte, erinnerte an den flüsternden Wind in den Weiden, denn sie schwankte bei jedem ängstlichen Schritt. In den achthundert Jahren, in denen die Sitte des Fußbindens blühte, beschäftigte sich die chinesische Pornographie ständig mit der Liebe zum Lotosfuß – eine höchst kunstvolle Art von Manipulation, von Haltungen und Stellungen.
Wie verabscheuenswürdig er auch sein mag, der gebundene Fuß

veranschaulicht mehrere Aspekte der Ästhetik des Weiblichen. Diese Sitte entstand in der verfeinerten Welt einer dekadenten Oberschicht, die von den Frauen keinerlei körperliche Arbeit verlangte. So wurden gebundene Füße zum beneidenswerten Symbol von Luxus, Müßiggang und Kultiviertheit. Herausgelöst wurde ein bestimmter Teil des weiblichen Körpers, der sich in gewisser Hinsicht vom männlichen Körper unterschied – in diesem Fall der etwas kleinere Fuß. Die natürliche Anlage wurde im Namen künstlerischer Vervollkommnung grausam auf die Spitze getrieben. Eine selbstverständliche, funktionale Bewegung wurde einfallsreich unterbunden, und somit nahm man der Frau die Fähigkeit, sich allein in ihrer Umgebung zu behaupten. Die Welt wurde dadurch zu einem noch gefährlicheren Ort, und die aus dem Gleichgewicht gebrachte Frau zu einem noch abhängigeren, furchtsameren Wesen. Durch den einfachen Gegensatz wurde der Mann kompetenter und standfester – mit anderen Worten männlicher. Der schwankende Gang der Frau wurde romantisiert – und dadurch gerechtfertigt –, indem man ihm sexuelle Attraktivität zusprach. Die winzigen, nutzlosen Füße, der Teil ihres Körpers, der »vervollkommnet« worden war, wurde dadurch in den Bereich dekorativer Schönheit erhoben. Diese Sitte gab jeder Frau das tiefverwurzelte Gefühl von Unsicherheit, das sich auf die Überzeugung stützte, ein Teil ihres Körpers sei äußerst häßlich (der übliche Ausdruck in China war »Gänsefuß«), und es seien einschneidende Maßnahmen notwendig, um diesen Zustand zu ändern. Außerdem erforderte diese Korrektur ein enges Zusammenwirken von Mutter und Tochter, um das qualvolle Werk der Verschönerung zu verbringen, und um die weiblichen Werte von Fügsamkeit und Unterwürfigkeit weiterzugeben. Denn die besorgte Mutter war das Werkzeug des Willens, das die Füße ihrer leidenden Tochter verstümmelte und ihre Auflehnung besänftigte, indem sie ihr ständig das Versprechen des zierlichen Schühchens vor Augen führte. Sie lehrte ihr Kind schon sehr früh, daß es die Aufgabe der Frau war, in einer beinahe übermenschlichen Anstrengung ihren Körper und ihr Leben unter Tränen und Schmerzen zu verändern, um einem Mann zu gefallen.

In der westlichen Welt schlug die Ästhetik des Weiblichen eine andere Richtung ein. Hier glaubte man, der gesamte Oberkör-

per erfordere von Brust bis zur Hüfte künstlerische Umgestaltung. Das beengende Korsett mit den Stäben aus Stahl oder Fischbein war das höchst einfallsreiche Mittel, das die Bewegungen einer Frau behinderte, während es ihre Figur einem romantischen Ideal anpaßte. Aus der Kunstgeschichte und aus Dokumenten des sechzehnten Jahrhunderts wissen wir, daß zwei mächtige Königinnen – Katharina von Medici in Frankreich und Elizabeth I. von England zu den ersten Frauen zählten, die diesen einschnürenden Käfig trugen; damit übernahmen sie auf ihre Weise die Rüstung ihrer edlen Ritter, in der das weiche Fleisch und der Brustkorb verschwanden. Es ist hoch interessant, daß die beiden ersten korsettierten Frauen der Geschichte eine Medici und eine jungfräuliche Königin waren – zwei kühne, ehrgeizige Frauen, deren Machthunger man als »unnatürlich« bezeichnete. Warum taten sie das? Was veranlaßte sie, Brust und Bauch diese Unbequemlichkeit zuzumuten, während sie Verträge aushandelten und mit großem Geschick Intrigen und Morde planten? Könnte es sein, daß der einzige Zug, den ihre Feinde ihnen hinter vorgehaltener Hand absprachen – weibliche Schwäche, ein sanftes, nachgiebiges Wesen – sich am besten in dem exzessiv kleinen und im wahrsten Sinne des Wortes atemberaubenden Mieder unter Beweis stellen und zeremoniell zur Schau tragen ließ? Die schlanke Taille war kein ausschließlich weibliches Symbol der Eitelkeit. Elizabeths Vater, Heinrich VIII., schnürte die Hüften, um seine Brust betont kräftig erscheinen zu lassen. Aber König Heinrich und andere Männer gingen nie soweit, daß sie dadurch Schmerzen litten.
Zwei Dinge müssen an dieser Stelle betont werden. Erstens: Keine Diskussion über den weiblichen Körper in der westlichen Welt führt sehr weit, wenn man dem Korsett nicht den richtigen Platz einräumt. Wie vertraut der Gegenstand auch zu sein scheint, das Korsett hat keine stützende, sondern eine beherrschende Rolle in der Geschichte des Körpers gespielt. Zweitens: Die Männer haben alle möglichen modischen Kunstgriffe benutzt, um ihr Körperimage aufzuputzen – Hosenbeutel, hohe Absätze, wattierte Schultern, schulterbetonte Jacken; aber nichts von alldem wirkte beengend oder verursachte Schmerzen. Um die Wahrheit zu sagen, die Männer haben im Laufe der Geschichte kaum etwas an ihrem Körper verändert, um anzie-

hender auf Frauen zu wirken. Die Entwicklung von Bizeps und breitem Brustkorb sind ehrenwerte Nebenprodukte harter körperlicher Arbeit und eine Hilfe bei sportlichen Wettkämpfen, beim Kräftemessen. Der Bodybuilder, der Mann mit Plateausohlen oder der Glatzkopf mit Toupet sind Zielscheibe des Spotts, denn nach der Männlichkeitstheorie unternimmt der richtige Mann nichts, um zu gefallen. (Er hat bessere Möglichkeiten, seinen Wert unter Beweis zu stellen.) Von einer Frau erwartet man aber, daß sie zu Listen und Leiden greift, um ihre weibliche Natur unter Beweis zu stellen und um der Schönheit willen, die bei einer Frau nach dem Willen der Männer Selbstzweck ist.

Das Korsett führte nicht nur zu einer hoheitsvollen Haltung und kleinen, weiblichen Bewegungen – eine Dame konnte sich kaum vorbeugen oder tief Luft holen, dafür bebte ihr Busen, und der Fächer flatterte im angestrengten Bemühen, genug Luft zu bekommen –, sondern wurde der notwendige Unterbau für jede Frau, die mit der Mode ging. Das Streben nach dem vollkommenen Körper im vollkommenen Kleid beinhaltete auch das Streben nach dem vollkommenen Korsett, das die Brüste heben, vergrößern oder abflachen konnte, die Hüften verbreiterte oder schmaler machte, die Taille zusammendrückte oder verlängerte, dem Rücken den richtigen Schwung gab, die Schultern hängen ließ und den Bauch zurückpreßte – ganz wie es das Mode-Ideal der Zeit verlangte. Je nach Stil einer Zeit und der Entschlossenheit seiner Trägerin konnte ein Korsett schätzungsweise zwischen zwanzig und achtzig Pfund Druck ausüben. Das Schnüren war eine Herausforderung an die Zähigkeit einer Dame und an die Kraft ihrer Zofe oder einen geeigneten Bettpfosten, wenn der Abend nahte und das Korsett fester gezogen werden mußte. Aber welch bewundernde Blicke fielen auf die zerbrechliche Taille, die starke Hände umspannen und hochheben konnten. Und der entzückende Charme einer schwankenden, in Ohnmacht sinkenden Dame, die so anmutig männlichen Schutz forderte! Zumindest wurde sie romantisch so dargestellt. In Wirklichkeit war die durchschnittliche Frau im Korsett keineswegs eine Scarlett O'Hara mit Wespentaille, die auf einem rauschenden Ball flirtete. Sie war eine stämmige Matrone, die insgeheim das Korsett löste, so oft es möglich war, und die sich

ärgerte, wenn das Dienstmädchen »Dame spielte«, indem es heimlich selbst ein Korsett trug.
Die verführerischen Aspekte des Korsetts förderten unter anderem die Vorstellung, der weibliche Körper sei von Natur aus ungesund und bedürfe an entscheidenden Stellen Halt durch künstliche Hilfen. Eine Frau des neunzehnten Jahrhunderts glaubte, sie sei mit einer häßlichen Taille geboren worden und eine feste Stütze würde die Unfähigkeit von Rückgrat und Muskulatur, das Gewicht von Brüsten und Bauch zu tragen, ausgleichen. Da ihre Muskeln durch Nichtbenutzung und Einschnürung jämmerlich verkümmerten, hatte sie tatsächlich Grund, über den Halt dankbar zu sein, den das Korsett ihr gab, denn ohne ihn mußte sie fürchten, körperlich und geistig zu einem degenerierten Häufchen Elend zusammenzusinken. Ihre aufrechte, würdige Haltung wurde mit moralischer Rechtschaffenheit und gesellschaftlichem Anstand gleichgesetzt; das Lockern des Korsetts oder das Erscheinen in der Öffentlichkeit ohne diesen Panzer galt als Zeichen eines lockeren unsittlichen Lebenswandels. Den Körper so weit zu bringen, daß er das Korsett ertrug, war eine Disziplin, die in der Kindheit gelernt wurde. Denn für eine besorgte Mutter war es nie zu früh, die nachlässige Haltung zu korrigieren, mit der ihre Tochter geboren worden war. Die Einweihung in die Geheimnisse von Haken und Ösen waren Initiationsriten für die Geheimnisse und Verantwortungen einer jungen Dame; das beengende Korsett war das Symbol für die Unterwürfigkeit und das Selbstbewußtsein der weiblichen Welt.
Die Kunsthistorikerin Anne Hollander konstatiert in ihrem Buch *Seeing Through Clothes,* daß viele weltberühmte Werke der Malerei dem nackten weiblichen Körper nicht in seiner natürlichen Gestalt, sondern in Übereinstimmung mit der Kleider- und Korsettmode der entsprechenden Zeit huldigen – mit aufgerichteten oder weit auseinanderstehenden Brüsten, mit hoher oder niedriger Taille, mit rundlichem oder flachem Bauch etc. etc. Offensichtlich konnte das Korsett nicht nur die Frau formen, sondern auch die erotischen Wunschvorstellungen des Malers. Der Korsettfetischismus in der Geschichte der Pornographie ist erstaunlich; und selbst in der heutigen freieren und natürlicheren Zeit gibt es keine Anzeichen für sein Abklingen.

Ein seltsam altmodisches Interesse an Gürteln, Büstenhaltern und Strumpfbändern (ich habe noch kein pornographisches Bild von einer Frau in Strumpfhosen gesehen) scheint zu verraten, daß für viele Männer das ganze Arsenal weiblicher Verpackung ein stärkeres sexuelles Reizmittel ist als die unverhüllte Realität eines durch nichts behinderten Körpers.
Natürlich ist Frauenunterwäsche zumindest teilweise erotisch besetzt, denn sie umgibt die verbotenen weiblichen Geheimnisse. Bei der altmodischen Verführung mußte der entschlossene Liebhaber Schritt für Schritt vorgehen. Er mußte zunächst den beachtlichen Gürtel lösen, den Büstenhalter aufhaken, den weichen Körper freilegen und die moralischen Hemmungen überwinden. Vor dem Hintergrund der doppelten Moral nimmt dieses feststehende Szenarium mit der dekorativen Unterwäsche ein eigenes sexuelles Leben an, denn sie verkündet die widersprüchliche Botschaft von tugendhafter Zügelung und frivoler Zurschaustellung. In den lockeren neunziger Jahren des letzten Jahrhunderts war das rüschenbesetzte Strumpfband aus Spitze, das die Varietétänzerin von der Bühne ins Publikum warf, eine aufreizende Geste, in der ein herausforderndes, freches Versprechen lag. Heute scheint allgemeine Übereinstimmung darüber zu herrschen, daß schwarze Spitzen mit Erotik aufgeladen sind, denn sie sprechen von einem verruchten, eingestandenen Narzißmus, obwohl die Trägerin selbst durchaus der Konvention entsprechend passiv bleiben kann. Schwarze Spitze gilt schon seit so vielen Generationen als sexy, daß sie für manche Frauen das Nonplusultra an weiblicher Unterwäsche darstellt, während andere sie für vulgär und billig halten. Auf der anderen Seite repräsentiert weiße Baumwollunterwäsche in gewissen Kreisen weibliche Keuschheit und erlesenen Geschmack, während andere sie als zu schlicht, unelegant und kindlich empfinden.
Ich führte einen harten Kampf um meinen ersten Büstenhalter, denn meine Mutter war der Ansicht, ich brauche ihn nicht wirklich. Brauchen? Das Bedürfnis entsprach meinem Kopf und nicht meinem Busen. Die Hälfte aller Mädchen in meiner Klasse stellte stolz die Konturen ihrer Büstenhalter unter den hautengen Pullovern zur Schau. Wie konnte ich erwachsen wirken und einen Freund finden, wenn ich außer leichten Rundungen unter

einem Mädchenunterhemd nichts vorzuweisen hatte? Trotz der beunruhigenden Versicherung meiner Mutter, ich würde mich nur allzu schnell entwickeln und ihr nachschlagen, gab es bei mir keinen größeren Wechsel als von 34-A zu 34-A wattiert. Das war ein großes Unglück in einer Zeit, in der die Jungen behaupteten, sie könnten ein C-Körbchen unfehlbar von einem D-Körbchen unterscheiden, und in der Howard Hughes *The Outlaw* veröffentlichte und darin enthüllte, wie er seine technische Erfindungsgabe dazu benutzte, eine spezielle Büstenhebe für Jane Russell zu konstruieren. Als ich Jane Russell im vergangenen Jahr im Fernsehen sah, wo sie BH-Werbung für die vollschlanke Frau machte, mußte ich zugeben, daß meine Mutter recht gehabt hatte. Ich brauchte wirklich keinen. Am Ende der fünfziger Jahre hatte ich die Wattierung aufgegeben und Mitte der sechziger Jahre den BH.

Bis in die zwanziger Jahre gab es keinen Grund, Büstenhalter zu tragen, denn das Oberteil des Korsetts war so gestaltet, daß es den Busen aufnahm und stützte. In den turbulenten Jahren der Frauenemanzipation, die während des Ersten Weltkriegs ihren Anfang nahm, wurde das Korsett im Taumel der lockenden Freiheit und Modernität beiseitegeworfen. Zu den neuen Errungenschaften gehörten Arbeitsplätze, Stirnfransen, leuchtender Lippenstift, kurze Röcke, Wegwerf-Monatsbinden und das Wahlrecht. Die Kleiderreformbewegungen, die zum Teil mit feministischen, zum Teil mit hygienischen Gründen argumentierten, hatten den Weg zur Aufgabe des Korsetts geebnet. Seit Generationen hatten Ärztinnen auf öffentlichen Veranstaltungen von gequetschten Rippen und verkümmerten inneren Organen gesprochen, und der Wunsch nach einem gesunden Körper brachte Frauen dazu, sich den Körperkulturbewegungen anzuschließen, die sich in Amerika verbreiteten – die Frischluftanhänger, die Fahrradenthusiasten, die Zurück-zur-Natur-Vertreter und die Tänzerinnen in griechischen Tuniken, die Isadora Duncan nacheiferten. Selbst die Regierung trat auf die Bildfläche, als die Rüstungsindustrie verkündete, wenn alle Amerikanerinnen sich aus ihren Panzern befreiten, stünden achtundzwanzigtausend Tonnen Stahl zur Verfügung – genug, um zwei Schlachtschiffe zu bauen und auszustatten.

Den Frauen war alles möglich, oder so schien es wenigstens; und ein allgemeiner Seufzer der Erleichterung ging durch das Land, als das Korsett ausgezogen und das Fleisch sich im Zeichen der locker hängenden Pariser Mode entfalten durfte. Aber was geschah mit dem unvertrauten, ungeformten Körper? Der tanzende Flapper, der die Nachkriegsgeneration verkörperte, war unter dem taillenlosen Kleid sehr schlank und hatte kleine Brüste. Ihre weniger glücklicheren Schwestern, die ebenfalls zu den neuen Frauen zählen wollten, gingen dazu über, den Busen abzubinden, um das Zuviel an Brust zu verstecken. In den dreißiger Jahren hatten Brüste und Taille jedoch ein Comeback, und das Korsett präsentierte sich als zweiteilige Lösung. Ein leichterer, elastischer Gürtel für Bauch und Hüften kam auf den Markt; die Binde, unter der die Brüste verschwunden waren, wurde weiterentwickelt und richtete sie mit Hilfe verstellbarer Träger auf. Für alle, die mehr Stütze suchten, gab es Modelle, deren unterer und oberer Teil sich aneinanderhaken ließ.

In der westlichen Welt durften Brüste nur in einigen wenigen, kurzen geschichtlichen Augenblicken frei von beengenden Vorrichtungen unter den Kleidern getragen werden: Madame Recamier ruhte in einem griechischen Gewand auf ihrem Sofa; Jean Harlow schwebte in weißem Satin zu einer Dinnerparty, und Feministinnen in T-Shirts marschierten durch die Fifth Avenue – das rare Privileg dieser Freiheit wurde beinahe ausschließlich von Frauen mit kleinen Brüsten wahrgenommen und in Mode gebracht. Historisch gesehen wurden Brüste jeder Form und Größe in enge V-förmige Mieder gezwängt, nach oben gedrückt und präsentiert wie zwei Orangen auf einer Schale, bis zur Unkenntlichkeit flach nach unten gepreßt, wie ein Balkon nach vorne geschoben und in dieser Form als Monobusen bekannt, wie ein Brett unterstützt und getragen, um den Brustansatz möglichst deutlich zu betonen, durch Drahtgestelle gewaltsam auseinandergehalten und geradeaus gerichtet wie zwei Raketen auf der Abschußrampe, oder mit Hilfe einer Kombination aus Trägern, Schnallen, elastischem und dehnbaren Material dazu gebracht, bewegungslos an einem vorgesehenen Platz auf halber Höhe zu bleiben.

Die Verpackung des Busens ist ein wichtiges Thema, und man kann sie nicht einfach als eine dekorative Angelegenheit abtun. Welche Form das Korsett in einer Zeit auch annahm und wieviel

Aufmerksamkeit man der atemberaubenden Taille, der Wölbung des Oberkörpers oder Breite der Hüften in den Modejournalen und später den Büchern mit geschichtlichen Abhandlungen über Mode auch widmete, die Funktion jedes Korsetts (und natürlich auch des Büstenhalters) bestand unveränderlich darin, die Brüste auf irgendeine Weise in ihrer Bewegungsfreiheit einzuschränken. Ich vermute sogar, der wahre Grund dafür, daß die Frauen so viele Jahrhunderte lang die Qualen des Korsetts erduldeten und es schließlich aufgaben, als der Büstenhalter auf dem Markt erschien, ist darin zu suchen, daß die Mehrheit sich wohler fühlte – besser gewappnet, sozusagen –, wenn die Brüste bewegungslos und festgehalten wurden. Ich glaube, es ist kein Zufall, daß die entblößte Brust beim Stillen, wie es in Afrika und vielen anderen Teilen der Welt heute noch üblich ist, bei uns im Westen, ganz besonders bei den Frauen der Oberschicht in Mißkredit geriet. Das geschah zur selben Zeit, als das Korsett sich seinen Platz als notwendige Unterkleidung für moralische Kraft und Mode eroberte. Es hat die Frauen lange beschäftigt, was mit ihren Brüsten zu tun sei, wenn man sie nicht benutzt.

Brüste sind der hervorstechendste und variabelste Teil der weiblichen Anatomie. Und obwohl ihre Funktion im wesentlichen mit der Fortpflanzung zusammenhängt, das heißt den Nachwuchs mit Milch zu versorgen (und somit gehört der »Mensch« zur Gattung der Säugetiere), werden sie durch ihre symbolträchtige Augenfälligkeit und eindeutige Verwundbarkeit zum eigentlichen Wahrzeichen des Geschlechts. Brüste erregen Aufmerksamkeit, sind jedoch weich und nachgiebig und bieten so nahe am Herzen Schutz und Wärme. Brüste scheinen eine Eigenbewegung zu besitzen. Mit ihrem eigenwilligen Schaukeln, dem unbeeinflußbaren Heben und Senken bringen sie sich immer wieder in Erinnerung und überraschen. Brüste können groß oder klein sein, schlaff oder fest, erregbar oder empfindungslos; sie reagieren unterschiedlich auf hormonelle Veränderungen, schwellen lustvoll oder unter Schmerzen. Brüste sind ein Element menschlicher Schönheit. Brüste werden von Krebs befallen. Brüste sind eine Quelle weiblichen Stolzes und sexueller Identifikation, aber sie sind auch eine Quelle von Konkurrenzkampf, Verwirrung, Unsicherheit und Scham.

Zwar gehören die Brüste zum Körper einer Frau, doch sie muß feststellen, daß andere Anspruch auf die Brüste erheben, sobald sie zu wachsen beginnen. Eltern und Verwandte sehen in ihrer Entwicklung einen Markstein, Mitschüler registrieren es; Freundinnen stellen Vergleiche an, Jungen kommen ins Spiel, und später fordern ein Ehemann, ein Liebhaber und ein Baby einen angemessenen Anteil. Kein anderer Teil der menschlichen Anatomie besitzt einen solch halb-öffentlichen, höchst privaten Status, und kein anderer Teil des Körpers hat ein so vage definiertes Recht auf Schutz. Man lernt, selektiv großzügig mit Brüsten umzugehen. Jedes Mädchen verinnerlicht diese Lektion, und durch die »Brustbilder«, die sie umgeben, begreift sie allmählich, daß Brüste allen gehören – besonders aber Männern. Sie erfinden und kultivieren die zahllosen Mythen; sie diskutieren über Brüste in der Öffentlichkeit, kritisieren ihre Mängel und verherrlichen ihre Wunder. Sie behaupten, Brüste mehr zu brauchen und besser zu kennen als die Frauen.
Zweifellos haben Männer Größe und Form zum Fetisch erhoben, denn die Fähigkeit zu stillen hat nichts mit Abmessungen zu tun, und die sinnlichen Gefühle entstehen im erektilen Gewebe der Brustwarzen, nicht im Bindegewebe. Das Besondere an den Brüsten, ihr Dienst im Programm männlich erotischer Befriedigung trug bereits vor langer Zeit zum Entstehen des Mythos bei, eine flachbrüstige Frau sei asexuell oder unsinnlich. Das andere Extrem ist die Frau mit großen Brüsten. Ihr unterstellt man offene Zurschaustellung ihrer Sexualität oder den Wunsch, Aufmerksamkeit zu erregen. »Gay Deceivers«, der charmante Euphemismus der Jahrhundertwende war eine Umschreibung für die Schaumgummieinlagen. Er läßt darauf schließen, daß ein vorgetäuschter üppiger Busen in seiner unehrlichen Koketterie reizvoller war als das ehrliche Bekenntnis zu wenig aufsehenerregenden Brüsten. Die Vorstellung, eine Frau mit einem großen Busen sei eine Sexbombe, stammt noch aus einer Zeit, als man dicke, fleischige Oberschenkel als Zeichen großer Sinnlichkeit wertete. Die Feststellung: »Sie hat keine Schenkel«, bedeutete soviel wie Mangel an Erotik oder ein sexuelles Versagen, das in keiner Beziehung zur Orgasmusfähigkeit einer Frau stand.
Die westliche Kunst idealisiert die Halbkugelform, denn straffe

runde Brüste werden mit Jugend assoziiert. Aber eine vorstehende Rundung muß unweigerlich klein sein, denn eine große Masse unterliegt dem Gesetz der Schwerkraft, wenn sie nicht von einem BH gestützt wird oder durch Silikon gefestigt ist. Eine verläßliche Regel ist: Je größer die Brust, desto tiefer hängt sie. Nur die Phantasie kann den grundsätzlichen Widerspruch zwischen großen und aufgerichteten Brüsten aufheben, indem sie beide wünschenswerte Eigenschaften miteinander verbindet. Die Mode orientiert sich nie an hängenden, schaukelnden Brüsten. Auch in Aktdarstellungen ist diese Variante selten zu sehen. Die afrikanische Kunst hat eine auffallend andere Tradition. Holzschnitzereien aus Mali verherrlichen Gestalten mit eindeutig nach unten gerichteten Brüsten. Das gleiche gilt auch für Holzplastiken aus Neuguinea und Statuetten der Kwakiutl.

Offensichtlich gibt es so etwas wie eine durchschnittliche Brust nicht. Doch die westliche Zivilisation hat sich dafür entschieden, die erstaunliche Vielfalt zu leugnen, denn hier präsentiert sich die verpackte Brust der Welt und erzwingt eine Einheitsform, die entsprechend der Zeit als höchst erotisch und modisch gilt. Für die meisten Frauen ist der Gedanke selbstverständlich, daß die Form ihrer Brüste und ihre Figur durch einen genormten BH verbessert werden können. Blusen mit Abnähern ließen keinen Zweifel daran, wohin die Brustwarzen weisen sollten. Pullis wirken nur chic und sitzen nur gut, wenn der Busen nach oben weist – zumindest ist unser Auge darauf abgerichtet, das zu glauben. Argumente zugunsten des Büstenhalters gehen jedoch weit über Fragen der Mode hinaus, vielmehr verbinden sie Ästhetik mit anderen Überlegungen. Sie sind ein Echo des Protests, den glühende Anhängerinnen der eng geschnürten Mieder früher erhoben: Ohne sichere Stütze werden die Brustmuskeln zu sehr belastet und schmerzen, die Brüste schaukeln schamlos hin und her, und das ist sehr unangenehm; nach unten gerichtete Brustwarzen lassen den Busen schlaff und freudlos erscheinen; eine Hängebrust ist das Zeichen einer alten Frau; eine Brust ist größer oder unterscheidet sich von der anderen, vielleicht sitzt sie auch tiefer; es ist schamlos und schlampig, keinen BH zu tragen.

In dieser bunten Sammlung von Argumenten ist eines nicht so

leicht von der Hand zu weisen – eine vollbusige Frau bedarf einer künstlichen Stütze, um das Gewicht ihrer Brüste zu tragen. Die Theorien der Anthropologen schreiben den aufrechten Gang ursprünglich dem Mann zu, der feststellte, daß es ihm Vorteile brachte, wenn er über das hohe Gras der Savanne blicken, einen Speer werfen, das Fleisch nach Hause tragen oder irgendwelche andere Dinge tun konnte, die für einen Mann vielleicht wichtig waren, wenn er sich auf die Hinterbeine stellte. Frauen paßten sich dieser evolutionären Entwicklung natürlich an – aber leider nur unvollkommen. Wir lesen kaum einmal, daß der aufrechte Gang ursprünglich auch der Frau Vorteile brachte, die ihr Kind auf einem Arm tragen mußte, während sie Früchte und Zweige sammelte.

Ist an der weiblichen Anatomie etwas nicht in Ordnung, wenn die Frau auf zwei Beinen geht? Belastete die Entwicklung zum Zweibeiner die Frau auf besondere Weise? Es gibt keine medizinischen Beweise dafür, daß es einer Frau mit kleinem Busen schaden kann, wenn sie keinen BH trägt. Doch große, volle Brüste sind für Brustkorb, Rückgrat und Rücken eine schwere Bürde. Ein Körper, dessen Gleichgewicht durch zwei schwerfällige, semi-autonome Gewichte beeinträchtigt wird, bewegt sich weniger geschickt, weniger anmutig, langsamer und mit größerer Vorsicht. Bei plötzlichen oder lebhaften Bewegungen, Sprüngen oder Drehungen kommt es in der Koordination zu einer winzigen Verzögerung. Die Brüste reagieren immer etwas langsamer. Große, schwere Brüste schlagen bei anstrengenden Tätigkeiten immer wieder gegen den Brustkorb und können das Bindegewebe belasten. Ein voluminöser Busen zieht die Schultern nach vorne, kann die Wurfbahn beeinträchtigen oder ist dem schwingenden Arm im Weg. Aus diesen physiologisch bedingten Gründen findet man unter Berufssportlerinnen und Tänzerinnen meist nur Frauen mit kleinen Brüsten. Zur Freude der Miederwarenindustrie entstand durch die Fitneß- und Joggingwelle, die in den siebziger Jahren einsetzte, der Wunsch nach einem kräftigen, belastbaren Sportbüstenhalter – das Gegenstück zum Suspensorium –, der das Schaukeln der Brüste soweit wie möglich verhindert.

Eine Frau, die nicht mit einem C-Körbchen auskommt, wird nie so schnell laufen wie Atalanta. Daran änderte auch der beste

BH nichts. Und eine Frau mit »D« oder noch einer Nummer größer muß im Alltag wahrscheinlich ständig mit kleineren Unannehmlichkeiten leben. Das Konsolenprinzip des BH, durch das die Brust nach vorne ragt und das Gewicht an den Schultern hängt, schafft neue, nicht unbeträchtliche Probleme. Frauen mit »D«s oder doppel »D«s klagen bezeichnenderweise über stechende Kreuzschmerzen und über ins Fleisch schneidende BH-Träger.

Große Brüste sind eine der vielen Faktoren, die Frauen im Konkurrenzkampf des Lebens zurückfallen lassen. In den konservativen fünfziger Jahren, als man den amerikanischen Frauen das Zuhausebleiben schmackhaft machte, wurde bezeichnenderweise der üppige Busen gefeiert und zum weiblichen Ideal hochstilisiert. In Zeiten mutiger, feministischer Aktivitäten – etwa in den zwanziger Jahren und heute –, in denen Frauen sich neue Arbeitsbereiche erobern, propagiert die Mode den stromlinienförmigen Busen. In Sachen Brust scheint es sogar innerhalb der USA zwei verschiedene Stile zu geben. Schönheitschirurgen berichten, daß der Trend an der schnellebigen, geschäftigen Ostküste zur Verkleinerung geht, die mehr Bewegungsfreiheit schafft. In Kalifornien neigen Starlets und Hausfrauen im Bann von Hollywood immer noch zur Vergrößerung. Zu diesem Schritt entschlossen sich auch viele asiatische Prostituierte während des Vietnamkriegs, um den G.I.s zu gefallen.

Eine besondere Spezialität in Stripteaseshows und Topless Bars ist der Auftritt einer Tänzerin mit Quasten, die ihre »langen« Brüste nach der einen und der anderen Richtung schwingt, bis man nur noch eine einzige Bewegung wahrnimmt. Die Gäste amüsieren sich darüber. Ich muß an Desmond Morris denken (hat er einmal einen solchen Auftritt in einer dunklen Bar miterlebt?), der in seinem Buch *Der nackte Affe* die Theorie vertritt, die Frauenbrust habe sich zu solcher Fülle entwickelt, »um die Vorderseite für Männer stimulierender zu machen«. Abgesehen von teleologischen Argumenten, scheint der allgemeine Glaube, daß Brüste in erster Linie dekorativ und im Wesen provokativ sind, historisch gesehen in der westlichen Kultur mit dem Verschwinden des selbstverständlichen Anblicks von Brüsten, die den Kindern als Nahrungsquelle dienen, in einem Zusammenhang zu stehen.

Die Brustfixierung der amerikanischen Männer geht auf die Kriegsjahre in den vierzigern zurück und sucht in ihrer Besessenheit auf der ganzen Welt ihresgleichen. Vielleicht kann man sie teilweise damit erklären, daß sie symptomatisch ist für den Drang einer neuen imperialistischen Nation, die die Kindheitserfahrung, abhängig am Busen der Mutter zu liegen, überwinden oder umwandeln will. Vielleicht aber auch mit der Theorie, daß die Amerikaner gegen ein puritanisches Erbe ankämpfen, das ihnen suggerierte, jede Zurschaustellung von Sex und Sexualität sei sündig. Aber wir müssen gestehen, die nationale Brustbesessenheit ist oft alles andere als liebenswürdig und häufig sogar ausgesprochen unangenehm. Das gespenstische Phantom der alles erdrückenden Superbrust, das durch die Werke von Philip Roth und Woody Allen geistert, ist eher beängstigend als erotisch; und die bekannten Slangausdrücke wie Lollos, Ballons und Titten sind im wesentlichen abwertende Äußerungen, obwohl manche Frauen versuchen, solche verächtliche Bezeichnungen als entmystifizierte Reizwörter in ihr modisches Vokabular aufzunehmen.

Wer kann den Frauen einen Vorwurf machen, wenn ihre Brüste sie in Verwirrung stürzen? Und was nützt es, auf unsere barbusigen Schwestern in anderen Kulturen zu verweisen, denn leider haben wir in *National Geographic* zu viele Bilder von runzligen alten Frauen mit schlaffen, vertrockneten oder euterähnlichen Brüsten gesehen, die verloren bis zu den Hüften hängen. Nein, sie sind nicht sexy. Auch nicht hübsch und attraktiv. Sie erinnern allzusehr an die Funktion der Tiermutter, an die Kuh, die man melkt, bis das Euter leer ist. Wer möchte länger darüber nachdenken, daß Brüste wie Euter aussehen können, daß Brüste Euter *sind:* leer, voll, geschwollen, tropfend, gepreßt, ausgesaugt, wund, empfindlich, schmerzend – und schließlich auch einmal verbraucht und verwelkt sind. Nein, wir sind Marylin Monroe in ihrer Kalenderpose. Wir sind Teilnehmerinnen am Busenwettbewerb im nassen T-Shirt. Wir schweben mit einem Maidenform-BH durch den Park, und die Brustwarzen zeichnen sich nicht ab.

Welch eine Ironie: Der Anblick einer stillenden Mutter wirkt auf so viele Menschen befremdlich, die einen Ausschnitt am Abendkleid gerne tragen oder sehen. In einer merkwürdigen

Umkehrung wird das saugende Kleinkind zur peinlichen Erinnerung an den erwachsenen Liebhaber. Das Spiel mit den Brustwarzen ist die historische Basis für das Dekolleté: Ein gewisses Maß an Entblößung ist sexy, doch das zufällige Sichtbarwerden des Warzenhofs geht weit über das Schickliche hinaus. In bestimmten Kreisen gilt es immer noch als gewagt, keinen BH zu tragen; nicht notwendigerweise, weil man das Schaukeln und Schwanken der Brüste fürchtet, sondern weil die Brustwarzen sich nicht daran hindern lassen, entsprechend ihrer Eigendynamik aufzutauchen. Brustwarzen und Milchproduktion scheinen ein Problem zu sein – und doch geht es bei Brüsten um nichts anderes als Brustwarzen und Milchdrüsen. Zwar ist das erektile Gewebe auch bei den Männern vorhanden, doch es erstaunt nicht, daß die männliche Sexualität kaum einmal eingesteht oder gar betont, welche Quelle erogenen Lustgewinns die eigenen Brustwarzen sind. (Werden die Männer schamhaft ihren Oberkörper verhüllen, wenn dies einmal eingestanden sein wird?) Der kleine Junge, der auf das Plakat einer bekleideten Frau höhnisch zwei schwarze Kreise malt, hat die gesellschaftliche Lektion bereits verinnerlicht: Seine Brustwarzen sind unverwundbar und ohne Sex; die eines Mädchens sind schamlos und schmutzig. Und eine stillende Mutter, der das Kind an der Brust sinnliches Vergnügen bereitet, fragt sich vielleicht, ob ihre Reaktion falsch oder unanständig ist.

Nach Jahrzehnten fanatischer Besessenheit waren Brüste offensichtlich so völlig ein Gebiet männlicher Sexualität geworden, daß der Anblick einer Frau ohne BH auf der Straße Ende der sechziger Jahre heftige, ja feindselige Reaktionen auslösen konnte. Das Johlen und Pfeifen verstummte allmählich, doch die anfänglichen Gefühlsäußerungen ähnelten eher Zornesausbrüchen. Es war, als glaubten die Männer inzwischen, es sei irgendwie ihr alleiniges Privileg und Recht, einer Frau den BH auszuziehen. Verständlicherweise teilten viele Frauen den Standpunkt, eine Frau ohne BH lege es darauf an, Aufmerksamkeit zu erregen, die gefährlich werden konnte. In Diskussionen über Vergewaltigung konnte man hören: »Was erwarten diese jungen Mädchen eigentlich, wenn sie ohne BH herumlaufen?«

Niemand aus der Frauenbewegung hat je aus Protest öffentlich einen Büstenhalter verbrannt, doch sobald die Feministinnen auf die Straße gingen, verbreitete sich durch die nationalen Medien das Gerücht von verbrannten Büstenhaltern wie ein Lauffeuer. Und die Flammen wurden von Journalisten geschürt, die es eigentlich hätten besser wissen müssen. Ich kann mir nur denken, daß das Märchen damit seinen Anfang nahm, daß ein Berichterstatter ganz unschuldig eine zündende Schlagzeile suchte. Militante Kriegsdienstverweigerer hatten ihre Wehrpässe in der Öffentlichkeit verbrannt, und so lag es doch nur allzu nahe, den militanten Feministinnen das gleiche anzudichten, von denen manche tatsächlich keinen BH trugen. Das Verbrennen eines BH suggerierte die wilde, ungezügelte Zerstörung sicherer, vertrauter Werte. Dieses Bild symbolisierte den gefürchteten feministischen Angriff auf alle etablierten Traditionen, die Frauen und ihre Sexualität in geordneten Bahnen hielten. Eine Frau, die ihren BH verbrannte, konnte auch eine Bombe werfen, da sie dumm und selbstzerstörerisch war. Und so wurde das Märchen aufgegriffen, denn es traf mitten ins Herz weiblicher Unsicherheit – die Angst, nicht unterstützt und geschützt zu werden; nicht nur gesellschaftlich und ökonomisch, sondern an einem verwundbaren Punkt der Erscheinung.

Die ideale weibliche Figur unterlag stets Veränderungen. Mittel dazu waren nicht nur formende Korsetts und Mieder, sondern auch die dem jeweiligen Zeitgeschmack unterliegende Körperfülle. Boticellis Venus ist auch für die achtziger Jahre schlank genug. Aber Tintorettos Susanna würde mit ihren mächtigen Schenkeln und Hinterbacken die Alten unserer Zeit wahrscheinlich enttäuschen. Die fünfundzwanzig rundlichen Schönen, die sich in Ingres' *Türkischem Bad* tummeln, wirken wie neue Mitglieder eines Schlankheitsinstituts. Um einen modernen Körper zu haben, wünscht die Frau von heute sich kleinere Brüste und schmalere Hüften als ihre Schwester um die Jahrhundertwende. Damals verkörperte das Gibson Girl mit wogendem Busen und Hohlrücken das sinnliche Ideal; Florenz Ziegfeld glorifizierte später mit seinen Follies den Lillian-Russel-Showgirl-Typ und erklärte, weibliche Vollkommenheit habe die Maße 91-66-97 mit betonten Hüften.

Die stattliche Lillian war weit ausladender. Zwar schwieg sie sich über ihre unteren Proportionen aus, doch selbst in einem enggeschnürten Korsett brachte sie es auf 107 cm Brustumfang und 69 cm Taillenweite. Ihre liebenswürdige Rivalin Anna Held, Ziegfelds Hauptattraktion und Ehefrau, war nicht ganz ein Meter zweiundfünfzig groß und mollig, aber in ihrer Pariser Korsage brachte sie es auf 92-51-92. Als Anna Held mit fünfundvierzig Jahren an einer Knochenerkrankung starb, kursierten Gerüchte, sie habe sich zwei Rippen chirurgisch entfernen lassen, um ihre berühmte Taille zu bekommen. Aber das waren nur böse Verleumdungen, mehr nicht. Wichtig ist, daß 1918, zum Zeitpunkt von Anna Helds Tod, der Sanduhrkörper, den sie repräsentierte, bereits von einer schlankeren, weniger betonten Figur abgelöst war. Ihr huldigte der busenlos wirkende Flapper ohne Korsett.

Die Badenixe, die in den fünfziger Jahren auf einen Hollywood-Vertrag hoffte, trug ihre Schönheit mit den Maßen 89-64-89 zur Schau und war damit an Brust und Taille drei Zentimeter und an den Hüften ganze acht Zentimeter schlanker als das Ziegfeld-Ideal. Aber beim Brustmaß konnte sie es nach dem Vorbild von Jayne Mansfield unter männlichem Applaus auf 102 cm bringen, ohne als busenlastig zu gelten. Auf der Straße trug sie einen breiten, engen Gürtel, um die Taille zu betonen. Doch im Verlauf von zehn Jahren war das typische Starlet mit dem üppigen Busen und dem wackelnden Po ein Opfer der Mode geworden – selbst für den Strand hatte sie zuviel von allem. Im Bikini sah sie nicht gut aus – er quoll in allen Richtungen über –, und damit begann ihr Niedergang.

Unter allen modischen Errungenschaften, die den weiblichen Körper in den sechziger Jahren revolutionierten, verdient der französische Bikini besondere Beachtung. Denn als dieser Import die amerikanischen Strände überschwemmte, kam die Wirkung einem Erdbeben gleich. In den fünfziger Jahren galt der Bikini, der seinen Namen einem winzigen Atoll im Pazifik verdankt, wo Atombombenversuche stattfanden, als äußerst gewagt. Ein Jahrzehnt später war er *der* Badeanzug der Wahl geworden. Europäerinnen jeden Umfangs und jeder Größe fanden nichts dabei, sich in winzigen, taschentuchgroßen Stoffdreiecken zu sonnen, doch die puritanische amerikanische Empfindlichkeit musterte den Körper im Bikini mit kritischen Blicken. Kurven, die aus dem Oberteil mit den schmalen Trägern und dem briefmarkenähnlichen Unterteil quollen, galten als unanständig. Eine weniger gerundete Gestalt war ein ästhetischerer Anblick. Schlankheit überall, nicht nur an der Taille, war am Strand gefragt.

Auch in der Straßenkleidung kam es in den sechziger Jahren zu einer Revolution, die durch die neuen Kunstfasern möglich wurde. In den Kollektionen von Courrèges, Saint Laurent und anderen verschwand der Gürtel um die Taille beinahe gleichzeitig; puppenhafte Zierlichkeit trat an die Stelle der dünnen Taille mit der Fülle oben und unten, die für die Silhouette der fünfziger Jahre charakteristisch war. Die enganliegenden Seidenjerseys von Pucci wirkten am besten über einem BH, Slip und Strumpfhosen, und damit war der Gürtel passé. Jacqueline Kennedy im Weißen Haus, zu jeder Schlankheitsdiät entschlossen und eine ausgesprochene Anhängerin der Mode, sah in Trapezkleidern und später in Minis bewundernswert aus. In den unruhigen, jugendorientierten sechziger Jahren suchte die amerikanische Mode ein radikales Ideal: 1967 wurde das britische Teenagermodell Twiggy zum Vorbild für das Aussehen erwachsener Frauen erhoben. Twiggy wog mit ihren ein Meter siebzig knapp zweiundvierzig Kilo und besaß kaum nennenswerte Brüste oder Hüften.

Als der Gürtel verschwand, zum Teil weil er sich unter den immer enger anliegenden Kleidern abzeichnete, aber auch, weil diese Art von Reglementierung nicht zu dieser turbulenten Zeit paßte, sah die Durchschnittsfrau sich gezwungen, die Verantwortung für ihre Figur selbst zu übernehmen. Seit den zwanziger Jahren hatte man vom Frauenkörper nicht mehr verlangt, ohne stützende Korsage auszukommen; die Mode der zwanziger Jahre war nicht nur sehr kurzlebig gewesen, sondern hatte auch nichts gegen Hüften einzuwenden gehabt. Florenz Ziegfeld hatte mit seinen Idealmaßen richtig gelegen. Genetisch bedingt, sind die meisten Frauen unterhalb der Taille breiter gebaut als oberhalb. Der Feldzug gegen Hüften und Schenkel begann in den vierziger Jahren, als die Frauen noch im Bann des zweiteiligen elastischen Korsetts standen. Die seit dieser Zeit voll entbrannte Schlacht, eine Kampagne der Schlankheitsdiäten und gymnastischen Übungen, die zu größerer Frustration und Tränen der Verzweiflung als zu tatsächlich verlorenen Pfunden

führen, illustriert treffend, daß die Ästhetik der Weiblichkeit zum natürlichen Frausein im Widerspruch steht. Das breite Becken ist seit mehr als vierzig Jahren aus der Mode.
Früher stellte man sich die Models üblicherweise als gutgewachsene, große junge Frauen vor, die gezwungenermaßen ein Drittel ihres Normalgewichts abhungern mußten. Die armen Geschöpfe lebten nur von Fleischbrühe, denn auf den Fotos wirkte der Körper schwerer, als er tatsächlich war. Aber inzwischen hält man Models nicht mehr für extrem dünn. In den siebziger Jahren gewann das Bild der nymphenartigen Ballerine auf der Spitze an Beliebtheit; und sie ist dünner, ätherischer als jemals zuvor in der Geschichte des Tanzes. Sie wetteifert mit den anderen Mitgliedern der Truppe um noch weniger Gewicht und ernährt sich zwischen den anstrengenden Proben von TAB und Kaffee mit Süßstoff. Nach ihrem Auszug aus dem Weißen Haus wurde Jacqueline Kennedy noch magerer, um mit der Mode zu gehen; Pat Nixon und Rosalynn Carter standen einander in nichts nach, wenn es darum ging, Pfund um Pfund loszuwerden. Nancy Reagan knabbert kaum mehr als Weintrauben und Salatblätter, um die richtige Figur für ihre Galanos-Roben zu bewahren. Die Ehefrauen von Präsidenten, die sich mehrmals täglich den Fotografen stellen, scheinen nicht weniger entschlossen zu sein als Mannequins und Ballerinen oder die »neue« Diana Ross und die »neue« Gilda Radner, mager zu bleiben; in dieser erbitterten Form weiblichen Konkurrenzstrebens, das die Form von Nahrungsverweigerung annimmt, stehen sie kaum allein.
Ein höherer Grundumsatz ermöglicht den Männern, schneller Kalorien zu verbrennen und in körperliche Energie umzusetzen als Frauen. Mit ihrem größeren Körper können sie nicht nur mehr Kuchen und Eiscreme essen, sondern es liegt auch an ihrer geschlechtsbedingten Muskelmasse, daß sie mehr Kalorien aufnehmen können, ohne sie sofort in Fett zu verwandeln. Ein Mann ißt im Laufe eines Tages vielleicht fünfzig Prozent mehr als eine Frau, ohne zuzunehmen; zumindest muß er sich keine Sorgen darüber machen, daß er um die Hüften breiter wird. Wenn man gerne gut ißt und schlank bleiben möchte, muß man einräumen, daß Männer in dieser Hinsicht einen entschiedenen Vorteil haben. Erst im hohen Alter, wenn die Unterschiede im

Stoffwechsel weitgehend schwinden, gehen Männer und Frauen unter gleichen Voraussetzungen an den Eßtisch. Selbst wenn Männer beschließen, sich beim Essen zu mäßigen, geschieht das meist aus Furcht vor Cholesterin und einem Herzinfarkt – wichtige, lebenswichtige Gründe und nicht mangelnde Attraktivität aufgrund eines wachsenden Bauchs. (Homosexuelle achten sehr darauf, Figur zu bewahren »genau wie Frauen«. Auf einem sexuellen Markt, auf dem männliche Werte dominieren, achtet besser jeder auf gutes Aussehen, wenn er gefallen will.)

Die Besessenheit amerikanischer Frauen mit ihrem Gewicht geht über die geschlechtsbedingten Unterschiede in der Umwandlung von Kalorien hinaus, ist nicht mehr nur noch mit Sexappeal zu erklären und hat auch nichts mit der interessanten Frage zu tun, wie man in einer schnellebigen, selbstbewußten und photointensiven Zeit mit der weiblichen, biologisch bedingten Tendenz, Pölsterchen anzusetzen, fertig wird. Dr. L. M. Vincent bemerkt in *Competing with the Sylph* sehr klug, daß Schlankheit und Kultiviertheit Synonyme für die ehrgeizige Frau geworden sind. Und das Sprichwort der besseren Gesellschaft: »Man kann nie zu dünn oder zu reich sein«, scheint diesen Gedanken in der Tat zu bestätigen. Eine Schlankheitsdiät ist eine freiwillige Entscheidung, die einer privilegierten Schicht vorbehalten ist, der Nahrung im Überfluß zur Verfügung steht. Werden Lebensmittel knapp, ist Magerkeit ein Zeichen von Armut und nicht Ausdruck von Willenskraft oder modischem Bewußtsein. Die typische jugendliche Anoretikerin entstammt meist dem privilegierten Milieu. Man beschreibt sie oft als überehrgeizige Perfektionistin, deren Drang, schlank zu sein, zur Besessenheit wird und zur Selbstzerstörung führt. Es ist typisch weiblich, daß der Ehrgeiz von Frauen sich so häufig in bedeutungsloser oder destruktiver Übertreibung eines kulturellen Ideals äußert: den kleinsten Fuß, die schmalste Taille, die größte Brust etc. Gestehen wir der Anoretikerin zu, daß sie unter einer tiefgehenden psychischen Störung leidet. In einer anderen Zeit, vielleicht der, die Zola in *Nana* so lebendig gemacht hat, würde sie sich vielleicht mit Buttercremetorten mästen und hoffen, daß die Pfunde sich anmutig um Schenkel, Brüste, Arme legen, oder wo immer sie Bewunderung erregen könnten.

Die meisten Frauen gehen im Wunsch, schlank zu sein, nicht bis zum Extrem der Magersucht; aber Schlankheitskuren und Wundermittel sind uns im allgemeinen nicht unbekannt. Wir sind unablässig auf der Hut vor der Scheibe Brot, den Kartoffelchips, dem Teller Spaghetti oder dem Extrabissen Steak, von denen wir wissen, daß sie uns glücklich machen würden, zumindest solange wir daran kauen. Ich esse selten soviel, wie ich eigentlich möchte. Ein ausgezeichnetes Essen in netter Gesellschaft ist eine der Belohnungen im Leben, die immer wohltut. Aber ich bin viel zu konkurrenzbewußt, um ruhig mitanzusehen, wie meine Taille wächst, während andere ihre Schlankheit wie eine olympische Medaille zur Schau tragen. Die Schlankheitsdiät ist wohl die ausgeprägteste Form des Konkurrenzkampfes unter den heutigen Frauen – zumindest unter den nach oben strebenden Frauen, die die Illusion der Weiblichkeit ebenso bis zur Perfektion vervollkommnen, wie sie auf anderen Gebieten um Erfolg ringen.

Trotz der genetischen Vielfalt wird in einer Zeit selten mehr als einem Frauentyp sexuelle Bewunderung zuteil; und das aufgezwungene eine Ideal spielt in einer ganz besonderen Form des physischen Kampfes eine Frau gegen die andere aus. Der Refrain eines beliebten alten Blues lautet: »Ich bin eine dicke, fette Mama mit gutgepolsterten Knochen. Und wenn ich mein Fleisch spielen lasse, verliert eine dünne Frau ihr Heim.« Die dünne Frau und die dicke Mama sind im Lied Rivalinnen, denn jeder Wechsel im Standard der Attraktivität macht sie zu Rivalinnen im Leben; sie wetteifern um Aufmerksamkeit, denn es geht ums Überleben.

Breite Hüften oder schmale, ein großer Busen oder ein kleiner, das Prinzip, das den weiblichen Körper beherrscht, unterliegt keiner Veränderung. Im Konkurrenzkampf von Frau gegen Frau ist das Aussehen die wichtigste Waffe. Die Erscheinung, nicht Leistung ist das weibliche Mittel, um zu demonstrieren, wie bezaubernd und begehrenswert man ist. Indem man danach strebt, sich einem Körperideal anzunähern, rüstet man sich für den Konkurrenzkampf mit den Rivalinnen. Früher griff man dabei nach dem Korsett, heute beschließt man eine Schlankheitskur mit Magerquark und Sellerie, die morgen beginnt. Die weibliche Rüstung ist weder aus Metall noch aus Muskeln; paradoxerweise ist sie die Übertreibung einer körperlichen Schwäche, die den Männern Selbstbestätigung bringt (und sie nicht bedroht). Da eine Frau dazu verurteilt ist, sich auf jede Einzelheit ihres Körpers zu konzentrieren, ist sie nie frei von Befangenheit. Nie ist sie völlig mit sich zufrieden, nie ganz sicher, denn ihr verzweifeltes, endloses Aufgehen im Ringen um eine vollkommene äußere Erscheinung – nenne man es ruhig weibliche Eitelkeit – ist die lebenslängliche Fessel, die die Freiheit des Geistes verhindert.

Haar

Ich stehe die meiste Zeit meines Lebens mit den Haaren auf meinem Kopf auf Kriegsfuß. Sie sind weder glatt noch lockig; sie sind einfach widerspenstig. Sich selbst überlassen, wirken sie ungepflegt und unordentlich. Man hat mir über alles mögliche Komplimente gemacht, aber niemand, selbst mein Friseur nicht, hat je gesagt, meine Haare seien die Krönung meiner Schönheit.
Ich wünsche mir so sehr, meine Haare lang zu tragen, denn wie alle Frauen, die ich kenne, wuchs ich in dem Glauben auf, lange Haare seien unbestreitbar weiblich. Ich könnte den Vorteil gut gebrauchen, den langes Haar einer Frau schenkt; aber ich sehe schrecklich aus, wenn meine Haare lang sind. Ich weiß, wie manche Leute über kurze Haare denken – sie sagen, kurze Haare sind unfraulich, ja sogar lesbisch. Ich könnte es wagen, meine Haare ziemlich kurz zu schneiden, wenn ich Make-up anlegen und Kleider und vielleicht auch Ohrringe tragen würde . . . oder wenn ich keine Feministin und keine ehrgeizige Karrierefrau wäre . . . oder wenn ich verheiratet wäre und zwei Kinder hätte. Aber bei einer Frau wie mir tragen kurz geschnittene Haare zu einem Image bei, auf das ich keinen Wert lege. Ich bin mir des Konflikts bewußt. Ich muß meinen Weg gehen, aber ich darf die sichere Zone der Weiblichkeit nicht verlassen. Also trage ich meine Haare mittellang und ärgere mich täglich darüber, daß sie mich im Stich lassen.
Meine Haare und ich kämpfen um eine gütliche Einigung im Sinne der Weiblichkeit, seit ich mich für Jungen interessierte und einen weißen Angorapullover kaufte. Ich war gut in der Schule, aber meine Ringellocken waren nicht überragend. Mit fortschreitender Technologie lernten meine Freundinnen mit großen Lockenwicklern umzugehen; aber sich konnte mich nicht daran gewöhnen, acht Stunden zu schlafen, ohne den Kopf zu bewegen. Es gab eine Zeit, die sich über viele Jahre hinzog, in der mich ein starkes Band an Elizabeth Arden fesselte. Zwei-

mal in der Woche wurden mir dort in der Mittagspause die Haare gewaschen, mit Lockenwasser behandelt, auf Papier und Plastikroller gewickelt, mit Haarklips gehalten, um die Ohren und auf der Stirn sanft mit Watte gepolstert, in ein rosa Haarnetz gebunden und fünfunddreißig Minuten unter der Haube getrocknet. Dann befreite man mich gnädig; die Clips wurden abgenommen, die Lockenwickler herausgezogen, die Haare ausgebürstet, und so gut es ging nach der letzten Mode der Saison gekämmt und frisiert. Man hüllte mich in eine Wolke giftigen Haarsprays und entließ mich in einem mühsam erarbeiteten Zustand weiblichen Chics hinaus auf die Straße. Er hielt für den Rest des Tages . . . wenn es nicht regnete. Bei Elizabeth Arden kam ich mir immer wie eine Schwindlerin vor. Nicht einmal ließ ich mir dort die Nägel maniküren und lackieren; nicht einmal unterzog ich mich dem Ritual der Pediküre, dem Wachsen der Beine oder den geheimnisvollen Riten der Ganztagsbehandlung. Sie müssen mein fehlendes Engagement gespürt haben. Aber meine Haare hatten sie völlig in ihrer Gewalt. Sie rührten an die Wurzeln meiner größten Unsicherheit.

Bei Elizabeth Arden änderten sich meine weiblichen Unsicherheit mit jeder neuen Mode. Wenn man glatt trug, waren meine Haare zu füllig und mußten ausgedünnt werden; als ich den Bubikopf anstrebte, lag mein Problem am niedrigen, unsauberen Haaransatz im Nacken, der ausrasiert werden mußte; als der Stil den toupierten Kopf verlangte, erklärte man mir, das zurückgekämmte Haar verberge eine gewisse Flachheit meines Hinterkopfes, aber die widerspenstigen Strähnen auf der Stirn seien hoffnungslos. Als der Naßschnitt der letzte Schrei war, hob mein Friseur verzweifelt die Schere gen Himmel: Meine welligen Haare wollten nicht fallen. Ich schlich mich vernichtet davon, denn mein schlimmster Alptraum war Wirklichkeit geworden. Trotz aller professioneller Kunst ließ sich mit meinen Haaren nichts anfangen.

In den sechziger Jahren verschob sich das Gleichgewicht der Macht zwischen Kundin und Friseur um eine Spur. Als die Hippies ihre Haare lang wachsen ließen, war niemand mehr als ich erstaunt, daß einige der jungen Männer schöne Locken hatten, während andere ebenso bedauernswert aussahen wie ich.

Schwarze Frauen ließen ihre Haare natürlich wachsen und damit setzte sich eine tolerantere Haltung durch. Der Handfön befreite nur vom Waschen und Legen im Schönheitssalon. Schließlich machte die Frauenbewegung Schluß mit der adretten Frisur, der »eingelegte« Kopf wirkte nur noch lächerlich und altmodisch. Im Prinzip waren ein guter Schnitt und ein Fön alles, was man brauchte.

Aber gerade, als der Wind endlich in meine Richtung zu wehen begann, wurden meine Haare von einem neuen, grausamen Problem heimgesucht. Man nennt es frühzeitiges Ergrauen – ist das Ergrauen für die Opfer nicht immer »frühzeitig«? –, und es erfordert die Anwendung einer Farblösung aus einer Flasche. Trotz der verführerischen Clairolwerbung fiel mir der Entschluß zur Behandlung nicht leicht. Ich fand – und finde immer noch –: Haare färben ist eine beschämende Konzession an alle falschen Werte. Ist es nicht höchste Zeit, erklärte ich meinem Spiegel und meinen Freunden, den Kampf gegen das unfaire Vorurteil aufzunehmen, wonach ein Mann mit grauen Schläfen interessant aussieht und graue Haare bei einer Frau darauf schließen lassen, daß sie sich vernachlässigt? Aber es war nicht angenehm, Tag für Tag in allen möglichen Situationen ein lebendiges Beispiel für die traurige Tatsache zu sein, daß graue Haare nicht jugendlich, verführerisch, weiblich und »in« sind. Ich haßte mein Martyrium. Ich mußte so gut wie möglich aussehen. Ich wollte hübsch sein. Die Eitelkeit (oder war es pragmatisches Konkurrenzdenken?) siegte mit dem energischen Beistand einer Freundin, die an Weihnachten zu mir kam und mir unter viel Gekicher eine Flasche *Loving Care* über die Haare schüttete. Meine Zweifel schwanden nach der ersten einfachen Anwendung.

Seit undenklichen Zeiten dient das Haar dazu, eine visuelle Aussage zu machen, denn das vielseitigste Rohmaterial des Körpers läßt sich schneiden, zupfen, rasieren, locken, glätten, flechten, pomadisieren, bleichen, tönen, färben, mit kostbarem Schmuck und Stammeszeichen schmücken. Eine neue Frisur kann das Aussehen des Gesichts beeinflussen und die Laune ändern. Ein uniformer Haarschnitt kann eine bestimmte Menschengruppe von anderen unterscheiden und Konformität oder Rebellion signalisieren, Frömmigkeit oder Sinneslust. Festgelegte Haartrachten haben dazu gedient, Männer von Frauen zu unterscheiden, den Sklaven vom Herrscher, die Jungen von den Alten, eine Jungfrau von der Ehefrau und der Witwe, und sie waren unter anderem Zeichen der Trauer.

In der westlichen Welt entstand aus dem Bemühen der Eltern, das Geschlecht ihres Kindes deutlich zu machen, die Sitte einer rosafarbenen oder blauen Babydecke. Die zweite gesellschaftlich wichtige Konvention ist in diesem Zusammenhang der Haarschnitt. Ein kleines Kind mit abgeschnittenen Locken ist eindeutig ein Junge, und wehe der Mutter, die dieses entscheidende Ereignis zu lange hinauszögert! Man wird ihr vorwerfen, sie mache aus ihrem Sohn ein Mädchen. Doch die felsenfeste Überzeugung, zu einem Jungen gehörten kurze Haare und lange zu einem Mädchen, ist so willkürlich wie die Farbe der Babydecke. Kein Fachmann kann anhand einer Analyse entscheiden, ob eine Haarlocke von einer Frau oder von einem Mann stammt. Beim Kopfhaar gibt es rassenbedingte Unterschiede; das einzige geschlechtsspezifische Merkmal ist das Kahlwerden.

Zum Leidwesen aller Männer ist die Glatze ein charakteristisches Erbe, von dem andere Rassen und das andere Geschlecht weitgehend verschont bleiben. Die nicht geschlechtsbestimmenden Chromosome von Mann und Frau enthalten Gene, die Kahlheit auslösen, doch in der Erbmasse von Schwarzen und Asiaten sind sie weniger häufig. Zwar sind weiße Männer und Frauen Träger der Kahlheitsgene, aber es bedarf der Androgene, der männlichen Sexualhormone, damit die Eigenschaft in Erscheinung tritt. Etwa sechzig Prozent der weißen Männer haben mehr oder weniger Haare verloren, wenn sie fünfzig sind; ein zurückweichender Haaransatz oder die bekannte kahle Stelle am Hinterkopf zeigen sich vielleicht schon bei einem Mann Anfang zwanzig. Bei weißen Frauen läßt sich ein ähnliches Dünnerwerden der Haare beobachten; doch es setzt später ein und ist weniger ausgeprägt.

Die Kahlheit bereitet den Neo-Darwinisten ebenso große Schwierigkeiten wie die große Nase des männlichen Nasenaffen. Sie können sich nicht erklären, welchen Vorteil sie dem männlichen Geschlecht, besonders den weißen Männern, bringen soll. Greift man zu einem ihrer beliebtesten Argumente, könnte man sagen, Kahlheit habe eine wichtige Funktion bei der Partnerwahl, denn sie ist eine deutliche Warnung für jede weiße Frau: Der fragliche Mann ist über seine besten Jahre hinaus und zu alt, um für sie und die Kinder zu sorgen. Deshalb ist er kein erstrebenswerter Partner. Mir gefällt diese Art Argumentation nicht. Mir scheint Kahlheit, wie so viele andere Unterschiede zwischen Männern und Frauen, ein zufälliges, hormonell bedingtes Merkmal zu sein, dem keinerlei größere evolutionäre Bedeutung zukommt.

Wie irrelevant eine Glatze für Fortpflanzung oder die Evolution vielleicht auch sein mag, so ist sie doch ein Schlüssel zu einer der hartnäckigen Vorstellungen von maskulinen Männern und femininen Frauen. Der Glaube, langes Haar sei weiblich, und Männer sollten im Gegensatz dazu ihre Haare kurz tragen, entstand und verbreitete sich in der »weißen« europäischen Zivilisation. Im Osten und in Afrika, wo Männer selten kahl werden, wurde diese artifizielle Polarisierung entweder umgekehrt, oder nur widerstrebend beziehungsweise überhaupt nicht übernommen.

Die ägyptischen Pharaonen und die königliche Familie ließen sich die Kopfhaare völlig entfernen. Männer und Frauen trugen unterschiedliche Perücken, während die Sklaven sich nach dem Gesetz mit den eigenen Haaren begnügen mußten. Bei den Massai und anderen afrikanischen und indianischen Stämmen, die noch an traditionellen Gebräuchen und Sitten festhalten, ist eine imponierende Fülle langer Haare, mit Muscheln, Federn oder Perlen geschmückt, ein stolzes Wahrzeichen der Männlichkeit – vielleicht nach dem Vorbild der Löwenmähne oder des farbenprächtigen Gefieders exotischer Vögel – die Köpfe der Frauen bleiben ungeschmückt, sind geschoren oder verhüllt. Zahllose lange Zöpfe, die Weiße aufs höchste verunsichern, sind auf Jamaica ein vertrauter Anblick, und die Rastafaris haben die bedrohliche Haarpracht zum Bestandteil ihrer Religion gemacht. Die japanische Kunst der großen, klassischen Perioden zeigt Männer und Frauen mit langen Haaren und kunstvollen Frisuren; und nur ein Experte kann etwa an einem prächtigen Kamm die Geschlechter unterscheiden. Die Männer des japanischen Adels trugen im zehnten Jahrhundert, in der Heian-Zeit, einen Haarknoten auf dem Kopf, während die Hofdamen ihre

Haare offen auf die Schultern fallenließen. Asiaten haben meist dichte üppige Haare; deshalb ist es nicht verwunderlich, daß in Japan und China beide Geschlechter lange Haare schätzten, bis sich mit zunehmendem westlichen Einfluß ein neues männliches Erscheinungsbild durchsetzte. Wir wissen aus der amerikanischen Geschichte, daß der Zopf der chinesischen Eisenbahnarbeiter Anlaß zur Rassendiskriminierung bot.

Selbst im Westen vergingen Jahrhunderte, ehe sich die Vorstellung von langem Haar als etwas eindeutig Weibliches durchsetzte, denn nach alter Überlieferung galt langes Haar als Zeichen von Frömmigkeit, körperlicher Kraft und anderen männlichen Tugenden. Im alten Testament sind üppige Locken nicht unbedingt ein Attribut weiblicher Schönheit; es finden sich immer wieder Hinweise auf Männer mit langen Haaren, die ihnen Schönheit und Stärke verleihen. Wie die listige Daliah entdeckte, waren Samsons nie geschnittene Haare die geheime Quelle seiner sagenumwobenen Kraft. Auch der schöne Absalom hatte langes, schweres Haar; aber es verfing sich in einer Eiche, und König Davids Soldaten erschlugen ihn.

Etruskische Krieger rühmten sich ihrer prächtigen Locken, und Spartas Soldaten verbrachten vor der Schlacht viele Stunden damit, ihre Mähnen zu kämmen und zu striegeln. Aber Cäsars Legionäre, die sich aufmachten, die langhaarigen Gallier zu besiegen, trugen die Haare kurz geschnitten und waren glatt rasiert. Der Apostel Paulus lebte unter römischer Herrschaft und beging den großen Fehler, die militärischen Regeln der Römer für Gottesgesetze zu halten. Das Christentum verdankt dem Heiligen Paulus den irrigen Glauben, die Länge des männlichen und weiblichen Haares sei ein Geschlechtsmerkmal.

Paulus erklärte den Korinthern, die langen Haare einer Frau gereichten »ihr zur Ehre«; aber der Heilige wollte den Frauen damit kein Kompliment machen. Er stimmte das Kredo an, christliche Männer sollten unbedeckten Hauptes beten, weil sie als Ebenbild Gottes und zu seiner Ehre geschaffen worden seien. Frauen sollten in der Kirche den Kopf bedecken, denn sie seien »des Mannes Ehre. Richtet bei euch selbst«, schreibt er im ersten Korintherbrief, »ob's wohl steht, daß ein Weib unbedeckt vor Gott bete. Oder lehrt euch auch nicht die Natur, daß es einem Manne eine Unehre ist, so er das Haar lang wachsen läßt, und dem Weibe eine Ehre, so sie langes Haar hat? Das Haar ist ihr zur Decke gegeben.«

Die Gedanken des Apostels folgen auf seinen berühmten Glaubenssatz: »Ich lasse euch aber wissen, daß Christus ist eines jeglichen Mannes Haupt; der Mann aber ist des Weibes Haupt.« »Daraus folgt«, schreibt der Heilige Chrysostomus, »daß ein bedecktes Haupt das Zeichen von Unterwerfung und Schicklichkeit ist. Denn es bringt sie dazu, den Blick zu senken, sich zu schämen und so ihre Tugend voll zu bewahren.«

Die moralistischen Puritaner im England des sechzehnten und siebzehnten Jahrhunderts stürzten sich auf diese Aussage. Die weibliche Frau, die tugendhafte Frau, die Frau, die ihren Platz kannte, trug das Haar lang, ordentlich aufgesteckt unter einer Haube versteckt. Der Moralprediger Philip Stubbes verkündete, das lange Haar der Frau sei das gottgewollte »Zeichen der Unterwerfung« unter ihren Herrn und Ehemann, »wie der Apostel beweist«. Auch William Prynne, ein anderer Moralist, berief sich auf den Apostel. Die langen Haare der Frauen, tönte er, sind etwas, das »Gott und die Natur ihnen geben, um sich zu bedecken, ein Pfand der Unterwürfigkeit und ein natürliches Zeichen, um sie von den Männern zu unterscheiden«. Prynne verdammte die Mode seiner Zeit, sprach von »unseren geschorenen englischen Mannweibern« und donnerte: »Eine Frau mit kurzgeschnittenen Haaren ist ein abscheulicher Anblick. Ja, sie ist ein Ungeheuer.«

So protestierten die männlichen Moralisten – doch immer in der festen Überzeugung, daß die Haare einer Frau vielleicht heilig sein mochten, aber gleichzeitig profan waren. Gott hatte sie ihr gegeben, um ihre Nacktheit damit zu bedecken, deshalb waren sie auch das beunruhigende Symbol ihres sexuellen Wesens. Ungebändigt – gelöst, wirr oder ohne verbergende Haube – besaß Frauenhaar eine gefährliche Macht. Wir kennen die Mär von der schönen Lorelei, die ihr langes blondes Haar kämmte und sang und damit die Schiffer betörte, deren Boote an den tückischen Felsen zerschellten. Der Anblick von Medusas Haaren, das aus lebenden Schlangen bestand, verwandelte Männer in Stein. Die langen gelösten Haare, mit denen Lady Godiva ihren nackten Körper bedeckte, als sie, dem Schwur ihres Mannes gehorchend, durch die Stadt ritt, erscheinen mir weniger als ein

»Zeichen ihres Gehorsams« als mehr eine höchst erotische Angelegenheit. Sicher lag es auch kaum in der Absicht des Heiligen Lukas, daß die namenlose Sünderin seines Evangeliums (oft mit Maria Magdalena verwechselt), die reumütig die Füße Jesu mit ihren Haaren trocknete, für die Künstler der Renaissance zum Symbol der Sinnlichkeit wurde, die mit Vorliebe diese biblische Szene malten.

Milton leistet in *Das verlorene Paradies* seinen Beitrag zum Thema Unterwerfung und weibliche Sexualität, wenn er Evas Haar beschreibt, wie Satan es sieht:

> Wie ein Schleier fielen ihre losen goldenen Flechten
> Hinunter bis zur zarten Hüfte
> Aufgelöst wogten die launischen Locken
> Wie die Ranken der Reben sich ringeln –
> und sprachen von
> Unterwerfung, doch baten um sanfte Herrschaft
> Von ihr erwiesen, von ihm gütigst angenommen,
> Erwiesen mit scheuem Gehorsam, bescheidenem Stolz
> Und süßem, widerstrebendem, verliebtem Zaudern.

Das Lösen langer Haare gilt bei einer Frau als eine höchst erotische Geste, als das Aufgeben hemmender Zurückhaltung und als Zeichen sexueller Bereitschaft. Das kann Verführung oder eine Falle bedeuten, eine furchteinflößende Gefahr oder in manchen Fällen eine mögliche Rettung. Der Psychologe Bruno Bettelheim sagt, der Prinz, der Rapunzel anfleht, die langen Haare herabzulassen, bittet damit um Erlösung von seiner Impotenz. Der erotische Reiz, der von vollem, dichtem Haar ausgeht, führte so weit, daß katholischen Nonnen und orthodoxen Jüdinnen nicht erlaubt ist, ihre Haare wachsen zu lassen, um sie in den Augen von Fremden zu entsexualisieren. 1944, nach der Befreiung Frankreichs, war es üblich, einer Frau, der man Beziehungen zu Deutschen nachsagte, den Kopf kahl zu scheren und sie zur Strafe durchs Dorf zu jagen, damit jeder ihre Schande sah – welch ein Unterschied zum Ritt der Lady Godiva!

Neben der erotischen Bedeutung, die man der Haarlänge beimaß, galten in der Vergangenheit kunstvolle Frisuren, die nur durch die Arbeit und oft auch nur durch die Haare anderer

möglich waren, als eindrucksvolle Zeichen aristokratischer Würde. Marie Antoinette und Madame Pompadour sind dafür unvergessene Beispiele. Und die Perücken, die in der englischen Justiz heute noch üblich sind, gehen auf diese Vorstellung vom Aussehen der Köpfe hoher Herren zurück. Unter dem Gesetz von Angebot und Nachfrage wurde das Haar so mancher verarmten Dame ebenso zur Ware wie die Milch aus den Brüsten der Frauen vom Land, die man in Europa und Asien als Ammen einstellte. Haare und Milch waren nützliche Güter, die den herrschenden Klassen dienen konnten. Diese Art Ausbeutung war weniger verpönt und weniger finanziell einträglich als der Verkauf von Sex. Liane de Pougy, die große französische Kurtisane der Belle Epoque, die selbst der Mittelschicht entstammte, vermerkt mit einem gewissen Erstaunen in ihrem Tagebuch, daß die Töchter der Armen oft wunderschöne Haare besaßen. Es ist soziologisch bemerkenswert, daß aufwendige Frisuren ihre Bedeutung als Statussymbol in den fünfziger Jahren in Amerika verloren; plötzlich galten toupierte Hochfrisuren als ordinär und vulgär.
Denken wir an die stürmischen zwanziger Jahre. Damals demonstrierten die Frauen ihre neue Emanzipation, indem sie sich Bubiköpfe schneiden ließen, obwohl der Trend bereits während des Ersten Weltkriegs einsetzte. Die Flapper wurden trivialisiert. Man sah in ihnen nur die flachbusigen, kurzhaarigen schicken jungen Frauen in kurzen Kleidern, die Gin tranken und auf Tischen tanzten. Aber die Entscheidung für den Bubikopf war wie die Entscheidung, kein Korsett mehr zu tragen, für viele Frauen ein schwer erkämpfter Akt der Rebellion.
Zwei klassische amerikanische Kurzgeschichten, die in einem Zeitraum von weniger als fünfzehn Jahren erschienen sind, veranschaulichen das Gefühl eines tief empfundenen Verlusts aus romantisierender männlicher Sicht, das sich einstellt, wenn eine Frau ihre Haare abschneidet. In O'Henrys »The Gift of the Magi« (1906) opfern Jim und Della das Wertvollste, das sie besitzen, um Weihnachtsgeschenke füreinander zu kaufen. Jim verkauft eine goldene Uhr, die schon seinem Vater und Großvater gehört hat, um für Della edelsteinbesetzte Schildpattkämme zu erstehen, denn ihre Locken glänzen und schimmern »wie ein Wasserfall«. Aber Della verkauft ihren braunen Was-

serfall, um Jim eine Uhr schenken zu können. O'Henrys Geschichte ist eine ausgezeichnete Parabel der guten, aber durchkreuzten Absichten, und sie verdient ihren festen Platz als Weihnachtsgeschichte in der amerikanischen Literatur. Aber die Vorstellung, die Haare seien »der wertvollste Besitz einer Frau«, ist betrüblich und offen gestanden entwürdigend.
Als F. Scott Fitzgerald 1920 in der *Saturday Evening Post* »Bernice Bobs Her Hair« veröffentlichte, ließ sich die Mehrheit der jungen Frauen die Haare abschneiden. Aber nicht, weil es ihnen Geld einbringen konnte oder weil sie andere nachahmten, sondern sie wollten sich von einer lästigen Bürde befreien. Doch das wollte Fitzgerald nicht sehen. Bernice ist ein einfaches Mädchen aus Eau Claire, das ihre Cousine Marjorie, ein modernes, umschwärmtes Großstadtmädchen, besucht. Um die Aufmerksamkeit von Marjories snobistischen Freunden auf sich zu lenken, verkündet Bernice, sie werde sich beim Friseur des Servier Hotels einen Bubikopf schneiden lassen. Von Marjorie gedrängt, den Mund zu halten oder zu ihrem Wort zu stehen, geht Bernice eingeschüchtert und beklommen zu dem Friseur. Selbst er ist entsetzt, als er die »dunkelbraune Pracht« abschneidet. Fitzgerald beklagt das Ergebnis: »Der größte Reiz des Gesichtes lag in seiner madonnenhaften Schlichtheit. Das war nun dahin, und sie wirkte . . . nun ja, schrecklich mittelmäßig . . . nicht aufsehenerregend, nur lächerlich wie ein Mädchen aus Greenwich Village, das seine Brille vergessen hat.« Bernice hat verspielt. Sie kehrt nach Eau Claire zurück, aber erst nimmt sie Rache. Während Marjorie schläft, schneidet Bernice ihrer Cousine mit der Schere die blonden Zöpfe ab.
Weibliches Konkurrenzverhalten und die Unsicherheit der Flapper sind Fitzgeralds Themen. Aber in seiner und O'Henrys Geschichte liegt eine tiefere Botschaft: Wie tragisch ist es, wenn eine junge Frau leichtsinnig ihr höchstes Gut opfert. Es geht also eigentlich um sentimentale Gefühle über das Wesen weiblicher Schönheit. Wenn man abgeschnittene Haare nicht als einen tragischen Verlust an Weiblichkeit empfindet, verlieren die Geschichten viel von ihrer packenden Dramatik.
Louisa May Alcott wählte 1868 in *Little Women* das dramatische Motiv geopferter langer Haare; und das war Jahrzehnte, bevor O'Henry und Fitzgerald zur Feder griffen. Ihre Heldin und

Alter ego Jo March verkauft ihre langen, dicken Haare, damit die Mutter ans Krankenbett des Vaters reisen kann. Meg, Beth, Amy und Marmee bedauern sie mitfühlend und zärtlich, denn die fröhliche, unscheinbare Jo »opfert ihre einzige Schönheit«. Jo weiß sich geschickt zu verteidigen. Sie fühlt sich »herrlich leicht« und kühl um den Kopf. Bald wird sie »einen Lockenkopf haben, der jungenhaft und vorteilhaft wirken und leicht zu pflegen sein wird«. Aber selbst die unkomplizierte Jo ist nicht gefeit gegen das Gefühl, etwas von ihrer Weiblichkeit verloren zu haben. Und wir wissen, daß »jungenhaft« einen bitteren Beigeschmack hat. Mitten in der Nacht hört Meg, wie ihre Schwester ein Schluchzen unterdrückt.
»Jo, Liebes, was hast du? Weinst du wegen Vater?«
»Nein, diesmal nicht.«
»Weshalb sonst?«
»Meine . . . meine Haare!«
Meg tröstete sie; Jo nimmt sich zusammen; aber insgeheim ist Meg der Ansicht, daß Jos geschorener Kopf »komisch klein auf den Schultern ihrer großen Schwester sitzt«. Megs Urteil illustriert das ästhetische Ideal der Zeit und die ungeschriebenen Regeln ausgleichender Weiblichkeit. Wäre Jo kleiner, hübscher und anmutiger gewesen, hätte der jungenhafte Haarschnitt sie wahrscheinlich nicht so unglücklich gemacht. Ein Mädchen wie Meg, der man »Damenhaftigkeit« bescheinigen konnte, hätte damit sogar »entzückend« aussehen können.
Bernice läßt sich die Haare abschneiden, um modern zu sein und um bei den jungen Männern zu gefallen; Della begeht ein persönliches Opfer, um ihrem Mann ein Geschenk zu kaufen; Jo March greift zur Schere und verkauft »ihre einzige Schönheit«, um ihrem Vater zu helfen und der Familie Geld zu verschaffen. Louisa May Alcott gesteht ihrer Heldin wenigstens das Argument zu, kurze Haare seien ein echter Vorteil, denn sie sind »herrlich leicht« und »gut zu pflegen«.
Wenn Frauen, deren Haare seit früher Kindheit keine Schere mehr gesehen hatten, sich zu der schweren Entscheidung durchrangen, sich ein für allemal von den langen Zöpfen zu trennen, mußten sie den Männern in ihrem Leben eine Erklärung liefern, die ein solches Vorhaben als unüberlegt und destruktiv ansahen. Kurze Haare sind praktisch und leicht zu pflegen, argumentier-

ten die Frauen; sie sind gesünder und sauberer, wehrten sie sich. Klebrige Pomaden und fettige Tinkturen machten lange Haare zu einer Brutstätte für Kopfläuse und zum Schmutzfänger. Gründlich gewaschen wurden sie nur selten, denn das war mühsam – besonders für die arme Bevölkerung in den Städten, die mit anderen Badewanne und Waschbecken teilten und deren Wohnungen von Ungeziefer befallen waren. Aber abgesehen von den hygienischen Problemen, konnten kurzgeschnittene Haare eine Frau auch von anderen lästigen Dingen erlösen. Die Befreiung von Haarnadeln; die Befreiung von Kämmen; die Befreiung von Haarpolstern (die unbequemen Drahtrollen unter den Hochfrisuren); die Befreiung von künstlichen Zöpfen (gekaufte Haarteile, um Haarfülle vorzutäuschen); die Befreiung von der Angst vor einem Windstoß; die Befreiung von den vielen, langweiligen Stunden, die man regelmäßig mit Waschen und Trocknen, Bürsten und Kämmen, mit Frisieren und Flechten, mit Feststecken und dem verflixten Rollen und Locken; und schlichtweg die Befreiung von einer schweren, ermüdenden Last.

Aber die Männer mit ihren Besitzansprüchen auf die Haare der Frauen ließen sich nicht so leicht überzeugen. Sie tobten vor Zorn. Obwohl die Feministinnen das Thema auf einen einfachen Nenner brachten – Charlotte Perkins Gilman unternahm Vortragsreisen, auf denen sie über die praktischen und hygienischen Aspekte kurzer Haare aufklärte –, ist es vermutlich der Faszination von Irene Castle zuzuschreiben, daß die Nation ihre Meinung änderte. Als Amerikas beliebtester Tanzstar sich die Haare kurz schnitt und eine Perlenkette um die Stirn trug, kreierte sie mit dieser kühnen Tat den Castle-Schnitt. Und plötzlich waren kurze Haare romantisch, chic und sehr elegant.

Irene Castle nahm für sich in Anspruch, die Kurzhaarmode ins Leben gerufen zu haben. »Ich glaube, man gibt hauptsächlich mir die Schuld, wenn wegen kurzer Haare Ehen zerbrechen und Verlobungen gelöst werden«, schreibt sie fröhlich in *Ladies Home Journal.* Sie versäumte nicht, ihre Leserinnen darauf hinzuweisen, daß die neue Mode nicht für jeden Kopf vorteilhaft sei – eine ältere, grauhaarige Frau würde vielleicht »ein wenig verspielt und nicht sehr würdevoll aussehen«. Vorsichtig fügte sie hinzu, »eher zierliche Frauen« seien für diese Mode präde-

stiniert. Irene Castle war reich und berühmt, ein großer Star, für den die allgemeinen Regeln nicht galten. Aber eine Frau mit Bubikopf, die sich ihren ökonomischen Weg zur Unabhängigkeit nicht ertanzen konnte, war immer noch mit dem Makel behaftet, sich nicht mit ihrer Rolle abzufinden.
Charlotte Perkins Gilman – sie entging aus eigener Kraft einem Leben als Neurasthenikerin – begriff als eine der ersten, worum es eigentlich ging. In *Herland,* ihrem feministischen utopischen Roman von 1915, beschreibt sie eine sportliche, glückliche, ausschließlich weibliche Gesellschaft, in der alle ihre Haare kurz tragen, »höchstens ein paar Zentimeter lang... alle wirken unbeschwert, sauber und frisch«. Ein männlicher Besucher Herlands kritisiert: »Sie würden mit langen Haaren soviel weiblicher aussehen.« Doch wie es in utopischen Romanen so wunderbar geschieht, ist er bald bekehrt.
Im März 1916 erklärte Charlotte Perkins Gilman auf einer Tagung der *Working Women's Protective Union* in New York: »Nicht Gott hat den Männern kurze und den Frauen lange Haare gegeben, sondern die Scheren. Ich fordere euch nicht auf, nach Hause zu gehen und eure Haare abzuschneiden. Obwohl ich glaube, mit kurzen Haaren wären wir alle sehr viel sauberer, glücklicher und zufriedener. Ihr würdet es ohnedies nicht tun. Aber ich frage euch, ob das kein Witz ist: Wenn eine Frau, für die es ebensowenig natürliche Gründe gibt, die Haare lang zu tragen wie für einen Mann, zum Friseur geht und sie abschneiden läßt, sagen die Leute: ›Welche Schande, sie will ein Mann sein!‹ Aber was sagen sie im umgekehrten Fall? Der Bart ist ein natürliches Privileg des Mannes. Aber wenn er ihn abnimmt und sich glatt rasiert, wird doch niemand sagen: ›Du willst wie eine Frau aussehen!‹«
Charlotte Gilman hatte die Männer angegriffen, und am nächsten Tag griff die *New York Times* Charlotte Gilman an. »Die Stadt erhebt lautstarken Protest gegen das Diktat: Die Schönheit soll geschoren werden«, lautete die Schlagzeile der *Times* und darunter stand: »Das Ende der Romantik scheint gekommen zu sein. Geschichte, Literatur und Dichtung müssen umgeschrieben werden, um Mrs. Gilmans Forderung gerecht zu werden.« Die Satire erschien im Nachrichtenteil und gab vor, die Stimme des Mannes auf der Straße wiederzugeben. »Die

Haare machen die Schönheit einer Frau aus, und es ist ihre erste Pflicht, gut auszusehen.« Unter anderem wurde auch ein Friseur zitiert, der witzelte: »Eine Frau, die einen Haarschnitt braucht, muß sich vielleicht rasieren lassen.« Die *Times* sprach auch vom »bevorstehenden großen Widerstand der Modistinnen, der Hersteller von Kämmen und Haarnadeln, der Pferdezüchter, die falsche Haare liefern, der Spiegelfabrikanten und der Verleger von Modehandbüchern. Es wird erwartet, daß sie einen Feldzug gegen Mrs. Gilmans Aufruf organisieren.« »Wissenschaftler der Columbia Universität« machten die düstere Voraussage, daß »Dichter in Zukunft nicht mehr von Locken, sondern nur noch von geschorenen und rasierten Frauenköpfen reden«.
Wie lustig, aber eine Verhöhnung des Themas. Und hinter dem Spott spürte man die echte Sorge der Männer.
Der Frage, ob eine Frau das Recht hat, die Haare kurz zu tragen, und der gesellschaftlichen Auswirkungen ihres Schritts wurde in den zwanziger Jahren ebensoviel Raum gewidmet wie etwa vierzig Jahre später den langen Haaren der Männer – und das aus ähnlichen Gründen. Wohlmeinende Menschen fühlten sich angegriffen, denn in ihren Augen handelte es sich um eine erschreckende Infragestellung des Gegensatzes von männlich-weiblich und aller damit verbundener Konventionen. Sie reagierten mit Zorn, den sie selbst kaum verstanden, und verbargen ihre Verwirrung hinter schallendem Gelächter und frommen Sprüchen über Anstand, Würde und Moralempfinden.
Fünf Jahre nach Gilmans Vortrag ließen sich die kurzen Haare nicht länger als Witz abtun. Marshall Field, das größte Kaufhaus Chicagos, entließ in aller Öffentlichkeit die Verkäuferin Miß Helen Armstrong mit der Begründung, ihr Haarschnitt »sei nicht mit dem Ansehen des Hauses zu vereinbaren«. Andere Angestellte des Kaufhauses, die es wagten, sich die Haare abschneiden zu lassen, wurden von der Geschäftsleitung aufgefordert, so lange mit einem Haarnetz zur Arbeit zu erscheinen, bis die Haare nachgewachsen waren. Endlich erwachte das liberale Gewissen. *The Nation,* das Sprachrohr für gesellschaftliche Anliegen, erhob die Stimme und verteidigte in einem mitreißenden Leitartikel Frauen mit kurzen Haaren. Marshall Field, so urteilte die Zeitschrift, »hatte sich eines unverantwortlichen Eingriffs in die persönliche Freiheit« schuldig gemacht. *The New*

York Times räumte diesem Thema einen Platz auf der Titelseite ein und rang sich zu der Feststellung durch: »Manche Frauen empfinden kurze Haare als angenehm und vernünftig.«
Bis 1927 beschäftigten sich die Frauenzeitschriften mit der Frage nach der richtigen Haarlänge. Man bat die Operndiva Mary Garden, ihre Entscheidung für kurze Haare vor der Welt zu begründen. »Meiner Ansicht nach ist das Abschneiden der langen Haare das Überwinden eines der vielen Hindernisse, die Frauen den Weg in die Freiheit erschweren«, schrieb sie mit Überzeugung. Und Mary Pickford, Amerikas Liebling, verteidigte ihre hüftlangen Locken mit dem Hinweis, wenn sie zur Schere greife, würden ihre Mutter, ihr Mann, ihre Zofe und vor allem ihre Fans das nie verzeihen. »Können Sie sich eine Märchenprinzessin mit kurzen Haaren, mit einem Bubikopf vorstellen?« fragte die Prinzessin der Leinwand. »Es ist undenkbar und geradezu schockierend.«
Sie hatte recht. Wer kann sich eine Märchenprinzessin anders als mit langen blonden Haaren vorstellen, mit Augen, die blau sind, mit Kleidern aus Tüll und Seide, die ihren Körper hauchzart umhüllen? Die Märchenprinzessin ist immer noch eines der mächtigsten Symbole der Weiblichkeit, die die westliche Welt geschaffen hat; und da die Frauen diesem Rollenmodell nie ganz entsprechen, sind sie alle in einem gewissen Maß Versagerinnen in punkto Weiblichkeit.
Mary Pickford, eine geschickte Geschäftsfrau und eine Mitbegründerin von *United Artists,* zögerte, etwas an ihrem persönlichen Markenzeichen zu verändern. Sie war das Mädchen mit den Locken, und ihre Fans bestürmten sie in Briefen, die Haare nicht abzuschneiden. »Ich habe nicht den Mut und auch nicht den Wunsch, ihren Unwillen heraufzubeschwören«, gestand sie, »denn ihrer Liebe, ihrer Zuneigung und ihrer Treue verdanke ich alles. Und wenn Locken der Preis dafür sind, werde ich ihn bezahlen.« Wie man ihrer Biographie entnehmen kann, war es ein hoher Preis. Bei Dreharbeiten brauchte Mary Pickford jeden Morgen drei Stunden, um ihre von Natur aus glatten Haare zu waschen, einzurollen und zu trocknen. Bei feuchtem Wetter brauchte sie mittags in der Drehpause eine weitere Stunde, um die Lockenpracht wieder aufzufrischen. Aber nach allgemeiner Wunschvorstellung sollten kleine Mädchen große, dicke Kor-

kenzieherlocken haben. Mary Pickford war sechsunddreißig Jahre alt, als sie öffentlich das Versprechen ablegte, ihre goldenen Locken nicht abzuschneiden. Aber ein Jahr später tat sie es doch. Ein Foto von Mary Pickford unter der Schere ging durch die Zeitungen der ganzen Welt; in den Kommentaren betrauerte man das Ende einer Ära der Unschuld. »Man hätte glauben können, ich hätte jemanden umgebracht«, erklärte sie später, »und vielleicht war es auch so.«

Mary Pickford wollte Erwachsene mit Erwachsenenfrisuren spielen. »Es war wirklich sehr traurig, das Gefühl haben zu müssen, daß mein Erfolg ausschließlich oder zumindest zum größten Teil von meinen langen Haaren abhing«, schrieb sie. Aber das Publikum wollte das Mädchen mit den Locken. Und wenige Jahre nach dem aufsehenerregenden Gang zum Friseur zog sich Mary Pickford von der Leinwand zurück.

Keines der Wunder, die Hollywood geschaffen hat, kann sich mit dem Pantheon gefeierter Blondinen messen, die die Phantasie der Männer erregt und die Sehnsüchte entfacht haben, seit die ersten Bilder über die riesige Leinwand flimmerten. Hat Hollywood den amerikanischen Blondinenkult ins Leben gerufen oder hat es nur die kollektiven Träume eines Schmelztiegels der Rassen ins Überdimensionale gesteigert, der trotz demokratischer Intentionen nordische Blässe und flachsblondes Haar zum wertvollsten Attribut weiblicher Schönheit erhob? Die dunkelhaarigen geschäftstüchtigen Einwanderer aus Osteuropa und ihre Söhne der ersten Generation, die die dampfenden Wäschereien und Schneidereien im Modezentrum New York verließen und im sonnigen Westen den Grundstein zu einem Filmimperium legten, wußten sehr wohl, die Visionen blonder Lieblichkeit, die sie auf die Leinwand projizierten, besaßen nicht die geringste Ähnlichkeit mit ihren Müttern und Schwestern oder mit den Frauen, die sie vielleicht heiraten wollten. Alle, die an der Kurbel der Traummaschine drehten, hingen ihren eigenen Träumen von kalifornischem Gold, von Jungfrauen mit Engelhaar und wasserstoffblonden Sirenen nach, die nie ein Getto von innen gesehen hatten.

Marjorie Rosen vertritt in *Popcorn Venus,* einer Geschichte der Frauen im Film, die Theorie, daß mit dem Aufkommen des Tonfilms Frisur und Haarfarbe, Stimme und Talent bei der Entstehung einer Filmgöttin in den Hintergrund gedrängt wurden. In der Traumfabrik des Sexappeal zählten schöne Haare mehr als schöne Brüste und Beine, wenn es darum ging, einen Star zu machen. Unter den Händen geschickter Studiofriseure, die den Haaransatz ebenso leicht verändern konnten wie die Haarfarbe, und mit Hilfe von Public Relations-Abteilungen der Studios, die mühelos Fakten zu einer Geschichte verarbeiteten, ließen sich dichte schöne Haare in ein Phänomen von solch magischer Unwirklichkeit verwandeln, daß sterbliche Frauen scharenweise in die Friseursalons strömten, um ähnliches zu erreichen. Die Blondine wurde wegen ihrer Blondheit vergöttert; und es spielte dabei keine Rolle, ob das Wunder aus einer Flasche kam. Die schlagfertige, aufreizende Jean Harlow erlebte in den dreißiger Jahren als Platinbombe einen raketenhaften Aufstieg zum Ruhm; und mit ihr begann die Welle wasserstoffgebleichter Haare. Ein Jahrzehnt später katapultierte die schwüle Haarlocke über einem Auge die winzige, blonde Veronica Lake als Sirene der Leinwand zum Ruhm. Die Veronica Lake-Locke wurde bei den Friseuren im ganzen Land zum Hit und die Veronica Lake-Haarbürste von Verkäufern der Firma Fuller an der Haustür angeboten.

Von 1941 bis 1943 erschienen in *Life* fünf Bildberichte über Veronica Lake. Im nachhinein erzählen sie die kurze Geschichte ihres plötzlichen Aufstiegs und Falls. Sie wurde das Opfer eines unerwarteten Zusammenpralls von Hollywoodmaschinerie und Kriegspropaganda. Zwei Wochen vor Pearl Harbor feierte *Life* Veronicas Haare als Nationalheiligtum. Man verkündete, sie habe ungefähr einhundertfünfzigtausend Haare auf dem Kopf, und berichtete, sie seien vorne dreiundvierzig Zentimeter lang, hinten einundsechzig und fielen zwanzig Zentimeter über die Schultern. Die seidige Pracht, so erfuhren die Leser von *Life,* wurde jeden Morgen zweimal gewaschen, mit Öl behandelt und in Essig gespült. Da die einzelnen, langen blonden Haare so fein waren (0,0061 Zentimeter im Durchmesser), neigten sie dazu, sich an Knöpfen und Schnallen zu verfangen. Veronica versengte sich beim Rauchen mehr als einmal ihren goldenen Schatz.

Aber o weh, 1943 wurde die verführerische Blonde zur nationalen Gefahr. Arbeiterinnen in der Rüstungsindustrie mit der

Veronica Lake-Locke über dem Auge gerieten mit den Haaren in die Maschinen. Die Rüstungsindustrie kreierte mit *Rosie the Riveter* ihr eigenes Frauenideal und forderte den Star auf, »für die Dauer des Krieges« auf ihr berühmtes Markenzeichen zu verzichten. Paramount arrangierte ein neues Interview mit *Life,* und Veronica Lake stellte sich den Reportern mit aufgesteckten Zöpfen und verkündete: »Eine Frau mit dem Haar über einem Auge ist unvernünftig.« Der Star hatte damit ihren Beitrag zum Krieg geleistet; doch ohne die schwüle Schmachtlocke über dem Auge versank ihre Filmkarriere im Dunkeln. Andere Blondinen nahmen bald ihren Platz ein. Jede hatte ihre Glanzzeit und manchmal eine unverwechselbare Frisur, wie Veronica Lake oder Farrah Fawcett, die vorübergehend zum Kennzeichen des amerikanischen Traummädchens wird.

Es ist nicht leicht, sich von dem weitverbreiteten Vorurteil zu befreien, daß Blondinen von Natur aus hübscher sind und mehr Glück im Leben haben als dunkelhaarige Frauen – ganz gleichgültig, wie sie aussehen. Man glaubt, die Götter haben ihnen einen glückbringenden Heiligenschein geschenkt. Ich möchte betonen, ich verneige mich nur vor echten Blondinen. Aber damit stehe ich scheinbar allein, denn Legionen von Männern sind ausgesprochen Bewunderer von Blondinen. Sie verabreden sich nur mit Blondinen oder gestehen mit einem charmanten hilflosen Achselzucken, daß sie auf Blondinen »stehen« – auch wenn sie eigentlich dunkelhaarig sind.

Blonde Haare hat man mit der wärmenden Sonne verglichen, mit kostbarem gesponnenem Gold, mit der Reinheit der Madonna; man hat es mit käuflicher Liebe, der unschuldigen, ländlichen Idylle in Literatur und Mythos in Verbindung gebracht – eindrucksvolle, aber ziemlich widersprüchliche Bewertungen. Im Rom der Kaiserzeit war goldenes Haar eindeutig ein Zeichen weiblicher Schönheit. Prostituierte und reiche Matronen trugen blonde Perücken aus dem Haar der besiegten Gallier. In der florentinischen Kunst des fünfzehnten Jahrhunderts schmückten vorzugsweise rötlich goldene und flachsblonde Haare die Köpfe von Botticellis Madonnen und allegorischen Gestalten. Das gleiche gilt für die Verkündigungen, Anbetungen und Marien mit dem Kind von Fra Angelico und Filippo Lippi.

Als blonde Protestanten aus Deutschland und Skandinavien das Farmland im Mittleren Westen besiedelten und sich in den Industriestädten des Ostens dunkelhaarige Katholiken und Juden aus Mitteleuropa drängten, erhielt die Zweiteilung in dunkelhell, städtisch-ländlich eine feste geographische Grundlage. Die Farmerstochter war ein lebendes Symbol für Weizen und Korn, für frische Milch und süße, sahnige Butter. Wenn sie ihr ethnisches Umfeld verließ, bestaunte man sie als seltene exotische Blüte. Neben dunkelhaarigen und dunkelhäutigen Frauen wirkte sie mit ihrer blassen Haut und den hellen Haaren besonders feminin, weniger aggressiv und energisch und in den sanften Tönen liebenswürdiger und weicher. Die Pastelltönung schien besonders in der Stadt wirkungsvoll zu sein, wo Lärm, Kontraste und Ruß als Symbole männlichen Fortschritts dominierten. Die nordische Blondine mag vielleicht groß und beeindruckend sein, aber ihre sanfte, helle Erscheinung neutralisierte die Wirkung ihrer Größe.

Der amerikanische Blondheitskult erreichte seinen Höhepunkt in den vierziger und fünfziger Jahren – und das ironischerweise in einem Augenblick der Geschichte, als Nazideutschland mit seinem arischen Überlegenheitsanspruch kapitulieren mußte. Es ist wichtig, sich die Unterschiede zwischen beiden Wertvorstellungen anzusehen. Die arische Herrschaftsideologie setzt helles Haar bei beiden Geschlechtern mit Kraft, Intelligenz und rassischer Überlegenheit gleich, während Blondheit nach amerikanischem Muster ein glitzernder Schmuck ist, den Männer bei Frauen suchen, an ihnen selbst jedoch keinen Pfennig wert ist. Eine Ausnahme bildet eine kleine Gruppe innerhalb der Homosexuellen, für die blondes Haar ein Mittel ist, um anderen Männern zu gefallen. Die amerikanische Tradition zieht zwischen Blondheit und Stärke beziehungsweise Intelligenz keine Verbindung. Ganz im Gegenteil, »dumm und blond« sind Worte, die für manche Menschen zusammengehören. Das Klischee stellt die unschuldige fade und alberne Blondine der lauten, besserwisserischen und gefühlsstarken Schwarzhaarigen gegenüber. (Selbst wenn die Blonde offensichtlich klug und gebildet ist, empfindet man sie als weniger bedrohlich und anmaßend – und deshalb als weiblich akzeptierbarer – als ihre dunkelhaarigen Schwestern. Anders läßt sich die unverhältnis-

mäßig hohe Zahl von Blondinen, die begehrte Jobs als Korrespondentinnen und Moderatorinnen im Fernsehen innehaben, nicht erklären.)
Wen überrascht es da, daß die sklavischsten Verehrer der Blondinen aus den temperamentvollen, dunkelhäutigen Gruppen kommen, die die Nazis so sehr haßten, denn in diesem Punkt stimmen die Anhänger der arischen Überlegenheitstheorie und amerikanische Blondinenfans überein: Eine dunkle, kompromittierende Vergangenheit hinterläßt bei einer kühlen Blonden keinerlei Spuren. In der amerikanischen Demokratie zeigt der Sohn einer ethnischen Minderheit, daß er gesellschaftlich nach oben strebt, wenn er sich mit einer Blondine am Arm schmückt – oder sich das Bild einer Blondine in den Spind hängt – natürlich stehen einer Frau Wege offen, zu einer solchen zu werden. Glaubhaftigkeit spielt neben der sofortigen Verwandlung nur eine unbedeutende Rolle; denn die »scharfe« Blonde – selbst wenn sie es nicht ist und es man ihr kaum abnimmt –, die ihre ethnischen Wurzeln »bleicht«, kann auf Bewunderung rechnen. Clairols geniale Frage: »Haben Blondinen mehr vom Leben?« wurde durch Hollywood auf unbeabsichtigte Weise beantwortet: Amerikas Blondinen mit dem tragischsten Schicksal – Jean Harlow und Marilyn Monroe – waren unecht und als solche gefeiert. Sie waren amüsante Mädchen (solange sie noch nicht verbraucht waren), ohne die Legitimation von Milieu, Abstammung oder Familie. Sie erfüllten den amerikanischen Traum von Blondheit und Gleichheit.
Den schwarzen Frauen entging die Ironie nicht, daß Bo Derek, der blonde und ideale »Zahn«, zum Vorbild vieler Frauen wurde, als sie sich Perlen in ihre vielen kleinen Zöpfe flocht. Sie wiederum kopierte mit dieser Frisur Cecely Tyson und einige extravagante schwarze Models, die sich ursprünglich von afrikanischen Sitten inspirieren ließen. Es ist das Schicksal der amerikanischen Schwarzen, mitansehen zu müssen, wie die herrschende weiße Kultur sich in Jazz, Rock und in der Haarmode ihrer Originalität bedient. Aber Bo Dereks Zöpfe schmerzten die schwarzen Frauen besonders, denn sie haben wegen ihrer Haare mehr als alle anderen gelitten.
»Schöne« Haare und »häßliche« Haare sind subjektive Wertungen, die auf ästhetischen Neigungen beruhen. »Schöne« Haare

zeichnen sich nicht dadurch aus, daß sie die Kopfhaut besonders wirkungsvoll schützen oder sie in ihrer Funktion unterstützen. »Schönes« Haar ist seidig und faßt sich weich an. Es ist voll, geschmeidig und nachgiebig – das feminine Ideal in Hinblick auf Anatomie ebenso wie auf Charakter und Persönlichkeit. Und »häßliches« Haar – müssen wir das näher definieren? »Häßliches« Haar ist brüchig und gespalten, leblos und strähnig. Es ist störrisch und widerspenstig oder zu dünn, um den Sitz der Friseur zu halten. Es fühlt sich grob an und ist von Natur aus unbändig und wirr.

»Mama«, jammert Hagar, »warum mag er meine Haare nicht?«
»Milchmann mag auch deine Haare«, erwiderte Reba.
»Nein, das tut er nicht. Aber ich habe keine Ahnung warum. Er hat meine Haare nie gemocht.«
»Natürlich mag er sie. Wie kann er sie nicht mögen?« fragte Pilate.
»Er mag seidige Haare... lockige, wellige, seidige Haare. Er mag meine nicht.«
Pilate legt Hagar die Hand auf den Kopf und fährt mit den Fingern durch die weiche, feuchte Wolle ihrer Enkeltochter.
»Wie kann er deine Haare nicht lieben? Es sind die gleichen Haare, die in seinen Achselhöhlen wachsen. Sie wachsen ihm als Schamhaare, auf dem Bauch und auf der Brust. Es sind die gleichen Haare. Sie wachsen ihm aus der Nase, über den Lippen, und wenn er seinen Rasierapparat verlieren würde, auf dem ganzen Gesicht. Sie wachsen überall auf seinem Kopf, Hagar. Es sind auch seine Haare. Er muß sie lieben.«
»Er liebt sie überhaupt nicht. Er haßt sie.«
»Nein, das tut er nicht. Er weiß nicht, was er liebt. Aber irgendwann, Honey, wird er es begreifen. Wie kann er sich lieben und deine Haare hassen?«
»Er wird meine Haare nie mögen.«
»Pst, Mädchen, pst.«

Toni Morrison stellt diese Szene zwischen einer jungen schwarzen Frau, ihrer Mutter und ihrer Großmutter nahe ans Ende ihres Romans *Salomons Lied* – ein Titel in Anlehnung an Verse der Bibel, die die sinnliche Liebe besingen. Die traurige Feststellung: »Er wird meine Haare nie mögen« besitzt die Endgültigkeit historischen Schmerzes, denn »Er«, wer auch immer er ist und von welcher Hautfarbe, lebt in einem weißen Amerika, wo die Maßstäbe weiblicher Schönheit auf einem ausschließlich kaukasischen genetischen Erbe beruhen und auf kulturellen Traditionen, die aus dem christlichen Europa stammen.

Bei afrikanischen Männern war eine ungebändigte Haarfülle traditionell höchst positiv besetzt. Sie galt als Zeugnis von Männlichkeit und Stärke. Im Gegensatz dazu wurde der typische Frauenkopf entweder rasiert, bedeckt oder man flocht die Haare eng zu vielen, dünnen Zöpfen. Die amerikanischen Schwarzen waren gezwungenermaßen mit den ästhetischen und moralischen Wertvorstellungen ihrer weißen christlichen Herren konfrontiert, und unvermeidlich akzeptierten sie das Urteil: Dieses Zeichen ihrer Herkunft ist etwas Problematisches und Schlechtes, dessen man sich schämen muß. Die *Black-is-Beautiful*-Bewegung in den sechziger Jahren machte es den schwarzen Männern leichter als den schwarzen Frauen, stolz auf ihre natürlichen Haare zu sein. Ohne Heißluftbehandlung und chemische Mittel, um die Locken zu glätten, wirkten die Afroköpfe als Symbol der *Black Power* regelrecht militant. Doch Militanz und Weiblichkeit lassen sich nicht so leicht miteinander vereinbaren. Der weibliche Afro mußte oft mit größter Sorgfalt frisiert werden, um das Gesicht sanft und gleichmäßig einzurahmen.

Seidige, lange Haare führen automatisch zu einer Vielzahl selbstvergessener Gesten, die als höchst weiblich gelten, denn sie sind auf sinnliche Weise selbstbezogen: Gedankenverlorenes Spielen mit einer gelösten Locke; das Herausziehen der Haarspitzen, die sich unter dem Mantelkragen verfangen haben; ein dramatisches Zurückwerfen der ganzen Haarpracht; das aus dem Gesicht Schieben der Haare, die so bezaubernd über Stirn und Augen fallen. Mit langen, weichen Haaren kann man spielen. Sie sind eine beruhigende Quelle taktiler Empfindungen und eine fordernde Erscheinung, die die Aufmerksamkeit der Trägerin in Anspruch nimmt. Ntozake Shange erinnert uns in ihrem dramatischen Gedicht »Today i'ma be a white girl« unverblümt an diese narzißtischen weiblichen Eigenschaften, die einer schwarzen Frau vorenthalten sind. Sie läßt eine schwarze

Dienerin sarkastisch berichten: »Der Tag einer Weißen beginnt damit, daß sie die Haare zurückwirft«, und jedesmal, wenn sie nicht weiß, was sie tun soll, beschäftigt sie sich damit, die Haare zurück- und zur Seite zu werfen.

Natürlich ist alles relativ, und weiße Frauen wissen, daß Haare, die sich anmutig zurückwerfen lassen, selten sind. Die Hälfte davon gehört erbbedingt Männern, und der größte Anteil (auf die Weltbevölkerung bezogen) findet sich bei den Asiaten. Erst als Rockmusiker und andere junge Männer in den sechziger Jahren, zum größten Teil als Auflehnung gegen den Militarismus während des Vietnamkriegs, ihre Haare schulterlang wachsen ließen, enthüllten diese »eindeutig« weiblichen Gesten im Zusammenhang mit langen, offenen Haaren allmählich ihr wahres, vom Geschlecht unabhängiges Wesen.

Man konnte natürlich nicht erwarten, daß die Mehrheit amerikanischer Mittelklassemänner wagen würde, sich die Haare wachsen zu lassen, um damit nachdrücklich auf die sich verändernden Geschlechterrollen zu reagieren, oder einfach als ein sichtbares Zeichen ihrer Empfindsamkeit. Der Militarismus des soldatischen Bürstenhaarschnitts und die allgemein verbindlichen gepflegten kurzen Haare wurden nachdrücklich mit männlicher Macht identifiziert. Gegen Ende der siebziger Jahre waren langhaarige Männer aus der Mode gekommen. (Punks und Rocker der achtziger Jahre tragen die Haare kurz, zackig und betont häßlich.) Neben dem Wunsch nach einem betont hartem, männlichen Aussehen in den wettbewerbsorientierten achtzigern hatten die ehemals Langhaarigen, wie ich vermute, genug von der lästigen, endlosen Haarpflege.

Natürlich sind die Frauen nicht dazu berechtigt, sich von dieser Mühe zu befreien. Der Termin beim Friseur ist im Kalender der Karrierefrau eine ebenso feste Einrichtung wie die Squashverabredung in der Mittagspause ihres männlichen Gegenstücks. Ein Fernsehmoderator verschwindet immer wieder beim Maskenbildner, ehe er sich der Kamera stellt; seine Partnerin muß darüber hinaus noch Zeit für das Einlegen und Auskämmen der Haare einkalkulieren, ehe man sie für geeignet befindet, sich den kritischen Blicken der Öffentlichkeit zu stellen. Millionen von Amerikanerinnen unterwerfen sich dem Ritual eines Nachmittags im Schönheitssalon, wenn sie abends ausgehen wollen –

ein Verhalten, dem man anthropologische Bedeutung beimessen würde, wenn es sich um eine ferne, exotische Kultur handeln würde. Im Grunde geht wahrscheinlich allem, was eine Frau tut und was sich als öffentlich bezeichnen läßt, eine festgesetzte Zeit voraus, in der sie »ihre Haare macht... oder machen läßt«, sei es für den Auftritt im Nachtclub, die Teilnahme an einer Beerdigung oder einfach, »weil sie in die Stadt geht«.*

Der Kosmetiksalon um die Ecke ist ein so fester und selbstverständlicher Bestandteil städtischen Lebens, daß man sich kaum vorstellen kann, daß er eine Erfindung unseres Jahrhunderts ist. Römische Damen der Oberschicht widmeten sich mit Hingabe und Leidenschaft der Kunst der Frisuren. Aber dazu mußten sie sich zu Hause eingesperrt den Händen ihrer Sklavinnen überlassen, während ihre Ehemänner täglich zum Barbier gingen, dessen Haus ein ebenso beliebter Treffpunkt wie die öffentlichen Bäder war, wo man Geschäfte besprach und abschloß. Aus Sklavinnen wurden Dienerinnen, aus Dienerinnen wurden Zofen; immer noch ließen Frauen sich im privaten Bereich und in der Isolation des eigenen Hauses die Haare machen – oder taten es selbst. Bis in die zwanziger Jahre war es eine Selbstverständlichkeit, sich die Haare zu Hause mit Hilfe einer Zofe, einer weiblichen Verwandten oder eines bestellten Haarkünstlers zu machen. Den aufbegehrenden Flappers blieb keine andere Wahl, als zum Herrenfriseur zu gehen oder eine gute Freundin um Hilfe zu bitten.

Die geschäftstüchtigen Leute, die in der Nachbarschaft einen kleinen Laden eröffneten, reagierten direkt und gewitzt auf den Wunsch der Masse nach kurzen Haaren. Denn sobald sich eine Frau vom Zopf befreit hatte, stellte sich das dringende Bedürfnis ein, neue Möglichkeiten zu finden, ihrem Kopf ein weibliches Aussehen zu geben. Um das strenge Aussehen der kurzen, praktischen Haare zu mildern, überließ sie sich professionellen Händen: Schmachtlocken und Fransen wurden mit klebrigem Einlegwasser behandelt; Marcel-Wellen wurden mit Brennsche-

---

* ›machen‹ – ›machen lassen‹ – ›gemacht haben‹ umfassen einen weiten Bereich von Praktiken im Namen kosmetischer Verschönerung: Haare und Fingernägel werden im Schönheitssalon »gemacht«; vielleicht läßt man sich Nase, Augen und das ganze Gesicht vom Schönheitschirurgen »machen«. In der ersten Kategorie wird »gemachtes« Aussehen erstrebenswert, in der zweiten jedoch nicht.

ren gelegt, die Dauerwelle von einem elektrischen Gerät geschaffen; einmal im Monat wurde geschnitten, einmal in der Woche eingelegt und ausgekämmt; später ging es um Waschen und Fönen, und mit fortschreitender Entwicklung kamen die chemischen Mittel, um die Haare zu glätten und zu kräuseln, zu bleichen, um die Farbe aufzuhellen, sie zu tönen, zu bläuen, Strähnen zu färben, Farbakzente zu setzen oder Farbwünsche zu erfüllen.

Die Haarmode verändert sich inzwischen ebenso schnell wie die Kleidermode. Das endlose Experimentieren der Frauen ist ein Ergebnis des Konkurrenzdenkens, das verlangt, mit der Mode zu gehen. Aber ebensosehr ist es ein Spiegel weiblicher Unsicherheit und des Glaubens, das Rohmaterial von Körper und Gesicht sei in seinem Naturzustand nicht gut genug. Kunstvolles Styling kann eine zu ausgeprägte Stirn zurücknehmen, ein zu breites Gesicht schmaler wirken lassen, einen zu kurzen Nacken oder Ohren verdecken, die dem standardisierten Schönheitsideal nicht entsprechen. Man darf den psychologischen Auftrieb dieser weiblichen Verschönerungspraktiken nicht übersehen. Das vertraute Gesicht im Spiegel verändert sich durch nichts leichter als durch den Wechsel von langen zu kurzen Haaren, von glatt zu gewellt, von brünett zu kastanienbraun, von grau zu aschblond. Nach einer schweren Krise entschließt sich eine Frau sehr oft, mit ihren Haaren »etwas anderes zu machen«, denn eine neue Frisur schafft den Eindruck, dem Leben neue Hoffnung abzugewinnen. Ein modischer Haarschnitt kann die Stimmung nachhaltiger heben, als es vielleicht ein Medikament vermag (obwohl die Wirkung vielleicht von ebenso kurzer Dauer ist); ein neues Aussehen kann die emotionale Bindung an einen Menschen lösen, dem man vorher besser gefiel; es kann den sichtbaren Beweis liefern, daß diese muntere Dame ihr Leben selbst in die Hand nimmt und sich an den eigenen Haaren aus dem trostlosen Sumpf zieht.

In den sechziger und siebziger Jahren eroberte sich der Haarstylist die Spitzenstellung als Freund und Vertrauter seiner reichen und gesellschaftlich tonangebenden Kundinnen in den Gesellschaftsspalten. Er besuchte – oft als Begleiter – die besten Parties und gab eigene, die von der Presse beachtet wurden. Er war tonangebend und galt als Anhänger einer Lebensweise, die nach Vervollkommnung strebt. Er war die Hauptfigur des erfolgreichen Films *Shampoo;* und einer dieser Herren hatte eine Affäre mit einem Hollywoodstar, die Schlagzeilen machte; und dann begann er, selbst Filme zu produzieren. Die meisten Männer verstanden das Band zwischen dem Elitestylisten und seinen Elitekundinnen nicht; für sie haftete an der Beziehung nach wie vor das Klischee der Effeminiertheit. In gewisser Hinsicht lastet auf dem Friseur der gleiche Zug ins Triviale, mit dem alle Frauen geschlagen sind. Haare mögen tatsächlich trivial sein, aber um sie kreist die Definition der Weiblichkeit. Die Künste und das Talent eines Friseurs dienen auf praktische Weise der weiblichen Illusion, und wie Edith Wharton im Jahr 1900 feststellte, »nützt Genie einer Frau wenig, die es nicht versteht, sich die Haare zu machen«.

Kleidung

Wer wird leugnen, daß es sehr kreativ sein kann, sich »weiblich« zu kleiden? Eine Frau mit einem Schrank voller Kleider für die unterschiedlichsten Stimmungen und Anlässe ist eine Amateurschauspielerin und bedient sich geschickt der Kunst des Visuellen. Etwas großartig Theatralisches liegt über der Kleiderstange mit den vielen Bügeln. Sie bieten einer Frau die Auswahl unter den unterschiedlichsten phantasievollen Rollen, die vom verführerischen Vamp bis zur nostalgisch romantischen Dame reichen. Kinder beiderlei Geschlechts lieben es, die Kleider ihrer Mütter anzuziehen, wozu auch Lippenstift, Handtasche und die Schuhe mit den hohen Absätzen gehören, denn sie imitieren mit großer Begeisterung Erwachsene. Weibliche Kleidung verführt zu kleinen, kontrollierten, aber Aufmerksamkeit erregenden Bewegungen und Gesten. Weibliche Kleidung bringt typisch weibliche Geräusche hervor: Das Stakkato von Klick-Klack der hohen Absätze, das melodische Geklimper der Armreifen, das sanfte Rascheln der Seide oder in früheren Zeiten der Unterröcke und das Schnappen der Fächer. Die abschließenden Handgriffe, das Anlegen von Make-up und Parfüm, zaubern einen unverwechselbaren, süßen weiblichen Duft.
Und dann kommen die Komplimente; sie sind die größte Belohnung. Denn man weiß, daß Männer es sehr schätzen, wenn eine Frau die Mühe auf sich genommen hat, sich in einen Menschen zu verwandeln, der so völlig anders aussieht, duftet und sich auch anders benimmt als sie selbst.
Jede Welle des Feminismus ist bis heute an der Frage der Kleiderreform gescheitert. Ich glaube, es wäre von Frauen zuviel verlangt, auf das wichtigste Ausdrucksmittel des weiblichen Unterschieds zu verzichten, auf die ständig neue Bestätigung Männern und sich selbst gegenüber, daß ein Mann ein Mann ist, weil eine Frau sich wie ein anderes Wesen kleidet, wie ein anderes Wesen aussieht und benimmt.
In den fünfziger Jahren verpflichtete »Angezogensein« zum Tra-

gen von weißen Handschuhen. In Verbindung mit einer Kette aus Zuchtperlen bewiesen sie höchste Kultiviertheit und signalisierten gesellschaftlichen Aufstieg. Der kleine weiße Handschuh stand für Klasse, ob es sich dabei um Elsie de Wolfe handelte, die Innenarchitektin der besseren Gesellschaft, aus der Lady Mendl wurde, oder um Grace Kelly aus Philadelphia, die als Filmstar Karriere machte und den Fürsten von Monaco heiratete. Natürlich brauchte man viele dieser Handschuhe, denn wenn man mit der Morgenzeitung in der Hand zur Arbeit ging, war ihr jungfräuliches Weiß ruiniert. Der Gang ins Büro war auch für die *de-rigueur*-Schuhe mit der kurzen Spitze und den dünnen Pfennigabsätzen, die unweigerlich in den Kanaldeckeln hängenblieben, äußerst aufreibend. In den fünfziger und sechziger Jahren waren Accessoires sehr wichtig, denn sie verliehen dem schlichten Kleid, das genau die halbe Wade bedeckte, genau das Knie... genau den halben Oberschenkel (immer mit einem nervösen Seitenblick auf Eugenia Sheppard) die korrekte anmutige Note. Auch bei der Unterwäsche war ein ganzes Sortiment vonnöten: verstärkte BHs, trägerlose BHs, Unterhosen, Slips, Elastikgürtel mit Strapsen und die unvermeidliche Schublade voll einzelner Nylonstrümpfe mit und ohne Laufmaschen.

Wie bei vielen anderen vollzog sich meine Bekehrung zu Hosen Anfang der siebziger Jahre langsam, aber gründlich und wurde von einem Gefühl des Aufatmens und der Erleichterung begleitet. Als Blue jeans zum Wahrzeichen einer progressiven Haltung wurden, wußte ich nicht, daß ich mich von einer kurzlebigen Welle davontragen ließ. Plötzlich war es in Ordnung, wenn man Hosen trug. Dann wurde daraus eine feministische Haltung, und wenn manche meiner Freundinnen glaubten, die Revolution stehe dicht bevor, glaubte ich, Frauen würden nie mehr Röcke tragen. Aber nun haben wir es. Wir leben in den achtziger Jahren, und eine Frau, die nur Hosen trägt, ist ein beklagenswertes Relikt, ein unverbesserlicher Modemuffel; sie gilt als modisch reaktionär, ohne Gefühl für Stil.

Ich könnte mein Exil in Sachen Mode leichter ertragen, wenn nicht einige meiner besten Freundinnen rückfällig geworden wären. Sie entschuldigen diese Kapitulation mit dem Argument: »Wir müssen mit Rücksicht auf unsere Karriere Röcke tragen, denn schließlich leben wir in einer Männerwelt, und wir sind nur die Feministinnen darin.« Ich habe den Wert von Röcken und Kleidern als wirksame Tarnung für alle, die fürchten, ihre Weiblichkeit oder ihre Ansichten könnten in Frage gestellt werden, nie unterschätzt. Aber ich glaube nicht, daß es dabei nur darum geht. Ich glaube, meine Freundinnen greifen wieder zu Kleidern, weil sie das Gefühl haben, daß das Leben ohne gelegentliches Schwelgen in weiblicher Ästhetik grau wird. Sie vermissen das verspielte, unbeschwerte Sich-Verschönern; sie vermissen das öffentliche Eingeständnis von Verwundbarkeit und das Flirten; und sie vermissen das Versprechen eines veränderten Aussehens, das ein neues Kleid – und nur ein neues Kleid – erfüllen kann. Einige von ihnen hatten Erfolge, wenn sie mit der neuesten Mode gingen, dem augenblicklichen Trend folgten, den Konkurrenzkampf aufnahmen. Sie sehnten sich danach, das Neueste an sich zu sehen. Einige sehnten sich danach, wieder ihre Beine zu zeigen; und ein paar vermißten, wie ich weiß, das Einkaufen.

An trüben, grauen Tagen trauere ich meinen alten Kleidern nach. Ich vermisse die weichen, anmutig fallenden Stoffe, die Falten und hübschen Farben. Enge Hosen sind langweilig. Man kann sich keine neue Identität zulegen, indem man die Hose wechselt.

Warum weigere ich mich dann, Röcke zu tragen? Weil mir diese künstliche Unterscheidung der Geschlechter nicht gefällt. Weil ich nicht wieder damit anfangen will, mir die Beine zu rasieren. Weil ich mir die Ausgaben und den Ärger mit den Nylonstrümpfen sparen möchte. Weil ich nicht wieder zu unbequemen weiblichen Schuhen zurückkehren will. Weil ich mich in unkomplizierten, angenehmen Hosen wohlfühle. Weil es sehr viel billiger ist, nur Hosen zu tragen. Weil ich mich noch gut daran erinnere, wie ich im Winter im kurzen Rock und mit dünnen Strümpfen gefroren habe. Weil ich noch gut weiß, wie häßlich bei Regenwetter die Dreckspritzer auf den Strümpfen aussahen. Weil ich nicht vergessen kann, welche Qualen ich litt, wenn eine Naht geplatzt war. Weil mir noch zu deutlich vor Augen steht, wie sehr ich mich über die viele Zeit ärgerte, die ich an Gedanken über mein Aussehen und meine Erscheinung verschwendete, denn weibliche Kleidung ist vom Wesen her etwas Oberflächliches – selbst meine Einwände erscheinen mir oberflächlich, während ich sie formuliere. Aber genau darum geht es: Sich mit weiblicher Mode zu beschäftigen, und das mit Erfolg zu tun, bedeutet, sich ernsthaft mit bedeutungslosen Details auseinanderzusetzen. Es gibt keinen Ausweg. Läßt man sich nicht darauf ein, gerät man in den Ruf, exzentrisch und seltsam zu sein, nachlässig und ungepflegt zu wirken, ein Mannweib zu sein oder Männer zu hassen – unter Umständen auch alles zusammen.

Wer hat gesagt, Kleider seien eine Aussage? Welche Untertreibung! Kleider hören nie auf zu sprechen. Sie reden unaufhörlich und geben beabsichtigte und unbeabsichtigte Hinweise.

Im Alten Testament steht geschrieben: Die Frau soll nicht tragen, was sich für einen Mann ziemt, und ein Mann soll sich auch nicht in Frauenkleider hüllen. Als Grund dafür wird größtes Mißfallen der höchsten Autorität genannt. Wer sich dem geschlechtsspezifischen Kleiderkodex nicht unterwirft, ist »ein Greuel vor dem Antlitz des Herrn«.

Warum sollte sich Gott so eingehend mit Kleidern beschäftigt haben? Sollten dadurch die Geschlechter nachdrücklich voneinander getrennt und der Promiskuität vorgebeugt werden? Sollte das Tabu der Homosexualität verstärkt werden? Sollte damit zum Ausdruck gebracht werden, daß Frauen keine Soldaten sein und Krieger sich nicht als Frauen verkleiden durften, um den Feind zu täuschen? Diese unterschiedlichen Erklärungen habe ich gefunden; obwohl sie alle in gewisser Hinsicht eine Erklärung liefern, so übersehen sie doch das Wesentliche. Nackt, wie Gott sie erschaffen hatte, konnte man Adam nicht mit Eva verwechseln. Als sie nach dem Sündenfall sich mit Feigenblättern und Tierhäuten bedeckten, waren ihre Geschlechtsmerkmale teilweise verhüllt. Ein geschlechtsspezifischer Kleiderkodex (ein Lendentuch für Adam, ein Sarong für Eva; eine gestreifte Krawatte für Adam, Schuhe mit hohen Absätzen für Eva) stellte eine deutlich sichtbare Polarität her, die ein gesellschaftliches Bedürfnis nach eindeutiger Trennung, überschaubaren Kategorien und stabiler Ordnung erfüllte.

Wenn ein Kind, das von seinen Eltern gefragt wird, ob der nackte Mensch auf dem Bild ein Mann oder eine Frau sei, antwortet: »Ich weiß nicht, er ist nicht angezogen«, ist das ein echter Witz. In einer bekleideten Gesellschaft braucht das Auge künstliche, äußere Anhaltspunkte. Wenn diese sichtbaren Anhaltspunkte fehlen oder widersprüchlich sind, kann das beim Betrachter erhebliche psychologische Verwirrung auslösen. Kleidung, von der keine eindeutigen Signale ausgehen, kann zu Feindseligkeiten und Zornesausbrüchen führen. Es ist gefährlich, einen Mann für eine Frau zu halten und umgekehrt. Eine Reihe von falschen Reaktionen kann dadurch heraufbeschworen werden. Die eigene Geschlechtsidentität gerät dadurch vielleicht in Verwirrung. Denn wie können wir wissen, wer wir sind, wenn wir nicht ziemlich sicher sein können, wer der andere ist?

Rock und Hose stehen in der westlichen Welt als Symbole des kleinen Unterschieds nebeneinander. Ein Reisender, der die Landessprache nicht beherrscht, wird auf dem internationalen Flughafen durch das vertraute Zeichen die richtige Toilette finden. Eine Strichfigur mit dem Dreiecksrock bringt *Sie* unfehlbar zu den Damen; ein Strichmännchen führt *Ihn* zu den Herren. Wie dankbar bin ich in meinen Hosen, daß ich weiß, wohin ich zu gehen habe – zur Tür mit dem Rock. Bin ich, ist die Welt auf die Fakten vorbereitet? Strichfiguren mit oder ohne einen dreieckigen Penis? Hinweisschilder mit kreisrunden Brüsten?

Der Landesverband New Jersey der *National Organization of Women* gab einmal ein Plakat in Auftrag, das Jungen und Mädchen beim gemeinsamen, friedlichen Ballspielen zeigen sollte. Die Grafikerin fand bei der Umsetzung des Gedankens keinen anderen Weg, als die Mädchen in Röcke zu stecken, oder sie mit Zöpfen und Schleifen darzustellen.

In gewissen abgelegenen Teilen der Welt, wo die Menschen noch weitgehend unbeeinflußt von der westlichen Zivilisation sind, besitzen Hosen immer noch etwas Neutrales – ähnlich wie die Gewänder und Tuniken der Mayas und Griechen. Und natürlich gibt es auch den nationalbewußten Schotten, der unbeirrbar am traditionellen Kilt festhält. Aber es hilft wenig, die Ausnahmen zu zitieren. Im westlichen Denken sind Hosen bei Männern und Röcke bei Frauen wie ein Naturgesetz ein so fester Bestandteil der Vereinbarung über den Unterschied zwischen männlich und weiblich wie das Diktat der kurzen und langen Haare. Hosen sind praktisch. Sie bedecken den unteren Teil des Körpers und gewähren größtmögliche Bewegungsfreiheit. Und darin liegt ihre Gefahr für die Weiblichkeit.

Bifurkation ist ein Wort, das Gabelung oder Zweiteilung bedeutet. Doch in der viktorianischen Zeit und sogar bis zum Ende des neunzehnten Jahrhunderts war es eine Umschreibung für die zwei Beine einer Frau, die zu besitzen sie nicht zugeben durfte. Frauenbeine oder Gliedmaßen (letzterer Ausdruck galt als höflicher) betrachtete man nicht als anatomische Einrichtungen zum Tragen des Körpers und zum Gehen, sondern als Pfeile, die unmißverständlich den Weg zu den Geschlechtsorganen und zum Sitz anderer Funktionen wiesen. Männer durften ihre Beine lässig zur Schau stellen; aber Kirche und Presse stimmten völlig darin überein, daß der Anblick einer bifurkierten Frau unanständig, sündig und gotteslästerlich war. Die Bifurkation ließ sich nur dadurch vermeiden, daß eine Frau bodenlange Röcke trug.

Wie bei den meisten Dingen, die als maskulin oder feminin gelten, ist es unmöglich, althergebrachte Auffassungen von Sexualmoral von althergebrachten ästhetischen und modischen Vorstellungen zu trennen. Es gab eine Zeit, in der beide Geschlechter ziemlich ähnliche Gewänder und Tuniken trugen. Aber selbst in Griechenland und Rom zeigten Männer in ihren knielangen Tuniken nackte Beine, während die der Frauen länger und faltenreicher waren. Blättert man in einer illustrierten Geschichte der europäischen Mode (wir dürfen nicht vergessen, daß in diesen Büchern im wesentlichen die Gewänder der Oberschicht zu finden sind), ist es amüsant festzustellen, daß im Mittelalter die Männer des Adels stolz ihre wohlgeformten, muskulösen Beine zur Schau stellen, deren Form mitunter durch wattierte Strümpfe nachgeholfen wurde, während Frauen überhaupt keine Beine zu haben scheinen. Die Gewänder wurden im Verlauf mehrerer hundert Jahre immer aufwendiger und prächtiger. Doch die Männerkleidung war immer so geschnitten, daß Beine, Oberschenkel und der Sitz der Genitalien betont wurden, während die Gewänder der Frauen die Beine verhüllten und Teile des Oberkörpers freigaben – Arme, Schultern, Hals und manchmal sogar die Brüste. Ein enggeschnürtes Mieder und ein langer, weiter Rock kennzeichnen im wesentlichen die weibliche Silhouette.

Mit Beginn des neunzehnten Jahrhunderts kamen für Männer lange, gerade geschnittene Beinkleider, die heutige Hose, in Mode und ersetzten die bis dahin übliche Kniebundhose mit Strümpfen. Der Mann durfte seine bifurkierte Männlichkeit behalten, denn es ging dabei um Stolz und Bequemlichkeit. Doch die Form seiner Beine war nun dem Blick entzogen. Die historische Umkehrung erreichte ihren Abschluß in den zwanziger Jahren, als die Röcke nach dem Willen der Frauen zum erstenmal nicht mehr bodenlang sein mußten. Jetzt sah man Frauenbeine in aller Öffentlichkeit – ein eindeutig neues Zeichen der Weiblichkeit.

Der Schritt von den langen zu den kurzen Röcken der zwanziger Jahre markierte einen wichtigen Fortschritt in der Geschichte der Frauenrechte. Ein Schnitt mit der Schere des Schneiders ermöglichte den Frauen eine Bewegungsfreiheit, die sie seit Jahrhunderten nicht gekannt hatten. Verschwunden war das lästige Gewicht mehrerer Unterröcke. Die meterlangen, schweren Stoffbahnen um die Knöchel wurden mit einem einzigen Gewaltstreich der Mode beiseitegefegt. Man befreite den Körper von der Brust bis zu den Schenkeln vom beengenden Korsett. Aber die Verwandlung der Frauenbeine von einem züchtig verhüllten Körperteil zu einem verführerischen Glanzstück, das bewundert und mit Pfiffen bedacht wurde, war vielleicht doch kein so außerordentlicher Gewinn. Beide Extreme beruhen auf dem Glauben an das verführerische Wesen der Frau; und in beiden Fällen versuchte die Mode, die wahre Funktion der Beine soweit wie möglich herunterzuspielen.

Eine wichtige Aufgabe der Weiblichkeit besteht darin, die funktionalen Aspekte von Kopf und Körper einer Frau, die sich durch nichts von dem eines Mannes unterscheiden, zu mystifizieren oder bedeutungslos erscheinen zu lassen. Und unsere Beine hatten darunter mehr zu leiden, als wir uns gern eingestehen. Quentin Bell weist in seiner Abhandlung *On Human Finery* überzeugend nach, daß die Damen in den voluminösen Reifröcken der sechziger Jahre des vergangenen Jahrhunderts nicht in der Lage waren, eine schmale Treppe nach oben zu gehen, während die Humpelröcke um 1880 so eng saßen, daß es für sie noch schwieriger war, steile Treppenstufen zu erklimmen. Hundert Jahre später stellten uns die Miniröcke vor ein ähnli-

ches Problem – nur bestand die Behinderung jetzt in der unfreiwilligen Zurschaustellung dessen, was ein Voyeur am unteren Ende der Treppe womöglich sehen konnte.
Ein Mann, mit dem ich politisch einige Male zu tun hatte, fragte mich herausfordernd, warum ich Hosen mit Hosenlatz trage. Darüber hatte ich wirklich noch nie nachgedacht. In meiner Jugend (und damals trug ich, wenn überhaupt, nur Arbeitshosen, die ich bis zu den Waden aufrollte) saßen die Reißverschlüsse bei Damenhosen immer seitlich oder hinten. Ich stelle mir vor, die Modemacher von heute glauben einfach, daß die Hosen besser sitzen, wenn sie vorne geschlossen werden. Aber ich hatte noch keinen einzigen Gedanken an die tiefere Bedeutung des Reißverschlusses verschwendet, bis mich jemand nachdrücklich darauf hinwies, für den er offensichtlich einen großen Stellenwert einnahm, weil er ihm Sex und das Urinieren erleichterte. Glaubte er, ich wollte mir den Anschein geben, einen Penis zu haben?
Manche Frauen zögern, Hosen zu tragen, weil sie glauben, nicht das Recht auf einen Hosenschlitz zu haben. Einige halten sich für zu groß und fürchten, von hinten mit einem Mann verwechselt zu werden; andere betrachten ihr zu breites Gesäß als Hindernis, um ihre Figur in Hosen vorteilhaft zur Geltung zu bringen. Da wir daran gewöhnt sind, daß die meisten Hintern, die wir in Hosen sehen, Männern gehören (und die meisten verschwinden außerdem unter Jacken), kann es niemand verwundern, wenn eine Frau mit breiten Hüften glaubt, sie wirke im Rock vorteilhafter – ja sogar auf anmutige Weise sinnlich im herkömmlichen Sinn. Die heutige Einstellung verlangt für Anmut in Hosen offensichtlich einen kleinen Hintern.
Ein Rock, jeder Rock hat eine weibliche Mission zu erfüllen, die darüber hinausgeht, das weibliche Becken und seine Funktion anständig, aber doch verlockend zu verbergen, und Hintern und Bauch mit schmeichelhaften Falten anmutig zu formen. Bei einer Frau gelten große, lässige Gesten als unanständig und unweiblich; Röcke verhindern große, freie Bewegungen. Eine Frau macht keine großen Schritte. Beim Sitzen oder Bücken wird eine Frau ständig daran erinnert, behutsam zu sein. Wie lang und wie weit ein Rock auch sein mag, er fordert vom Körper eine Reihe gemessener Posen und kleiner Gesten. Und die

traditionellen weiblichen Accessoires, die früher zu einem Rock gehörten (Korsett, Fächer, Muff, Sonnenschirm und Schal) verstärkten die Einschränkungen noch. (Heute sind es Schuhe und Handtasche.) Aber natürlich war weibliche Kleidung nie dazu bestimmt, funktional zu sein, denn das wäre ein Widerspruch in sich. Funktionale Kleidung ist das Privileg des Mannes, und alles Praktische ist eine männliche Tugend. Wirklich weiblich zu sein, bedeutet, die Nachteile von Behinderung und Beengungen hinzunehmen und sie schließlich zu lieben.

Die prächtigen Gewänder des späten Mittelalters wurden in der Absicht entworfen, die königlichen Hoheiten zur Bewegungslosigkeit zu verdammen und die niederen Stände durch dieses sichtbare Drama zu beeindrucken. Denn diese aufwendigen, hinderlichen Kleidungsstücke waren ein Beweis dafür, daß die königlichen Wünsche durch die Arbeit anderer erfüllt wurden. Der gebauschte Ärmel, die riesige, weiße Halskrause, der schwere Pelzbesatz, die Stickereien, die edelsteinbesetzten Stoffe waren für Könige und Höflinge noch wichtigere Statussymbole als für die Königin und ihre Hofdamen. Der Mantel eines Adeligen war oft prächtiger als der seiner Frau. Die männliche Staffage wurde ein so schwindelerregend konkurrenzbesetztes und kostspieliges Unternehmen, daß in ganz Westeuropa immer wieder Kleiderordnungen erlassen wurden, um die Grenzen der Klassen abzustecken. Diese Gesetze bestimmten, wer entsprechend Rang und Stand Seide, Zobel, Samt und Gold- oder Silberbrokatstoffe tragen durfte. Außerdem legten sie fest, wieviel Gewänder ein Baron haben durfte und wieviel Meter Stoff einem Ritter zustand etc. Den späteren Bestimmungen wurde als eine Art Anhang Richtlinien für Frauen und Töchter hinzugefügt.

Den treibenden Kräften der Revolution, des industriellen Fortschritts und der aufblühenden Mittelklasse gelang es gegen Ende des achtzehnten Jahrhunderts, einen Wandel in der Kleiderfrage herbeizuführen. In der nun schnellebigen Zeit war kein Platz mehr für Kleidungsstücke, die die Bewegungsfreiheit einschränkten, und für unbequeme Accessoires.

Die Garderobe des eleganten Herrn bewegte sich immer weiter in Richtung funktionaler Zweckmäßigkeit und übernahm sogar einige praktische Elemente der Kleidung der Arbeiter. Der

Gentleman trug nun Kleidungsstücke, die die neuen maskulinen Werte des dynamischen Handels gepaart mit seriöser Verantwortung widerspiegelten. Zum Ausdruck kam das durch gute Schneiderarbeit und praktische dunkle Farben. Klassenunterschiede demonstrierte man nun nicht mehr durch üppige Rüschen und Krausen und betonte Zurschaustellung, sondern durch ein neues, dezentes Kriterium guter Stoffe und gutem Sitz.
Für die Frauen kam es jedoch nicht zu einer solchen fundamentalen Änderung. Der Schnitt der Männerkleidung paßte sich den neuen modernen und demokratischen Verhältnissen an und entsprach dem unbändigen Leistungsdrang des rußerfüllten Zeitalters der Industrialisierung. Die Frauenmode trat jedoch auf der Stelle. Obwohl die industrielle Revolution sich in Fabriken, Spinnereien und Webereien der Arbeitskraft der Frauen bediente, brachte sie auch die Dame der Mittelklasse hervor. Sie überließ sich – umgeben von ihrem Hauspersonal – dem Müßiggang in einer genau definierten weiblichen Sphäre, deren Konstanten Mutterschaft, gesellschaftliche und moralische Kultiviertheit waren und die Aufgabe, Zierde im Leben und Heim ihres Mannes zu sein. Im Verlauf des neunzehnten Jahrhunderts konnten Reifröcke, Krinolinen, Rüschen und Schleppen kommen und gehen, der Geschmack in Hinblick auf Farben konnte schwanken und sich verändern; die Weite der Röcke, der Schnitt des Ärmels, die Höhe der Taille und die Form der Büste konnten von einer Saison zur anderen mit bewundernswürdigem Einfallsreichtum variieren, aber die modebewußte Frau blieb eine vergängliche Kreation, eine Zuckerbäckererscheinung mit einem erheblichen Konsum, deren unpraktische Kleidung die aristokratischen Werte einer vergangenen Zeit widerspiegelten. Und die müßigen Ehefrauen und Töchter der neureichen Bourgeoisie mit ihren neu geweckten Ansprüchen und Sehnsüchten, ihren neuen Wäscherinnen und Zofen wurden zu ihren eifrigsten und ergebensten Anhängerinnen, denn auch sie wollten vollkommene Damen sein.
Schlechtbezahlte Arbeitskräfte – einschließlich Kinder – produzierten in Spinnereien und Webereien Tag und Nacht Stoffe; Nähmaschinen automatisierten das Nähen. In der Mode führte das zu einer Anhäufung von Rüschen und Bändern, Volants und

Paspeln, Quasten, Fransen, Spitzen, Perlen, Schleifen und unzähligen gestärkten Unterröcken, um eine wohlgesittete und künstlich geformte Gestalt zu kleiden und zu schmücken. In einer Saison ersetzte vielleicht die Krinoline die Unterröcke; vielleicht verdrängte der Humpelrock den Reifrock, um seinerseits dem Schleppenkleid oder der Tournüre zu weichen. Um welche Neuheit es sich auch handelte, der letzte Modeschrei äußerte sich im Rückgriff auf die Vorbilder einer früheren Zeit.

Auch im zwanzigsten Jahrhundert besitzt das Rezept des Rückblicks in der Frauenmode seine Gültigkeit. Immer wieder stehen historische Kostüme Pate bei einem neuen Stil; und der Rückgriff wird beglückt zur Kenntnis genommen – sei es Diors New Look von 1947, der den Damen wieder lange Kleider, Krinolinen und die schmale Taille bescherte, oder Saint Laurent mit seiner zaristischen Bäuerinnenmode von 1976, die geschnürte und paspelierte Mieder und hohe Stiefel zu neuem Leben erweckte, der offen eingestandene Rückblick auf die vierziger Jahre, der »Retro-Look«, der sich etwa ein Jahr später durchsetzte, der geschlitzte Röcke, wattierte Schultern und leuchtendrote Lippenstifte forderte, oder Ralph Laurens »Victorian Look« von 1980. Abgesehen von den geometrischen Kreationen von Courrèges und Mary Quant um die Mitte der sechziger Jahre, die im Zeichen der Raumfahrt standen (weiße Plastikstiefel und Miniröcke), wird in jeder Saison lautstark eine neue »Rückkehr zur Weiblichkeit« in der Frauenmode verkündet. Im Gegensatz dazu ändert sich die Herrenmode von einem Jahr zum anderen nur unwesentlich; die Modemacher blicken nie zurück – weder um sich Anregungen zu holen noch eine neue Verkaufstechnik zu erproben. Eine »Rückkehr zur Männlichkeit« ist unvorstellbar, denn Männlichkeit kennt keine Vergangenheit. Aber um in Kleidung, Benehmen und überhaupt in allem eindeutig weiblich zu sein – das heißt, um ihre Weiblichkeit zu »bewahren« –, muß eine Frau weit in die Vergangenheit zurückblicken.

Angesichts dieses auffälligen Unterschieds in der Zielsetzung männlicher und weiblicher Mode ist es kein Wunder, daß die tonangebenden Modezentren an unterschiedlichen Orten entstanden und blühten. Die Männer blicken nach London, der tradi-

tionsbewußten Stadt der Banken und des Handels mit ihren vorsichtigen, zuverlässigen Schneidern in Savile Row. Frauen richten die Augen erwartungsvoll auf Paris, die aufregende, sündige Hochburg der Liebe und der Kunst. Von dort kommen exotische Parfüms; dort ist die phantasievolle Haute Couture zu Hause, und dort gibt es geradezu geniale Reizwäsche.
Obwohl zwischen den erstickenden, beengenden langen Röcken der Frauen und den erstickenden Restriktionen einer Frau mehr als ein symbolischer Zusammenhang bestand, wurde die Kleiderreformbewegung der fünfziger Jahre des vergangenen Jahrhunderts für die Vorkämpferinnen der amerikanischen Frauenbewegung eine qualvolle Folter und eine politische Demütigung. Wie berichtet, wagten sich nicht mehr als hundert Suffragetten in der »vernünftigen Kleidung« (so nannte man es in gesundheits- und hygienebewußten Kreisen) in die Öffentlichkeit. Zu diesen Pionierinnen zählten Elizabeth Cady Stanton, Lucy Stone, die Schwestern Grimke und die schüchterne Quäkerin Susan B. Anthony, der diese Zeit ihres Lebens als eine »geistige Kreuzigung« in Erinnerung blieb.
Man sprach allgemein vom Bloomer-Kleid, denn Amelia Bloomer, eine Nachbarin von Elizabeth Cady Stanton aus Seneca Falls, setzte sich in ihrem reformistischen Blatt *The Lily* für das neue Kleidungsstück ein. Und »Bloomer« klang so lächerlich und komisch. Die Suffragetten sprachen jedoch vom »kurzen Kleid« und waren pedantisch darauf bedacht, die Ehre der Frau zuzusprechen, der die Ehre gebührte, nämlich Elizabeth Stantons Cousine Elizabeth Smith Miller, die Tochter des Abolitionisten Gerrit Smith.
Elizabeth Millers Creation, die sie sich ursprünglich für die Arbeit im Garten genäht hatte, wirkte irgendwie türkisch. Das Unterteil bestand aus einer knöchellangen Hose, über der ein knielanger Überwurf getragen wurde. Knielang! Keine schleppenden Röcke, in denen sich der Fuß verfangen konnte, über die man stolperte, die man zerriß oder beschmutzte. Keine wogenden Unterröcke, die man zierlich und anmutig raffen und halten mußte, um ein Mißgeschick zu vermeiden, wenn man um eine Straßenecke ging oder sich setzte. Bei einem Besuch in Seneca Falls führte Lizzie Miller der Lizzi Stanford ihre Creation vor. Sie zeigte ihrer Cousine, wie man sicher mit dem Baby

auf einem Arm und der Petroleumlampe in der anderen Hand eine Treppe hinaufgehen konnte, ohne befürchten zu müssen, zu stolpern. Mrs. Stanton hatte damals bereits vier ihrer sieben Kinder und war auf der Stelle bekehrt. Mit der ungebremsten Begeisterung, für die sie berühmt war, machte sie sich mit Schere und Nadel über ihre eigenen Röcke her und begann, unter ihren vielen Freundinnen in der Frauenbewegung und unter den Abolitionisten für die neue Idee zu werben. Sie erbot sich, Susan Anthony, einer vielversprechenden neuen Verbündeten aus den Reihen der Abstinenzbewegung, ihr eigenes kurzes Kleid zu schenken. Susan Anthony lehnte mit der Begründung ab, sie würde es niemals tragen.
»Wir sind wie der arme Fuchs in der Fabel, der sich den Schwanz abgeschnitten hat«, schrieb Mrs. Stanton ihrer Cousine. »Wir können nicht in Frieden weiterleben, wenn wir nicht den großen, nationalen Unterrock abschneiden... Bleib standhaft.«
In den Jahren 1851 und 1852 ermunterten sich viele Feministinnen gegenseitig, standhaft zu bleiben. Ida Husted Harper schrieb: »...durch die Presse ging ein höhnischer Aufschrei, von den Kanzeln wurde uns Gottes Fluch entgegengeschleudert, und der Pöbel stimmte in das Lied ein. In den größeren Städten verfolgten Männer und Burschen die Frauen auf den Straßen unter Johlen und Pfeifen und zögerten auch nicht, ihre Mißbilligung zu zeigen, indem sie Steine und Stöcke nach ihnen warfen.« Viele Veranstaltungen, auf denen für das Wahlrecht für Frauen geworben wurde, verwandelten sich zu einer Volksbelustigung, wenn eine ausgelassene Menge in den Saal stürmte, um die Bloomer anzustarren. Was aus Gründen persönlicher Annehmlichkeit entstanden war, stilisierte man zu einem leidvollen politischen Prinzip: Das Recht einer Frau, bequeme Kleidung zu tragen. Susan B. besuchte im Dezember 1852 Elizabeth Stanton und wagte bei dieser Gelegenheit den entscheidenden Schritt. Sie kürzte ihre Röcke und schnitt sich die Haare ab, um ihre Überzeugung in die Tat umzusetzen. »Endlich trage auch ich einen kurzen Rock und Hosen!« schrieb sie an Lucy Stone. Sie übernahm als letzte der großen Suffragetten den neuen Stil. Innerhalb eines Jahres sollte sie eine der letzten sein, die immer noch daran festhielten.
Trotz der Unterstützung ihres Ehemanns und ihres Vaters, die

glaubten, die Kleiderreform sei der Schlüssel zur Frauenemanzipation, wurden die Röcke von Elizabeth Smith Miller von Jahr zu Jahr wieder länger. Mit gewissen Abwandlungen trug sie ihre türkischen Kostüme sieben Jahre, ebenso lange wie Amelia Bloomer. Elizabeth Cady Stantons »Bloomers« wurden zu einem unerfreulichen Thema im Wahlkampf ihres Mannes, der für den Senat kandidierte. Die Opposition prägte den spöttischen Slogan: »Zwanzig Schneider stehn ihren Mann, aber Mrs. Stanton hat die Hosen an.« Ihr Sohn Neil schrieb seiner Mutter aus dem Internat und flehte sie an, bei ihrem Besuch kein kurzes Kleid zu tragen. In weniger als zwei Jahren hatte Elizabeth Stanton kapituliert. Ihr Saum wanderte wieder nach unten, und sie drängte ihre Freundinnen in der Bewegung zum Rückzug. Sie schrieb Susan B. Anthony und Lucy Stone: »Ich weiß, wie du leiden mußt, dich wieder der Tyrannei der Mode zu beugen. Aber ich weiß auch, wie du in der Gesellschaft leidest, wenn du ein kurzes Kleid trägst. Also ziehe es aus, nicht um unserer Sache willen, nicht um irgendeiner Sache willen, sondern nur um deinetwillen!«
Die beiden Damen reagierten schnell auf diesen Brief. Lucy Stone schrieb zurück: »Ich habe mir ein hübsches neues Kleid gekauft, das nun schon einen Monat bei mir im Schrank hing, weil ich mich nicht entscheiden kann, ob ich es kurz oder lang haben will... Ich glaube nicht, daß es irgendeiner Sache schaden wird, aber mir erspart es erheblichen Verdruß, und ich muß bei einer Einladung auch nicht mehr das Gefühl haben, daß die ganze Familie vor Verlegenheit stirbt, wenn zufällig noch jemand zu Besuch kommt. Vor einigen Wochen war ich bei Lucretia Mott. Ihre Töchter nahmen mich regelrecht ins Gebet und wollten mich überreden, meine kurzen Kleider aufzugeben. Sie erklärten, in meiner Gesellschaft würden sie sich nicht auf die Straße wagen...«
Susan B. erwiderte in heller Aufregung. »Wenn Lucy Stone trotz all ihrer Überredungskunst, ihrer Liebenswürdigkeit, mit der sie alle Herzen gewinnt, das Martyrium der Kleiderfrage nicht länger ertragen kann, wer dann? Elizabeth Stanton verabschiedete sich von mir mit den Worten: ›Machen Sie noch heute, noch vor der Versammlung morgen Ihr Kleid länger.‹ Ich bin ihrem Rat noch nicht gefolgt, sondern war den ganzen Tag in der Stadt und

in den Druckereien und mußte erleben, wie mich Männer unverschämt und frech anstarrten, so daß ich größte Mühe hatte, Haltung zu bewahren. Und als ich die Tür öffnete, hörte ich die Bemerkung: ›Da kommt ja meine Bloomer.‹ O dieser verhaßte Name! Ich bin nur als eine der Frauen bekannt, die Männer nachäfft – diese rohen, brutalen Männer! Ich kann es nicht, ich kann es nicht länger ertragen.«

Das Scheitern der »Bloomerbewegung« läßt sich auf viele Gründe zurückführen. Elizabeth Stanton räumte Jahre später ein, Hosen unter einem knielangen Überwurf seien »nicht geschmackvoll«, und Amelia Bloomer gab traurig zu, daß die Frauenmode neue Ideen nicht aus Reformzeitschriften bezieht, sondern aus den romantischen Creationen, die für die Damen am französischen Kaiserhof entworfen und genäht worden waren. Unter den Gästen von Badeorten und den Kämpfern für die vereinfachte Schreibweise hatte das vernünftige Kleid ergebene Anhängerinnen – sie versuchten, es in »amerikanisches Kostüm« umzutaufen. Aber diese Damen waren Randerscheinungen und entschieden unmodisch. Die Suffragetten standen jedoch vor der Aufgabe, die Herzen und die Zustimmung der Nation zu gewinnen. Was für die Suffragetten nur ein kurzer Rock und ein schickliches Beinkleid war, in dem sie sich bequem und mit einer nie gekannten Freiheit bewegen konnten, war in den Augen anderer anstößig und bestätigte ihre schlimmsten Befürchtungen: Suffragetten waren Frauen, die in Wirklichkeit Männer sein wollten.

Im viktorianischen England, wo Weiblichkeit mit Bändern, Hauben und Spitzen am Leben gehalten wurde, gründeten reformbewußte Frauen ebenfalls eine Gesellschaft für das vernünftige Kleid, um den Hosenrock durchzusetzen. Aber das eigentliche Drama spielte sich in einer Gruppe von Arbeiterinnen ab, die von 1850 bis 1877 verzweifelt und heldenhaft darum kämpften, Hosen tragen zu dürfen, denn ihre ganze Existenz hing von diesem praktischen Kleidungsstück ab. Sie arbeiteten in den Bergwerken von Lancashire, Wigan, Birmingham und South Wales. Es waren die kräftigen Grubenmädchen, die die Kohle siebten und verluden, nachdem Männer sie ans Tageslicht befördert hatten. (Man hatte Frauen bereits verboten, in den Stollen und unter Tage zu arbeiten.) Die Kohlenschlepperinnen arbeiteten in Hosen, Holzschuhen und Schürzen aus Sackleinwand in 12-Stunden-Schichten. Nach allem, was man weiß, waren sie auf ihre kohlenschwarze Unabhängigkeit sehr stolz. Journalisten und Regierungsunterausschüsse beklagten in regelmäßigen Abständen die Kohlenschlepperinnen in ihren »widerlichen Gewändern«. Wiederholt unternahm man Anstrengungen, sie aus den Bergwerken zu vertreiben. Dazu diente der fromme Vorwand, ihre Arbeitskleidung mache sie geschlechtslos und entwürdige sie als Frauen.

In der Geschichte begegnen wir einer Reihe ehrgeiziger und talentierter Frauen, die sich entschlossen, Männerkleidung zu tragen, oder wesentliche Bestandteile übernahmen, um ungehindert ihrer Arbeit nachzugehen. Für Johanna von Orléans, die mit der Waffe in der Hand für ihr Land kämpfte, für Harriet Tubman, die entflohene Sklaven durch die Sümpfe in die Freiheit führte, oder auch für George Sand, die in verrufenen Cafés nachts Stoffe und Abenteuer für ihre literarischen Werke suchte, wären Haube und Rock eine geradezu lächerliche Bürde gewesen. Die entschlossenen Hosenträgerinnen, die berühmten Frauen im zweckdienlichen Fummel sind ein gemischter Haufen. Außer dem tiefen Bedürfnis nach Selbstverwirklichung und unerschütterlichem Mut haben sie wenig gemeinsam. In ihre Reihen gehören Rosa Bonheur, der die Pariser Polizei offiziell erlaubte, Hosen zu tragen, wenn sie in den Schlachthöfen Pferdeskizzen machte; Calamity Jane, die mit einem Planwagen durch den amerikanischen Westen fuhr, und die bedeutende Gartenarchitektin Gertrude Jekyl, die in Militärstiefeln und einer Männerschürze das Anlegen und Bepflanzen der Parks von Englands großen Herrensitzen überwachte.

Keine Frau hat sich hartnäckiger geweigert, die Konventionen der Frauenkleidung zu akzeptieren als die Jungfrau von Orléans, und keine Frau in der Geschichte hat einen höheren Preis dafür bezahlt. In den ruhmreichen Tagen ihrer Siege vertauschte Johanna den roten Rock des Hirtenmädchens gegen das grauschwarze Gewand eines Pagen. Ihr größter Stolz war eine glänzend weiße Rüstung, in der sie ihre Truppen in die Schlacht führte. Nach ihrer Gefangennahme bestürmten ihre Kerkermeister sie, ein Kleid anzuziehen; aber sie lehnte das ab. Ihre Stimmen hatten ihr nicht gesagt, daß ihre Mission vorüber sei.

Außerdem war sie in einem Gefängnis, in dem es außer ihr nur Männer gab, in Soldatenkleidung sicherer. Ihre Inquisitoren beschäftigten sich geradezu zwanghaft mit ihrer männlichen Kleidung. Zu den Anklagepunkten zählte das Verbrechen, die Heiligen Sakramente als Mann verkleidet empfangen zu haben. Nachdem sie zusammengebrochen war und unter Eid ein Geständnis abgelegt hatte, brachte man ihr ein Kleid in die Zelle. Johanna zog es an und wieder aus. Ein Streiter Gottes konnte diese Demütigung nicht ertragen. Ihre Rückfälligkeit in puncto Kleidung besiegelte ihr Schicksal, denn damit lieferte sie den Beweis, daß ihr Geist nicht kapituliert hatte. Johanna wurde zum Scheiterhaufen geführt und in Rock und Mieder verbrannt – ein besonderer Triumph für ihre Feinde.

Alte Jungfern, Lesbierinnen, Bisexuelle, Frauen von zwiespältigen, androgynen sexuellen Neigungen? Dekadente und publicitysüchtige Angeberinnen? Künstlerinnen und Schauspielerinnen, die mit Rollen spielten? Die Göttliche Sarah Bernhardt verkündete in einem Männerjackett, Hose und Seidenkrawatte ihre Absicht, sich von der Bühne zurückzuziehen und ihr Leben der Bildhauerei zu widmen. Was hatte es zu bedeuten, daß die kämpferische Schauspielerin und Schriftstellerin Fanny Kemble, die »enge Korsetts, enge Strumpfhalter, enge Schuhe, enge Rockbünde, enge Ärmel und enge Mieder« ablehnte, in Herrenweste und Kniehosen den Nachmittag bei einer Freundin verbrachte? Hatte Colette nicht gerade ihre empörende Affäre mit der sehr männlichen Missy, als sie mit einer brennenden Zigarette in der Hand und in einem schicken Herrenanzug sich herausfordernd der Kamera stellte? Wir wissen aus ihrem Tagebuch, daß Vita Sackville-West sich als junger Mann verkleidete und »in der ungewohnten Freiheit, die Hosen und Gamaschen erlauben«, übermütig rannte, hüpfte und über Zäune sprang, als sie die verführerische Violet leidenschaftlich liebte.

Die Welt lächelt freundlicher über Frauen in Männerkleidung, wenn sie mit gefeierten Leistungen oder hinreißender Schönheit aufwarten können. Selbst in Natalie Barnieys lesbischen Kreisen im Paris der zwanziger und dreißiger Jahre hoben sich die Schauspielerin Renée Vivien und die Malerin Romaine Brooks durch Eleganz und Schönheit von ihren anderen Freundinnen ab, die mit weniger körperlichen Reizen gesegnet und weniger berühmt waren – Una, Lady Troubridge, mit Krawatte und Monokel, und Radclyffe Hall mit ihren schlechtsitzenden Anzügen und ihrem schwerfälligen literarischen Stil. Deborah Sampson Gannett verkleidete sich als Mann und kämpfte in den Reihen der Soldaten im amerikanischen Unabhängigkeitskrieg. Sie wäre ein akzeptableres Rollenmodell, wenn sie ein Infanterieregiment gerettet oder eine Stadt erobert hätte. Dame Ethel Smyth, die englische Komponistin und Kämpferin für die Frauenrechte, hätte möglicherweise in ihrem Frack größeren Erfolg gehabt, wenn sie nicht so stämmig und ihre Musik melodischer gewesen wäre. Und um die Gegenwart nicht zu vergessen, der »Annie Hall-Look«, den Diane Keaton in dem gleichnamigen Film kreierte, läßt sich nicht so leicht adaptieren, wenn eine Frau mit Schlapphut, Weste und weiten Hosen nicht so bezaubernd aussieht wie Diane Keaton.

Soviel läßt sich sagen: Manche Frauen haben Männerkleidung getragen, um ihrer Arbeit nachzugehen; manche Frauen haben Männerkleidung getragen, um ihre zeitweilige und dauernde sexuelle Neigung zu anderen Frauen anzudeuten; manche Frauen haben Männerkleidung getragen, um das Gefühl von Macht und Freiheit zu genießen, das das »Mannsein« ihnen verschaffte. Manche Frauen haben Männerkleidung getragen, weil sie ihren eigenen, weiblichen Körper haßten. Manche Frauen haben Männerkleidung getragen, weil sie darin bezaubernd aussahen. Manche Frauen haben Männerkleider getragen, weil sie eine Alternative zu den engen Kleidern suchten, von denen man erwartete, daß sie sie als Frau anzogen – und das auch noch mit Vergnügen. *Orlando,* Virginia Woolfs Roman aus dem Jahre 1928, läßt sich nicht nur als die geistreiche Geschichte einer Frau ansehen, die sich in einen Mann verwandelt, sondern auch als ein metaphorischer Exkurs über eine Frau, die den Wandel in der Kleidermode erlebt. (Der Roman ist V. Sackville-West gewidmet.)*

---

* Virginia Woolfs autobiographische Arbeiten, die 1976 zum erstenmal veröffentlicht wurden, zeigen uns eine Frau, die das Entsetzen packte, wenn sie ein neues Kleid kaufte – sie spricht von der Scham vor dem Spiegel bei der Anprobe, von Befangenheit und Qualen, wenn sie es schließlich trug. Virginia Stephen entstammte einer Familie berühmter Schönheiten. Nach den viktorianischen Anstandsregeln, die sie und ihre Schwester befolgten, konnte man »tagsüber eine Kittelschürze tragen und arbeiten«, aber abends im väterlichen Wohnzimmer waren »Kleider und Frisuren weit wichtiger als Bilder und Griechisch«.

In den dreißiger und vierziger Jahren gelang Hollywood, was die ernsthaften Reformbewegungen und die individualistischen Vorkämpferinnen nie erreicht hatten: der akzeptierbare Typ (den Männer sexy fanden) einer begehrenswerten, verletzlichen, eindeutig heterosexuellen, mondänen Frau in Hosen. Die berühmte Irene Castle hatte in den zwanziger Jahren kurze Haare weiblich und populär gemacht; und so gelang es Marlene Dietrich mit ihrer zerbrechlichen Figur, den gezupften Augenbrauen, den schweren Lidschatten, den leuchtend roten Lippen, platinblonden Haaren und hohen Absätzen die bedrohliche Erscheinung einer Frau in Männerjackett und Hose zu verweiblichen und den Leuten schmackhaft zu machen. Marlene Dietrich wurde auf der Leinwand, Greta Garbo, Audrey Hepburn und Frau Bankhead wurden privat wiederholt in Hosen fotografiert ebenso wie Amerikas erstes androgynes Sexsymbol Amelia Earhart, die hochfliegende Pilotin. Ach ja, Amelia, wenn sie in der braunen ledernen Pilotenjacke scheu aus dem Cockpit ihres Flugzeugs lächelt, scheint sie hoch in ihrer androgynen Freiheit zu schweben. Natürlich ist Amelia Earhart mit ihrer Natürlichkeit und ihrem guten Aussehen und dem geheimnisvollen Tod eine problemlose, anziehende Heldin. Nicht so die strenge, schlichte Susan B. Anthony oder die intelligente George Eliot in ihrer spitzenbesetzten Bluse und den Korkenzieherlocken, die das wenig anziehende Gesicht mit den ausgeprägten Zügen geradezu lächerlich umrahmen.

Aber es ist das Image von Marlene Dietrich und nicht das von Amelia Earhart oder Diane Keaton, die der modebewußten jungen Frau von heute erlaubt, Männerhosen zu tragen. Sie muß sich nur mit hohen Absätzen, lackierten Fingernägeln, »gemachten« Haaren, viel Schmuck und Make-up garnieren, dann wird ihre Weiblichkeit nicht in Frage gestellt. Ersatzweiblichkeit verlangt ihren Preis in Form von schmückendem Beiwerk, um das verdächtige männliche Vorbild zu modifizieren. In der Mode spricht man vom »weichen Effekt« – ein interessanter Ausdruck, denn an Pfennigabsätzen und langen roten Fingernägeln ist nichts Weiches; allerdings sind sie unpraktisch, lassen an Masochismus denken und verändern die natürliche, normale Bewegung der eleganten Frau in Hosen. »Heterosexualisierender Effekt« wäre eine genauere Bezeichnung. Und es ist eigentlich

ein trauriger Kommentar zu den gespannten Beziehungen zwischen den Geschlechtern, daß eine Frau zu einer Reihe kunstvoller Täuschungsmanöver greifen muß, um ihren heterosexuellen guten Willen unter Beweis zu stellen.
Anflüge von Nacktheit sind im Winter und Sommer andere Beweise weiblicher Selbstdarstellung. Es ist schick, Haut zu zeigen, um das neckische Versteckspiel von Enthüllen und Bedekken – wie unbewußt das auch immer geschehen mag – zu spielen. Das Zögern, einen Oberschenkel oder den Bauch zu enthüllen, wird als Prüderie, altmodische Sittsamkeit, mangelndes Selbstvertrauen oder als Eingeständnis eines Schönheitsfehlers beurteilt: dicke Schenkel, schlaffe Haut, eine häßliche, entstellende Narbe. Ich stimme dem Argument zu, einer Frau sollte freistehen, das zu tragen was sie will, ohne damit ein moralisches Urteil heraufzubeschwören oder die Anschuldigung, sie reize die Männer bewußt (noch keine Untersuchung hat bisher ergeben, daß Männer, die Frauen vergewaltigen, provokativ gekleidete Opfer suchen). Doch ich vergesse dabei nicht, daß dieses Argument oft von sehr jungen Frauen geäußert wird, die in der glücklichen Lage sind, sich mit Pioniergeist die Mode zu erobern, und die Neuland suchen. Frauen, die energisch freizügige Nacktheit ablehnen, sind meist älter und in einem Alter, in dem das Bindegewebe nicht mehr so fest und die Einstellung nicht mehr so liberal ist. Ältere Frauen werden im Kampf um erotische Attraktivität automatisch zu den Verlierern gerechnet; und deshalb haben sie Erkenntnisse, die den jungen und gutaussehenden Frauen entgehen. Das Zeigen von Haut ist nicht nur eine Frage von Stil, Unbekümmertheit und Modernität, es ist das Podium, auf dem sich die Frauen dem Urteil stellen.
War es unvermeidlich, daß die Kleiderreformbewegung ihren Kampf gegen einengende Kleidung so leichthin auf die populäre Streitfrage verlagerte, wieviel Nacktheit einer Frau erlaubt ist? Eine erotisierende Aufmachung hat oft als Ablenkungsmanöver gedient, um zu verhindern, daß das weibliche Bewußtsein das Wesen der Unterdrückung ein für allemal durchschaute. Die tief ausgeschnittenen Abendkleider der Reichen und die freizügigen Prostituierten schockierten in der Vergangenheit die fleißigen, gottesfürchtigen armen Leute, weil sie stolz die gepflegten Körper zur Schau stellten. Mrs. Grundy verkörperte vielleicht den

Prototyp konservativer bürgerlicher Werte; aber sie war ein Geschöpf von Männern der Bourgeoisie, die ihrer eigenen Herkunft entfliehen wollten. Ihr Gegenstück, die »befreite Frau«, hält man für eine *femme fatale* im aufreizenden Kleid. Es ist kein Zufall, daß man die Frauen nachdrücklich ermutigte, den weiblichen Unterschied durch Enthüllen zu dokumentieren, sobald sie sich vom engen Korsett und den schweren, hinderlichen Roben befreit hatten, denn in den Augen der Moralisten ging es immer um Enthüllung. Anständigkeit war eine Sache der Rocklänge oder noch verschämter des Spitzentuchs, das man in den Ausschnitt steckte. Suzanne Lenglen sorgte 1919 in der Tenniswelt für Aufregung, als sie mit einem dreiviertellangen Kleid und langen Strümpfen auf dem Tennisplatz erschien. Alice Marble schockierte 1933 Wimbledon, als sie mit nackten Beinen, in Shorts und einem ungeknöpften Oberteil spielte. Und deshalb liegt auch in der Aufregung über die berühmten Spitzenhöschen von Gorgeous Gussi Moran eine gewisse Logik. Ich vermute, Gorgeous Gussi versuchte nur, ein praktisches und daher geschlechtsneutrales Kleidungsstück eindeutig weiblich zu besetzen. Aber das half alles nichts. Das Recht auf ungehinderte Bewegungsfreiheit war immer ein heikles, unweibliches Thema; das Recht, aufreizend zu wirken, war schon immer verlockender.

Schleier sind auf der ganzen Welt ein Symbol mystifizierter weiblicher Sexualität – vermutlich weil sie etwas eindeutig Weibliches verhüllen. Der Volksmund sagt, die erotisierende Wirkung des Schleiers beruhe auf dem dahinter vermuteten verborgenen schönen Gesicht. Doch jedem, der etwas über die Geschichte weiß, muß bekannt sein, daß der Schleier ein Vorhang des Schweigens, der Anonymität und der Restriktion ist, der benutzt wird, um Frauen von der aktiven Männerwelt auszuschließen, auch wenn die Augenschlitze mit kostbaren Stickereien verziert sind. Die Bemühungen um Abschaffung des Schleiers in muslimischen Ländern stößt auf einen erschreckend starken Widerstand der Männer, die darin den Untergang ihrer traditionellen Werte sehen. In Afghanistan zählte die geplante Entschleierung der Frauen durch die marxistische Regierung zu den Faktoren, die zum Aufstand der fundamentalistischen Rebellen führte. Die Rückkehr der Frauen zum Chador war eine der vielen beunruhigenden Seiten des islamischen Nationalismus, den die Regierung des Ayatollah Khomeini im Iran herauskehrte. »Den Schleier nehmen« ist in der christlichen Welt nach wie vor der übliche Ausdruck für die Entscheidung einer Frau, der vergänglichen Welt und dem Sexualleben zu entsagen und ins Kloster zu gehen. Gleichgültig, welcher Religion sie angehören, verschleierte Frauen gehören einer mumifizierten Kaste an, deren Sexualität verborgen ist, damit sie der gesellschaftlichen Ordnung der Männer nicht gefährlich werden können.

Das Entschleiern der Braut am Ende der Trauungszeremonie ist eine romantische Tradition. Es bedeutet nichts anderes, als die Demonstration des Rechts eines Ehemanns, seine jungfräuliche Braut in geheiligter Ehe zu deflorieren. Sie trägt einen weißen Schleier, während sich die Witwen früher in schwarze Schleier hüllten, um unter anderem das Ende ihres aktiven Sexuallebens anzuzeigen. Der Schleier hatte die Aufgabe, ein Schutzmantel weiblicher Tugend zu sein und den Status einer Frau zu signalisieren; aber gleichzeitig konnte er auch die Bereitschaft zu unerlaubtem Sex und zum Flirt bedeuten. Die Ehebrecherin im neunzehnten Jahrhundert, die tief verschleiert und heimlich ihren Liebhaber besuchte, betrachtete ihre vielen Schleier vielleicht als Vorspiel des amourösen Stelldicheins – der Liebhaber vielleicht ebenfalls. Der Schleier gilt als erotisch, wenn sexuelle Schuldgefühle als erotisch gelten. Die Hutmacher des zwanzigsten Jahrhunderts griffen zum durchbrochenen Schleier, um ihren originellen Modellen einen frivolen Akzent zu verleihen. An einem auffallenden Hut wurde er zu einem bezaubernden Artefakt der Unterwerfung. Der Hauch von schwarzem Tüll wirkte vielsagend damenhaft und provokativ.

In einem Augenblick der Geschichte, in dem die sexuelle Orientierung aus dem Gleichgewicht geraten ist, unzählige homosexuelle Männer und heterosexuelle alleinstehende Frauen auf der Suche nach Liebe, Sex und sinnerfüllten Beziehungen sind, liegt es auf der Hand, daß die beiden Gruppen besonderen Wert auf Kleidung legen, um ihre sexuelle Attraktivität zu erhöhen, während Lesbierinnen und heterosexuelle Männer in dieser Hinsicht lässiger sind und schlichtweg praktisch denken, da ihnen das dringende Bedürfnis fehlt, den abschätzenden männlichen Blick auf sich zu ziehen. Der Nachdruck, den Gays auf ihr Aussehen legen – Körpertraining, schlank bleiben, jung aussehen, geschickte, anliegende Kleidung –, ist ein Beweis für eine ästhetische Sensibilität. Aber die Sensibilität zielt nur darauf ab, das sexuelle Interesse anderer Männer zu wecken. Diese Tatsache macht die Behauptung glaubhaft, daß Frauen sich nicht für andere Frauen anziehen – es sei denn, um mit ihnen zu rivalisieren; und sie legt nahe, daß man nicht »die homosexuellen Modemacher« für die unbequeme, verrückte Mode verantwortlich machen kann, in die sie Frauen stecken, denn die ganze Show wird nur veranstaltet, um den Beifall heterosexueller Männer zu erringen.

Wie heterosexuelle Frauen oft feststellen, sind viele Gays sehr attraktiv. Enge Hosen an einem gutgebauten, durchtrainierten Körper haben viel für sich. Dieser Mühe unterzieht man sich jedoch selten unseretwegen, wenn man von einer Handvoll Rockstars und Filmschauspieler absieht, die sich eingehend dieser sinnlich ansprechenden Aufgabe unterziehen – das Wort dafür ist Narzißmus –, denn Aussehen und Publikum spielen eine entscheidende Rolle für ihre Karriere. Die meisten heterosexuellen Männer müssen sich nicht unbedingt auf ein farbenprächtiges sexuelles Gefieder verlassen – sei es, um ihren Lebensunterhalt zu verdienen, sei es, um eine Frau zu verführen. Die männliche Tradition der beiden letzten Jahrhunderte hat sie gelehrt, daß erotisierende Kleidung nicht der Würde eines Mannes entspricht und geckenhaft ist. Männer der Tat und Männer der Macht sind bewußt farblos, wie es scheint, sobald ihr Status unangefochten und gesichert ist. Nur wer befürchten muß, ignoriert oder unterschätzt zu werden, auch wem es ein besonderes Bedürfnis ist, bemerkt zu werden (eine Kategorie, unter die viele fallen, etwa Frauen, Schwarze, Gays, kleine Männer, Aufsteiger und alle, die zur Unterhaltungsbranche gehören), ist eindeutig farbiger und modebewußter gekleidet.

Trotz allem haben Gays eine bemerkenswerte Wirkung auf die Männermode – hauptsächlich, weil der Trend zu taillierten Jakken und enganliegenden Hosen wieder die Frage nach Brieftaschen und Taschen aufwarf. Frauenkleidung wird selten mit praktischen Taschen entworfen (Charlotte Perkins Gilman, eine Feministin des neunzehnten Jahrhunderts, schrieb mit großer Erregung darüber), weil die Gegenstände, die in einer wirklichen Tasche Platz finden sollten – Geld, Schlüssel, Kamm, Brille, Kugelschreiber und all die vielen weiblichen Utensilien –, die anmutigen, weichen Linien zerstören würden. Eine große Zahl mutiger amerikanischer Männer hat sich zum Teil unter dem Einfluß europäischer Modemacher dazu durchgerungen, daß es ihrer Männlichkeit keinen allzu großen Stoß zufügt, wenn sie eine Umhängetasche tragen. Keine Handtasche, wie klein auch immer, denn das wäre zu feminin und unbequem, sondern eine hübsche, praktische flache und unauffällige Vielzwecktasche, in der alles Platz hat. Vielleicht wird der Tag kommen, an dem das Handtäschchen nicht länger ein Symbol der Weiblichkeit ist (wie werden die Freudianer damit fertig werden?), oder vielleicht wird sich dieses gewagte neue Accessoire für den allgemein männlichen Geschmack als zu lästig erweisen. Seien wir realistisch: Es ist schwerer, sich Legionen von Frauen ohne Handtaschen vorzustellen als Legionen von Männern mit Handtaschen, denn Männer sind von der Natur eindeutig bevorzugt, wenn es darum geht, ein Päckchen Zigaretten oder eine Brieftasche zu verstauen. Für eine Frau ist eine Brusttasche – innen oder außen – kein Platz, um etwas aufzubewahren.

Wenn man kleinen Mädchen Puppen schenkt, um sie auf die Mutterrolle vorzubereiten, stimmt man sie damit auch auf den Modekonsum ein. Die glücklichen Stunden, die damit vergehen, ihre bezaubernden Kleidchen an- und wieder auszuziehen, sind wenig mehr als eine Vorbereitung auf das Kaufhaus und die Einkaufscenter, auf die Gewohnheiten schaffende Traumwelt, in der man die erwachsene Frau dazu anhält, in der Sinnlichkeit von Stoffen, Schnitten und Farben zu schwelgen, um die Romantik und Illusion in ihr Leben zu bringen, von der man erwartet, daß eine Frau sie verkörpert: ein Trenchcoat die weitgereiste internationale Frau; ein Negligé aus Satin und Federn für den romantischen Abend bei Kerzenlicht; ein Après-Ski-Anzug, selbst wenn man nicht Ski läuft. Einkaufen ist das Opium der Frau; die Wirtschaft wäre von einer neuen Krise bedroht, wenn die Amerikanerinnen das weibliche Interesse verlieren und keine so guten Konsumentinnen mehr wären.

Schon in der Bibel und in den frühen Schriften des Christentums wurden Frauen wegen ihrer ausschweifenden Liebe zu Kleidern als hoffärtig und sündig gebrandmarkt. Eine Reihe von Berufen für harte Männer – Walfischfänger, Pelztierjäger und ähnliche – lebte von dem Bedürfnis der Frauen, weiblich und attraktiv zu wirken. Doch wenn die Mode sich änderte oder die Rohstoffe erschöpft waren, wurde die launische Weiblichkeit dafür verantwortlich gemacht. Man warf den Frauen vor, am Aussterben der Wale schuld zu sein, weil sie Fischbein für ihre Korsette benötigten; man gab den Frauen die Schuld an der drohenden Ausrottung der Reiher, weil sie sich Federn an den Hut stecken wollten; Frauen trugen die Schuld an der beklagenswerten Lage der belgischen Spitzenklöpplerinnen und der Arbeitskräfte in der japanischen Seidenraupenzucht. Heute klagt man die Frauen an, weil Robbenbabies erschlagen und seltene Leoparden gejagt werden. Doch hinter all diesen Moden steht immer der Wunsch, einem Mann zu gefallen; sie bestätigte seinen Erfolg, wenn seine Frau so kostbar geschmückt war.

Heute sind nur wenige Frauen in der Lage, sich nicht als Arbeitskräfte zur Verfügung zu stellen. Aber keine von uns kann sich dem Standard weiblicher Kleidung entziehen, der nach wie vor Zeichen von verschwenderischem Konsum trägt. Eine schwer arbeitende Frau, die ihren Lebensunterhalt selbst verdient, legt heutzutage Geld beiseite oder richtet sich ein Konto ein, um sich den Pelzmantel oder ein Schmuckstück kaufen zu können, das ihr in einer früheren Zeit von einem Ehemann oder Liebhaber verehrt worden wäre. Lillian Hellman wirbt in *The New Yorker* für Blackglama-Nerz und Lauren Bacall trägt goldene Armbänder und Diamanten zur Schau, die sie in der Fifth Avenue erstanden hat. Sind das Nebensächlichkeiten oder beneidenswerte Beispiele für den amerikanischen Erfolg, ein Tribut an die finanziell unabhängige Frau? Vermutlich nichts von alldem. So lange die Gesellschaft den Status einer Frau am augenscheinlichen Luxus mißt, kann man keiner Frau etwas vorwerfen oder sie dazu beglückwünschen, wenn sie sich nach Schmuck und Pelzen sehnt. Aber in keinem Fall wird automatisch angenommen, daß sie sich den Luxus durch ihre Arbeit hart und ehrlich verdient hat.

Einer Frau in teuren Pelzen unterstellt man noch immer, sie sei damit beschenkt worden und schreibt diese großzügige Geste entweder ihrem liebenden, erfolgreichen Ehemann zu oder ihren großzügigen, erotischen Gunstbeweisen. Zobel und Nerz sind dafür bekannt, daß sie Männerträume hervorrufen, die um das Verlangen kreisen, eine nackte in Pelz gehüllte Frau leidenschaftlich und bis zur Raserei zu lieben. Ja, ein Pelzmantel ist tatsächlich umgeben von einer sexuellen Aura, die nicht nur das Ergebnis seiner Wärme und luxuriösen Weichheit ist. Frauen in Pelz sind ein Kapitel für sich: Mätressen, die unter Ausrufen des Entzückens den hübsch verpackten Geschenkkarton öffnen; »Hier hast du deinen Nerz zurück!«; flauschige Eisbärfelle und Nerzstolen; Ballettmädchen und der betuchte Herr am Bühneneingang; »Ich würde mit Elinor Glyn lieber auf einem Tigerfell sündigen, als mich mit ihr auf irgendeinem anderen Pelz zu vergessen«; und es gibt einen berühmten klassischen sadomasochistischen Roman, *Die Venus im Pelz* von Sacher-Masoch. Keinen Pelz zu tragen, spricht von einer gewissen moralischen Rechtschaffenheit. Als man Richard Nixon 1952 in seinem Wahlkampf um das Amt des Vizepräsidenten finanzielle Machenschaften vorwarf, versicherte er der Nation, seine Pat trage »einen guten republikanischen Tuchmantel«.

Wie den religiösen Moralisten vor ihnen galt den Radikalen der Neuen Linken in den sechziger Jahren die teuer gekleidete Frau als verhaßtes Symbol selbstsüchtiger Gleichgültigkeit gegenüber den Leiden der Welt. Was man trägt, mag sehr wohl einen Hinweis auf den wirtschaftlichen Status geben, auf Klassenzugehörigkeit und auf politische und moralische Vorstellungen, aber die Situation der Frau ist doppelt kompliziert, denn ihr weibliches Ziel ist es, gleichzeitig teuer, frivol, sexy, schwach und elegant zu wirken. Manche Frauen der Alten Linken trugen in den sechziger Jahren bei Demonstrationen gegen den Vietnamkrieg hartnäckig ihre Pelzmäntel, weil sie einer zweifelnden Nation beweisen wollten, daß sich auch ernstzunehmende Leute in der Friedensbewegung engagierten. Zehn Jahre später ermutigten Gruppen vom anderen Ende des politischen Spektrums – sie nannten sich *Fascinating Womanhood* – ihre Anhängerinnen, die Ehemänner abends beim Nachhausekommen zu überraschen und zu erfreuen, indem sie sich wie leichte Mädchen kleideten. Was eine Frau auch anzieht – sei es Pelz, weiße Spitze, einen Jeansrock oder schwarze Lederhosen –, es ist wahrscheinlich immer eine Kostümierung.

Seriöse Frauen haben Schwierigkeiten mit Kleidern – und das nicht, weil sie keinen Geschmack haben, sondern weil die Frauenmode nicht dazu geschaffen ist, seriös zu wirken. Viele finden alte Bilder von demonstrierenden Suffragetten so komisch, weil ihre aufwendigen Kleider in einem merkwürdigen Gegensatz zu einer Straßendemonstration stehen. Generäle und Künstler wissen, daß ein Teamgeist immer einen uniformierten Kleiderkodex braucht, um die größtmögliche Wirkung zu erzielen. Trotz der unzähligen Ratgeber für junge Karrierefrauen, die in den Buchhandlungen zu haben sind und die vorgeben zu wissen, was eine Frau im Büro tragen soll, bleibt es dabei: Feminine Kleidung ist unvereinbar mit der Notwendigkeit, integer, glaubwürdig und kompetent zu sein. Bisher ist es noch keinem dieser Bücher gelungen, die unvermeidlichen Widersprüche zu lösen oder zu erklären, woher man die zusätzliche Zeit und das Geld nehmen soll, die erforderlich sind, um die weibliche Garderobe auf dem laufenden zu halten.

Männer haben sich schon vor langer Zeit damit abgefunden, daß durch ihre Kleidung keine Individualität zum Ausdruck kommt. Aber Frauen hoffen immer noch auf Kleider, die bequem, weiblich und passend für das Arbeitsleben sind. Die großen Fluggesellschaften beauftragen in regelmäßigen Abständen berühmte Modemacher damit, dieses Kunststück zu vollbringen – aber die Ergebnisse fallen immer unterschiedlich aus und sind oft recht eigenartig. Die U.S. Army hat das schwierige Problem immer noch nicht gelöst, ihren weiblichen Rekruten die richtigen Schuhe zu verpassen. In traditionsbewußten Berufen, in die plötzlich Frauen vorstoßen, scheinen über die richtige Arbeitskleidung besonders vage Vorstellungen zu bestehen. Was soll eine Frau tragen, die in einem Symphonieorchester spielt, wo die Männer vorschriftsmäßig im schwarzen Frack erscheinen? Bei einem Konzert fiel mir auf, daß die Flötistin einen langen schwarzen Rock trug, die Violinistin einen schwarzen Rock, der über die Knie ging, und die Cellistin hatte sich für schwarze Hosen entschieden. Es gelang ihnen, gut zu musizieren – und das war das wichtigste.

In Banken und Anwaltskanzleien, zwei konservativen Bereichen, in denen ehrgeizige Frauen zaghaft Fuß gefaßt haben, trägt die Frau in leitender Stellung als Dienstkleidung das dunkle Jackett und den passenden knielangen Rock. Damit suggeriert sie mit dem Oberteil die Seriosität ihres männlichen Kollegen und mit dem Unterteil die Dame. Hosen werden höchstens gelegentlich von einer Sekretärin getragen, denn sie besitzen keine Tradition. Kräftige Farben signalisieren nicht Effizienz, Verantwortungsbewußtsein und Berufserfahrung. Bei einer Vorgesetzten gilt es als unprofessionell, mit einem Pullover oder einer Seidenbluse ohne Jacke Aufmerksamkeit auf die Brüste zu lenken. Das liegt besonders daran, daß die Männer beharrlich an ihren Anzügen festhalten, um ihren Status zu demonstrieren. Nur wenige Leute finden es merkwürdig, daß die mutige Karrierefrau ihre Brüste verbergen und die Beine zeigen muß, um zu beweisen, daß sie in einer männlichen Welt funktionieren kann. Aber trotzdem darf sie nicht den vertrauten und beruhigenden Aspekt des weiblichen Unterschieds aufgeben. Kleidertraditionen können sehr wohl langlebiger sein als Berufstraditionen. Als Sandra Day O'Connor als erste Frau Amerikas als Richterin am Obersten Gerichtshof ihren Eid leistete, konnte man sie auf dem offiziellen Gruppenbild nicht verwechseln: Acht lächelnde Richter trugen Hosen und lange, schwarze Roben, die bis zu den Knöcheln reichten. Die neunte Robe war eine Spezialanfertigung, die nur bis zu den Knien reichte. Richterin O'Connor zeigte Nylonstrümpfe.

Stimme

Ein Junge kommt in der Pubertät in den Stimmbruch. Er erreicht diesen gefeierten Meilenstein auf seinem Weg zur Männlichkeit nach einem Testosteronschub, der die Schilddrüse zu erhöhter Funktion anregt und das Wachstum der Kehlkopfknorpel bewirkt. Die Stimmritze erweitert sich, und danach schwingen die Stimmbänder langsamer. Die Resonanz entsteht in den Höhlen von Nase und Rachen (die beim Mann entsprechend größer sind). Die Töne sind tiefer und lauter als bei Frauen und Kindern. Auch die Stimme eines Mädchens wird in der Pubertät tiefer. Aber die geringfügige Veränderung bleibt vielleicht unbemerkt. Nur Männer haben einen Adamsapfel, ein durch Schildknorpel hervorgerufener Hautvorsprung am Hals. Sein Fehlen bei Frauen ist in Bildern, Gedichten und Metaphern gefeiert worden: ein sanft gewölbter, weißer Schwanenhals; eine zarte Spanne der Verletzlichkeit. Man könnte behaupten, daß auch der Adamsapfel verletzlich wirkt.
Hat sich der Kehlkopf erst einmal vergrößert, ist die Wirkung endgültig; weder Kastration noch eine Hormonbehandlung mit Östrogen können daran etwas ändern. Kastrationswitze über Männer, die plötzlich eine hohe Stimme haben, sind wissenschaftlich nicht haltbar und albern, obwohl sich darin bestimmte Männerängste spiegeln. Kastration vor der Pubertät ist eine andere Sache. In der Musik legten die lieblich singenden italienischen Castrati bis ins achtzehnte Jahrhundert Zeugnis davon ab. Ein Adamsapfel kann einen Transsexuellen nach seiner Verwandlung in eine Frau verraten, denn die operative Entfernung ist sehr schwierig und unterbleibt deshalb oft. Ein Mann, der soweit wie möglich eine Frau sein möchte, hat Probleme mit der tiefen Stimme und dem größeren Kehlkopf. Er muß wie ein Schauspieler die hohe Tonlage einstudieren. Da die genetische Veranlagung die Verbreiterung der Stimmritze in der Pubertät auslöst, kann eine Frau, die lieber ein Mann sein möchte, durch eine Testosteronbehandlung ebenso

einen Adamsapfel und eine tiefere Stimme bekommen wie einen Bart.

Der Unterschied in der Tonhöhe von Männern und Frauen umfaßt im allgemeinen eine ganze Oktave. Und dies ist ein echtes Beispiel für die Verschiedenheit der Geschlechter; er ist so verläßlich wie die Körpergröße. Die typisch weibliche Stimme bewegt sich bei einer normalen Unterhaltung etwa zwischen drei Halbtönen unter dem eingestrichenen C auf dem Klavier. Die typisch männliche Stimme liegt etwa eine Oktave und einen Halbton tiefer als das eingestrichene C. Ausgebildete Sänger und Sängerinnen können ihre normale Stimmlage erweitern, so daß sie die Höhen eines Koloratursoprans beziehungsweise die Tiefen eines Basses erreichen. Die meisten Menschen kommen beim Sprechen mit weniger als einer Oktave aus. Die normalen männlichen und weiblichen Töne überschneiden sich in einem kleinen Bereich.

Kind, Erwachsener, Mann, Frau: Die Natur gibt uns relativ verläßliche akustische Hinweise, und unsere Ohren sind auf die Signale eingestimmt. Von bestimmten Körpern erwarten wir, bestimmte Töne zu hören; wir sind verblüfft, wenn wir in unseren Erwartungen enttäuscht werden. Das Unvermögen, einen Telefonpartner als Mann oder Frau zu identifizieren, ist seltsam beunruhigend, denn diese Information ist der erste Schritt des unbewußt ablaufenden Prozesses, einen Menschen einzuordnen. Die Stimme als Geschlechtsmerkmal ist ein wichtiger Anhaltspunkt, ein beruhigender Indikator der natürlichen Ordnung. Menschen, deren Stimmlage im sich überschneidenden Bereich liegt, werden zu häufig für das andere Geschlecht gehalten, um das als angenehm zu empfinden. Wenn die akustischen Hinweise versagen, hat der Mann es schwerer, denn die Frau mit der tiefen Stimme kann zu einem Trick greifen: Sie wird ihre Worte verhauchen und dadurch weiblich und verführerisch klingen. Ein Mann mit einer hohen Stimme kann aus seiner Stimmlage kein erotisches Kapital schlagen. Ein Falsett ist eine Beleidigung der Männlichkeit, eine Schande für die Hoden, nicht für den Kehlkopf.

Die meisten Tiere bringen Töne hervor und kommunizieren auf rudimentäre Weise miteinander. Lassen wir die Zeichen gebenden Schimpansen und die zwitschernden Delphine einmal beiseite, dann können wir behaupten, daß nur die Menschen eine richtige Sprache haben. Sprache ist das entscheidende Merkmal der Zivilisation; Sprache ist die entscheidende Leistung des Gehirns der menschlichen Rasse. Bei Untersuchungen gehirngeschädigter Menschen haben Neurologen entdeckt, daß das Sprachzentrum, einschließlich der Fähigkeit zu lesen und zu schreiben, ebenso wie analytisches Denken in der linken Gehirnhälfte und die Fähigkeit zu visueller Orientierung und räumlicher Wahrnehmung – dazu gehören auch künstlerische und musikalische Fähigkeiten – in der rechten Hälfte liegen. Aber vielleicht ist darüber das letzte Wort noch nicht gesprochen. Vor kurzem hat man die Theorie aufgestellt, das Gehirn von Mann und Frau unterscheide sich.

Klinische Tests zeigen, daß Mädchen von früher Kindheit an große verbale Fähigkeiten entwickeln, während Jungen nach der Pubertät räumliches Vorstellungsvermögen ausbilden. Mädchen lernen früher sprechen und in ganzen Sätzen reden. Sie lernen schneller lesen, ihr Vorschulvokabular ist größer und ihr Erinnerungsvermögen ist vielleicht besser als das von Jungen. Siebzehn- bis zwanzigjährige junge Männer sind dafür geschickter im Lösen geometrischer Probleme und dreidimensionaler Puzzles. In jeder Altersstufe gibt es mehr stammelnde und stotternde Männer als Frauen (das Verhältnis ist eins zu vier).

Was bedeutet das alles? Spiegeln die Testergebnisse lediglich gesellschaftliche Erwartungen und Druck wider? Spielen elterliches Lob und Übung eine Rolle oder sind sie ein Beweis grundsätzlicher neurologischer Unterschiede, die genetisch programmiert und hormonell gesteuert sind, wie die Anhänger der Theorie vom männlich/weiblichen Gehirn glauben? Und womit kann man die stotternden Männer erklären? Die Wissenschaft kann sich noch nicht entscheiden. In den nächsten fünfzig Jahren wird vielleicht nachgewiesen, daß die linke Gehirnhälfte bei Frauen von Natur aus empfänglicher und die rechte dazu bestimmt ist, sich bei Männern ausgeprägter zu entwickeln. Aber bis heute liegen kaum genügend Beweise vor, daß ich oder irgend jemand sich mit einiger Berechtigung für oder gegen diese Theorie entscheiden kann. Im Augenblick kann man nur sagen, zu allen Zeiten hat man im Namen der Weiblichkeit die Fähigkeit der Frau zu sprechen, Wissen zu erwerben und weiterzugeben, unterdrückt, blockiert, eingeschränkt und lächerlich gemacht.

Der Ausschluß der Frauen von Bildung ist ein trauriges Kapitel in der Geschichte und zu bekannt, um hier abgehandelt zu werden. Die Hälfte der Weltbevölkerung, die keinen Zugang zum Wissen hatte, konnte man problemlos vom Wettbewerb fernhalten – nach dem wahren Grund dafür muß man nicht lange suchen. In vielen Teilen der Welt ist Frauen noch immer der Weg zum Erwerb höherer Bildung und technischem Wissen versperrt. In unserem Zusammenhang sind die Theorien höchst aufschlußreich, mit denen begründet wurde, daß Frauen dumm bleiben sollten, denn sie beziehen sich auf einen Katalog weiblicher Eigenschaften, den Männer zusammengestellt haben, und dem Frauen gerecht zu werden versuchen.

Shakespeare schrieb, daß eine weiche, sanfte leise Stimme »etwas Schönes an einer Frau ist«, doch abgesehen von der Königin gab es in seiner Zeit keine Frauenstimmen, die in der Öffentlichkeit gehört wurden. Im elisabethanischen England durften Frauen nicht auf die Bühne. Die britische Elite amüsierte sich köstlich über die Dialekte der Unterschicht; aber von Frauen gesprochen, klangen sie in den Ohren der Oberklasse ausnehmend schrill und unzivilisiert. Die Fischhökerin, die ihre Ware auf dem Markt lautstark anbot, ging als vulgäres unanständiges Weib ins Wörterbuch ein. Ihr Mann blieb schlicht ein Fischhändler. Eskimos haben mehrere Worte für Schnee, weil der Schnee in ihrem täglichen Leben eine so große Rolle spielt. Welche Rückschlüsse läßt das auf die Engländer – auf die Männer überhaupt – zu, die sich so viele Namen für eine reizbare Frau mit lauter unangenehmer Stimme und einem losen Mundwerk einfallen ließen? Zum Fischweib gesellen sich die Xantippe, die Vettel, die Beißzange, die Hyäne und der Hausdrachen.

Dickens läßt Klein Dorrit Anstandsunterricht erteilen. Unter anderem soll sie beim Betreten eines Zimmers die Worte »*prunes*« und »*prism*« lautlos sprechen, weil der Mund dann so reizend wirkt. In Shaws *Pygmalion* verwandelt Henry Higgins das Blumenmädchen Eliza Doolittle in eine »Fair Lady«, indem er ihr eine korrekte Aussprache beibringt. Vor fünfzig Jahren waren in Brooklyn bei jüdischen Einwanderern Kurse in Sprecherziehung große Mode. Den Töchtern sollte der Start ins

gesellschaftliche Leben erleichtert werden, und die Söhne wurden auf das Jura- und Medizinstudium vorbereitet.
Die großen französischen und deutschen Philosophen des achtzehnten Jahrhunderts beschäftigten sich hingebungsvoll mit der Frage weiblicher Bildung und weiblichen Benehmens. Rousseau verkündet in *Emile,* die Bildung eines Mädchens verfolge den Zweck, daß »ein Mann Gefallen an ihr findet«, denn Frauen sind von Natur aus geschaffen, »zu gefallen und sich unterzuordnen«. Rousseaus Bildungstheorien bildeten einen Rahmen für die Vervollkommnung eines reizenden Geschöpfs, das makellos sauber, von Natur aus bescheiden und höflich war, außerdem etwas von einer Kokotte an sich hatte. Sie besaß recht kleine Füße, und beim Essen bevorzugte sie süßes Gebäck anstelle von Fleisch. Zur krönenden Vervollkommnung dieses reizenden Wesens riet Rousseau, ihr Gesangsunterricht, aber keine Unterweisung im Partituren-Lesen zu geben. »Geistig anspruchsvolle Bücher« durfte sie nicht lesen, denn sie konnten ihren Geist beunruhigen und beschweren. Es gab keinen Grund, sie in abstrakter Mathematik zu unterrichten oder mit ihr nach Paris zu reisen, denn der Lärm der Stadt würde sie ängstigen, und sie würde nach Hause zurückkehren wollen. Rousseau verkündete, ihrer Aussprache und Sprechweise solle man große Aufmerksamkeit widmen, um ihr »reizendes Plaudern« mit einem anmutigen Gesicht zu fördern. Sie sollte sich in der hohen Kunst des Knicksens üben und vielleicht auch lernen, Spinett zu spielen, um die hübschen Hände am besten zur Geltung zu bringen. Sie sollte »in Kochen und Hauswirtschaft«, in Sticken und Klöppeln ausgebildet werden – besonders im Arbeiten von Spitzen, »denn nichts macht ihre Erscheinung angenehmer und bei keiner anderen Beschäftigung kann sie ihre Finger mit größerer Geschicklichkeit und Anmut benutzen«.
Ein so erzogenes Mädchen besaß »Geschmack ohne Schulung, Fähigkeiten ohne Kreativität, Urteilsvermögen ohne Gelehrsamkeit«. Dann konnte man sie mit Rousseaus höchstem Lobpreis bedenken: »O liebliche, unwissende Schöne!«, und dann eignete sie sich zur Ehefrau. »Sie wird nicht die Lehrerin des Mannes sein, sondern seine Schülerin. Anstatt zu versuchen, dem Mann ihren Geschmack und ihre Neigungen aufzudrängen, wird sie sich ihm überlassen. Eine solche Ehefrau ist weit besser

und passender für ihn, als wenn sie sich ihren Kopf mit gelehrtem Stroh anfüllt.«

Ach Rousseau! Er bemühte sich so sehr darum, seinen eigenen Kopf mit gelehrtem Stroh zu füllen. Er lernte Musik autodidaktisch und entwickelte eine eigene Notenschrift. Er studierte Mathematik und reiste oft nach Paris. »Lieber Leser«, fragte er, »was würdest du vorziehen... eine Frau mit der Nadel in der Hand... oder ein weibliches Genie, das in fliegender Hast Verse aufs Papier bringt und sich mit Schriften aller Art umgibt?« Rousseau blieb seinen Idealen treu. Er suchte sich keine Schriftgelehrte, sondern ein ungebildetes Dienstmädchen, das ihm fünf Kinder gebar, die er ins Waisenhaus brachte.

»Oh, liebliche, unwissende Schöne!« In *A Vindication of the Rights of Woman* rechnete Mary Wollstonecraft mit Rousseau in heiligem Zorn ab. Aus einer etwas sicheren Position im zwanzigsten Jahrhundert können wir heute vielleicht mit leidenschaftsloser Neutralität Immanuel Kants Denken untersuchen, der auch zu den Lesern von *Emile* zählte und nie eine enge Beziehung zu einer Frau einging. Aus den schwierigen Sätzen dieses deutschen Philosophen des Schönen und Erhabenen spricht eine Kritik an reiner Weiblichkeit, die durch Bildung Schaden nimmt.

Nach Kants Logik machen Liebreiz und ein schönes Wesen das Weibliche aus. Es ist angeboren, aber sehr verletzlich. Frauen sind »sehr empfindsam bei der geringsten Kränkung«. Sie »lieben Heiterkeit und begnügen sich mit Nichtigkeiten, wenn diese nur lustig sind und sie darüber lachen können«. Herzensgute, einfühlsame, mitfühlende und freundliche Frauen »ziehen das Schöne dem Nützlichen vor«. Sie »sind unduldsam gegenüber Befehlen« und tun etwas »nur, weil es ihnen gefällt«. Am meisten gefallen ihnen »Schmuck und Flitter«.

Die weiblichen Eigenschaften, von denen Kant spricht, unterscheiden sich nicht sehr von den Vorzügen, die amerikanische Plantagenbesitzer in sentimentaler Stimmung ihren Sklaven zuerkannten. Auch den Sklaven wurde die Bildung verweigert; nur die Argumentation, die Frauen den Zugang zum Wissen versperrt, klingt anders: Nach Kant darf die sanfte, empfindsame Natur einer Frau nicht durch »beschwerliche Arbeit« Schaden nehmen.

Kant behauptet, das Überwinden großer Hindernisse im Streben nach Erfolg sei etwas höchst Edles und Männliches. »Tiefes Denken und lange Gedankengänge... stehen einem Menschen nicht gut an, dessen natürliche Reize nichts anderes als ein schönes Wesen zum Ausdruck bringen sollten. Mühevolles Lernen und beschwerliches Nachdenken machen die Vorzüge zunichte, die ihrem Geschlecht eigen sind – selbst wenn eine Frau sich darin hervortuen sollte. Eine Frau, die den Kopf voll Griechisch hat oder Streitgespräche über Logik führt, könnte ebensogut einen Bart haben.« Abstraktes Denken und nützliches, aber trockenes Wissen verwirren ihre »feineren« Gefühle. »Deshalb wird sich eine Frau nicht mit Geometrie befassen... In Geschichte werden sie sich nicht den Kopf mit Schlachten füllen und in Geographie nicht mit Festungen, denn es schickt sich für sie ebensowenig nach Schießpulver zu riechen wie einem Mann nach Moschus.«

Kant und Rousseau haben in einem Punkt recht. Wenn man an angeborene weibliche Eigenschaften glaubt und daran, daß sie dem »schönen« Geschlecht gegeben wurden, damit das »edle« Geschlecht daran seinen Gefallen findet, dann sollte man sich in die menschliche Natur nicht einmischen. Man sollte sich aus Geometrie, Logik und der Geschichte der Schlachten heraushalten – wie es die meisten Frauen getan haben. Tiefes Nachdenken bringt uns Falten auf unserer schönen Stirn, anstrengendes Lernen Fältchen um die Augen und eine Brille. Und wir wissen, was Dorothy Parker über Frauen mit Brillen zu sagen hat. Um die Mitgliedschaft im »schönen Geschlecht« nicht zu verlieren, sollte man nie grundlegende theoretische Streitgespräche führen. Wissen ist Macht, und das Fehlen von Macht ist bezaubernd weiblich. Es besteht kein Zweifel, wer dem natürlichen weiblichen Wesen, wie die Männer es definiert haben, am nächsten kommt: der Blaustrumpf oder die Naive.

Auf den Feldzügen, Frauen vom Wissen fernzuhalten, verbreitete man eine Reihe merkwürdigster Theorien. In der viktorianischen Zeit geriet nicht der Charme einer Frau, sondern ihr Uterus durch Geometrie und Griechisch in höchste Gefahr. Die Ärzte versuchten ihre Patientinnen davon zu überzeugen, daß der Fortpflanzungsapparat einer Frau durch intellektuelle Stimulation aus dem Gleichgewicht geraten könne. Aber das

Argument, die weiblichen Eigenschaften, die Männer schätzen, seien in Gefahr, hing zu allen Zeiten wie ein Damoklesschwert über den Frauen.

Man hat in der Vergangenheit den Glauben – die weibliche Natur könne durch Gelehrsamkeit verrohen – mit der Vorstellung verbunden, es liege im Wesen der Frau, zu viel zu reden. Die redegewandtesten Männer haben sich – wen wird es wundern – über die Schwatzhaftigkeit der Frauen ausgelassen. Aristoteles, Aristophanes, Juvenal, der Babylonische Talmud, Swift, Benjamin Franklin, Shakespeare und Milton haben den Redefluß der Frauen aufs Korn genommen. Sophokles, Plutarch, der Apostel Paulus und Samuel Johnson haben ihr Schweigen als Tugend gepriesen. Klatschbasen, Waschweiber, Keifzangen, Tratschen, Furien und Giftnudeln: Diese Bezeichnungen gelten nur für das eine Geschlecht und künden von ernsthaften Charakterfehlern. Man sagt, Frauen klatschen. Wir reden und reden über unbedeutende Dinge, und wenn man uns etwas Wichtiges anvertraut, können wir es nicht als ein Geheimnis für uns behalten. Wir machen einen Höllenlärm. Was soll ein Mann dagegen tun? Ein bekannter Pub in London, »The Silent Woman«, erhielt diesen Namen nach der Posse von Ben Johnson. Auf seinem Schild prangt ein kopfloser, weiblicher Torso – das letzte Mittel.

»Eine Sprache ist genug für eine Frau«, begründete der blinde Dichter Milton vor seinen Freunden, warum er seinen Töchtern, die sich darüber ärgerten, nicht Latein und Griechisch beibrachte. Sie mußten ihm laut aus den Klassikern vorlesen, ohne etwas vom Inhalt zu verstehen. Ein Biograph verteidigte Milton mit der Erklärung: »Ein Männerwitz, getragen vom satirischen Lachen vieler Jahrhunderte; aber spätere Zeiten, die sich mehr um die Emanzipation der Frauen als um ihre traditionelle Geschwätzigkeit Gedanken machten, haben ihn manchmal für bare Münze genommen.«

Jahrhundertelanges, satirisches Lachen hat das Vertrauen der Frauen in ihre Fähigkeit zu sprechen, nicht gestärkt. Doch die Versuche, die Frau zum Schweigen zu bringen, haben bei der Satire nicht haltgemacht. Der orthodoxe Judaismus »befreit« die Frau vom Gebet in der Synagoge wegen ihrer Mutterpflicht. Wenn sie sich entschließt, ins Gebetshaus zu gehen, muß sie sich hinter einem Vorhang oder einem Gitter verbergen. Im frühen

Christentum gab es Prophetinnen und Priesterinnen. Aber der Apostel Paulus setzte ihrem Wirken ein Ende, als er den Korinthern schrieb: »Laßt eure Frauen in den Kirchen schweigen, denn es ist ihnen nicht gestattet, die Stimme zu erheben.« In der Zeit der protestantischen Reformation stellte sich der Bibelübersetzer William Tyndale hinter die Ansichten von Thomas Morus und erklärte, man solle Frauen erlauben zu predigen, zu taufen und die Sakramente zu erteilen. Tyndale setzte sich mit seinen Forderungen nicht durch.

Im Mittelalter billigten christliche Theologie ebenso wie die ritterlichen Sitten und das weltliche Gesetz, daß ein Mann seine Frau züchtigte, wenn sie ihn belog oder ihn in Anwesenheit anderer beschimpfte. *Das Buch des Ritters von La Tour-Landry* beschreibt die Pflichten und Sitten der adligen Gesellschaft. Es war das beliebteste Handbuch dieser Art im Europa des Mittelalters. Darin wird lobend das Beispiel eines Mannes angeführt, der seiner Frau mit einem Faustschlag die Nase brach, weil sie ihn vor anderen »mit bösen und heftigen Worten« beschimpft hatte.

Sir William Blackstone schrieb über Verbrechen gegen die öffentliche Ordnung im England des achtzehnten Jahrhunderts. Er bezog sich dabei auf das bekannte zänkische Weib, bedenkt sie mit dem lateinischen Namen: *Communis rixatrix* und merkt witzig an: »In unserem Gesetz beschränkt sich Latein auf das weibliche Geschlecht.« Ein gewöhnliches Zankweib war eine Frau, die mit ihrer bösen Zunge und frechen Worten den Frieden der Nachbarschaft störte. Als Strafe setzte man sie in einen Tauchstuhl und tauchte sie in einen Fluß, See oder Teich. Sie hatte kein männliches Gegenstück. Obwohl auch andere Vergehen durch den Tauchstuhl gesühnt wurden, brachte man diese schimpfliche Bestrafung allgemein mit streitsüchtigen Frauen in Verbindung.

Tauchstühle »zur Bekehrung lärmender Frauen« wurden in populären Spottversen besungen. Hier ein Beispiel solcher dichterischer Ergüsse:

> »Dort steht, o Freundin, in dem Pfuhl
> Ein Ding bekannt als Tauchstuhl.
> Der Arm des Gesetzes läßt ihn herab

Zur Freude und zum Schrecken der ganzen Stadt,
Wenn zänkische Damen, o Graus
Treiben den Frieden aus dem Haus.
Hinweg! ruft man, der Stuhl wird dich lehren,
Den Mund zu halten und deinen Mann zu ehren.
Das Wasser löscht jedes hitz'ge Feuer
Bei Waschweib, Furie oder sonst'gem Ungeheuer!«

Im Mittelalter benutzte man einen eisernen Maulkorb mit einem dreieckigen Mund – in Schottland als »der Zaum« bekannt –, um lose Zungen zum Schweigen zu bringen. Einer Übeltäterin wurde der Maulkorb angelegt, dann kettete man sie an den Schandpfahl oder führte sie durch die Stadt, damit jeder ihre Schande sah. Manchmal wurden auch Männer zum Maulkorb verurteilt, etwa Gotteslästerer oder Bettler, aber ebenso wie der Tauchstuhl, auch »Weiberzaum« genannt (einer der vielen Bezeichnungen), ging er als eine Strafe in die Geschichte ein, die aufsässigen und streitsüchtigen Frauen vorbehalten war.
Mit den englischen Kolonisten kam der Begriff Zankweib nach Amerika. Wie die Historikerin Alice Morse Earle berichtet, erfreute sich der Tauchstuhl in den royalistischen Kolonien des Südens und bei den Quäkern in Pennsylvania großer Beliebtheit. Er hatte seinen Platz zusammen mit dem Pranger, dem Block und der Staupsäule in der Nähe des Gerichts. Sie zitiert eine Gesetzesverordnung aus Virginia: »Da viele zänkische Frauenzimmer ihre Nachbarn immer wieder verleumden und verunglimpfen, weshalb ihre armen Ehemänner oft in lästige und ärgerliche Gerichtsverfahren verwickelt werden und ihnen großer Schaden entsteht, wird hiermit gesetzlich verfügt, daß alle Frauenzimmer, die für schuldig befunden werden, mit dem Tauchstuhl zu bestrafen sind.« Augenzeugen berichteten vom häufigen Einsatz des Tauchstuhls in Virginia. Ein Brief aus dem Jahr 1634 schildert das Tauchen »einer Betsey, Ehefrau des John Tucker, die durch ihre ungezügelte Zunge allein seinem Haus und in der Nachbarschaft das Leben schwer gemacht hat«. Betsey Tucker wurde fünfmal getaucht, ehe sie Reue zeigte; sie war der dritte Fall in diesem Sommer. Im Philadelphia der Kolonialzeit galt der Tauchstuhl als »gerechte Bestrafung«. Ein Besucher stellte 1686 in Boston fest: »Zankweiber werden geknebelt

und eine gewisse Zeit nebeneinander vor die Haustür gesetzt, wo alle Vorübergehenden sie sehen. Wäre dies in England Gesetz und würde diese Strafe verhängt, würde sich das als ein wirksames Mittel erweisen, um viele Frauen von dem Lärm in ihren Köpfen zu kurieren.« (Man beachte auch, daß eine geknebelte Frau zum Standardrepertoire der harten Pornographie gehört.)

»Sanftmut ist der schönste Schmuck einer Frau« war ein beliebtes Sprichwort der Kolonialzeit. Es war Frauen nicht erlaubt, in der Kirche zu sprechen oder ein Amt auszuüben. Man überlegte sogar ernsthaft, und das, indem man den Apostel Paulus wörtlich nahm, ob es ihnen erlaubt sein soll, die Psalmen zu singen. Doch als das Land größer wurde, sahen sich die Kirchenorganisationen außerstande, eine Reihe anmaßender Frauen zum Schweigen zu bringen, die Sekten gründeten oder ihre eigene Version des Evangeliums predigten. Zu ihnen gehört Anne Hutchinson, die Eva vom Stigma der Erbsünde befreien wollte und deshalb aus Massachusetts verbannt wurde; ebenso Sojourner Truth, die vierzig Jahre als Sklavin und vierzig Jahre in Freiheit lebte; sie verdiente sich ihr Geld als Wanderpredigerin und erhob ihre Stimme für die Rechte der Frauen; Mother Ann Lee gründete die Shakers; Ellen G. White hatte Offenbarungen und verfaßte die Lehre der Adventisten; Aimee Semple McPherson gehört ebenso zu ihnen wie eine endlose Reihe Prophetinnen, Wunderheilerinnen und Seherinnen. Mary Baker Eddy, die Gründerin der Christlichen Wissenschaft, wollen wir in diesem Zusammenhang nicht vergessen. Typischer waren jedoch die Frauen, die sich damit abfanden, vom Geist auf der Kirchenbank erfaßt zu werden. Doch selbst so gewannen Mahalia Jackson und viele andere als Gospelsängerinnen internationale Anerkennung.

Die verbalen Kapazitäten der Frauen wurden in jeder Zeit an ihrer Entfaltung gehindert, und zwar durch Gesetze, die ihnen höhere Bildung versagten – wir finden sie schon im alten Griechenland; durch Verbote im Gottesdienst die Stimme zu erheben – das verhinderte wirksam einen weiblichen Beitrag zum Gedankengut und den Lehren der großen Weltreligionen; durch demütigende körperliche Bestrafung für laute, deutlich oppositionelle Worte; durch bösartigen Spott in Gedichten und Theaterstücken wegen angeblicher Geschwätzigkeit; und durch den Zwang im Namen der Weiblichkeit einen einschüchternden Nachdruck nicht auf den Inhalt zu legen, sondern auf Tonfall, Sprechweise und gefälligen Gesichtsausdruck. Außerdem blieb die historische Unterteilung der Arbeit in eine männliche und weibliche Sphäre nicht ohne Wirkung auf die Wahl von Worten und Bildern. Bedenkt man neben diesen Fakten das anhaltende Ungleichgewicht in der Machtbeziehung zwischen Männern und Frauen und die Furcht der Frauen, daß man sie für ungenügend weiblich halten könnte, dann ist es kein Wunder, daß Männer und Frauen vielleicht die gleiche Sprache sprechen, jedoch mit dem gewissen Unterschied.*

Maxine Hong Kingston schrieb in *The Woman Warrior* über die Schwierigkeiten in ihrer Kindheit, wie ein amerikanisches Mädchen zu sprechen: »Die Stimmen der Chinesinnen sind normalerweise kräftig und laut. Wir amerikanischen Chinesinnen mußten flüstern, um auf amerikanische Weise weiblich zu klingen. Offensichtlich flüsterten wir noch leiser als die amerikanischen Mädchen. Einmal im Jahr schickten die Lehrer mich und meine Schwester deshalb zur Sprachtherapie. Aber beim Therapeuten klangen unsere Stimmen überraschend normal. Manche von uns gaben auf, schüttelten den Kopf und sagten nichts, kein Wort mehr. Manche konnten nicht einmal den Kopf schütteln. Manchmal erfordert ein verneinendes Kopfschütteln mehr Selbstsicherheit, als ich aufbringen kann. Die meisten von uns fanden schließlich eine Stimme, wie unsicher sie auch klingen mag. Wir kreierten eine amerikanisch-weibliche Sprechidentität.«

Für Maxine Kingston hatte eine amerikanisch-weibliche Sprechidentität eigene Koordinaten. Diese Koordinaten sind das

---

* Die Grammatik vieler Sprachen kennt ein Maskulinum, ein Femininum und ein Neutrum. Möglicherweise hatte ein grammatikalisches Geschlecht in den dunklen Vorzeiten der Sprache, als die Menschen nur wenige Worte und Satzkonstruktionen benutzten, eine wirkliche Bedeutung in der Vorstellung unterschiedlicher Geschlechter. Dieser quälende Gedanke beschäftigte die Phantasie der Sprachforscher. Aber ein Prinzip, das zur Zufriedenheit eines Linguisten erklärt, weshalb »Stadt« und »Berg« im Spanischen weiblich sind (sie sind groß und rund), versagt kläglich, wenn man es auf die deutsche, hebräische oder französische Sprache anwendet. Otto Jespersen, ein bekannter Sprachphilosoph, kam gezwungenermaßen zu der Schlußfolgerung, das dem Durcheinander des grammatikalischen Geschlechts kein allgemeingültiges Prinzip unterliegt.

Thema der intensiven Forschungsarbeiten einiger weniger Linguistinnen, Psychologinnen und Soziologinnen, unter anderem Barrie Thorne, Nancy Henley, Cheris Kramerae, Robin Lakoff, Mary Ritchie Key und Sally McConnell-Ginet. Auf den nächsten Seiten stütze ich mich auf ihre Arbeiten, die ich durch eigene Beobachtungen ergänze.

»Weiblich« sprechen – oder »männlich« sprechen übrigens auch – ist ein Prozeß des Nachahmens, der in frühester Kindheit beginnt. Unsere Sprechweise ist in gewisser Hinsicht für uns ebenso gewählt worden wie die Kleider, die wir jeden Morgen anzogen. Manche Redewendungen scheinen angemessen zu sein, andere nicht. Sprechen ist ein assertiver Vorgang, manchmal auch ein aggressiver; Männer und Frauen werden auf unterschiedliche Weise darin geschult.

Schon in der Wiege spricht man *zu* Jungen und Mädchen irgendwie unterschiedlich, so wie sie von ihren geschlechtsbewußten Eltern auch unterschiedlich behandelt werden. Mütter und Väter neigen dazu, bei kleinen Mädchen in eine Art Singsang zu verfallen, in ein süßes, kosendes: »Ist sie nicht süß?« Bei einem Jungen klingt das forsch und freundlich: »Na, wie geht es unserem Kleinen?« Und: »Sieh dir doch diesen kleinen Burschen an!« Kinder sind groß im Nachahmen ... wie sollen sie sonst etwas lernen? Die Imitation im Kindesalter trägt dazu bei, das Sprachmuster des Erwachsenen festzulegen.

Vergleicht man die Töne von Männer- und Frauenstimmen mit der entsprechenden Größe ihres Stimmapparats, dann sind die tonalen Unterschiede größer als die physischen Unterschiede es eigentlich nahelegen. Die weibliche Stimme bewegt sich beim Sprechen eher im oberen Bereich der natürlichen Stimmlage; die Schalldämpfung ist reduziert und die Vokalresonanz eingeschränkt. Jacqueline Sachs, die auf diesem Gebiet arbeitet, schreibt: »Manche Männer versuchen so zu sprechen, als seien sie größer, als sie tatsächlich sind; und Frauen sprechen möglicherweise, als seien sie kleiner.« Die »Internats-Stimme« der gesellschaftsfähigen jungen Dame, die gehauchte Vokalisierung der Hilflosigkeit des armen-kleinen-reichen-Mädchens, illustriert diesen Punkt. Manchmal ist es ein kleiner Sprachfehler – ein Zischen, ein schwaches Lispeln, ein leichtes Stottern –, der den Eindruck weiblichen Charmes vermittelt. Denken wir daran, auch Erwachsene empfinden das unbeholfene Sprechen eines Kindes als niedlich. Die kontrollierten Sprachfehler der zwei beliebten Nachrichtensprecherinnen Barbara Walters und Jessica Savitch standen ihrem Erfolg keineswegs im Weg. Im Gegenteil, vielleicht haben sie ihrer Aussprache die gewisse weibliche Note verliehen, die Männer unbewußt attraktiv finden. Nicht notwendigerweise im Widerspruch dazu steht die präzise Artikulation der Wortendungen, eine weibliche Mode, die den Eindruck erweckt, daß eine Frau kultivierter ist als die Männer ihrer Klasse: damenhaft, oder wie manche sagen, affektiert.

Zum weiblichen Sprechen gehören auch Tonschwankungen innerhalb einer Silbe und starke Kontraste in der Tonhöhe innerhalb eines Satzes, um dramatische Bedeutungsakzente zu setzen. Für einen kritischen Zuhörer klingt eine solche Sprecherin überemotional und unsicher. Bis ins Klischeehafte übertrieben, läuft das auf »Sprechen in Anführungszeichen« hinaus, das Lesern von *Cosmopolitan* vertraut ist: »Ich habe diesen *tollen* Freund und meine *Lieblings*illustrierte sagt, es ist *völlig* in Ordnung, daß er *verheiratet* ist.« (Das männliche Klischee ist das kühle, knappe und monotone »Aha« und »Nein« eines Gary Cooper.) Ruth Brend hat Diagramme weiblicher Intonationsmuster erstellt und berichtet, daß sie oft ansteigend enden. Plötzliche Sprünge und Bögen innerhalb eines Satzes vermitteln den Eindruck von Höflichkeit, Überraschung, Zögern und guter Laune; die Sprechende scheint um Bestätigung zu bitten. Brend stellt fest, daß die meisten Männer Sprachmuster vermeiden, die nicht im tiefen Bereich ihrer Stimme liegen.

Manche Männer bedienen sich beim Sprechen melodischer Hebungen und Senkungen. In gewissen Kreisen der Gays ist es ganz selbstverständlich zu »tölen«, und das verwirrt heterosexuelle Männer, die glauben, die Gays imitierten Frauen. Die Homosexuellen werden vielleicht widersprechen. Welche Gründe hinter dieser Sprechweise auch liegen, das Tölen ermöglicht einem Mann, im Alltag so übertrieben emotional und sinnlich zu sein, wie es normalerweise nur Frauen zugestanden wird. »Da *muß* man doch schwach werden!« hörte ich einen jungen Mann aus meiner Nachbarschaft vor dem Schaufenster einer Konditorei ausrufen. Ein Gefühlsausbruch wegen einer

Torte ist im Bereich heterosexueller Männlichkeit undenkbar, aber wenn in einem Restaurant der Dessertwagen an den Tisch gerollt wird, erwartet man von den Damen, daß sie in »Oohs« und »Aahs« ausbrechen; und meist tun sie das auch.

Das heißt nicht, daß die Sprechweise von Männern trocken und emotionslos sein muß. Geschickte Redner wie Winston Churchill, Billy Graham, Fidel Castro und Adolf Hitler wußten, wie sie in ihren Zuhörern Emotionen freisetzten, indem sie große Leidenschaft in ihre manchmal übertrieben betonten Worte legten. Aber Religion und Politik sind eindeutig männliche Bereiche. Heterosexuelle Männer halten die weibliche und schwule männliche Art, Alltagsdinge mit starken Emotionen zu befrachten, für Zeichen von Schwäche, Trivialität und manchmal von Unsicherheit.

Hin und wieder haben sie recht. Verbale Äußerungen der Begeisterung über ein Kleidungsstück sind, objektiv gesehen, nicht weniger signifikant oder verständlich als die hysterischen Schreie bei einem Fußballspiel. Aber wie soll ein Mann auf die Tragödie, auf das Unglück von: »Gerade habe ich mir einen Nagel eingerissen!« reagieren? Wenn jemand nicht Tag für Tag Zeit, Geduld und Arbeit aufgewendet hat, um zehn perfekte Fingernägel zu bekommen, ist ein eingerissener Nagel verständlicherweise ein merkwürdiger Grund zur Klage. Weibliches Sprechen ist durchsetzt mit plötzlichen Äußerungen von Aufregung und Unglücklichsein (»Ich habe schon wieder eine Laufmasche im Strumpf!«; »Ich bekomme einen Pickel!«; »Ich habe zwei Pfund zugenommen!«), die allen unbegreiflich sind, die nichts mit dem Kampf um weibliche Vollkommenheit zu tun haben.

Mode und Einkaufen verleihen der weiblichen Sprache schillernde Akzente. Subtile Farbnuancen tragen phantasievolle, romantische Bezeichnungen. Eine Frau spricht ganz selbstverständlich von Maulwurfsgrau, Saharagelb, von Taubenblau, Aubergine, Mauve und Nilgrün, von Muschelrosa und Lachs, Kirschrot, Korallenrot und Eierschale, während ein Mann dagegen von maskulinem Stolz auf die Verallgemeinerungen von Hellbraun, Violett und Orange erfüllt ist. Das weibliche Farbvokabular umfaßt Nuancen und Schattierungen, von denen die meisten Männer nur selten etwas wissen; und wenn es der Fall ist, zögert ein Mann, sie auszusprechen, aus Angst für effeminiert oder affektiert gehalten zu werden. Bezeichnenderweise sind zehnmal so viele Männer als Frauen in gewissem Ausmaß farbenblind (dies ist ein geschlechtsspezifisches Phänomen). Die Farbblindheit eines beträchtlichen Teils der männlichen Bevölkerung, besonders in der weißen männlichen Bevölkerung, von der sechs bis zehn Prozent nur ein begrenztes Farbspektrum wahrnehmen, bietet eine mögliche Erklärung für das bekannte männliche Desinteresse an Farbnuancen. Doch wenn ein Mann als Künstler oder in der Modebranche tätig ist, gilt eine Sensibilität für Farben keineswegs als unmännlich.

Das Zögern, mit Nachdruck und Entschlossenheit eine klare Aussage zu machen, ist *das* charakteristische Merkmal weiblichen Sprechens. »Ich behaupte...« Robin Lakoff, eine der ersten Wissenschaftlerinnen, die sich mit weiblicher Intonation beschäftigt, führt einen klassischen weiblich-männlichen Dialog an, um zu demonstrieren, wie Frauen routinemäßig eine Aussage in eine zögernde Frage verwandeln:

MANN Wann ist das Abendessen fertig?
FRAU Oh... so gegen sechs...?

»Das ist, als würde die Frau sagen, ›um sechs, wenn es dir recht ist, wenn du einverstanden bist‹«, schreibt Lakoff. »Hier beobachten wir, wie jemand bis ins Extrem nicht bereit ist, eine eigene Meinung zu vertreten.«

Aber natürlich! Es ist nicht weiblich, eine feste Meinung zu äußern, selbst wenn es um die einfache Frage geht, wann der Braten aus der Röhre kommt. Man erwartet von Frauen, daß sie nicht autoritär sind. Sie stehen sogar im Ruf, nicht in der Lage zu sein, Fakten auf eine rationale, angemessene Weise darzulegen. (Analytisches Denken ist jedoch ein Prozeß, der in der linken Gehirnhälfte stattfindet, wie man glaubt.) Eine Frau, die energisch ihre Meinung vertritt, gilt oft als gefühlsbetont oder besserwisserisch. Wenn in den fünfziger Jahren eine Frau eine andere Frau kritisierte – in gemischter Gesellschaft ist das leichter, als einen Mann zu kritisieren –, konnte es geschehen, daß ihr ein allgemeines »Miau« entgegentönte. Miau, miau, ihre Bemerkung wurde als falsch und katzenhaft lächerlich gemacht.

Auch wenn eine Frau offen, selbstbewußt, erfolgreich und voll Selbstvertrauen auf der Bühne des Lebens agiert, dämpft sie vielleicht ihre Sprechweise, um weniger herausfordernd zu wirken. Befehle und Anordnungen aus ihrem Mund wird sie mit kleinen charmanten Bemerkungen mildern und die Dokumentation ihrer Macht mit einer beiläufigen Floskel entschärfen. »Wären Sie so freundlich, das für mich zu erledigen?« ist eine typisch weibliche Redewendung. Der Untergebene hat möglicherweise keine andere Wahl. Die Unterlagen müssen am nächsten Morgen auf ihrem Schreibtisch liegen, oder ihm wird wegen Unfähigkeit gekündigt. Aber der Befehl ist abgemildert, die Machtbeziehung verschleiert, das männliche Ego bleibt intakt.

Wenn es nicht gerade um Kinder geht, sind Frauen selten in der Lage, selbstverständlich Befehle zu erteilen. Das liegt nicht nur daran, weil sie weniger Gelegenheit hatten, eine führende Rolle zu spielen, sondern weil Befehle und Anweisungen etwas ausgesprochen Unweibliches sind. Ein Befehl kommt mit möglichst wenig Worten aus; er muß nicht in Höflichkeiten verpackt werden. Untergebene müssen höflich sein, die Herrschenden nicht. Ein Mann kann den Befehl bellen, aber eine Frau muß bitten. »Würden Sie mir einen Gefallen tun und...« Es überrascht deshalb nicht, daß man dem weiblichen Sprechen Unaufrichtigkeit anlastet.

Kaum jemand wirft der Südstaatenschönheit ihre Unaufrichtigkeit vor. Unaufrichtigkeit ist ein Teil ihres verführerischen Charmes, solange er sich in Form von Komplimenten und mit großen Augen und gespieltem Interesse auf einen Herrn richtet. »Gehen wir doch rüber zu Onkel Hubie und machen ihm schöne Augen«, sagte Lucie Baines Johnson, die eifrige Studentin, zu Barbara Howar auf einer Party in Washington, zu der Vizepräsident Humphrey erschienen war. »Augen machen«, die Taktik der schönen Frau, ist eine höchst erfolgreiche, langlebige weibliche Form der Konversation, die den Duft von Magnolienblüten, perlendes Lachen und sanfte Brisen in Sommernächten heraufbeschwört: Es ist der perfekte Stil (wenn man vom Schweigen absieht) für Frauen, die in einer männerorientierten, machtbesessenen Gesellschaft nur ein Anhängsel sind. Der Flirt erlaubt ihnen einige gewagte Kühnheiten, aber sie zielen nie unter die Gürtellinie oder gehen bis zur Frage: »Können Sie das überbieten?«

Das egoistische Interesse an persönlichen Erfahrungen und Gefühlen ist ein weiterer Punkt, den man weiblicher Rede anlastet. Die Psychologin Nancy Henley berichtet, daß sich in einer Reihe von Untersuchungen herausgestellt habe, daß Frauen mehr persönliche Informationen geben, »ebenso wie Untergebene im allgemeinen mitteilsamer sind. Offenherzigkeit, einschließlich emotionaler Zurschaustellung ist an sich keine Schwäche oder eine negative Eigenschaft. Wie andere Gesten der Intimität besitzt sie positive Aspekte, wenn die Offenheit freiwillig ist und auf Gegenseitigkeit beruht – wenn man etwa andere an den eigenen Dingen teilhaben läßt oder ihnen ermöglicht, sich zu öffnen.« Im Gegensatz dazu vermeidet die maskuline Verbalstrategie persönliche Einblicke, Geständnisse der Schwäche oder des Versagens, oder eine Zurschaustellung von Gefühlen, die Verletzlichkeit und Abhängigkeit enthüllen könnten. Im Konkurrenzdenken der Geschäftswelt und der Politik hält man dieses Verhalten für klug und diplomatisch.

»Worte sind Kugeln, mit denen man Schiffe versenkt«, war in beiden Weltkriegen ein beliebtes Schlagwort. Ein Werbespruch in den vierziger Jahren, »Don't talk, chum; Chew Topps Gumm«, hatte einen patriotischen Beigeschmack, der mich als Achtjährige verwirrte. Denn in diesem Alter wußte ich bereits, daß Kaugummikauen als sehr unweiblich galt. Aber das Problem ist, daß das Austauschen von Fußballergebnissen, die Diskussion der körperlichen Vorzüge von Frauen oder geschäftliche Verhandlungen angemessene Konversationsthemen für Männer sind; und es wird als eine männliche Tugend betrachtet, Informationen zu verschweigen, die andere zu ihrem Vorteil nutzen könnten. Frauen, die sich ihr Leben lang nur mit Liebesgeschichten und Beziehungen befassen, müssen sich als Rückgrat ihrer Unterhaltungen auf ihre Gefühle und das Privatleben anderer verlassen. Ich glaube, Frauen beschuldigen Männer oft unfairerweise, verschlossen und wortkarg zu sein. Männer ihrerseits sind sehr schnell zu der Annahme bereit, daß ein intensives Gespräch unter Männern vermutlich ein ernsthafter Gedankenaustausch ist oder um die theoretische Erörterung von Problemen kreist, während Frauen ihrer Meinung nach wahrscheinlich über ihr Liebesleben, über Kochrezepte sprechen oder klatschen, wenn sie sich unterhalten.

Ist Klatsch immer nur trivial, boshaft und gehässig? Ich habe viele Jahre als Journalistin gearbeitet und kann sagen, daß Reporter in ihren privaten Unterhaltungen begeistert Klatsch verbreiten – nicht nur, weil sie gern eine gute Geschichte hören, sondern weil es ihr Job ist, das Geschehen auf der Welt in einen Sinnzusammenhang zu stellen, indem sie merkwürdige und bruchstückhafte, scheinbar unbedeutende Fakten zusammenstellen. Der Versuch, ein Gerücht zu erhärten, ist der erste Schritt zu einem ausführlichen Bericht. Es ist ein Zeichen der sich ändernden Zeit, daß Dinge, die früher im ehrenwerten Journalismus der Männer keinen Platz fanden – zum Beispiel, wer mit wem schläft –, heute in Biographien und in der Politik für unerläßlich gehalten werden. Man fürchtet Klatsch, denn er kann die Mächtigen diskreditieren, wenn er privates Verhalten an den Tag bringt, das nicht im Einklang mit der öffentlich gewahrten Fassade steht.

Es fällt Frauen sehr schwer, sich Gehör zu verschaffen, es sei denn, sie wenden sich an andere Frauen. Die Sphinx mit dem Kopf und den Brüsten einer Frau sprach in unergründlichen Rätseln; die Götter verurteilten Kassandra dazu, die Wahrheit zu sehen; doch niemand schenkte ihr Glauben. Prophetinnen wurden von der Kirche unterdrückt und zum Schweigen gebracht, denn man empfand sie als ungehörig. Sigmund Freud blickte zum Himmel auf und fragte: »Lieber Gott, was wollen die Frauen?« Es gehörte zur Strategie der Frauen, Fragen der Männer mit einem Anflug von Verrücktheit, mit Schweigen oder koketter Unsicherheit zu beantworten.

In gemischter Gesellschaft ist es keine Frage, welches Geschlecht den Markt der langen Reden beherrscht. Die Männer unterbrechen nur allzugern eine Frau, die etwas sagen will; und Frauen lassen sich das gefallen. Man hat Gespräche von Männern und Frauen auf Band aufgezeichnet und anschließend analysiert. Es stellte sich heraus, daß in achtundneunzig (!) Prozent der Fälle die Männer den Frauen ins Wort fielen. Die Soziologin Pamela Fishman gelangte zu dem Schluß, daß die Männer reden und Frauen Hilfestellungen geben, damit das Gespräch in Gang bleibt. Fishmans Untersuchung der Mann-

Frau-Gespräche ergab auch, daß es den Frauen nur selten gelang, das Thema zu wechseln. Im allgemeinen folgten sie willig den Bahnen, die Männer einschlugen, und stellten beinahe dreimal so viele Fragen wie die Männer; sie ließen immer wieder kleine Bemerkungen einfließen wie: »Ach wirklich?«, um den Gesprächspartner bei Laune zu halten. (Frauen setzen auch weit mehr Körpersprache ein, um ihr Interesse an der Unterhaltung zu bekunden: Häufiges Nicken und Neigen des Kopfes suggerieren Übereinstimmung und Ermunterung und sind eine visuelle Ergänzung der weiblichen Aufgabe, aufmerksam und aufgeschlossen zuzuhören.)
Es gibt viele Gründe, weshalb Männern Frauen ins Wort fallen und damit durchkommen. Zum einen sind mehr Männer darin geschult, verbal aggressiv zu sein. Jurastudenten üben Argumentations- und Diskussionstechniken, um später mit ihren Plädoyers Erfolg zu haben. Ausbildungskurse für Verkäufer schließen die Schulung in der wirkungsvollen Präsentation einer Ware und einer überzeugenden Verkaufsstrategie ein. Aber noch wichtiger ist, daß Jungen mit der Vorstellung aufwachsen, sie hätten wichtige Dinge mitzuteilen. Mädchen wird traditionell von Müttern und Jugendzeitschriften erklärt, die am höchsten geschätzte Eigenschaft einer jungen Dame sei ihre Fähigkeit zuzuhören, sich in männlicher Gesellschaft unwissend zu stellen und sich beeindruckt zu zeigen. In weiblicher Gesellschaft kann sich eine Kirchenmaus in eine Nachtigall verwandeln – ich habe es selbst erlebt.
Dann gibt es die sehr berechtigte Frage, wie gut Frauenstimmen tragen. Eine tiefe Männerstimme kann eine höhere Frauenstimme übertönen; und eine Frau muß sich besonders anstrengen – das heißt, sich wirklich zu behaupten –, um eine Unterbrechung nicht einfach hinzunehmen. Auch hier wirkt sich ein biologischer Unterschied zwischen Männern und Frauen ungünstig für die Frauen aus. Eine tiefe Stimme wirkt wie die Körpergröße gebieterischer. Ratschläge für die Erziehung eines Hundes schließen die Empfehlung ein, die Stimme zu senken, um dem Befehl größeren Nachdruck zu verleihen. Ich habe mich bei meinem sensiblen Collie stets daran gehalten und mit Erfolg – der Hund gehorchte auf der Stelle. Eine tiefere Stimme bedeutet: Es ist ernst.

Aber der Stimme einer Frau sind beim Senken Grenzen gesetzt. Ich hatte nie Probleme, meinen treuergebenen Hund zu rufen oder ihn zum Sitzen zu bewegen. Aber ein Taxi zu rufen, ist eine andere Sache. Wenn Winken nichts nützt, muß man zu dem Ruf »He, Taxi!« greifen – ein gutturaler Schrei, Dustin Hoffmans komischster Moment in *Tootsie*. Es schickt sich nicht für Damen zu rufen. Sie sollen auch nicht pfeifen. Pfiffe und Rufen sind ebenso unweiblich wie Rülpsen, Schnarchen oder lautes Niesen. Natürlich sollte eine Dame nie in die verzweifelte Situation geraten, selbst ein Taxi herbeirufen zu müssen. »He, Taxi!« löst bei mir augenblickliches Entsetzen aus. Während ich diese Worte hervorstoße, fürchte ich gleichzeitig, daß meine Stimme nicht trägt, daß das Taxi vorüberfährt und jemand denken wird: »Was für eine unangenehm laute Frau!«

Wenn man versucht, ein Taxi anzuhalten, ist es vielleicht nützlich, an den großen Ruf des Gibbon zu denken. Diese monogamen Primaten sind unsere viertnächsten Verwandten; und der vokale Dimorphismus der Gibbons bevorzugt erfreulicherweise das Weibchen. Der große Ruf des Weibchens ist das beherrschende Element der morgendlichen Zurschaustellung, die den Gebietsanspruch erhärtet, und die beiden Affen führen ihre gymnastischen Kunststücke auf, während der große Ruf seinen Höhepunkt erreicht. Das Gibbonmännchen wirft nur in den Pausen ein kurzes »Who-hah« ein, während das Weibchen seine große Arie hat. Sobald sie wieder anhebt, muß er verstummen. »Das Gibbonweibchen kann den kurzen Ruf des Männchens ebenfalls hervorbringen«, berichten Joe und Elsie Marshall in der Zeitschrift *Science,* »Das Männchen ›singt‹ jedoch nie den großen Ruf.«

So ist das also bei den Gibbons. Mir gelingt es eigentlich recht gut, ein Taxi zu rufen, und in Gesprächen von Frau zu Mann behaupte ich mich ebenfalls. Ich sage das nicht, um damit anzugeben. »Ein Huhn, das kräht und ein Mädchen, das pfeift, sind zwei Dinge, an denen kein Mann sich vergreift«, sondern um klarzustellen, daß meine gibbonesken Arien ungehört verhallen, sobald mir mein Ruf nicht vorauseilt.

Frauen wissen, wie man anerkennend lacht; ja, Lächeln und Kichern sind anerkanntermaßen weibliche Gaben, doch die meisten von uns können sehr schlecht Witze erzählen. Viele ha-

ben gelernt, ein herzhaftes Lachen zu unterlassen; und beim ununterdrückbaren Gelächter wird der offene Mund zierlich mit der Hand verdeckt. Es ist allgemein bekannt, wie aggressiv Humor sein kann. Ein selbstsicherer Komiker nimmt bewußt Risiken auf sich, die mit Weiblichkeit unvereinbar sind. Er steht im Mittelpunkt der Aufmerksamkeit; er setzt die Pointen. Er macht das Verhalten und die Gewohnheiten anderer lächerlich. »Ich muß euch etwas von meiner Schwiegermutter erzählen...« Wäre es im umgekehrten Fall auch komisch? Erma Bombeck, eine sehr komische Frau, setzt sich hin und bringt ihre witzigen Einfälle zu Papier. Sie erzählt von sich, der Waschmaschine und den Kindern, aber ich habe noch keinen einzigen Schwiegervaterwitz gehört. Und auch nur wenige Witze über Ehemänner. Komische Frauen bringen ihr Publikum üblicherweise in der Phyllis Diller-Joan Rivers-Manier durch Selbstenthüllungen zum Lachen. Mit wenigen Ausnahmen präsentieren sich die weiblichen Gäste in der Johnny Carson Show als hirnlose Geschöpfe. Angeheizt von Johnny Carson, wurde weibliche Albernheit eine Talk-Show-Routine zu später Nachtzeit. Blödeleien, mit einer Spur Unsicherheit vorgebracht, sind eine gutverkäufliche weibliche Ware; das weiß man in Hollywood schon lange. Intelligente Komikerinnen, die es verstanden, sich als verletzliche Dummchen darzustellen, werden schnell in Klischees gepreßt. Man denke an Judy Holliday, Shelley Winters und Goldie Hawn. (Mit Blonden geht es sehr einfach.) Jean Stapleton, die viele Jahre lang im Fernsehen die langsame, etwas naive Edith Bunker spielte (»Reiß dich zusammen, Edith!«), wußte sehr wohl, welchen Schaden ein solches Klischee anrichtet. Deshalb gab sie sich größte Mühe, sich von der Rolle zu distanzieren, als sie für die gesetzliche Gleichberechtigung der Frauen kämpfte. In gewisser Hinsicht haben Männer recht. Der Frauenbewegung fehlt es an Humor.
Flüche sind eine andere Ausdrucksweise, die der Weiblichkeit und den Machtverhältnissen auf elementare Weise zuwiderläuft. Es ist nicht erstaunlich, daß Untersuchungen ergeben haben, Männer benutzen mehr unanständige Wörter als Frauen; aber jüngere Frauen sind erfolgreich dabei, die Lücke zu schließen. Ich bezweifle jedoch, daß die Emanzipation uns in dieser Hinsicht tatsächlich gleichziehen läßt. In den klassischen Obszöni-

täten angelsächsischen Ursprungs kommt mehr zum Ausdruck als bewußte Nichtachtung von Gesetzen der Höflichkeit. Sie sind bewußt anti-weiblich; Frauen können sie nicht überzeugend benutzen. Der Schockwert dieser Worte kann provozierend wirken, aber die Kraft hinter dem Inhalt und die Fähigkeit, ihn in die Tat umzusetzen, fehlt auf eklatante Weise, wenn eine Frau sagt: »Ich fick dich in'n Arsch, Freundchen.«
Parität beim Fluchen und Witze-Erzählen ist offensichtlich nicht das Hauptanliegen im Kampf um Gleichberechtigung, aber gehört zu werden, ist eine der entscheidenden Voraussetzungen. Feministische Gruppen, die sich um Bewußtseinsbildung bemühten, machten es zur ersten Regel, im Kreis zu sitzen und der Reihe nach zu sprechen. Denn dadurch wurde sichergestellt, daß jede Frau, die zurückhaltende, die bescheidene und die schüchterne, gehört wurde. Die Technik funktioniert nur in kleinen Gruppen erfolgreich; es gibt Leute, die behaupten, die kleine Gruppe ohne Wortführerin biete Frauen die beste Möglichkeit zur Kommunikation – nicht das hierarchische Prinzip eines Saals mit einem erhöhten Podium an der Stirnseite.
»Gebt mir in jeder Stadt einen Balkon, und ich werde das ganze Land beherrschen«, sagte einmal ein lateinamerikanischer Diktator. Nur wenige Frauen haben die Technik gemeistert oder versucht, sie zu meistern, aus einer erhöhten Position herab zu einer Menschenmenge zu sprechen. Wenn man von Evita Perón absieht, war die demagogische Manipulation der Massen schon immer ein männliches Territorium. Eine Frau auf dem Podium mit einem Mikrophon in der Hand wird immer als aggressiv, anmaßend oder »etwas schrill« empfunden, wie die amerikanische Presse über Margaret Thatcher urteilte, als sie ihr Amt übernahm – es spielt also keine Rolle, ob sie makellos frisiert ist. Viele Zuhörer reagieren gereizt auf hohe Stimmen über Lautsprecher. Es verbessert die Situation auch nicht, daß die Elektronik auf niedere Tonhöhen eingerichtet ist oder daß die Rednerpulte ganz selbstverständlich auf Männergrößen abgestimmt sind.
Für einen kurzen glänzenden Augenblick der Weltliteratur verschaffte »weibliches« Schreiben den Frauen eine Überlegenheit im kreativen Ausdruck. In der Heian-Zeit des zehnten Jahrhunderts empfand der japanische Adel, die chinesische Sprache sei

der eigenen überlegen. Chinesisch war der höheren Bildung vorbehalten, die den Frauen verwehrt wurde. Die Japaner versuchten, ihre bedeutenden Werke in Chinesisch zu schreiben, etwa wie die westlichen Gelehrten zu Latein und Griechisch griffen. Während die Männer sich mit den starren, formalen Schriftzeichen einer fremden Sprache abmühten, war es den Damen am Hof gestattet, *Kana* zu benutzen, eine einfache Lautschrift, um die gesprochene Sprache aufzuzeichnen. Murasaki Shikibu (Dame Murasaki), die Verfasserin des Buches *Die Geschichten des Prinzen Genji,* und Sei Shonagon, die das *Kopfkissenbuch* schrieb, schufen die großen, unsterblichen Meisterwerke ihrer Zeit, denn sie bedienten sich einer flüssigen, lebendigen Sprache, die die Männer sich versagten.

Beide Fälle haben etwas sehr Japanisches und sehr Weibliches an sich, denn sie stellten ihre männlichen Kollegen im wahrsten Sinn des Wortes mit einem Pinselstrich in den Schatten. Ihr Erfolg sollte sich auf der ganzen Welt nicht wiederholen. In der europäischen Gettokultur reservierten die gebildeten Männer Hebräisch für sich, während andere sich mit Jiddisch zufriedengeben mußten. Aber es gab keine jiddische Dame Murasaki, oder wenn, denkt man an Sholem Alechem.

Aber Frauenliteratur orientiert sich im allgemeinen nicht am Genie einer Dame Murasaki. Sie bezieht sich auf das Klischee, auf eine sentimentale Prosa, die nach Lavendel duftet, geschmacklos und schrecklich kleinkariert ist. Man sagt, ein weiblicher Satz plätschert dahin, anstatt rauschend vorwärtszuschießen. Ihm fehlen Muskeln und Kraft; er ist köstlich und bedeutungslos; er hinkt einem unschlüssigen Ende zu wie eine schwache, leise, nicht betonte letzte Silbe. Er leidet unter Anführungszeichen und Zitaten, wenn er versucht, lebensecht zu sein. Wenn er sich aus seiner Form befreien und zu einer klaren Aussage kommen will, dann behauptet man, die Sprache sei laut, anmaßend und schrill.

Schreiben Frauen einen weiblichen Stil? Es gibt so viele Beweise dafür, daß Frauen weiblich reden. Wie sollte sich das nicht auf das Schreiben auswirken, da der Rhythmus eines geschriebenen Satzes die Kadenzen gesprochener Sprache widerspiegelt. Die Welt der Frau war immer eine festumgrenzte Innenwelt mit auferlegten Beschränkungen und von unerträglicher Enge. Es wäre seltsam, wenn sich nicht manchmal das Gefühl der Klaustrophobie, der Verzweiflung und der Befangenheit in den Büchern niederschlagen würde. In *Ein Zimmer für sich allein* spielte Virginia Woolf mit der Vorstellung vom typisch weiblichen Satz, der durchaus nicht ohne positiven Wert war, aber sie definierte ihn nicht; und ihr eigener Stil war, von den Tagebüchern abgesehen, ein extrem heftiger Versuch, sich von ihrem Geschlecht zu lösen. Gegen Ende ihres Lebens verabscheute sie ihre frühen Essays und machte »mein Training am Teetisch« für ihre Höflichkeit und die indirekte Annäherung an die Themen verantwortlich. »Ich sehe mich, wie ich schüchternen jungen Männern Teller mit Gebäck reiche und sie nicht direkt und einfach nach ihren Gedichten und ihren Romanen frage, sondern danach, ob sie Milch und Zucker möchten.«

Viele Frauen quälte die Vorstellung, einen »femininen Stil« zu schreiben, denn diese Anschuldigung bedeutete Ablehnung und keineswegs loyale Anerkennung. George Eliot, die Schwestern Brontë und George Sand verzichteten darauf, ihr Geschlecht auf der Titelseite zu enthüllen. Ein männliches Pseudonym verlieh ihren Worten eine Art schützender Tarnung; mehr Objektivität verlangten sie nicht. Noch vor ihnen hatte Jane Austen im neunzehnten Jahrhundert das Identitätsproblem dadurch gelöst, daß sie ihren ersten Roman als das Werk »einer Dame« veröffentlichte; damit erregte sie die Aufmerksamkeit der Leser. Die Kritikerin Rachel Brownstein spricht davon, daß sich die Stimme einer eindeutig femininen, wohlerzogenen jungen Dame mit dem Wunsch zu gefallen Gehör verschaffte. Es liegt erst ein Jahrzehnt zurück, daß eine Universitätsstudie versuchte die Leserreaktion zu ermitteln, wenn bekannt war, ob es sich um eine Autorin oder um einen Autor handelte. Zeichnete eine Frau als Verfasserin, hielten die Leser den Text für weniger kompetent und wichtig.

Mary Hiatt, eine Professorin für Englisch, fütterte einen Computer mit Auszügen aus den Werken von einhundert zeitgenössischen Autorinnen und Autoren, um herauszufinden, ob grundsätzliche Prinzipien weiblichen Schreibens festzustellen seien. Die Frauen in ihrer Untersuchung bedienten sich kürzerer Sätze als die Männer und hatten die Tendenz, das Wort »wirklich« im Bemühen, *wirklich* überzeugend zu klingen, zu strapazieren. Dadurch verrieten sie ihre Furcht, man würde ihnen nicht glauben. Daneben ließ sich die allgemeine Neigung feststellen, mit der Sprache auf »Nummer sicher« zu gehen. Der literarische Stil von Frauen steht unter der Devise »Vorsicht«.

Ich verstehe die Tendenz, auf »Nummer sicher« zu gehen, wenn man dankbar dafür ist, daß man überhaupt mitspielen darf, sehr gut. »Literatur kann nicht die Lebensaufgabe einer Frau sein«, hielt Robert Southey streng Charlotte Brontë vor, die den Mut besaß, seiner Meinung zu widersprechen. Eine weiblichere Frau – eine weniger sichere Frau ohne den egoistischen Glauben an den eigenen Wert – hätte sicher klein beigegeben. Vielleicht hätte sie in ihrer Anstrengung zu beweisen, daß Literatur durchaus ihre Aufgabe sei, eher zur Nachahmung als zur Originalität tendiert. Vielleicht hätte sie auch beschlossen, sich ein kleines Stück, einen bescheidenen, unauffälligen Teil zu sichern, und hätte sich Miniaturen, Skizzen und Novellen zugewendet. Eine noch weiblichere Frau hätte vielleicht den Gedanken an eine Veröffentlichung überhaupt aufgegeben und ihren Drang zu schreiben, im Tagebuch befriedigt, wo sie ihren Gefühlen so ungezwungen Ausdruck geben konnte, wie sie es wünschte, und hätte nie vor der unweiblichen Aufgabe stehen müssen, ihre Gedanken in eine harte Form zu pressen. Natürlich wäre ihr die Hoffnung geblieben, daß eines Tages ein Leser ihre Seele entdecken würde.

Haut

In einer Zeit, in der ich mich in der Öffentlichkeit bewegte und kreuz und quer durch das ganze Land reiste, wurden aus einem blassen, unsichtbaren Härchen auf meinem Kinn, das zarter war als ein Wimpernhaar und unbedeutender als eine Sommersprosse, plötzlich zwei, dann vier kräftige dunkle Haare, die mit einigem Ungestüm sprossen. Das unwillkommene Quartett wuchs schneller als alle anderen Haare, die ich je mein eigen nannte. Indigniert machte ich mit einem Rasierapparat reinen Tisch. Zwei Tage später zeigten sich die Stoppeln von neuem.
Stoppeln! Nur Männer haben Stoppeln am Kinn! Mir wuchs ein Bart! Eines Nachts träumte ich, ein kräftiger schwarzer Schnurrbart schmücke meinen beredten Mund. Der Traum war so erschreckend, daß ich in panischer Angst aufwachte.
Im neutralen Licht eines Hotelzimmers besah ich mir diese Demütigung. Waren die Haare am Kinn eine Warnung oder eine Strafe? Hatte mein unheiliger Ehrgeiz eine schlummernde Testosteronquelle in meinem Körper zum Fließen gebracht? Hatte ich einen Reservetank hormoneller Selbstbehauptung angezapft, zu dem nur Männer den Schlüssel besitzen durften? Was der Grund auch sein mochte, ich wußte, daß ich von nun an auf Reisen immer einen Rasierapparat dabeihaben und daß ich in gewissen Augenblicken meine rauhen Haare betasten würde wie ein Mann, der sich geistesabwesend über das Kinn fährt, um festzustellen, ob er sich für den Abend noch einmal rasieren muß.
Ein paar Monate später suchte ich verstohlen ein Enthaarungsinstitut auf. Die Dame betrachtete die Stelle durch die Lupe und verkündete ihre Diagnose: »Ein Leberfleck.«
Ein Leberfleck ist eine große Erleichterung für eine Frau, die befürchtet, daß der Erfolgsdrang ihr einen Bart sprießen läßt.
Neben den vielen Hauterkrankungen, von der Schuppenflechte

bis zu Geschlechtskrankheiten, kann eine veränderte Hautfarbe auf ein lebensgefährliches Leiden hinweisen. Wir wissen, daß ein Mensch durch einen Schock ein aschgraues Gesicht bekommen kann, daß eine Blaufärbung auf Herzschwäche hinweist, eine Leberinfektion mit Gelbsucht einhergeht und Pigmentflekken bösartigen Hautkrebs andeuten können. Die Überlebenden der Pockenepidemien, die ganze Völker dezimierten und den Lauf der Weltgeschichte beeinflußten, hatten für den Rest des Lebens eine narbenübersäte Haut.

Die Haut ist auch ein Mittel sozialer Kommunikation. Neugeborene, die man nicht auf den Arm nimmt, können sterben. Ein Hautausschlag oder das plötzliche Auftreten von Pickeln kann auf eine seelische Erschütterung zurückzuführen oder eine allergische Reaktion sein. Schweißausbrüche und intensiver Körpergeruch sind die üblichen Reaktionen auf Streß. Körperhaare, die für die eine Rasse normal sind, können das ästhetische Empfinden einer anderen verletzen. Diskriminierung aufgrund der Hautfarbe bei der Arbeits- und Wohnungsbeschaffung ist durch öffentliche Gesetze und private Übereinkünfte kodifiziert worden.

Eine vierjährige Untersuchung über Hautkrankheiten in den Vereinigten Staaten erbrachte folgendes: Nahezu ein Drittel aller Amerikaner leidet unter irgendeiner Art Hautproblem; pathologische Befunde werden mit zunehmendem Alter häufiger. Mehr Männer als Frauen sind Opfer größerer oder kleiner Störungen, die auf Vererbung oder Hormone zurückzuführen sind. Betrachtet man jedoch die Milliardenumsätze der Kosmetikindustrie, den ständigen Strom neuer Bücher über Hautpflege, die Beliebtheit von Dermatologen, Schönheitschirurgen und Hautkliniken, die sich mit den Problemen der Schönheit des Alterns und der Verbesserung des Teints und der Beschaffenheit der Haut beschäftigen, dann muß man zu dem Schluß kommen, daß Hautpflege in erster Linie eine grundsätzlich weibliche Aufgabe ist, die für Männer irrelevant oder in ihr eigenes Ermessen gestellt ist.

Schöne Haut, wie die Dichter sie besungen haben – die blasse Schönheit mit den weißen Schultern und Pfirsichwangen –, ist nicht nur eine Sache von Gesundheit und Reinlichkeit, obwohl die betonten Hinweise auf eine klare Haut in den ausführlichen

Berichten an Könige, die nach einer geeigneten Braut Ausschau hielten, zweifellos auf die Angst vor Pocken und lebensgefährlicher Ansteckung zurückzuführen waren. Schöne Haut – süß duftend, lilienweiß, die rosigen Wangen, zart, taufrisch und makellos –, schöne Haut ist ein sentimentales Attribut jungfräulicher Unschuld und aristokratischer Zerbrechlichkeit; historisch fixiert durch diese bunte Mischung aus Übertreibung des anatomischen Unterschiedes, Beweise eines behüteten Lebens und der männlichen sexuellen Vorliebe für eine ernste, makellose junge Frau.

Hans Christian Andersen erzählt in seinem Märchen »Die Prinzessin auf der Erbse« vom unerhörten Glück eines bejammernswerten Mädchens, das in einem Schloß Zuflucht vor einem Unwetter sucht. Man führt es zu einem Lager mit zwanzig Daunenbetten übereinander, unter die die Königin eine Erbse gelegt hat. Am nächsten Morgen klagt das Mädchen über eine schlaflose Nacht. Am ganzen Körper hat es schwarze und blaue Flecken. Es möchte zwar seine Gastgeber nicht beleidigen, glaubt aber, es müsse auf etwas Hartem gelegen haben. Aber den König und die Königin erfüllen große Freude. Endlich haben sie die richtige Frau für ihren Sohn gefunden, denn »nur eine richtige Prinzessin kann eine so zarte Haut haben«.

Das Märchen der Brüder Grimm von »Schneewittchen« ist ähnlich aufschlußreich. *Spieglein, Spieglein an der Wand, wer ist die Schönste im ganzen Land?* Die Königin ist gewohnt, eine beruhigende Antwort zu hören. *Ihr, Frau Königin,* erklärt der Spiegel, *Ihr seid die Schönste im ganzen Land,* bis eines schrecklichen Tages der Spiegel eine andere Wahrheit verkündet: *Schneewittchen ist tausendmal schöner als Ihr.*

Dieses Schicksal ereilt alle alternden Königinnen. Sie können sich mit der taufrischen Haut ihrer Rivalinnen nicht messen. Der Spiegel lügt nicht, und Cremes, Moisturizers und die Zaubermacht der Farbtöpfe sind ungenügende Mittel, um Krähenfüßen, Stirnfalten, großen Poren, braunen Flecken und der Einbuße der Elastizität der Haut zu begegnen. Aber ob jung oder alt, die Werbung für Hautpflegemittel und die Ratschläge in Frauenzeitschriften fordern immer das gleiche unerreichbare Ziel: Die Haut soll rein, frisch, straff und jugendlich sein, so weich und glatt wie bei einem Baby; etwas heller als bei einem

Mann. Ohne Flecken, ohne Pickel, ohne Sommersprossen, ohne Fältchen und Falten, nicht trocken und nicht schlaff. Sie darf nicht fettig sein, nicht fahl; sie darf nicht glänzen oder schweißfeucht sein. Tränensäcke oder Schatten unter den Augen sind ebensowenig erlaubt wie Narben, ein Muttermal oder Spuren von Akne. Man soll keine hervortretenden blauen Adern sehen, keine geplatzten Äderchen, keine Leberflecken, keine Pigmentflecken, keine Mitesser, keine Pusteln. Keine unschönen Gesichtshaare, keine Haare an den Beinen und gewissen anderen Stellen. Unerwünscht sind Falten am Hals, schuppige hornige Fersen, rauhe gerötete Ellbogen und vom Abwaschen aufgesprungene Hände. Kurz gesagt, gefordert wird eine Haut, die keinerlei Zeichen von körperlicher Reife, harter Arbeit, Sorgen, Erschöpfung, hormonellen Veränderungen, der Auswirkungen von Schwangerschaften oder der normalen Spuren des Alltags zeigt.

Mehr Männer als Frauen leiden unter kleineren Hautproblemen, aber das tut ihrem Sexappeal nur selten Abbruch. Ein Junge mag wegen seiner vielen Mitesser und Pickel tatsächlich leiden, doch die Narben seiner jugendlichen Akne werden dem Erwachsenen als interessant und männlich angerechnet. Ein Mädchen kann sich damit nicht trösten. Sie wird mit allen Mitteln versuchen, ihre Verzweiflung unter einer dicken Schicht Make-up zu verbergen, die den schlechten Zustand ihrer Haut garantiert verschlimmert; später wird sie sich vermutlich bereitwillig die Haut abschleifen lassen. Ähnlich sind die tiefen Falten, die bei einem Mann in den mittleren Jahren Konzentration, Sensibilität und ein interessantes Leben andeuten, für eine Frau Anlaß, beim ersten Anzeichen zu massiven Rettungsmaßnahmen zu greifen. Jetzt beginnt ihr verzweifeltes Konservierungsprogramm mit Feuchtigkeitscremes, Gesichtsmasken, Faltencremes und vielleicht der subkutanen Injektion von Silikon, Collagen und einer Gesichtsstraffung. In einer Gesellschaft, die Jugend glorifiziert, sind auch die Männer nicht gegen die Ängste des Alterns gefeit. Aber bislang greifen sie nicht in großen Scharen zu den weiblichen Prozeduren, die vortäuschen, die Zeit anzuhalten, obwohl sie Frauen weiterhin nach Maßstäben beurteilen, die auf sich selbst anzuwenden sie für albern hielten.
Die Vorstellung, die Haut einer Frau soll heller und glatter sein

als die eines Mannes, hält sich hartnäckig; sie hat eine lange ästhetische Tradition. Auf ägyptischen Wandbildern macht die Hell-Dunkel-Palette den Unterschied zwischen den Geschlechtern deutlich. Frauenkörper wurden gelb gemalt, die übliche Farbe für Männer war ein rötliches Braun. Die idealisierende Tradition in der westlichen Kunst forderte, daß der weibliche Akt einen makellosen, muschelrosafarbenen Körper hatte, während Männer nicht so überirdische Hauttöne bekamen. Bis zum heutigen Tag schminken sich Schauspielerinnen in anderen Farbschattierungen als ihre männlichen Kollegen.
Biologisch gesehen, gibt es keinen Unterschied im Teint von Männern und Frauen. Die dunklere enthält in der Epidermins eine größere Konzentration des Pigments Melanin. Zwar ist das Melanin ein genetisch bedingter Erbfaktor, der sich von Rasse zu Rasse unterscheidet, aber er ist kein geschlechtsspezifisches Merkmal. Eine vergleichende Studie über Hauttöne in Michigan kam zu dem Ergebnis, daß die Männer der Untersuchungsgruppe in der Brustgegend eine etwas dunklere Haut hatten als Frauen. Aber die scharfsinnigen Wissenschaftler erklärten das damit, daß Männer öfter als Frauen mit nacktem Oberkörper arbeiteten oder sich sonnten.
Die Tatsache, daß Männer schon immer mehr Zeit im Freien verbrachten, trug offensichtlich zu der Tradition des »natürlich« dunkelhäutigeren Mannes in der Malerei bei. Aber für die Entstehung weiblicher Idealvorstellungen war die aufrichtige Überzeugung, daß Personen königlicher Herkunft eine hellere, zartere Haut besaßen als gewöhnliche Sterbliche, von großer Bedeutung. Die fleischfarbenen Menschen des Mittelalters und der Renaissance kann man in der spanischen und venezianischen Kunst des Mittelalters und der Renaissance bewundern, z. B. in den großartigen Porträts von Adligen und ihrer Dienerschaft, die Goya und Pietro Longhi geschaffen haben. Die blasse, schimmernde Haut lenkt den Blick des Betrachters automatisch auf die Personen von Rang – ein künstlerischer Trick von beachtlichem technischen Wert. Eine elitäre Auffassung von Hautfarbe beschränkte sich nicht nur auf die Leinwand. Im Leben war der helle Teint der Aristokratie ein Zeichen adeliger Abstammung und kultivierter Lebensweise. Dadurch unterschied man sich vom schwerfälligen, dickhäutigen gemeinen

Volk, von den sonnenverbrannten Bauern, die auf den Feldern arbeiteten. »Gebräunt« sein, bedeutete soviel wie ungebildet und roh. (So spricht man heute in Amerika von den »Rednecks«.)
Damen und Herren von Stand puderten sich das Gesicht und oft auch die Haare, um das förmliche Weiß zu erreichen, das ihren hohen Rang symbolisierte. Um eine makellose, edle Blässe zu bewahren, trug man im Freien Masken aus Papier und Stoff; damit wurde das zarte Gesicht vor den Sonnenstrahlen geschützt, und parfümierte Handschuhe bewahrten die zarten Hände davor, rissig und rauh zu werden. Wenn unter dem weißen, bleihaltigen Puder gewisse angeborene Makel wie rötliche, dunkle oder sommersprossige Haut nicht verschwanden, griff man zu Tinkturen zum Bleichen – eine Mischung aus Eiweiß, Weinstein, Zitronensaft, Quecksilber und Birkensaft. Elizabeth I. war so versessen darauf, ihre Blässe zu bewahren – eine Eigenschaft, die sie von ihrem Vater Heinrich VIII. geerbt hatte –, daß sie sich im Alter blaue Adern auf die königliche Stirn malte, um die Illusion durchsichtiger, schimmernder Haut zu erwecken.
Sonnenschirme und Sonnenhauben gehörten zur Standardausrüstung der Frauen in den amerikanischen Kolonien, die Damen sein wollten und versuchten, die Sitten der englischen und französischen Oberschicht nachzuahmen. Männer und Frauen der besseren Gesellschaft puderten sich die Haare und das Gesicht. Es ist schwierig, den genauen Zeitpunkt festzulegen, an dem Männer Weiß als Zeichen von Rang und Würde ablegten. Die Französische und die Industrielle Revolution waren treibende Faktoren für den Niedergang der auffälligen Kleidung, der Perücken und Schminke als Symbole männlicher Macht. Aber im späten neunzehnten Jahrhundert war eine reine, helle Haut bereits etwas ausschließlich und beneidenswert Weibliches.*
Manche verzweifelte Schöne, die eine »interessante Blässe« weder durch Puder noch durch enges Schnüren und striktes Vermeiden der Sonne erreichen konnte, ging dazu über, Arsen in

---

* Im zwanzigsten Jahrhundert überlebt die blasse Haut als stolzes Symbol erhabener Zielsetzung und spiritueller Männlichkeit in orthodoxen jüdischen Gemeinden. Dort rangiert der bleiche, bläßliche Talmudkundige vor anderen Männern.

kleinen Mengen zu essen. Das gab Anlaß, in den medizinischen Zeitschriften Alarm zu schlagen.

Die Assoziation von blasser Haut mit aristokratischer Kultiviertheit beschränkte sich nicht auf die weißen Völker. Ivan Morris berichtet in *The World of the Shining Prince*, daß das physische Ideal des Adels im feudalen Japan ein rundes, weißes Gesicht und ein stark parfümierter Körper war; so unterschied man sich in Aussehen und Geruch von den schwitzenden, sonnengebräunten Arbeitern auf den Reisfeldern. »Auf Darstellungen der Damen und Herren des Hofs war es üblich, daß Personen von höherem Rang eine hellere Gesichtsfarbe hatten. Da man sich nicht darauf verlassen konnte, daß die Natur Rangordnung respektierte, benutzte man Puder in großen Mengen, um den angemessenen Grad von Blässe zu erreichen.« Der Sonnenschirm, ein bezauberndes Motiv in der japanischen Kunst, wird von beiden Geschlechtern benutzt. Noch in unserem Jahrhundert, lange nachdem die Männer der Oberklasse diesen Brauch abgelegt hatten, bedeckten japanische Bäuerinnen bei der Arbeit auf den Feldern das Gesicht, um einen hellen Teint zu bewahren. Diese Sitte teilten sie mit den ebenfalls verhüllten Bauersfrauen in Italien und Griechenland, die durch Kontinente und kulturelle Barrieren von ihnen getrennt waren.

In Indien kennt man viele poetische Metaphern, um die hellhäutige Frau zu feiern, die ihrer Schönheit wegen sehr geschätzt wird. Diese aristokratische Tradition stammt aus einer Zeit, als die Engländer noch in Indien herrschten. Aber der Wert, den man unter amerikanischen Schwarzen der hellhäutigen weiblichen Schönheit beimißt, ist eine der bitteren Früchte des Rassismus. Ein Beispiel dafür, wie die Werte einer Kultur der anderen aufgezwungen werden.

Unter den afrikanischen Sklaven in Amerika erhielt eine hellere Haut innerhalb einer Generation einen pragmatischen Wert, wie es später auch bei Kubanern und Puertoricanern der Fall war, denn »helles Aussehen« war der Paß zu wirtschaftlichem und gesellschaftlichem Aufstieg. Die schwarze Aristokratie in Harlem und anderswo ist immer hellhäutig gewesen; für eine Frau bedeutete Hellhäutigkeit sexuelle Attraktivität; und das konnte je nach Umständen ein Segen oder ein Fluch sein. Aber den

Passierschein der hellen Haut besaßen nur wenige. Wie wenige gute Gefühle den schwarzen Frauen im allgemeinen ihr Aussehen macht, geht aus dem folgenden Liedtext hervor: »Was habe ich getan, um so schwarz und traurig zu sein? Alle Männer wollen nur High Yallers!« (High Yaller, ein halb verächtlicher, halb bewundernder Ausdruck in den Südstaaten für eine Schwarze mit heller Haut und möglichst wenig ausgeprägten negroiden Zügen. Er stammt noch aus der Sklavenzeit.) Die Werbung in den vierziger und fünfziger Jahren für Nadinola und anderen Hautbleichmitteln gab auf Plakatwänden und in Zeitschriften das romantische Versprechen: *Jetzt können Sie heller sein als er!* Entsprechend warb Adler bei den Männern für erhöhte Schuhe mit dem Slogan: *Jetzt kann Er größer sein als sie.* Michele Wallace, Autor von *Black Macho and the Myth of the Superwoman* erklärt, trotz der Bemühungen kultureller Nationalisten in den letzten Jahren, eine dunkelhäutige afrikanische Schönheit aufzubauen, und trotz des Erfolgs einiger weniger dunkelhäutiger Schauspielerinnen, Models und Sängerinnen verkörpert im weißen Amerika eine hellhäutige Schöne noch immer das weibliche Ideal.

Auf dem College lernte ich, daß meine ungewöhnlich blasse Haut, die so empfindlich war und nicht bräunte, mir einen Anspruch auf Schönheit sicherte. Sie stand in einem auffälligen Gegensatz zu meinen dunklen Haaren, dunkleren Stimmungen und dunkler Garderobe. Es befriedigte mein romantisches Selbstbild, daß ich auf dem Campus als das »Mädchen mit der weißen Haut« bekannt war. In einem Elitecollege mit mehr als zehntausend Studenten und vielen Blondinen war das ein außerordentliches Kompliment. Meine ständigen blauen Flecken waren in der Kindheit jedesmal Anlaß zu neuen Krisen, wenn ich vom Spielplatz nach Hause kam. Nun erhob ich diese Empfindlichkeit zum Zeichen fragiler Sensibilität, die eine bestimmte Gattung Heldinnen in sentimentalen Romanen auszeichnet. Ein paar geschickte Anbeter verglichen meinen Teint, der weißer als weiß war, mit den spanischen Königinnen, wie Goya sie gemalt hat, und mit den exquisiten Models, die Haut auf den schwarzweißen Seiten von *Vogue* zur Schau stellten. Ich muß nicht betonen, ich sonnte mich in meiner zarten Haut und erwartete ganz selbstverständlich, man würde mir immer deshalb Komplimente machen. Zum Nachteil meines Weiblichkeitsquotienten dunkelte mein Porzellanteint, meine Alabasterhaut mit der Zeit und nahm eine durchschnittliche Tönung an.

In *Stolz und Vorurteil* verspottet die eifersüchtige Miß Bingley die Eliza Bennet wegen ihrer frischen braunen Haut, während der loyale Darcy standhaft das Recht seiner Dame auf eine Sommerbräune verteidigt, die sie unfreiwillig bei Spaziergängen auf dem Land erworben hat. Die lebhafte, sportliche Eliza ist eine Frau, die ihrer Zeit voraus war. Erst in den zwanziger Jahren unseres Jahrhunderts legten die Reichen ihre historische Abneigung gegen die Wirkungen der Sonne ab und beschäftigten sich damit, in den Seebädern und Kurorten in den Sonnenstrahlen zu baden. Die genußvolle Neuheit, sich an der Riviera bis zur Perfektion zu bräunen oder auf einem Strandtuch am Lido zu liegen, war jedoch strikt auf die Sommermonate beschränkt. In den Frauenzeitschriften dieser Zeit wurde immer noch für Hautbleichmittel und Sommersprossencremes geworben, die versprachen, den weiblichen Teint zu verbessern. In den sechziger Jahren geriet schneeweiße Haut als Ausdruck höchster Weiblichkeit aus der Mode. Ersetzt wurde es durch das neue Ideal des gesunden goldbraunen California Girl und der strahlenden Frische des internationalen Jet Set, der der Sonne nachreist und seine Guccitaschen nie richtig auspackt. Die teuer erworbene Karibikbräune wurde zum Winterstatussymbol, das sich beneidenswert von farbloser Büroblässe abhob. Die Kosmetikindustrie reagierte schnell und schlug aus den Sehnsüchten der Mittelklasse Kapital. Für den Winter eroberten sanft braune Make-ups und rosiges Rouge für die kalte Jahreszeit den Markt, weil eine Sekretärin oder Bürokraft damit den Anschein erwekken konnte, sie habe an einem interessanten Ort Urlaub gemacht – zumindest in ihrer Vorstellung.

Aber genau in dem Augenblick, als gesundes, frisches Aussehen nicht mehr das Merkmal der Arbeiterklasse war oder die exklusive Domäne drahtiger, harter und starker Männer, erhoben die Dermatologen ihre warnende Stimme (der Alarm hallte besonders laut durch *Vogue* und ähnliche Frauenzeitschriften). Sie erklärten, die Haut der Weißen altere durch nichts schneller als durch langanhaltende Sonneneinwirkung, und die Auswirkungen seien irreversibel. Es mußten nur genügend Frauen zu der

Überzeugung gelangen, daß die Zukunft für sie das ledrige, faltige Aussehen von Matrosen oder Hautkrebs bereithält und nicht das konservierte Ergebnis eines Urlaubs in der Sonne, dann würden wir vielleicht das Comeback der alabasterweißen Dame erleben, die die Mittagssonne flieht, obwohl Sonnenschutzmittel mit Filterwirkung die allgemeine Rückkehr zum romantischen Sonnenschirm und zum Sonnenhut verhindern können.

Der höhere Androgenanteil ist dafür verantwortlich, daß mehr Männer als Frauen unter Akne leiden – besonders in den schweren Formen. Aber die nackte Panik, die eine Frau beim Auftauchen eines Pickels erfaßt, hat zu der populären Überzeugung geführt, daß Pickel ein weibliches Problem sind. Das stimmt, aber es ist ausschließlich gesellschaftlichen Ursprungs. Ein unglückseliger Pickel, der auf der Wange einer Frau prangt, ist die absolute Katastrophe für den makellosen, femininen weiblichen Teint. Es liegt an der höheren Androgen- und niedrigeren Östrogenproduktion, daß bei einer Frau im Verlauf ihres Zyklus Hautunreinheiten auftreten können. Das hat zu dem Glauben geführt, die weiblichen Hormone seien dafür verantwortlich. Östrogen hat eine beruhigende Wirkung auf die Haut, denn es reduziert die Funktion der Talgdrüsen. Das haben viele Frauen herausgefunden, die die Pille nehmen. Aber Eingriffe in den natürlichen Hormonspiegel des Körpers können unangenehme, bleibende Folgen auf die Haut haben – auch das haben Frauen zu ihrem Kummer entdeckt. Ganze dreißig Prozent aller Frauen, die über längere Zeit die Pille genommen haben, mußten erleben, daß große häßliche Flecken auf Brust und Gesicht erschienen – medizinisch bekannt als Melasmen und Chloasmen. Wie Blutgerinnsel war die Pigmentierung eine unerwartete Nebenwirkung, vor der man die Frauen von medizinischer Seite nicht rechtzeitig genug gewarnt hatte.

Trotz der alten, irrigen Behauptung, eine Frau sähe nie besser aus, als wenn sie schwanger sei, führen dramatische Veränderungen im Östrogen- und Progesteronspiegel während einer Schwangerschaft üblicherweise zu Pigmentflecken auf Bauch und Gesicht; zu Flecken, Dunkelfärbung von Brustwarzen und Brustwarzenhof, zu Krampfadern, unerwünschten Gesichts- und Körperhaaren, zu milden Formen des Haarausfalls, Entzündungen des Zahnfleisches, Schwangerschaftsstreifen, zu Jukken, Schwellungen und anderen bekannten Hautleiden. Manche dieser Nebenwirkungen verschwinden mit der Zeit, andere wie die Schwangerschaftsstreifen bleiben trotz Kakaobutter, Gymnastik, Massagen oder sonstigen Versuchen, sie loszuwerden. Schwangerschaft und Geburt sind grundlegende, unbestreitbare Ausdrucksformen biologischer Weiblichkeit. Die Auswirkungen auf die Haut sind nahezu auf der ganzen Welt bekannt, so daß man sie nicht als abnormal ansehen kann, selbst wenn man sie medizinisch vielleicht als Krankheiten auffaßt. In den Augen der Gesellschaft sind es jedoch ein Unglück für eine Frau. Es sind Zeichen eines benutzten und leicht abgenutzten Körpers, die Distanzierung vom jugendlichen, makellosen weiblichen Ideal. Ich möchte die Frau sehen, die auf ihre Schwangerschaftsstreifen stolz ist, da sie ein Zeichen dafür sind, daß sie ihre Pflicht erfüllt hat.

Pickel und Schwangerschaftsstreifen sind unbedeutende Kümmernisse im Vergleich zu der vernarbten und entstellten Haut, die Überlebende der Pockenepidemien hinnehmen mußten. Diese Geißel der Menschheit suchte periodisch Europa und die Vereinigten Staaten heim, bis sie im neunzehnten Jahrhundert durch Schutzimpfungen unter Kontrolle gebracht wurde. Einer Dame seine Ehrerbietung zu erweisen, indem man ihre milchmädchenhafte Haut lobte, war nicht nur eine poetische Laune, denn Edward Jenner entdeckte, daß das Milchmädchen gegen die Krankheit immun war; sie hatte sich beim Melken mit einer milderen Form, den Kuhpocken, infiziert.

Pocken respektierten gesellschaftliche Schranken ebensowenig wie Syphilis. Lady Mary Wortley Montagu war wegen ihrer anmaßenden Vorstöße in die männliche Domäne des Schreibens eine umstrittene Gestalt im England des achtzehnten Jahrhunderts. Sie hatte in der Kindheit die Pocken überlebt. Hugh Walpole und andere verspotteten sie rücksichtslos, weil sie exzessiv kosmetische Mittel benutzte und sich das Gesicht dick und kunstlos schminkte. Wir wissen nicht, ob der Spott gerechtfertigt war oder nicht, soviel steht jedoch fest, es zählte zu Lady Marys Leidenschaften, ihre Pockennarben unter Schichten von Make-up zu verbergen. Ihre Briefe aus der Türkei gehören zu den wenigen Schilderungen des Lebens in einem Harem. Darin spricht sie immer wieder voll Bewunderung über die Geschicklichkeit der Konkubinen im Umgang mit Cremetiegeln und Farbtöpfen. Sie brachte reichlich Anschauungsmaterial mit nach Hause zurück. Lady Mary Wortley Montagu war stets bereit, etwas Neues auszuprobieren, und sie führte die Pockenschutzimpfung in England ein. Als erster erhielt ihr Sohn das Serum.

Eine dicke Schicht Schminke war eine der zeitgenössischen Lösungen für das ästhetische Problem, das eine pockennarbige Haut darstellte, eine andere taufte die Pariser Mode *Les Mouches:* Kleine, schwarze Schönheitspflästerchen aus Samt oder Papier in Form von Sternen und Halbmonden wurden auf die entstellenden Narben geklebt. Die Epidemie der Schönheitspflaster verbreitete sich unter den Damen und Dandys schneller als die Pocken. Zwei oder drei bezaubernde schwarze Punkte auf Wange, Kinn oder Stirn wurden bewundert. Aber zu den Vergnügungen eines Theaterabends gehörte es, die Schönheitspflästerchen derer zu zählen, die mehr an Tarnung als an Mode interessiert waren. In ihrer Geschichte der Kosmetik, *The Artificial Face*, kommt Fenja Gunn zu dem Schluß, daß zu keiner Zeit der Geschichte die Menschen sich so übertrieben schminkten wie im achtzehnten Jahrhundert.

Haare im Gesicht oder in einem anderen Teil der Gesichtstopographie als Brauen und Wimpern sind bei einer damenhaften Frau eindeutig verpönt. Bärtige Frauen traten im Zirkus zur Belustigung des Publikums zwischen den einzelnen Nummern auf, zum besonderen Gaudi der Provinzler. »Ihr solltet Frauen sein, doch Eure Bärte verbieten mir, das zu glauben.« Mit diesen berühmten Worten wendet sich Banquo in *Macbeth* herausfordernd den drei Hexen zu. Die englische Schriftstellerin Vera Brittain studierte nach dem Ersten Weltkrieg in Oxford und beteiligte sich aktiv an militanten feministischen Aktionen. Sie erlitt beinahe einen Nervenzusammenbruch, denn sie glaubte fest daran, ihr wachse ein Hexenbart.

In der Anfangszeit der neuen Frauenbewegung, als viele von uns sich zum erstenmal in unserem Leben gegen künstliche Schönheit, angefangen vom Hüfthalter bis zum Lippenstift, wehrten, fielen mir zum erstenmal einige bärtige Frauen auf. Es handelte sich in Wirklichkeit nur um Flaum und nicht um Haare, die sich zum Patriarchenbart entwickeln können; aber immerhin eine überraschend dichte Behaarung. Ich war schockiert und wünschte, sie würden etwas dagegen unternehmen – weiter das tun, was sie bisher getan hatten: Enthaarungscreme, Haarwachs, Elektrolyse, tägliches Rasieren. Die Frauen mit Haaren im Gesicht suchten Unterstützung; aber soziale Konditionierung zwang mich, ästhetischen Widerwillen zu empfinden.

Ein Bart ist als sekundäres männliches Geschlechtsmerkmal definiert, denn er stellt sich in der Pubertät ein; er unterscheidet Männer von Jungen und Männer von Frauen, wie es die perfekte Ordnung von Mutter Natur will, die nie so ganz perfekt und nie so ganz ordentlich ist. Männer und Frauen einer Familie, einer Rasse oder ethnischen Gruppe besitzen eine ziemlich gleiche Zahl von Haarfollikeln auf Wange, Kinn und Oberlippe. Die Ausschüttung von Androgenen in der Jugend führt dazu, daß diese Haare bei Männern wachsen. Aber das allein macht den Unterschied nicht aus, denn Behaarung gehört auch zum Erbgut eines Menschen. Weiße sind meist behaarter als Schwarze; mediterrane, keltische und arabische Völker sind üblicherweise behaarter als andere Weiße; Indianer und Asiaten sind die unbehaartesten Völker. Dieses genetische Prinzip gilt für Körperhaare ebenso wie für Gesichtshaare, für Männer wie für Frauen; es hat nichts mit den Androgenen zu tun.

Tolstoi beschreibt in *Krieg und Frieden* die kleine Prinzessin Bolkonskaya, eine berühmte und gefeierte Petersburger Schönheit. Ihr wuchs Flaum auf der Oberlippe. Die Gene bescheren den weißen Frauen mehr Gesichtshaare, als die moderne westliche Ästhetik wahrhaben möchte. Die statistische Häufigkeit von Haaren auf Kinn und Oberlippe schwankt zwischen zehn und achtundzwanzig Prozent, je nach ethnischer Zugehörigkeit. Bei japanischen Frauen liegt der Prozentsatz dagegen bei Null. In wenigen Fällen ist übermäßige Behaarung vielleicht auf eine hormonelle Störung zurückzuführen (zuviel Androgene oder eine Überempfindlichkeit gegen Androgene kann die glatten Wangen einer Frau bedauernswert borstig machen). Ärzte sprechen dann von »mehr Haar, als für eine Frau in einem bestimmten Kulturkreis kosmetisch erwünscht ist«. In Amerika gelten Gesichtshaare bei Frauen als unangenehm maskulin, und man fürchtet sie psychologisch als abnormal.

Verständlicherweise spielte der Bart in der Mythologie der nordamerikanischen Indianer und Afrikaner keine besondere Rolle. Im Gegensatz dazu wimmelt es in der Kulturgeschichte des Westens und des Mittleren Ostens von Bärten. Die mächtigen Pharaonen, einschließlich der Königin Hatshepsut, präsentieren sich uns auf ihren monumentalen Porträts mit falschen, rituellen Bärten. Es ist schwierig, sich Moses und Gottvater ohne dieses Zeichen patriarchalischer Würde vorzustellen. Haare vom Bart des Propheten Mohammed werden als Reliquien in den Heiligtümern der Moslems verehrt.

Einer der verwirrenden Aspekte der von weißen Männern beherrschten Anthropologie ist die zwanghafte Beschäftigung mit Bärten und ihre evolutionäre Bedeutung für die männliche Dominanz. Einige leicht zu beeindruckende Männer, die ihre Interessen oder die Haare an ihrem Kinn mit dem Bart männlicher Tiere bestimmter Pavianarten und der prächtigen Löwenmähne identifizierten, haben behauptet, der bärtige Mann sei infolge seines furchteinflößenden Gesichts der bessere Jäger und Kämpfer. George Schaller berichtete 1969 aus der Serengeti, daß Löwinnen die Pflichten des Jagens zu neunzig Prozent übernehmen. Und das beeinträchtigte etwas den Ruhm des Königs der Tiere mit seiner prächtigen Mähne. In letzter Zeit liest man häufiger etwas über die faszinierende Mähne des männlichen Gorilla, der übrigens Vegetarier ist. Spekulationen darüber, warum Weibchen bartlos sind, haben sich auch in die anthropologische Lehrmeinung eingeschlichen. Eine einfallsreiche Kapazität hat den Gedanken geäußert, es sei zu dieser »evolutionären Anpassung« gekommen, weil es für das Jungtier angenehmer sei, sich an ein bartloses Muttergesicht zu drücken.

Ungeachtet der Vorteile oder Nachteile, die es mit sich bringt, einen Bart zu haben, sind die Männer bärtiger Völker auf den Bartwuchs stolz, denn er ist ein Zeichen normaler Entwicklung und Männlichkeit – selbst wenn sie sich zu täglicher Rasur entschließen. Für Frauen sind Gesichtshaare Anlaß zu großer Besorgnis und Unsicherheit, denn die traditionelle Ästhetik zwingt ihnen eine kindhafte Haarlosigkeit auf, die in Wirklichkeit ein unnatürlicher Zustand ist. Der Mann kann sich zwischen glatter Rasur, einem Schnurrbart und einem Vollbart entscheiden. Aber Frauen zupfen jedes Härchen aus, das ihnen die Natur schenkt, um ein feminines Aussehen zu bewahren, das sich von der charakteristischen Behaartheit der Männer soweit wie möglich unterscheidet. Das sanfte und ernste Aussehen der Frauen im Mittelalter wurde dadurch erreicht, daß man die Augenbrauen völlig entfernte und an Schläfen und Nacken etwa zwei Zentimeter den Haaransatz durch Auszupfen verschob. Es entstand das ovale Gesicht mit dem frommen, keuschen Ausdruck, der uns von den Bildern von Memling, Pisanello, Van der Weyden, Van Eyck und anderen vertraut ist.

Es gab kaum ein Jahrhundert, in dem die Pinzette nicht ein notwendiges weibliches Instrument gewesen wäre; sei es, um einen gleichmäßigen Haaransatz zu erzielen, sei es, um aus den Augenbrauen einen schmalen Bogen immerwährender Gelassenheit und freundlichen Staunens zu machen. Frauen haben mit ihren Augenbrauen so ungefähr alles angestellt, um sie dem Schönheitsideal ihrer Zeit anzupassen – daran hat sich bis in die jüngste Gegenwart nichts geändert, in der die kräftigen dunklen Augenbrauen von Brooke Shields als chic gelten. Man könnte argumentieren, das Zupfen der Augenbrauen sei lediglich das weibliche Äquivalent der männlichen Gesichtskosmetik mit Moustache und Bart. Aber eine gezupfte Braue hat nur noch einen schwachen Bezug zu den darunterliegenden Muskeln und reduziert die Intensität des Gesichtsausdrucks. Dichte Augenbrauen, die zu einem zarten Bogen gerupft werden und deren Ansatz weiter auseinander gerückt wird, als es die Natur vorsieht, können einen forschen, geraden Blick wirkungsvoll in einen scheuen, verspielten Blick verwandeln, der kokett und verführerisch macht. Gezupfte Brauen können einem angestrengten und konzentrierten Gesicht einen sanften, gleichmäßigen, unerforschlich leeren Ausdruck verleihen. Sie können die Strenge eines negativen Gedankens abschwächen zu einem bebenden Zucken, das fälschlicherweise als schüchterne Zustimmung gedeutet werden kann. Aus solchen raffinierten Erwägungen heraus bleibt die Pinzette eine wichtige Stütze für die Verstellungskünste einer Frau und für ihr gepflegtes Aussehen.

Der Verminderung von Gesichtshaaren folgt die Verminderung von Körperhaaren. Auch hier gibt es keinen absoluten Unterschied zwischen den Geschlechtern. Es besteht lediglich ein Unterschied in Menge und Verteilung. In der Pubertät sprießt Männern und Frauen groberes Haar. Damit reagiert das empfindliche Bindegewebe an bestimmten Stellen auf das Androgen, das der Körper produziert. Wie beim Gesichtshaar sind die Abstufungen deutlich genug, um wie Muskulatur und Körpergröße als ein geschlechtsspezifisches Merkmal zu gelten. Die Körperbehaarung der Männer ist üblicherweise dichter und umfaßt größere Bereiche; das ist eine hormonell bedingte Tatsache. Die Körperhaare der Frau werden peinlich genau unter die ästhetische Lupe genommen. Und das Auftreten an den meisten Stellen hält man mit weiblichem Appeal für unvereinbar.

Auf den Schaubildern der Elektrologen finden wir neun Zonen, in denen Haare vom kosmetischen Standpunkt aus überflüssig oder bei einer Frau als anstößig gelten: Unterarm, Achselhöhle, zwischen den Brüsten, um die Brustwarzen, im Kreuz, am Bauch, über den Schamhaaren, Oberschenkel und Beine. Da Weiblichkeit in jeder Hinsicht eine Sache der Disziplinierung ist, wird eine Frau, deren Behaarung die ästhetischen Grenzen ihres Kulturkreises überschreitet, vermutlich zu einer Depilierungsmethode greifen, um ihren Körper zur Raison zu bringen.

Ich erinnere mich noch gut daran, wie während der Sommerferien der feine Flaum an meinen Beinen eine dunklere Färbung annahm. Ich war überrascht und nicht so ganz damit einverstanden, aber ich wußte, was ich zu tun hatte: entfernen! Ich nahm mir heimlich einen Rasierapparat und befreite eifrig meine Beine von dem sprießenden Flaum, sobald er sich zeigte – sogar noch schneller, so sehr entzückte mich dieser Ritus, der mich auf die Seite der Erwachsenen stellte. Und ich bat meine Mutter um ein Paar Nylonstrümpfe. Glatte, rasierte Beine waren sexy! Jetzt konnte ich ein Pin-up-Girl sein, zum Beispiel Betty Grable. Auch die Haare unter meinen Armen wurden ebenso entfernt, obwohl es schmerzte. Als ich ein Deodorant auftrug, um der sorgfältig durchgeführten Prozedur den letzten Schliff zu geben, bereitete mir das ein unangenehmes Brennen.

Mit neu erwachter Umsicht begann für mich die Zeit der klassischen amerikanischen Aufräumoperation, die bald kein aufregendes, spannendes Ritual mehr war, sondern ähnlich wie Hausarbeit zu einer nie enden wollenden Pflicht wurde. Gleichgültig wie gut ich mein Werk vollbrachte, innerhalb weniger Tage zeigten sich die verräterischen Zeichen der Vernachlässigung von neuem; und das war mir peinlich. In all den vielen Jahren, in denen ich pflichtbewußt meine natürliche Landschaft trimmte und pflegte, konnte ich mich des Gefühls nicht erwehren, daß das hartnäckige, immer neue Wachstum eine Art Mißachtung meiner Mühe zu sein schien und daß meine Bemühungen etwas eindeutig Verlogenes an sich hatten. Es war ein aufwendiges Täuschungsmanöver, um den Anschein zu erwecken, die Haut an meinen Beinen sei von Natur aus glatt und kein dunkler Schatten legte sich je auf meine blassen Unterarme. Wenn alle Spuren beseitigt werden mußten, sobald sie sichtbar wurden, sollte dieses Zeug an einem Frauenkörper erst gar nicht wachsen! Weshalb ließ ich mich an eine ästhetische Konvention fesseln, die die Realitäten meines Körpers leugnete? Es war nichts Falsches oder Unnatürliches in den Haaren, die immer von neuem an den Stellen wuchsen, von denen ich sie mit Entschlossenheit vertreiben wollte. Sie hatten ein unanfechtbares biologisches Recht, dort zu sein. Sie hatten ein unanfechtbar frauliches Recht, dort zu sein. Das Recht der Weiblichkeit fehlte ihnen jedoch.

Man hält die Körperbehaarung für die rudimentären Überbleibsel einer Zeit, in der Menschen oder unsere Vorläufer einen Pelz trugen. In der heutigen Zeit haben die Körperhaare jede Schutzfunktion verloren, die sie vielleicht einmal besaßen. Da die sprießenden Haare unter den Armen und um die Genitalien hormonell gesteuert mit der Pubertät auftreten, verkünden sie unmißverständlich die sexuelle Reife und fungierten vielleicht einmal als ein Signal zur Paarung. J. M. Tanner, ein britischer Experte auf dem Gebiet der anatomischen Entwicklung, vertritt die Theorie, daß das sogenannte Schamhaar möglicherweise einem Kleinkind angenehmen Halt bot, wenn es sich, wie die Affenkinder es heute noch tun, an der Unterseite der Mutter festklammerte. Vielleicht... Tatsache ist, daß Scham- und Achselhaare in der Pubertät bereits wachsen, wenn der Organismus geringe Mengen von Androgen produziert. Alle normalen Erwachsenen haben an diesen Stellen Haare, selbst wenn sie zu den am wenigsten behaarten ethnischen Gruppen gehören, bei denen Beinhaare, ganz besonders bei Frauen, nur spärlich auftreten. Wir wissen auch, daß die Körperhaare sich bei beiden Geschlechtern mit zunehmendem Alter verringern, während sich die Gesichtshaare vermehren. Ich gestehe, mir gefällt Tanners interessante Theorie über die Nützlichkeit von Körperhaar im Zusammenhang mit Kleinkindern. Aber sie steht im Widerspruch zu anderen anthropologischen Spekulationen, die um die relative Unbehaartheit der Frauen im Vergleich zu Männern kreisen.

Darwin behauptete, und andere wiederholen es in völliger Unkenntnis moderner endokrinologischer Forschungen, die unbehaarte Haut der Frauen sei ein evolutionäres Endprodukt sexueller Selektion und beruhe auf der starken Attraktivität für Männer. Mit anderen Worten, Männer zogen es vor, sich mit weniger behaarten Frauen zu paaren und vernachlässigten die behaarteren, bis schließlich Haarlosigkeit zur genetischen Norm wurde. Darwin war sicher ein Genie, aber er irrte sich in vielen Dingen, und dazu gehört auch seine Theorie, mit der er begründete, warum Frauen weniger behaart sind als Männer. Doch solche bestechenden Spekulationen über die Zweckmäßigkeit der Natur halten sich hartnäckig. Desmond Morris äußert in seinem Buch *Der nackte Affe* die Vermutung, Frauen hätten die Körperhaare verloren, um »Sex sexier zu machen«, indem sie ihre wohlgeformten Konturen enthüllten und indem sie den Genuß an Berührungen steigerten, letztendlich also die Paarbindungen durch vergrößerten Genuß bei der Kopulation stärkten.

Wir brauchen keinen Charles Darwin oder Desmond Morris, der uns sagt, daß Männer sich von einer behaarten Frau abgestoßen fühlen. Jahrhunderte, bevor diese Herren uns einen Hinweis auf ihre persönlichen Vorlieben gaben, hat Ovid, der Dichter der Liebe, die Frau mit Haaren an den Beinen und unter den Armen unbekümmert mit einer Ziege verglichen. Aber wie es nun einmal so ist, wirken haarlose Babys und neugeborene Welpen unschuldig, verletzlich und ganz bestimmt nicht bedrohlich, während die wirren Haare von Werwölfen, Hexen, Barbaren und Verrückten unbändig und gefährlich wirken. Der tierische Aspekt, den ein Mensch mit ausgeprägter Sensibilität an Körperbehaarung entdecken kann, und die Tatsache, daß Frauen im Gefängnis keine Rasierapparate genehmigt wurden, führte einen Pionierkriminologen des neunzehnten Jahrhunderts mit Namen Cesare Lombroso mit größter Wahrscheinlichkeit zu der Vorstellung, die typische Gesetzesbrecherin habe bezeichnenderweise einen behaarten Körper. Ähnliches behauptete man, gelte auch für schizophrene Frauen, Nymphomaninnen und Prostituierte. Nach diesen haarsträubenden Theorien rangierten Frauen aus dem Mittelmeerraum in allen Kategorien weit oben. Sie galten als sexbesessen, gewalttätig und geistig labil.

Die biologische Tatsache, daß Männer behaarter sind als Frauen und daß fehlende Behaarung mit einer Störung im Reifeprozeß in Verbindung gebracht wird, fördert den Mythos, kräftiger Haarwuchs, besonders auf der Brust, sei bei Männern ein Zeichen von überragender Männlichkeit und Tapferkeit. Sätze wie: »Das verschafft dir Haare auf der Brust« sind nicht ohne Wirkung geblieben. Und nicht wenige glattbrüstige Söhne wurden von überängstlichen Eltern zum Arzt geschleppt. Genetische Veranlagungen fügen sich nicht so ohne weiteres einem Volksglauben. Angesichts der ethnischen Vielfalt und der individuellen Unterschiede beweist die glatte oder behaarte Brust amerikanischer Männer überhaupt nichts. Und was Frauen angeht, es werden auch bei ihnen Haare um die Brustwarzen auf ihre ethnische Herkunft zurückgeführt. (Eine in Wales durchgeführte Untersuchung ergab, daß siebzehn Prozent der befragten Frauen Haare an den Brustwarzen haben; bei anderen ethnischen Gruppen wäre das ein sehr hoher Prozentsatz.) Aber eine schöne, üppige Brust hat nach allen gängigen Vorstellungen makellos glatt zu sein. Und eine »normale« feminine Frau kann das kleinste und feinste Härchen nicht dulden.

Ballettänzer und -tänzerinnen entfernen sich ganz selbstverständlich die Körperhaare und tragen fleischfarbene Trikots, denn Haar verwischt die klaren Linien und Formen und lenkt von ihnen ab. Schwarze Netzstrümpfe und rosa Trikots waren unverzichtbarer Bestandteil des aufreizenden Can-Can-Kostüms in einer Zeit, als die Frauen sich nicht die Beine rasierten und weniger schlank waren als heute. Ohne den elektrisierenden Anschein beinahe völliger Nacktheit in synchronen Bewegungen (dank der Trikots gab es auch nur straffe Schenkel) hätten die beinschwingenden Revuetänzerinnen die Männer nicht in solchen Scharen angelockt. Behaarte Beine in »Schwanensee« oder einer Busby-Berkeley-Show sind eine absurde Vorstellung. Wer soll bei einem zottigen Bein feststellen, ob das Knie Grübchen hat, ob die Wade wohlgeformt und der Knöchel bezaubernd zart ist? Unrasiert bleibt es schlicht ein nützlicher Körperteil, der nichts von der überhöhten, künstlerischen Vision weiblichen Fleischs an sich hat, das erotisch zur Schau gestellt wird.

Vor den zwanziger Jahren unseres Jahrhunderts stellten behaarte Beine für die Amerikanerin kein Problem dar, denn die Beine der meisten Frauen waren in der Öffentlichkeit nie zu sehen. Als ein Wechsel in der Einstellung zu Freizeit, Mode und Emanzipation in der wirtschaftlichen Blütezeit der Nachkriegsjahre den Frauen aller Altersstufen und Klassen erlaubte, ihre Gliedmaßen zu zeigen, verwandelte sich die bisherige Sittsamkeit in punkto Beine in erstaunlicher Geschwindigkeit in eine zimperliche Befangenheit wegen der »häßlichen« Haare. Die Werbung für Enthaarungsmittel erinnerte die weibliche Leserschaft daran, daß das klassische griechische Ideal weiblicher Schönheit haarlos in weißen Marmorstatuen lebt. Realistischer ist es vielleicht anzunehmen, daß die glatten glamourösen Beine der Showgirls, die gepflegten, unbehaarten Models in den Modezeitschriften und die veränderten Regeln der Etikette am Strand neue Maßstäbe im weiblichen Konkurrenzkampf gesetzt hatten.

Vor dem Ersten Weltkrieg trugen Damen, die sich nach einem erfrischenden Bad sehnten, züchtig voluminöse Badekostüme (Rock und Oberteil) und dazu lange, dunkle Strümpfe. Eine Frau schwamm nicht, sie badete. Erst in den zwanziger Jahren, stellt die Kostümhistorikerin Claudia Kidwell fest, gestattete die Gesellschaft den Frauen, sich im Wasser ebenso frei zu bewegen wie die Männer. Annette Kellerman, Gertrude Ederle und andere berühmte Wassernixen der Zeit, in der Frauen sich das Schwimmen eroberten, inspirierten durch ihre progressiven Ideen, und allmählich setzte sich der kurze funktionale Badeanzug durch. Eine Anzeige für ein Enthaarungsmittel erkannte den Trend und verkündete: »Frauen, die Schwimmen als Sport betrachten, sagen, daß Strümpfe den Genuß sehr beeinträchtigen.« Die neue Begeisterung für das Sonnenbaden, der sich die

Größen der internationalen Gesellschaft an der Riviera in Strandkleidern von Patou und Schiaparelli hingaben, wirkte sich langsam aber stetig auch auf die knapper werdenden Hüllen im und am Wasser aus. Die öffentlichen Strände in den Vereinigten Staaten konnten sich dieser Woge nicht länger entgegenstellen und lockerten die Badeordnungen, die lange Strümpfe vorgeschrieben hatten. Am Ende des Jahrzehnts hatte sich ein kurzer Badeanzug mit gestrickter Hose, die die Schenkel freiließ, allgemein durchgesetzt und wurde von der neu entstandenen Konfektionsindustrie auf den Markt gebracht.

Auch kurze Straßenkleider und die nationale Tanzbegeisterung verhalfen dem glatten gepflegten Frauenbein zum Durchbruch. Die vom Korsett befreiten Flapper rollten die Strümpfe herunter, hielten sie mit einem Strumpfband und zeigten beim Charleston hübsche nackte Knie. Die quirligen Flapper waren Wasser auf die Mühlen von Hollywood; die Filmemacher führten der Welt ein neues, erfolgreiches Bild der Weiblichkeit vor Augen, das noch gewagter, noch faszinierender und in seinen kosmetischen Forderungen noch anspruchsvoller war. Die Filmhistorikerin Marjorie Rosen stellt fest, daß Hollywood in der Zeit von 1920 bis 1930 das tanzende, beinschwingende Revuegirl in mehr als hundert Filmen feierte. In all diesen Streifen war kein einziges »überflüssiges« Haar zu sehen.

Frauenbeine wurden auf eine noch nie dagewesene Weise enthüllt, und das führte in der Strumpfindustrie zu einer Revolution. Um die Jahrhundertwende, als die Röcke bodenlang waren, wurden achtundachtzig Prozent der Frauenstrümpfe aus haltbarer Baumwolle hergestellt – oft mit Stickereien, Spitzeneinsätzen und farbigen Mustern. Einen Anteil von elf Prozent hielten Strumpfwaren aus schwerer praktischer Wolle. Eine bleibende Erinnerung an die frivolen neunziger Jahre sind die zahllosen weißen Unterröcke und die undurchsichtigen gestreiften Strümpfe. Die empfindlichen Seidenstrümpfe in leuchtenden Farben machten nur ein Prozent der gesamten Produktion aus und waren der Oberschicht, dem Sonntagsstaat und den käuflichen Damen vorbehalten. Doch durch die kurze Rockmode und den Triumphzug der nackten Beine am Strand änderte sich die Lage. In den zwanziger Jahren waren seidene, fleischfarbene Strümpfe, die so durchsichtig wie möglich sein mußten, der Verkaufsschlager Nummer eins. Denn sie vermittelten die Illusion von Nacktheit in einer makellosen, luxuriösen Hülle.

Am Ende der zwanziger Jahre hatten Seidenstrümpfe, die durch Beimischung anderer Garne haltbarer gemacht wurden, und die durchsichtigen Strümpfe eindeutig den Markt erobert. Die Ära der Seidenstrümpfe mit ihrer Abhängigkeit von japanischen Importen, Symbol von Wohlstand und Glamour (selbst während der Weltwirtschaftskrise), den tückischen, nie gerade sitzenden Nähten und den teuren enervierenden Löchern und Laufmaschen endete am 15. Mai 1940. Es war der Tag, an dem der Nylonstrumpf mit Pauken und Trompeten der Öffentlichkeit vorgestellt wurde. Dieses Datum ist in die Annalen der Strumpfwarenindustrie eingegangen, denn in Kaufhäusern und Geschäften kam es zu einer wahren Käuferhysterie.

Nach der Krisenzeit, die auf den Zweiten Weltkrieg folgte, und in der alle, die keinen Zugang zum Schwarzen Markt hatten, sich mit billigen Rayonstrümpfen oder Beinschminke einschließlich des mit dem Augenbrauenstift gezogenen Saums zufriedengeben mußten, wurde das triumphale Comeback des Nylonstrumpfs auf den Theken der Geschäfte und am weiblichen Bein mit großem Hallo als eine der süßen Früchte des Friedens begrüßt.

Nylonstrümpfe waren durchsichtiger als Seide und frei von Mängeln der Naturfasern. Doch die neue Technologie löste nicht das Problem von Laufmaschen und Löchern. Allerdings verschwand die peinliche schiefe Naht, denn der nahtlose Strumpf hielt auch nach mehrmaligem Waschen noch die Form und neigte auch nicht dazu, am Knöchel Falten zu schlagen. Trotzdem sollten wir die sanfte Tyrannei der Nylonstrümpfe nicht vergessen, die das Denken und Handeln der Frauen für die nächsten zwanzig Jahre beherrschte, bis sie zumindest teilweise durch die antibourgeoise Moderevolution der sechziger Jahre an Macht verlor. Glatte, durchsichtige Nylons waren die *einzigen* Strümpfe, die den Test von Sexappeal und konservativer Kultiviertheit bei Regen und Schnee, in bitterer Kälte oder drückend heißem Wetter bestanden. Ihre erlesene Transparenz diente nicht nur dazu, eine Frau daran zu erinnern, daß sie sich in kurzen regelmäßigen Abständen die Beine rasieren mußte; ihre

Empfindlichkeit diktierte eine bestimmte Vorsicht und gemessene Bewegungen, die der Hüfthalter mit den Strapsen noch zusätzlich zügelte. Die Illusion von schimmernder Haut und makelloser Eleganz, die Nylonstrümpfe erweckten, konnte im Handumdrehen zerstört werden, sobald man unvorsichtigerweise irgendwo hängenblieb – und mit Nylonstrümpfen blieb man an den unschuldigsten Dingen hängen, selbst am Schreibtisch. Man konnte sogar das niederschmetternde Erlebnis haben, mitanzusehen und zu fühlen, wie beim Anziehen brandneuer Strümpfe eine Laufmasche über das Bein zog. Die Anfälligkeit für einen bestimmten kosmetischen Makel, den es in der Natur nicht gab, war der Preis, den man für ansehnliche Frauenbeine bezahlen mußte.

In den zwanziger Jahren nahmen die Hersteller von Enthaarungsmitteln die Achselhaare aufs Korn, als seien sie Missionare in einer Aussätzigenkolonie. »Vielleicht haben altmodische Skrupel Sie bisher zögern lassen, sich von den entstellenden Haaren unter Ihren Armen zu befreien«, verkündete im Oktober 1924 die Anzeige für »Neet« in *The Delineator,* einer populären Zeitschrift für Leserinnen der Mittelklasse. »Pressen Sie Ihre Arme ständig an den Körper? Oder vermeiden Sie, die durchsichtigen und ärmellosen Kleider zu tragen, die jetzt Mode sind? Wie auch immer, *Er* muß Sie für hoffnungslos altmodisch halten. Ihm wird nicht entgehen, daß Sie den Anschluß an die Zeit verpassen...« »Zip« hatte bereits mit ähnlichen Argumenten geworben: »Wollen Sie sich in diesem Sommer am Strand genieren, die Arme zu heben? Müssen Sie den prüfenden Blick Ihrer Freundinnen fürchten?« Zum Leidwesen von »Zip« und »Neet« ging der Trend zum Rasierapparat, der in einer kleineren »weiblicheren« Form auf den Markt kam.

Zolas *Nana* hatte in den sechziger Jahren des neunzehnten Jahrhunderts das Pariser Publikum gefesselt, wenn sie die weißen Arme hob und ihre goldenen Achselhaare enthüllte. Loretta Young verkörperte die neue amerikanische Badeschönheit, als sie 1930 für *Vogue* wie eine stehende Odaliske posierte: Die Achselhöhlen waren so makellos unbehaart wie ihre wohlgeformten Beine. Eine meiner Freundinnen versuchte in den fünfziger Jahren *Nana* zu lesen. Verwirrt legte sie das Buch beiseite, als sie zu der lebendigen Schilderung von *Nana* auf der

Bühne kam. Achselhaare waren etwas Anstößiges. Wie konnte Zola eine solch geschmacklose Szene schreiben, fragte sie sich. In den fünfziger Jahren waren für eine junge Amerikanerin Sexualität und Achselhaare gleichermaßen tabu.
Man beschuldigt die Amerikaner immer wieder, eine puritanische Einstellung zu Sex zu haben. Wenn die Entfernung von Körperhaaren ein Indiz für einen unnatürlichen Hang zur Hygiene und eine zu stark kompensierte und unterdrückte Sexualität ist, dann verdienen die Amerikaner ihren Ruf. Die europäischen Frauen sind erst in den letzten zwanzig Jahren unter dem Einfluß der Sexsternchen aus Hollywood dem amerikanischen Beispiel gefolgt und haben begonnen, ihre Arme und Beine zu enthaaren. Shelley Winters schildert in ihrer Autobiographie eine peinliche Szene in den fünfziger Jahren in Rom. Sie befand sich in Gesellschaft; und unter den vielen Frauen, die schulterfreie Abendkleider trugen, war sie die einzige mit haarlosen, rosa Achselhöhlen. Heute würde eine Frau in einer ähnlichen Situation vermutlich ebenso sehr leiden, wenn sie sich nicht die Achseln rasiert, da sie das Gefühl hätte, ungepflegt zu wirken und gegen den guten Geschmack zu verstoßen.
Eine behaarte Achselhöhle, die von einer ärmellosen Bluse, einem Badeanzug oder einem Sommerkleid enthüllt wird, ist nach wie vor eine häßliche Verunglimpfung der vom Wind umspielten weiblichen Schönheit. Die natürlichen Haare scheinen im Kontext kunstvoller Zerbrechlichkeit so merkwürdig fehl am Platz zu sein, und ihr unvertrauter Anblick lenkt die Aufmerksamkeit auf bestimmte, unangenehme Fakten, die mit Achselhöhlen zusammenhängen – ihre normale, aber unfeminine Tendenz zu Schweißabsonderung und entsprechenden Gerüchen.
»Pferde schwitzen, Männer transpirieren, aber Damen glühen.« Eine Frau hat weniger Schweißdrüsen als ein Mann und schwitzt, abgesehen in der Schwangerschaft, auch nicht ganz so schnell wie ein Mann. In der Regel transpirieren Frauen also weniger als Männer. Aber dieser unbedeutende Unterschied wurde nicht für so wichtig betrachtet, um ihn zu einem geschlechtsspezifischen Merkmal zu machen. Eine Dame darf jedoch überhaupt nicht schwitzen.
Die verräterische Feuchtigkeit in den Handflächen, auf Stirn,

Oberlippe, Fußsohlen, in Achselhöhlen und an anderen Stellen sind eine normale Folge körperlicher Anstrengung und emotionaler Spannung, aber auch eine Antwort auf Hitze. Eine schweißfeuchte Hand (die im Lauf der Evolution vielleicht einmal eine Hilfe beim Erklettern von Bäumen war) ist vielleicht bei Männern und Frauen ein peinlicher Hinweis auf innere Unruhe und gesellschaftlichen Streß. Aber Schweißbäche, die Hemd und Haare durchfeuchten, sind ehrenvolle Kennzeichen eines Mannes der Tat, der sein Brot im Schweiße seines Angesichts verdient. Ein Mann, der bei schwerer Arbeit, sportlichen Leistungen oder als Reaktion auf Gefahren, aus denen er siegreich hervorgeht, ins Schwitzen gerät, kann das tun, ohne daß sein männliches Ansehen darunter leidet. Im Gegenteil, sein Schweiß ist ein Beweis heroischer Anstrengung: Jede Pore verkündet, daß er sein Bestes gibt. Sich bei Gymnastik oder Sport in Schweiß zu arbeiten, ist ein angestrebtes männliches Ziel. Nur wenn der Schweiß ohne große Anstrengung oder ohne eine bewundernswerte Tat fließt – das heißt beim schwitzenden Feigling –, ist er ein verächtliches Zeichen von Schwäche.

Aber es gibt keine Situation, in der Transpirieren die feminine Aura steigern könnte, trotz des bekannten Modellfalls von Weiblichkeit – die Frau in den Wehen, die in Schweiß ausbricht, um ihr Kind zur Welt zu bringen. Anstrengende Tätigkeiten, bei denen jede Pore ihren wichtigen Beitrag leistet, gelten als ausschließlich männliche Domäne. Eine schweißnasse Stirn macht jeden Versuch zunichte, unberührt und sorglos zu wirken. Schweißperlen auf der Oberlippe vermitteln nicht den Eindruck gelassener, ruhiger Anmut. Ein größer werdender feuchter Fleck unter den Armen ist unvereinbar mit eleganter Kultiviertheit, mit frühlingshafter Frische, die gelassen, kühl und beherrscht zu sein hat. Das Problem wird noch dadurch vergrößert, daß Schweiß häßliche Spuren auf der polierten und delikaten weiblichen Fassade hinterläßt: fleckiges Make-up, verklebte Haare, ein sündhaft teures Kleid mit einem bleibenden Schweißrand am Ärmel. Wo bleibt der wasserfeste Lidschatten, das schweißunempfindliche Haarspray? Näht Schweißblätter ins Kleid! Hebt nicht die Arme! Eine schwitzende Frau ist eine zerstörte Illusion. Bei ihrem höchst erfolgreichen Broadway-Comeback brachte Lena Horne das Publikum mit einem Monolog über Schweiß ins Rasen, während sie ihre Haare auswrang und befriedigt auf ihr weißes Kleid wies, auf dem sich während der anstrengenden Vorstellung große feuchte Flecken gebildet hatten. Die Wirkung dieser Szene lag eindeutig an dem unmöglichen Thema für einen Star, mit dessen Namen sich im Verlauf einer langen und bewundernswerten Karriere stets eine makellose Erscheinung verband.

Die ekkrinen Schweißdrüsen in der Unterhaut sondern eine wäßrige Substanz ab, die auf der Haut verdunstet und damit eine Kühlung bewirkt. Die apokrinen Schweißdrüsen sind problematischer. Sie befinden sich zusammen mit den ekkrinen Schweißdrüsen unter den Armen, in der Genitalgegend und umgeben den Brustwarzenhof. Sie sondern bei Erregung und Anstrengung eine klebrige Flüssigkeit ab, die zusammen mit den dort angesiedelten Bakterien den charakteristischen strengen Körpergeruch hervorbringt, den die Gesellschaft entschieden ablehnt. Da die apokrinen Schweißdrüsen erst in der Pubertät in Aktion treten, hat man sich Gedanken über einen möglichen Zusammenhang mit sexueller Anziehungskraft gemacht. Doch wenn diese Drüsen früher einmal eine Lockwirkung besaßen, so ist das heute kaum noch der Fall. Die unzähligen Deodorants auf dem Markt lassen darauf schließen, daß niemand, weder Mann noch Frau, es erstrebenswert findet, an einem eindeutigen Geruch unter den Armen erkannt zu werden. Die weibliche Gewohnheit, die Achselhaare zu entfernen, bremst die Geruchsentwicklung, denn Haare saugen den Schweiß auf. Im zwanghaft geruchsempfindlichen Amerika, der Heimat des Intimsprays und des Mundsprays, haben Frauen doppelten Grund, sich die Achselhöhlen zu enthaaren: Es geht um den Geruch und den Anblick.

Auf der ganzen Welt ist man sich mehr oder weniger einig darüber, daß eine Rose angenehm duftet und daß die Ausscheidungen anderer als unangenehm empfunden werden können. Doch die ganze Frage der angenehmen und unangenehmen Gerüche wird von vertrauten Vorlieben und Abneigungen gegen das Unbekannte beeinflußt, die wiederum von sanitären Sitten, Eßgewohnheiten und den Ölen und Salben abhängen, die in einem bestimmten Kulturkreis zur Haut- und Haarpflege angewendet werden. Unangenehmer Geruch wird anderen Völkern vorgeworfen und ist Anlaß, sie zu meiden. Japaner haben behauptet, die Weißen »riechen schlecht«; Weiße haben behauptet, Schwarze »riechen schlecht«. Und das steckt auch hinter dem allgemein verbreiteten Glauben, den Menschen beiderlei Geschlechts hegen, daß Frauen attraktiver auf Männer wirken, wenn sie ihren menschlichen Geruch mit dem Duft von Blüten überdecken.

In der westlichen Welt gab es eine Zeit, in der man selten badete und die von Krankheiten heimgesuchten Dörfer und Städte nach Pferdemist und menschlichen Abwässern, nach der ungewaschenen Masse und dem durchdringenden Geruch des Todes stanken. Die Oberschicht löste das Problem der Hygiene, der aufdringlichen Gerüche und sinnlicher Kultiviertheit, indem sie stets ein mit Duftwasser getränktes Taschentuch, einen parfümierten Handschuh oder eine Parfümdose bei sich trug. Heutzutage trifft nichts von alldem mehr zu. Trotzdem wird eine Frau dazu überredet, sich nicht nur sorgfältig von allen natürlichen Körpergerüchen freizuhalten; nein, man legt ihr sogar nahe, den frischen, sauberen Geruch von Seife und Wasser mit einem teuren Parfüm zu überdecken. Es gilt bei einer Frau als feminin und erotisch, wie ein Blumenstrauß zu duften; ein duftender Mann wird dagegen für dekadent und geckenhaft gehalten. Für den Markt von Männerparfüms stellt das ein gewisses Absatzproblem dar. Aber das eigentliche Problem bleibt die kulturell bedingte Abneigung gegen die natürlichen Gerüche der Weiblichkeit und der sexuellen Erregung.

Läßt man Männer und Frauen im eigenen Saft schmoren, entwickeln sie unterschiedliche Gerüche. Die Mischung von Schweiß und Sperma unterscheidet sich deutlich von dem Gemisch aus Schweiß und Vaginalsekreten; auch das Menstruationsblut hat seinen eigenen unverwechselbaren Geruch. Außerdem steigen uns die Körpergerüche anderer sehr viel stärker in die Nase als die eigenen. Tiere beschnuppern sich, um sexuelle Signale auszutauschen. Die echten biochemischen Signale der Menschen sind jedoch zu vage, zu intim und zu sehr mit tierischem Verhalten verwandt, und außerdem im wörtlichen Sinne angsterregend, um in einer hygienebewußten Welt mit Oberschichtenambitionen ihre sexuelle Anziehungskraft bewahren zu können.

Ein primitiver Stamm, für den Kuhdung zum Alltag gehört, ist überzeugt, daß dieser Geruch für andere ebenso angenehm ist. Ähnlich fürchten die wenigsten Männer, einen zu starken »Eindruck« zu hinterlassen, wenn sie sich einer erwiesenermaßen männlichen Beschäftigung hingeben. Ein Mann darf nach frischem Schweiß, Bier, Pferden, Leder, Pfeifentabak und Zigarre riechen, ohne daß sein männliches Image darunter leidet. Einige dieser Düfte stehen sogar im Ruf, seinen männlichen Status zu betonen. Aber vermutlich ist er der Ansicht, das andere Geschlecht sei mit einem Tupfer Parfüm hinter den Ohren am besten bedient. »Die Frau, die ich heirate«, singt der typische amerikanische Cowboy, »duftet nach Eau de Cologne«, selbst wenn sie ihren Tag damit verbringt, Windeln zu waschen, Zwiebeln zu schneiden und Schweine zu füttern. Keine Arbeit, die eine Frau verrichtet, selbst das Kochen nicht, kann ihr Aroma verbessern, denn Weiblichkeit schwebt in Höhen der Verzauberung, wo die Luft rein und lieblich ist.

Das schmale Spektrum der Düfte, das einer Frau zugestanden wird, erscheint nicht so begrenzt oder phantasielos, wenn es in funkelnden Kristallfläschchen verkauft wird, die verheißen, in einem feinen Nebel französischer Eleganz oder einer Wolke orientalischer Geheimnisse die sinnlichen Kräfte von Liebe und Verlangen freizusetzen. Trotz meiner unkultivierten Nase kann ich die Behauptungen meiner Freundinnen nicht widerlegen, daß sie nicht nur in der Lage sind, einen teuren Duft von einer billigen Nachahmung zu unterscheiden, sondern daß ihr Genuß sich verstärkt, wenn ein Hauch ihres Lieblingsparfüms ihre Sinne umschmeichelt. Ich habe auch nicht vor, über den heiligen Akt der Ölung zu spotten, der in einer anmutigen Geste Ernst und Freude vereint; ein Ereignis, das sich der letzten Ölung vergleichen läßt und bei dem im weiblichen Ritual Körper und Seele darauf vorbereitet werden, dem Unbekannten gegenüberzutreten.

»Warum soll eine Frau nicht gut duften wollen?« fragte mich eine Freundin, und ich hätte ihr gern geantwortet: »Wenn du glaubst, daß du durch Parfüm gut riechst und du dich femininer fühlst, wenn du es dazu benutzt, dann bitte!« Die Flasche Chanel hat keinen direkten Anteil an der Unterwerfung der Frauen; sie dehnt lediglich die Vorschrift, lieblich zu sein, auf den Geruchssinn aus. Auf diesem Gebiet ist die Vorspiegelung falscher Tatsachen einfacher als in Sachen Charakter und Wesen – zumindest wenn es um den ersten Eindruck geht.

Und doch kann ich mich nie ganz dazu bringen, Parfüm für ein harmloses Vergnügen zu halten. Ich glaube, ich habe zu viele gemeine Witze gehört; etwa den vom Blinden, der den Hut zieht und sagt: »Guten Morgen, meine Damen«, wenn er an einem Fischstand vorbeigeht. Die Angst, daß der weibliche Geruch überdeckt werden muß, damit eine Frau das nötige Vertrauen in sich entwickeln kann, wird in der Werbung für Vaginaldeodorants und Intimhygiene-Sprays, wie sie euphemistisch genannt werden, unverhüllt ausgenutzt. (Vielleicht ist die Bezeichnung gar nicht so euphemistisch, denn Hygiene bedeutet Gesundheit und Sauberkeit. Im Kontext eines dusche-ähnlichen Produkts tradiert das Wort den uralten Vorwurf gegen Frauen: »Unrein, unrein!«)

Und der Tupfer hinter dem Ohr – nun, wenn Parfüm ein so universeller Genuß für die Sinne ist, warum ziehen Männer es dann vor, sich diesen Genuß nur indirekt zu verschaffen. Und warum gilt die Flasche Parfüm, die ein Mann einer Frau schenkt, als Tribut an die Seele der Weiblichkeit? Ich habe mich nie über geschenktes Parfüm gefreut. Im Gegenteil. Ich war immer leicht unangenehm berührt, als sei die zwischenmenschliche Distanz deutlich vergrößert worden. Oh, ich weiß, das lag nicht in der Absicht des Schenkenden – er erwies mir als sexuellem Wesen seine Reverenz, indem er meinem charmant rätselhaften weiblichen Hang zu Luxus und Tand schmeichelte. Man weiß ja, Frauen lieben teures Parfüm und freuen sich über ein Geschenk, das ihren bezaubernden Eitelkeiten und kleinen Schwächen huldigt.

Die Bemühungen der Parfümhersteller in den letzten Jahren, auf einem hartnäckig Widerstand leistenden männlichen Markt Fuß zu fassen, können einen nur in Erstaunen versetzen. Werden die Männer durch eine dekadente kapitalistische Manipulation verweiblicht? Ist ausgeprägte Genußsucht in wirtschaftlich unsicheren Zeiten ein bedeutsamer Faktor? Oder gibt es inzwischen genug Männer, die sich nicht davor fürchten, die Grenzen der Männlichkeit zu überschreiten und es wagen, ein kosmetisches Produkt zu kaufen, das ihre Attraktivität angeblich vergrößert? Und wer findet den gut duftenden befreiten Mann attraktiv? Ich vermute, er möchte im konkurrierenden Gerangel der Gays einem anderen Mann gefallen. Aber zweifellos haben einige der duftenden Argumente die heterosexuellen Männer erreicht, die auch nicht zurückstehen möchten, nachdem eine unparteiische Werbung dem männlichen Geschlecht versichert hat, daß »das Eau de Cologne für den Mann« nur mit Polo, Karate, dem Duft der großen weiten Welt, einem Stetson, Reitstiefeln, grauen Flanellanzügen etc. etc. erinnert – das heißt an eine sichere Welt, die nichts mit dem Zeug in der anderen Flasche zu tun hat, die für Frauen bestimmt ist.

In einer Zeit, die persönliche Befriedigung und Selbstverwirklichung über alles stellt, können sich die Grenzen von maskulin-feminin leicht verwischen, um Parität beim künstlichen Duft zu erlauben. Schließlich ist Parfüm nur ein Extra, das wenig Zeit oder Mühe verlangt, dessen Fehlen man kaum bemerkt und das die Leistungsfähigkeit nicht beeinträchtigt. Aus diesen Gründen verliert es vielleicht allmählich seine Nützlichkeit als Kennzeichen der Weiblichkeit. Körperhaar und seine unermüdliche Entfernung sind etwas anderes. Diese Sitte kann sich auf den wirklichen biologischen Unterschied in der Verteilung stützen und auf die Ästhetik der hehren Kunst.

Vor dem Aufkommen des Modernismus im zwanzigsten Jahrhundert wurde der weibliche Akt in der westlichen Kunst ebensowenig durch Schamhaar entstellt wie durch Haare in den Achselhöhlen und an den Beinen oder durch Sommersprossen oder Falten. Makellose Vollkommenheit war das Ziel des Künstlers. Es ist nicht möglich, mit absoluter Autorität zu entscheiden, ob die jeweiligen Sitten dieses lammfromm geschorene Bild weiblicher Schönheit beeinflußten. Zwar wissen wir, daß römische Kurtisanen und Damen von hohem Stand ihr Schamhaar ebenso vollständig zupften wie Moslemfrauen (die es auch heute noch tun), während Depilation in anderen Kulturen unterschiedlich gehandhabt wurde. Nicht so jedoch in der Kunst. Die Kunsthistorikerin Anne Hollander schreibt: »Beginnend mit der klassischen Zeit schien die Harmonie des weiblichen Körpers das Fehlen von Schamhaar zu fordern, während für die männliche Schönheit das Gegenteil galt.«

Michelangelo schmückte seinen David mit gemeißelten Locken

und huldigte damit dem goldenen Zeitalter der Griechen und Römer ebenso wie seinen eigenen Neigungen. Doch Boticellis Venus entsteigt dem Meer mit unbehaartem Unterleib, der von ihren goldenen Flechten züchtig bedeckt wird. Die üppigen weiblichen Akte von Tizian, Raphael und Rubens wirken im Kontext ihrer üppigen Schenkel und schwellenden Bäuche kahl gezupft oder merkwürdig spärlich behaart. Ein vieldeutiger Schatten, ein flüchtiger Pinselstrich, eine strategisch günstig plazierte Hand, ein Schenkel, ein geschickt drapiertes Tuch – durch diese Mittel wird der entzückte Betrachter nie mit dem natürlichen Aussehen einer realistischen Frau konfrontiert. Ingres fertigte eine Studie für *Perseus und Andromeda* mit Schamhaaren. Doch auf dem fertigen Ölbild fehlte es. Anne Hollander stellt fest, daß Courbet »eindeutig pornographische Bilder von Frauen mit üppigem Schamhaar malte. Doch dabei handelte es sich um Auftragsarbeiten für Privatsammlungen.«

Anne Hollander und andere versuchen die Unbehaartheit der Frau in der Kunst zu erklären und vermuten, daß das erotische Element eines weiblichen Aktes in der Harmonie der sanft gerundeten Kurven liegt. Der Fleck dunkler Schamhaare könnte in der Bildkomposition einen unbeabsichtigten Akzent setzen. Im Gegensatz dazu könnten die deutlich sichtbaren männlichen Genitalien diesen Fleck ohne Beeinträchtigung der Gesamtwirkung vertragen. Dies ist eine geschickte Entschuldigung der Maler. Doch ich kann mich des Gedankens nicht erwehren, daß die großen Maler das Gefühl hatten, ihre Korrektur sei eine eindeutige Verbesserung gegenüber dem wirklichen Leben. Schamhaare sind grobe Haare, gleichgültig wie zart die Frau ist. Und eine allegorisierte, idealisierte Frau darf nichts Grobes an sich haben.

Der haarlose weibliche Akt hielt sich bis ins zwanzigste Jahrhundert. Erst Pioniere wie Degas, Toulouse-Lautrec und Eakins – die nicht leugneten, daß sie Geliebte, Modelle und Prostituierte malten und nicht Venus, Diana und Eva – unterhöhlten eine Tradition, mit der Modigliani und Picasso mutig brachen. Es ist interessant, daß in den Anfängen der Fotografie ein weiblicher Akt ohne Schamhaare als hohe Kunst galt, während Bilder von nackten Frauen mit Schamhaaren oder von Frauen, deren Haare unter verführerisch gehobenen Röcken sichtbar wurden, zur Postkartenpornographie gehörten, die darauf zielte, den Betrachter durch vulgären und unanständigen Realismus zu schokkieren. In einer faszinierenden Kehrtwendung ist die haarlose Vulva in einer Gattung von Magazinen für Fetischisten, die auf kleinen Mädchen stehen, zum pornographischen Attribut geworden. Und erotische Feinschmecker verschlingen die frühen Nummern von *Playboy* mit ihren retuschierten Girls, die für das moderne Auge weder echt noch künstlerisch wirken.

Aber natürlich sprechen wir über ein wichtigeres Thema als das Vorzeigen einiger kräftig sprießender Haare. Die Genitalien der Frau sind nicht sichtbar, nur in »Spreizstellung«, wie es in den Pornographiezeitschriften prosaisch heißt. Aufgrund dieser anatomischen Verschlossenheit waren die Schamhaare immer ein Ersatz für die verborgenen weiblichen Mysterien, für das höchste Geheimnis. Venuspelz (bei Aristophanes), bemooste Grotte und süßes Gras (bei Shakespeare) sind literarische Euphemismen für das, was unter dem Dickicht liegt. Heute spricht man im Volksmund etwa von Muschi und Muff.

Korrekturen am Aussehen der weiblichen Geschlechtsteile in einer Kultur sind nicht nur eine Frage der herrschenden Ästhetik. Die Männer der Trobriand-Inseln erzählten dem Ethnologen Malinowski die Legenden ihres Volkes, darunter auch die Geschichte eines Stammes schöner wilder Frauen, die dort in völliger Nacktheit lebten und ihre Schamhaare nicht entfernten. Alle Seeleute, die an ihrer Küste strandeten, waren ihrer unersättlichen Begierde ausgeliefert. In manchen moslemischen Ländern praktiziert man die Sitte völliger Enthaarung. Doch ist dies hier von noch ernsteren Maßnahmen begleitet (wie der Klitorisbeschneidung), um die weibliche Sexualität zu zügeln und in Grenzen zu halten. In der westlichen Welt, in der die Rechte der Frauen historisch etwas besser gewahrt wurden, haben Frauen sich der Routineprozedur in Krankenhäusern widersetzt, als antiseptische Maßnahme die Schamhaare zu rasieren, und bewiesen damit echtes Gefallen an ihren Schamhaaren. Sie betrachteten sie als Teil ihrer körperlichen Würde und sexuellen Reife. Doch selbst in den westlichen Ländern, in denen Genitalbehaarung etwas Vertrautes ist, sind Dichte der Haare und ihre Ausbreitung Gegenstand ständiger intensiver Beschäftigung, die eine Frau befangen machen kann.

Bei der Mehrzahl der Frauen beschränkt sich die Schambehaarung üblicherweise auf ein Dreieck, das manchmal über die Leistenfalte bis zur Innenseite der Oberschenkel reicht. In der medizinischen Terminologie ist dies die »horizontale« oder »klassisch weibliche« Form. Bei fünfzehn Prozent der Frauen und achtzig Prozent der Männer breiten sich die Schamhaare weiter über die Oberschenkel und den Bauch bis zum Nabel aus. Für einen Mann ist es etwas »Normales«, behaarte Schenkel und eine behaarten Bauch zu haben. Deshalb ist die Übergangslinie zur Schambehaarung nicht besonders auffällig; das Problem unschicklicher Enthüllung stellt sich für ihn nicht. Bei einer Frau mit ihren glatten Schenkeln ist ein einziges krauses Haar, das aus dem Bikini hervorlugt, ein schwerer Affront gegen die Sittsamkeit – beinahe ebenso schlimm, als zeige sie ihre Genitalien. Eines der seltsamsten Spiele, die die Mode mit den Frauen gespielt hat, sind die neuesten Bikinis, die Tangas, und manche einteiligen Badeanzüge, die im Schritt so hoch geschnitten sind, daß sie bewußt weniger Haare bedecken, als die meisten Frauen haben. Alle, die glauben, ihre weiblichen Reize kommen am besten zur Geltung, wenn sie möglichst viel davon enthüllen, müssen sich dieser merkwürdigen Regelung beugen, nach der ein Badeanzug die Genitalzone begrenzt. Dies beschert den Frauen ein weiteres Gebiet, auf dem sie sich als unvollkommen erleben, denn sie müssen sich entweder rasieren, wachsen oder elektrisch enthaaren lassen, um sich der Laune der Modemacher anzupassen.

O ja, wenn mir Haare an den Schenkeln oder auf dem Bauch wüchsen, stände ich ebenfalls so schnell wie möglich im Enthaarungsinstitut. Wir Frauen tun alles, was uns das Gefühl gibt, normal, hübsch und konkurrenzfähig zu sein. Den Autoritäten in Sachen Geschmack auf den Gebieten Kunst und Mode ist es im Laufe der Geschichte gelungen, uns die Vorstellung einzupflanzen, daß Körperhaare jenseits einer bestimmten willkürlich festgesetzten Grenze ein grober Makel weiblicher Schönheit und sexueller Attraktivität sind; ja, sogar eine regelrechte Verunglimpfung des ganzen Geschlechts. Werden diese Grenzen verändert oder enger gezogen, bedeutet dies für alle, die um jeden Preis gefallen möchten, eine neue Herausforderung.

Ich habe aus Prinzip vor einigen Jahren aufgehört, mir Beine

und Achselhöhlen zu rasieren, aber bis heute konnte ich mich mit dem unästhetischen Resultat noch nicht abfinden. Die schönsten Kleider erfordern eine glatte haarlose Haut, um voll zur Wirkung zu kommen; und es gibt viele Modelle, die ich nicht mehr tragen kann. Mit den Haaren in den Achselhöhlen habe ich mich inzwischen ausgesöhnt, zumindest solange ich keine ärmellose Bluse oder gar nichts trage, denn sie schaffen einen Ausgleich zu den Haaren unten. Doch dann fällt mein Blick auf meine Beine, und ich weiß, sie sind nicht mehr attraktiv – selbst für mich nicht. Es sind einfach Beine; sie sind aufrecht und ehrlich, und das sollte genügen. Aber das tut es nicht – nicht, wenn man sie mit den glatten, schlanken Gliedern der hohen Kunst, der Haute Couture oder des Balletts vergleicht. Um mein Dilemma zu mildern, bleiche ich im Sommer die Haare an meinen Beinen und verwandle sie in goldenen Flaum. Dieser Kompromiß ermöglicht mir, am Strand nicht merkwürdig zu wirken. Manchmal frage ich mich, ob ich die einzige Frau der Welt bin, die ihre Haare auf dem Kopf färbt und an den Beinen entfärbt, um auf die Umwelt weiblich genug zu wirken. Sich den Regeln zu widersetzen und ungeschoren davonzukommen, ist ein ehrenwertes Bemühen. Leider gelingt es nur selten.
Farbe für ihre Weiblichkeit; Farbe für die Augen; Farbe für die Lippen; Farbe für die Wangen; Farbe für Fingernägel und Fußnägel. Um mich für den ersten Tag auf der High-School besonders hübsch zu machen, benutzte ich einen Lippenstift mit der Bezeichnung *Tangee Natural*. Am nächsten Tag beugte sich der Junge, der in der Lateinstunde neben mir saß, herüber und flüsterte: »He, du hast vergessen, dich zu schminken«, und ich wußte, ich hatte eine wichtige Brücke überschritten, die in die Welt der Männerwünsche führte. Und so schminkte ich mir in den nächsten zwanzig Jahren die Lippen rosa, orange, weinrot oder blaß, ganz wie es die jeweilige Mode verlangte, schnitt vor dem Spiegel die klassischen Gesichter, preßte die Lippen zusammen, wischte mir Lippenstift von den Zähnen, zog mir nach dem Essen die Lippen nach, entfernte die Flecken nach einem Kuß etc. etc. Mir gefielen die dicken glänzenden Hülsen mit den reinen, intensiven Farben, und ich kann die Namen meiner fünf Lieblingslippenstifte, die den ersten ablösten, in der richtigen Reihenfolge herbeten (Pixi Pink, Goubeau Nr. 2, Kirschen im

Schnee, Schneerose, Wo ist das Feuer?), während ich von der lateinischen Deklination nicht mehr das geringste weiß. Doch ich habe nie daran geglaubt, daß ein stark geschminkter Mund meinem Gesicht, meinen Worten oder meinen Küssen mehr Qualität verlieh.

Mit dem Lippenstift fing es an, und von da war es nur noch ein kleiner Schritt, um mit Puder und Rouge herumzuspielen und zu Puderdose, Pinzette, Augenbrauenstift, Wimpernzange, Lidschatten, Maskara und Liner zu greifen, mein Gesicht mit Moisturizers, deckenden und transparenten Grundierungen, mit Augencremes und Nachtcremes zu behandeln, Gloss und Blusher aufzulegen, Nagellack, Parfüm und überhaupt alles zu benutzen. Jedes dieser Dinge habe ich im Laufe der Jahre mindestens zweimal und manche wesentlich öfter gekauft und dabei die berühmtesten Namen, die hübschesten Töpfchen und Flaschen gewählt. Doch abgesehen von Lippenstift, habe ich nie wirklich Make-up angelegt. Mit dem Beginn der Frauenbewegung räumte ich meine Stifte und Farbtöpfe beiseite und habe mich seitdem nicht mehr um sie gekümmert, obwohl ich für alle Fälle noch eine Flasche *Revlon Touch and Glow* und einen Blusher im Arzneischrank verstaut habe. Denn ich sehe an dem Gesicht, das mir bei Streß aus dem Spiegel entgegenblickt, daß etwas Grundierung und Rouge die menschliche Schwäche meiner Haut verbergen und mir helfen können, die charakteristischen Zeichen meines Zustandes, eine gewisse Müdigkeit um die Augen, zu vertuschen.

Ich kann nichts dagegen tun, aber ich habe ein Vorurteil gegen Make-up. Mit aller Objektivität, die mir zur Verfügung steht, glaube ich sagen zu können, daß ich eines jener Gesichter besitze, die nicht dadurch gewinnen, daß man versucht, sie mit dem Schminktopf zu verbessern. Lange ehe es eine Frauenbewegung gab, die artifizielle Schönheit ablehnte oder sich gegen die Behauptung wehrte, eine Frau müsse sich durch Kosmetik und Schmuck »herrichten«, hatte ich bereits einen Abscheu gegen dieses Zeug und die Sitten entwickelt, die verlangten: Eine Frau muß das anlegen!

Anfang der siebziger Jahre wurde das ungeschminkte Gesicht der neue Look des Feminismus; und niemand freute sich mehr über die Befreiung vom Make-up als ich. Aber es konnte meiner

Aufmerksamkeit kaum entgehen, daß mehr Frauen Gleichberechtigung und legale Abtreibung forderten, als in der Lage waren, ohne Lidschatten aus dem Haus zu gehen. Bedauerte ich sie irgendwie? Ja, ich habe sie bedauert. Bäumten sie sich gegen den Zwang auf, nach ihren Begriffen weniger attraktiv zu wirken? Ja, das taten sie. Einen vollständigeren Zusammenbruch und eine größere Verwirrung über die Zielsetzungen, Absichten und Werte konnte es nicht geben; von allen Streitigkeiten innerhalb der Bewegung, die ich erlebt habe, bleibt dieser Punkt für mich der bitterste und der am schwierigsten zu lösende.

Wenn die Gesichter durch Kosmetik gewinnen sollen, dann bedeutet die Kehrseite der Medaille, daß jemand, der Make-up benutzt, sein Gesicht anders nicht mag, sich für langweilig, farblos, uninteressant und reizlos hält; für eine unbedeutende Erscheinung mit häßlicher Haut, zu kleinen Augen, einer zu großen Nase, nicht vorhandenen Backenknochen und einem Mund, der es sich versagt, von sexuellen Wünschen zu flüstern. Dies ist der wesentlichste Widerspruch von Make-up, und ihn finde ich am widerlichsten. Historisch gesehen, waren Kosmetika schon immer ein Beweis weiblicher Eitelkeit. Aber wenn überhaupt, sind sie ein Beweis weiblicher Unsicherheit, der hartnäckigen Überzeugung, daß das Gesicht darunter kritischen Blicken nicht genügt.

Es stimmt, manche Frauen mit Make-up sehen gut aus – mit den Augen der Gesellschaft gesehen, könnte man sagen, sie sehen mit Make-up *besser* aus. Das gestehe ich ihnen gerne zu, denn wer von uns hat nicht gelernt, Frauenschönheit in Begriffen von professionellem Erfolg und exklusiver Eleganz wahrzunehmen – der Star, das Model, die Frau des Präsidenten? Wenn meine kosmetisch bewanderten Freundinnen mit ihren Zauberkünsten ihre Gesichter geschaffen haben, bewundere ich das fertige Werk, das neue Aussehen, die Verwandlung: eine gleichmäßig schimmernde Haut, große Augen und geschwungene, sinnliche Lippen. Kurz gesagt, ein Gesicht, das der uralten Forderung des Mannes an die Frau nachgekommen ist: Immer nur lächeln! Eine geschminkte Frau muß nicht notwendigerweise glücklich sein, um den Eindruck ausgelassener Ekstase zu vermitteln; ebensowenig braucht sie ausdrucksvolle, lebendige Gesichtszüge, um die Illusion von Beschwingtheit und Lebensfreude zu

erwecken. Im Gegenteil, eine lebhafte Mimik ist für ein geschminktes Gesicht von Nachteil; und das Make-up wiederum verhindert eine lebhafte Mimik. Ich vermute, deshalb haben die besten Models ausdruckslose Gesichter, und deshalb ist es Mode geworden, daß sie mißmutig in die Kamera blicken. Eine kunstvoll geschminkte, schöne Frau kann schmollend launisch oder bezaubernd wirken. Aber ihr Schmollen wird niemals als ernstzunehmende Emotion oder unangenehme Drohung aufgefaßt.
Natürlich ist gegen den Wunsch, attraktiv zu wirken, nichts einzuwenden. Ich bin die letzte, die wie eine unscheinbare graue Maus aussehen möchte, und ich tue viel für mein Aussehen; aber ich glaube, es ist richtig, daß ich mein authentisches Gesicht respektiere – und das authentische Gesicht anderer ebenfalls. Ich ziehe atmende Poren, eine lebende Landschaft menschlicher Erfahrungen und eingestandener Schwächen der unpersönlichen, glatt polierten und bunt bemalten kosmetischen Maske vor. Seit Jahrhunderten gilt das Make-up als Eckpfeiler der weiblichen Reize. Aber der Reiz wird durch Massenproduktion homogenisiert und verflacht. Fürchten sich Männer weniger vor Frauen, wenn sie in einer bunten Verpackung erscheinen?
Meine geschminkten Freundinnen finden an ihren weiblichen Verschönerungstricks eine Art trotzigen Gefallen. Sie halten tapfer und chic Schritt mit den achtziger Jahren. Es sind Frauen, die mit der Zeit gehen. Ich bin es, die sich in der Defensive und im Abseits fühlt, und ich leide unter Selbstzweifeln. Das natürliche Gesicht, das ungekünstelte Aussehen einer vergangenen Dekade wirkt heute verstaubt, altmodisch und betulich: Ich bin die herbe Feministin, ich bin Urchristin, die humorlose Sektiererin, die etwas gegen Sex und Spaß hat. Ich beglückwünsche die Kosmetikindustrie, sie hat den Sturm überstanden. Make-up muß inzwischen nicht einmal mehr »natürlich« wirken. Frauen feiern stolz die Maske.
Vermutlich war es nicht zu vermeiden, daß die Antimake-up-Kräfte sich nicht durchsetzten. Wir mußten gegen zuviel Geschichte ankämpfen. Leuten zu sagen, sie sollen etwas unterlassen, was ihnen bessere Gefühle verschafft, ist immer etwas suspekt; und Frauen aufzufordern, im Namen der Befreiung ihr

Maskara in den Müll zu werfen und sich die Nägel kurz zu schneiden, läßt die Frauenbewegung in einem repressiven Licht erscheinen. In vergangenen Jahrhunderten und in den totalitären Regimen unserer Zeit wendeten sich immer die fanatischen Moralisten gegen Kosmetik. Sie wollten die Sexualität der Frauen unter Kontrolle halten oder ausmerzen. Sie verurteilten die jahrhundertealten Mittel weiblicher Verschönerung als dekadent, hoffärtig und als Verführungen des Teufels. Doch die künstliche Welt der Kosmetik war immer ein Symbol für gute Zeiten und Luxus, ein Zeichen von Sinnlichkeit und Wohlleben.

»Kriegsbemalung« ist eine spöttische Metapher für Make-up, die Frauen nicht gerne hören, denn sie erinnert an eine Spielart des Kampfs der Geschlechter, bei der die Frau stillschweigend die Falle stellt, um den ahnungslosen Mann anzulocken und zu fangen. Das Ritual des Schminkens steht nur in einem vagen Zusammenhang mit dem Bemalen von Gesicht und Körper, mit dem primitive Völker den Krieger vor der Jagd oder dem Kampf durch magische Zeichen schützen, um sein Überleben zu sichern. Für Frauen ist die Rüstung der Kosmetik typischerweise eher ein Verteidigungsmittel gegen Unvollkommenheiten und Altern, gegen unscheinbares Aussehen, als eine Tarnung der Erschöpfung und Niedergeschlagenheit. In den zwanziger Jahren bezeichnete man Rouge liebevoll als »die kleine Dose Mut« – ein Tribut an Stephen Crane und an das Gefühl der Sicherheit, das sich einstellt, wenn man sich das Gesicht pudert.

Ein anderer Aspekt des Hangs zur Kosmetik ist die Vorstellung, etwas Kreatives und Nützliches zu tun. Die alten Ägypter – Mann, Frau und Kind – schwärzten sich die Augenränder mit Kohle. Dadurch wirkten ihre Gesichter stilisiert und sinnlich; außerdem machte der Lidstrich das grelle Sonnenlicht für die Augen erträglicher; und man glaubte, er schütze vor Infektionen. Hersteller von Tinkturen und Salben spekulieren immer mit der Hoffnung der Käufer auf medizinische Wunder und dem Versprechen wissenschaftlichen Fortschrittes. Wen wundert es da, daß sie oft Scharlatane waren mit dem Hang zu Hokuspokus und leeren Versprechungen. Die Kosmetik unserer Zeit hat ihre eigene Horatio Alger Geschichte: Die junge Frau, die von der Natur mit einer außergewöhnlich makellosen Haut gesegnet ist, verkauft eine Gesichtscreme, ein »Originalrezept der Tante aus der Heimat«, und daraus entsteht ein gigantischer, einträglicher Konzern. Mit leichten Variationen des Szenarios wurden diese Heldinnen als Königinnen der Kosmetik bekannt: Madame Rachel, Helena Rubinstein, Elizabeth Arden, Estée Lauder, Irma Shorell, Madame C. J. Walker und andere.

Aristokraten benutzten Kosmetika und Parfums, um sich ein stolzes Aussehen zu geben und um sich sinnliche Genüsse zu verschaffen. Doch sie und die gesellschaftlichen Aufsteiger, die ihre Sitten nachahmten, waren nicht die einzigen, die sich durch Stil und Duft von der grauen, ungewaschenen Masse abhoben. Gesichtsbemalung war das praktische Handwerkszeug für zwei gewagte Berufe, die außerhalb der starren Klassenstruktur standen: Schauspieler und Prostituierte. Die Berufsschauspieler lernen die Kunst des Schminkens ebenso wie Stimme und Körper zu beherrschen, um ihre Fähigkeiten der Verwandlung und der visuellen Illusion zu vervollkommnen. Zu diesem Handwerk gehörte es auch, sich in Frauen zu verwandeln, denen nicht erlaubt war, auf einer Bühne aufzutreten. Die professionelle Prostituierte entlieh sich die Theatertricks für die eine Rolle, die sie auf der Straße und im Bordell spielen durfte. Sie bemalte und parfümierte sich übermäßig, um den unübersehbaren Eindruck von Fröhlichkeit und erotischen Reizen zu erwecken, mit dem, nach einer gleichermaßen ehrbaren Tradition, der Handel mit Sex und sexuellen Phantasien angekündigt wurde – daran hat sich von den Hetären im alten Griechenland bis zu den Nutten am Times Square nichts geändert.

Das Christentum stand schon in seinen Anfängen dem Bordell, der Kosmetik und dem Theater ablehnend gegenüber und sah in dem Trio ein Werk des Teufels. Der Heilige Ambrosius und der Heilige Cyprianus wetterten gegen Schminke, Schmuck und bunte Kleidung: »Sie sind hurenhaft!« Tertullian formulierte Ähnliches in seinen Schriften: Eine tugendhafte, folgsame Frau betont die Reize ihres Geschlechts nicht. Die puritanischen Moralisten im elisabethanischen England vertraten beinahe gleiche Ansichten: Geschminkte Frauen waren schamlos, ehrlose Töchter Jezebels und die Ursache der Sünde in der Welt. Im modebewußten Paris oder im dekadenten Venedig, wo der Geist der Renaissance zu kosmetischer Verschönerung inspirierte, verfie-

len weltoffene Katholiken vielleicht nicht der Idee, Make-up mit lockerem Lebenswandel in Verbindung zu bringen. Aber im gesetzten protestantischen England und in seinen amerikanischen Vorposten blieben die Vorbehalte bestehen. Im neunzehnten Jahrhundert mußte sich eine sittsame viktorianische Jungfrau mit einem Erröten zufriedengeben oder kniff sich verstohlen in die Wangen, um ihnen etwas Farbe zu geben. Puder und Rouge waren sündhaft und französisch. Sie gehörten zum Rüstzeug der verblassenden Schönheit, der skandalumwitterten Schauspielerin, der Dame von zweifelhaftem Ruf, der Halbweltdame.
Was kann sich mit der Puderdose als unvergängliches Symbol der Weiblichkeit messen? Selbst in unserer Zeit, in der Puder in loser oder gepreßter Form, dem flüssigen Teint gewichen ist und Wattebausch, Schwamm, Pinsel oder die Fingerspitzen das delikate Werk verrichten, zu dem früher die beliebte, weiße oder rosa Quaste notwendig war. Dreißig Jahre sind vergangen, seit das Pudern der Nase der Inbegriff der weiblichen Geste war. Aber noch immer gibt es *Powder Rooms* (Damentoilette), *Powder Puff Derbies* und in gewissen Teilen des ehemaligen britischen Empires redet man noch immer davon, daß Homosexuelle »gepudert« werden. Obwohl die bissige Bemerkung aus meiner Kindheit: »Gibs ihm mit der Puderquaste!« vermutlich vergessen ist. Früher machte die glänzende Nase einer Frau den größten Kummer. Sie mußte mehrmals täglich bestäubt werden und sah dann, wenn nicht streifig, matt und stumpf aus. Puder ist inzwischen passé. Niemand bringt ihn mehr mit Oberschichtenblässe in Verbindung oder den Künsten einer Kurtisane; verdrängt hat ihn die goldbraune Haut, die in unserer Zeit der kosmetische »Beweis« für strahlende Gesundheit, teure Reisen und Abenteuer ist. (Auch Rouge ist passé – aber nur dem Namen nach. Es wurde zu sehr mit welken Damen eines bestimmten Alters in Zusammenhang gebracht. Rouge wirkt sich vorteilhafter auf der Wange und auf die Kasse aus, wenn es unter der schicken jungen Bezeichnung *Blusher* läuft.) Die Weiblichkeit litt unter einer Identitätskrise, als die Puderquaste ihren angestammten Platz auf dem Toilettentisch verlor und die kleine Puderdose mit dem Spiegel, mit der man die glänzende Nase zur matten Ordnung rief, zu einem Relikt der Vergangenheit wurde. Lippenstift ist der moderne Ausdruck der weiblichen Seele.

Als Sarah Bernhardt in der Öffentlichkeit sich mit der herrischen Geste die Lippen schminkte, die sie sich zugelegt hatte, um die gelangweilte Bourgeoisie zu schockieren, gelang ihr ein Durchbruch besonderer Art. Die große Tragödin führte einem Publikum vor, was man eigentlich nur in der Garderobe tat und wozu sich gefeierte Schönheiten allein in das Heiligtum des Boudoirs zurückzogen: Sie schminkte sich, weil es ihr Spaß machte, und sie die Aufregung genoß. Ein halbes Jahrhundert später, in den zwanziger Jahren, machten auch die Flapper die Welt zu ihrer Bühne. Auch sie schminkten sich in aller Öffentlichkeit leuchtend rot die Lippen, um die gesetzte Generation ihrer Eltern zu schockieren. Manchmal gingen sie sogar soweit, etwas Farbe auf die gerade erst enthüllten Knie zu tupfen. Aber der Flapper war ein Geschöpf der Bourgeoisie, hin und wieder eine Debütantin, noch öfter eine Verkäuferin, eine Tochter der Arbeiterklasse. Ihr Lippenstift stammte weder aus Paris noch aus dem Theater. Er war ein standardisiertes Massenprodukt, das sie in der Drogerie erstand.
Hollywood übernahm, was der Flapper begonnen hatte, und übersteigerte es auf der gigantischen Leinwand mit Unterstützung der inzwischen unentbehrlichen Maskenbildner. Vamps und Sirenen, die stereotypen sündigen Frauen des Stummfilms, hatten stark geschminkte Augen und Lippen, um gefährliche Sexualität zu signalisieren. In den vierziger Jahren gelang es der amerikanischen Filmindustrie, ein Image erotischer Weiblichkeit zu projizieren, das nicht notwendigerweise mit der Verruchtheit in Verbindung gebracht wurde, die sich immer noch gelegentlich mit dunkelroten Lippen und der neuesten Sensation (perfekt maniküre, auffallend lange Fingernägel) auf die Leinwand schlich. Hollywoods Glamour Girl der Kriegsjahre (Schauspielerin war sie erst in zweiter Linie) zeigte sich nie ohne fingerdickes Make-up, falsche Wimpern, falsche Nägel, aufeinander abgestimmtem Lippenstift und Nagellack. Und sobald sie diesen erstaunlichen Erfolg als Pin-up-Girl der G.I.s hatte, wurden die Worte »Glamour« und »glamourös« in Verbindung mit Frauen sowohl Synonyme für den Glanz und Glimmer der Kosmetik und für eine kurvenreiche Figur, hohe Absätze und offenherzige Kleider.
Glamour war gut für die Kriegsmoral. In den Schützengräben

schien Rita Hayworth besser anzukommen als das, was Rosie the Riveter in der Munitionsfabrik fabrizierte. Die Historikerin Fenja Gunn schreibt: »Das Streben nach Glamour führte zu einem noch nie dagewesenen Bedarf an Kosmetika.« Und diesen Bedarf hatten Frauen aller Altersstufen und aller Klassen. Infolge der Ölknappheit belegte man in den USA eine ganze Reihe von Kosmetikartikeln mit einer Luxussteuer. In England und Frankreich wurden Lippenstifte und Seidenstrümpfe auf dem Schwarzen Markt gehandelt. Im Dritten Reich wurden die deutschen Frauen nicht zur Fabrikarbeit abkommandiert, weil Hitler die blonden Nachkommen mehr am Herzen lagen. Er brachte es kaum über sich, die Produktion von Kosmetika und Haarfärbemitteln zugunsten der Rüstung einzustellen. (Albert Speer berichtet dies in seinen Memoiren. Aber er erinnert sich auch daran, daß ihn das dicke Rouge auf Hermann Görings Wangen merkwürdig berührte. Die Auffassung von Glamour bei Frauen und Dekadenz bei Männern hängt oft von ein bißchen Schminke ab.)

Als ich in den fünfziger Jahren alt genug war, um meine Weiblichkeit mit einer Revlon-Farbkarte zu identifizieren, war Lippenstift ein ehrfurchtgebietendes Wahrzeichen des *American Way of Life*. Die arme Russin mußte sich, wie wir hörten, mit einem einzigen Farbton zufriedengeben; ein schmutziggelbes Braun, das in den staatlichen Betrieben produziert wurde. Aber wir in der freien Welt kodifizierten unsere Sexualmoral – von Schuldgefühlen gequält, aber unentwegt auf Eroberungen aus – in Übereinstimmung mit einem roten Mund. Eine Dreizehnjährige, die nach der Schule Lippenstift benutzte, galt als draufgängerisch, herausfordernd und mußte sich auf Schwierigkeiten gefaßt machen. Eine Vierzehnjährige, die den Lippenstift zu dick auftrug, war verrückt nach Jungen. Lippenstift an einer Zigarettenkippe war das Zeichen einer gefährlichen, raffinierten Frau. Jungen, die von einer Verabredung keine Lippenstiftflecken am Taschentuch mit zurückbrachten, waren nicht ans Ziel gelangt. Lippenstift am Hemdkragen überführte den Ehemann auf Abwegen.

Schminken stand in engster Beziehung zu all jenen Aspekten der Sexualität, die verboten waren oder heuchlerisch und verschämt übergangen wurden. (Warum sollte in der Praxis jemand in Lippenstift oder Kosmetik überhaupt etwas anderes sehen als ein Hindernis für direkten Hautkontakt?) Deshalb erstaunt es nicht, daß das Bemühen um sexuelle Aufrichtigkeit, das für die sechziger und siebziger Jahre charakteristisch war, zu einer Ablehnung von Make-up führte. Wenn die Frauen in den achtziger Jahren jetzt zu Make-up als Aspekt weiblicher Verschleierungstaktik zurückkehren, während sie gleichzeitig ihre Erwartungen höherschrauben, gestehen sie damit ein, daß der Konkurrenzkampf nicht mit den Männern, sondern *um* sie geführt wird; und das mit solcher Intensität, daß die historisch erprobten Reizmittel auffallender, leuchtender Farben und die verführerische Sexualität, die sie verheißen, noch nicht aufgegeben werden können.

Ein Make-up gut aufzulegen, ist eine hohe Kunst, die eine sichere Hand erfordert, ein Gespür für theatralische Effekte und eine Begabung für Gestaltung. Wer vor der Kamera steht, bedient sich ganz selbstverständlich der Maskenbildner. Aber von der Durchschnittsfrau erwartet man, daß sie genügend Geschick besitzt, um sich das Gesicht täglich selbst zu verschönern. Das Make-up für den Alltag wird zunehmend aufwendiger, weil man die professionellen Techniken nachahmt. Die Kosmetikhersteller nähren verlogen den Mythos laienhaften Sachverstands, indem sie den Frauen Farbkarten, schematische Darstellungen und Haarpinsel liefern. Aber alle, die es sich leisten können, vertrauen sich dem Visagisten an. Die Professionalisierung der Hautpflege und des Make-up für Frauen, die keine Schauspielerinnen sind, ist ein deutlicher Hinweis auf die Zwänge im weiblichen Rivalitätskampf. Es ist nicht einfach so, daß die Reichen sich Luxus und Dienstleistungen kaufen könnten; vielmehr können sich die Reichen einen professionellen Standard kosmetischer Schönheit leisten, der weit über dem Niveau der meisten amateurhaften Bemühungen liegt.

In allen Bereichen der Medien strahlt uns das professionell gepflegte Gesicht der Prominenz ständig entgegen (es ist gleichgültig, auf welchem Gebiet eine Frau berühmt ist). Es ist das Gesicht, an dem wir unser eigenes messen müssen. Früher beschäftigten sich nur Schauspieler, Schauspielerinnen und Models zwanghaft mit ihrem Aussehen; heute teilen Politiker, Manager, Journalisten, Fernsehreporter, Talkshow-Moderato-

ren und deren Gäste, die nach ihrer Wirkung auf dem Bildschirm beurteilt werden, selbst wenn sie nicht im Show-Busineß sind, ihre zwanghaften Ängste. Wir sind daran gewöhnt, in den Medien junge und außerordentlich gut aussehende, äußerst erfolgreiche und bemerkenswert gut konservierte Gesichter zu sehen (zu den Konservierungsmethoden zählen die besten Schnitte und Nähte, die die Schönheitschirurgie zu bieten hat.)
Eine Frau steht unter einem weit stärkeren Druck, ihr Aussehen zu wahren, als die meisten Männer. In letzter Zeit sprechen die Dermatologen davon, daß Frauen offenbar schneller altern als Männer, weil das sich ansammelnde Östrogen die Haut verdünnt und ihren Collagenanteil verringert. Dadurch verliert sie schneller ihre Elastizität des Bindegewebes. Dieser Effekt des Östrogen wird sich vielleicht als konkreter, biologischer Faktor herausstellen, der Falten und das Erschlaffen der Haut fördert. Aber vermutlich beeinflußt ein inneres Gespür für Erfolg oder Versagen die Spannkraft und Straffheit der Haut nachdrücklicher als Hormone und Feuchtigkeitscremes. Einem erfolgreichen Mann mit vorzeigbaren Leistungen stehen in den mittleren Jahren der Erfolg und die Zufriedenheit über seine Macht vielleicht buchstäblich im Gesicht geschrieben. Doch in einer Gesellschaft, in der die wichtigsten Kriterien weiblichen Erfolgs jugendlicher Zauber und Schönheit sind, setzt bei einer Frau das Gefühl des Versagens vermutlich in dem Moment ein, in dem sie von anderen nicht länger als jung und begehrenswert wahrgenommen wird. Die Gesellschaft bietet einer Frau wenig objektive Gründe, sich erfolgreich zu fühlen, wenn sie älter wird. Noch infamer ist es vielleicht, daß die Gesellschaft ihr kaum Möglichkeiten bietet, erfolgreich *auszusehen,* wenn sie in die mittleren Jahre kommt. Ihre möglicherweise beträchtlichen Leistungen zählen nicht; die Konventionen weiblichen Aussehens lassen ihr kaum eine Chance, dem Eingeständnis der Niederlage zu entfliehen, die man in das Gesicht hineinliest, »deren beste Zeit vorüber ist.«
Wieviel von alldem ist subjektiv? Es ist bezeichnend, daß die feinen Linien des Alters, die zu einem reifen Gesicht gehören, in Büchern über Schönheitspflege als »Unmutsfalten« bezeichnet werden; denn die Falten und Fältchen auf der Stirn, um

Augen und Mund scheinen den Eindruck von Härte und Unzufriedenheit zu vermitteln. Die Schwerkraft zieht die Züge nach unten, und das Ergebnis läßt sich als Bitterkeit interpretieren. Wäre die Wirkung ebenso vernichtend, wenn der weibliche Charme nicht in Begriffen ungetrübten Strahlens und des schlichten Gefühls eines unkritischen Lächelns gemessen würde?

»Wenn man über vierzig ist, heißt es nur noch zudecken, zudecken, zudecken«, stellte die Schauspielerin Mary Martin einmal wehmütig und offen fest. Aber die Kunst der Konservierung beginnt für die Frau bereits in der Blüte ihrer Jugend. Die Zeitschrift *Seventeen* verkündete einmal mahnend, für eine Dreizehnjährige sei es nicht zu früh, mit der allabendlichen Prozedur des Auftragens der Nachtcreme um die Augen zu beginnen. Noch ehe sie die besten Jahre ihres Lebens erreicht, begleiten sie nur noch solche Warnungen. Und mit jedem Jahr kommen neue Ängste, ein neues Dilemma vor dem Spiegel hinzu und die Erkenntnis, daß ein neues Schneewittchen ihr Debüt hat. Wie anders liegen die Dinge für Männer. Das Schreckgespenst einer neuen Jugend, die nur darauf wartet, sie zu verdrängen, ist kein angenehmer Gedanke; aber die jungen Männer müssen sich durch Leistungen beweisen und nicht durch einen taufrischen Teint. Die irrationale Abneigung, die eine reife Frau manchmal überfällt, wenn sie ein reizendes Geschöpf sieht, das soviel jünger ist als sie selbst, beruht auf dem realistischen Wissen, daß es sich um die Rivalin in einem Kampf handelt, dessen Ausgang im voraus feststeht. Das Wissen, auch Schneewittchens Blüte wird nur von kurzer Dauer sein, bringt wenig Trost.

Die »richtige« moralische Haltung sollte natürlich sein, daß niedere Eifersucht auf die jüngere Frau sich für einen Menschen von großzügigem Charakter und liebenswürdigem Wesen nicht schickt. Ebenso sind die Versuche, nachlassende Attraktivität durch extreme schönheitschirurgische Eingriffe aufzuhalten, unter der Würde (beziehungsweise sollten sie es sein) eines ernsthaften Menschen. Doch die Ironie einer Gesichtsstraffung liegt darin, daß sie die logische Weiterführung von Nachtcremes, Moisturizers, Porenreinigern und Gesichtsmasken ist, die ihr vorausgehen. Denn die Konservierung jugendlicher Schönheit ist eine der wenigen ernsthaften Beschäftigungen, die die Gesellschaft von ihren Frauen ganz selbstverständlich erwartet, ja, sie zur Rivalität auf diesem Gebiet geradezu ermuntert. Das hindert sie jedoch nicht daran, die Frauen verächtlich als narzißtisch abzustempeln.

Bewegung

Athene, Göttin der Weisheit und Göttin des Krieges, die Beschützerin der Städte, Schutzpatronin des Handwerks und Erfinderin, erfand auch eine bemerkenswerte Flöte. Zufrieden mit ihrer Leistung und der schönen Musik, spielte sie eines Tages bei einem Bankett im Olymp und erwartete begeisterten Applaus. Statt dessen bemerkte sie, daß Hera und Aphrodite hinter vorgehaltener Hand lachten. Verwirrt zog sie sich an einen Bach im Wald zurück, griff nach der Flöte und betrachtete ihr Spiegelbild im Wasser. Plötzlich begriff sie: Im Bemühen, den Atem in Musik zu verwandeln, blähten sich ihre Wangen komisch auf, und ihr Gesicht wirkte entstellt. Athene warf mit einem Fluch ihre schöne Erfindung ins Wasser. (Kenner des klassischen Altertums ordnen diese Geschichte einem späten Mythenzyklus zu.)
Meine Mutter brachte mir den Knicks bei, noch ehe ich fünf war. Auf das Stichwort: »Und das ist unsere Tochter Susan« nahm ich den Saum meines kurzen Faltenrocks in die Hände – Ellenbogen nach *innen,* Handrücken nach *unten,* Finger nach *oben* – und sank auf ein zartes Knie. Die Erwachsenen waren entzückt. Ich ebenfalls, denn Shirley Temple, Deanna Durbin und all die Bilderbuchprinzessinnen taten das gleiche. Ich hatte meine erste ernsthafte Lektion in weiblicher Bewegung gemeistert und stellte fest, mit Auszeichnung. Weiblich bewegen konnte ich mich immer ausgezeichnet. Ich wirke selbst in Hosen geschmeidig und gewandt. Wollen Sie erleben, wie ich die Augenbraue hebe? Ich habe das stundenlang vor dem Spiegel geübt. Bemerken Sie, wie ich die Augen rolle, wenn ich etwas Kluges sage, und meine Nase sich kräuselt, wenn ich lache? Jungmädchenhaftes Flirten bewußt eingesetzt. Den leicht geneigten Kopf? Das habe ich von Paula E. übernommen. Sie war das beliebteste Mädchen in der Volksschule. Und die Wölbung meines Nackens, der sanfte Schwung beim Heben von Arm und Hand? Das Ballett hat mich zu diesen Posen inspiriert. Dann

gibt es noch mein flatterndes Winken, wenn ich mich verabschiede. Eine freie Version von Königin Elisabeth bei Staatsbesuchen. Ich weise nie mit dem Finger auf etwas, denn Mutter hat immer gesagt: »Man deutet nicht mit dem Finger!« Ich rolle mich noch immer verspielt wie ein Kätzchen auf einem Sofa zusammen.

Meine Vorbilder waren klassische Statuen, chinesische Elfenbeinschnitzereien und florentinische Kunst; ich beherrsche die kleine Geste, die sanfte Bewegung, das Drehen des Oberkörpers, die großen Augen. Ich stehe nur selten gerade, neige mich statt dessen lieber seitwärts, das eine Knie leicht angewinkelt, und strecke die Hüfte vor. Ich senke die Schultern, wenn ich den Arm hebe, achte auf die Balance von Ellbogen, Handgelenk und Fingern, wobei ich die Linie bewußt an jedem wichtigen Gelenk breche. Ohne sichtbare Anstrengung rauche ich eine Zigarette, esse ein Sandwich, betrachte meine Hand, setze mich in ein Taxi und bin mir immer voll der weiblichen Wirkung bewußt. Ich habe es ein Leben lang getan; ich werde es nie vergessen.

Oder doch? Was ist, wenn ich mich auf der Straße eilig durchs Gedränge schiebe, wenn ich mich in einer hitzigen Diskussion vergesse, wenn ich eine treffende Bemerkung mache, die aggressiv und schneidend ist? Hochgezogene Schultern, zusammengebissene Zähne, zusammengekniffene Augen und den Kopf vorgeschoben wie ein Stier beim Angriff? Der Oberkörper starr, gespannte Nackenmuskeln, ein heftig zuckender Daumen. Nichts an dieser Haltung ist weiblich. Woher kommt sie? Ich erschrecke vor der Erkenntnis, daß mein verläßlich trainierter Körper so leicht meiner Kontrolle entgleitet, und ich nehme mir vor, in Zukunft besser aufzupassen. Selbst die beste Schauspielerin kann einmal einen schlechten Abend haben, und ich spiele inzwischen ohne Kulissen und ohne Souffleur.

Welch ein Glück, daß ich das richtige Material für die Rolle mitbringe! Welch ein unverschämt anatomisches Glück, welch glücklich genetischer Zufall, daß meine physischen Merkmale der idealisierten Norm entsprechen! Was wäre, wenn ich breitere Schultern und kurze, dicke Finger hätte? Was wäre, wenn meine Gelenke nicht schmal wären und ich kein biegsames, elastisches Rückgrat hätte? Was wäre, wenn ich zierlich wäre und zarte Knochen hätte? Wenn meine Reflexe träge und meine Koordination ein bißchen langsam wäre? Und wenn ich nun grobknochig, groß und stark und unbeweglich in der Hüfte wäre? Ich kann mich der Antwort nicht verschließen: Ich bezweifle, daß ich das geworden wäre, was ich bin. Mein Desinteresse an Kindern, meine Abneigung gegen Make-up und Schmuck, meine Unfähigkeit, gut zu kochen oder ein Kissen zu sticken – welch schreckliche Liste unweiblicher Züge und das in Verbindung mit großem Ehrgeiz! Ohne die Sicherheit, die meine Bewegungen mir schenkten, hätte ich etwas anderes als Ersatz finden müssen.

Denn ich hätte wahrhaftig im Leben nicht vorwärtskommen können, ohne einen wichtigen Aspekt der Weiblichkeit für mich in Anspruch nehmen zu können. Auch ich bin wettbewerbsorientiert und darin interessiert zu gefallen. Die biologische Weiblichkeit ließ mir nie einen Zweifel daran, zu welchem Geschlecht ich gehöre. Ich war immer mit meinem Los zufrieden. Aber das Geschlecht allein genügt nicht, den kritischen Verstand zu überzeugen. Man muß demonstrieren, daß man sich darin sonnt, eine Frau zu sein oder sich mit nagenden Zweifeln abfinden. In der illusionären, anspruchsvollen Kunst der Weiblichkeit haben meine femininen Bewegungen mir als Beweis gedient.

Und nun zu dem Preis, den ich dafür bezahlt habe. Die Vierjährige, die den Knicks übte, einen Opalring am Finger trug und ihre kleinen Fäuste fest in einem kleinen Pelzmuff vergrub, wollte das artigste kleine Mädchen auf der Welt sein. Das artigste zu sein, entdeckte sie, war etwas sehr Relatives und Kompliziertes. Die aufgeweckte Zwölfjährige wurde zum Captain der Faustballmannschaft der Mädchenschule gewählt. Aber ihr Spaß daran, den Ball über die Schulhofmauer zu schlagen, wurde durch die Sorge geschmälert, sie könnte dadurch Muskeln bekommen. Der romantische Teenager, der nur noch Jungen im Kopf hatte, gab den Sport auf, wollte Tambourmajorette werden, übte den Taktstock zu wirbeln, und wurde als Ersatz aufgestellt. Er verschlang die Benimmspalten in *Seventeen*. Er erwartete, daß der Freund ihm die Tür öffnete und auf dem Weg ins Kino neben ihm auf der Straßenseite ging. Seine Freunde lasen leider nichts über Anstandsregeln. Es gab Zusammen-

stöße und Verwirrung, und das gemessene Menuett guter Manieren, von dem er geträumt hatte, blieb aus. Er fand es demütigend, abseits warten zu müssen, wenn sein Freund die Kinokarten kaufte. Er spielte mit den Haaren und studierte die Filmplakate, aber das änderte nichts.
Die Komplikationen vermehrten sich. Zwar konnte die »junge Dame« anmutig eine Arabeske tanzen, aber es gelang ihr nicht, beim Foxtrott oder Quick Step sich der Führung ihres Partners zu überlassen. Der Knicks, den die Mutter ihr beigebracht hatte, der Ring und der Muff hatten sie nicht ausreichend darauf vorbereitet, einem Jungen zu folgen. Sie hatte nur die Hälfte des Spiels gelernt und lehnte die andere Hälfte ab – ohne zu wissen, warum. Sie ließ sich gerne anfassen, wollte aber nicht befummelt werden. Und so begann die schwierige Zeit gereizten Widerstandes, wenn die Jungen beim Tanzen sagten: »Nun mal locker!«, was sie mit Sicherheit nervös machte. In Solodarbietungen schwelgte sie in ihren weiblichen Bewegungen, aber beim langsamen Walzer hatte sie zwei linke Füße und fühlte sich am Boden zerstört.
»Und vergiß nicht«, sagte die Frau in der Hütte dem Ausreißer Huckleberry Finn im Kattunkleid, »wenn ein Mädchen versucht, etwas im Schoß zu fangen, macht sie die Beine breit und preßt sie nicht zusammen, so wie du es getan hast, als du den Bleiklumpen aufgefangen hast.« Die Frau hatte Huckleberrys Verkleidung durchschaut und wollte ihm ein paar hilfreiche Tips geben. Er wußte nicht, wie man einen Faden einfädelt; als er einen Bleiklumpen warf, holte er aus wie ein Junge, während er sich auf die Zehenspitzen hätte stellen und das Blei über den Kopf werfen sollen; und er traf die Ratte direkt am Kopf, anstatt sein Ziel um zwei Meter zu verfehlen. Aber den schlimmsten Fehler beging er, als die Frau ihm den Bleiklumpen in den Schoß warf. Um als Mädchen überzeugend zu wirken, hätte er den Rock ausbreiten müssen, um das Blei damit aufzufangen.
Dies ist eine sehr bekannte Szene in Mark Twains hinreißendem Roman; und allen, die ihn als Kinder gelesen haben, bleibt sie als Erläuterung des Unterschieds zwischen Mädchen und Jungen im Gedächtnis. Diese Szene hat mich fünfunddreißig Jahre lang verfolgt. Mark Twain irrte sich. Sicher lernen Mädchen zu

Hause oder in der Schule, einen Faden einzufädeln (ich habe es gelernt!), so wie man Jungen zeigt, beim Werfen auszuholen. Ich habe mehr als einen besorgten Vater gehört, wie er seinen Sohn ermahnte, nicht »wie ein Mädchen zu werfen«. Aber kein Mädchen, gleichgültig, was sie trägt, könnte dem Reflex widerstehen, die Beine zusammenzupressen, wenn ihr ein Stück Blei in den Schoß geworfen wird. Die Beine breitmachen? Für jeden Menschen ist das eine sehr unwahrscheinliche Reaktion. Die Physiologie hat auch ihre Grenzen.

Der phantasievolle Choreograph Tommy Tune brachte Schauspielerinnen für ein Stück bei, wie Männer zu gehen und zu sitzen. Er sagte ihnen, sie sollten sich einfach vorstellen, zwischen ihren Beinen baumle etwas. Mehr als diesen Hinweis in Verbindung mit einem Anzug und einigen direkten und energischen Gesten brauchten die Schauspielerinnen nicht. Um einen Mann zu verkörpern, benötigt man keine geheimnisvollen Tricks. Die männlichen Bewegungen entsprechen der natürlichen Physiologie und werden nur wenig modifiziert. Um sich in eine Frau zu verwandeln, braucht man einen ganzen Koffer voller Zutaten: eine Perücke, ein Kleid, einen Büstenhalter, einen falschen Busen, Schmuck für Arme, Hals und Ohren, ein Schminkköfferchen mit Lippenstift, Rouge, Lidschatten und falschen Wimpern, einen Hüfthalter, Nylonstrümpfe und Schuhe mit hohen Absätzen. Der Frauenimitator muß sich nicht nur vollständig kostümieren, um zu überzeugen, er muß sich auch mit jedem einzelnen Detail vertraut machen, denn alle Frauen spielen in einem gewissen Maß Frauen.

Da steht er auf der Bühne. Er richtet die Locken der Perücke mit beringten, manikürten Fingern und falschen Nägeln. Er schwankt auf hohen Absätzen, das Hinterteil tanzt auf und ab, während er leicht vorgeneigt hin- und hertrippelt. Dann setzt er sich geziert und umständlich auf die Stuhlkante, streicht das Kleid glatt, kreuzt die rasierten, bestrumpften Beine und läßt einen Fuß kreisen. Eine Hand stützt den Ellbogen, während die Armreifen am Handgelenk klimpern. Geistesabwesend befingert er die Perlen am Hals und berührt mit einem polierten Nagel die Wimpern, um etwas Maskara zu entfernen, das am Lid klebt. Federboas, Pelzstolen und durchsichtige Schals helfen ihm sehr, wenn er sie sich schützend über die Brust drapiert, denn das ist eine reizende, verführerische Bewegung. Ein Profi nennt das »Arbeit mit Requisiten«, und die Kunst verlangt, daß er mit jedem Stück einzeln übt.

Ich bin hingerissen, wenn ich einem Frauenimitator zusehe, besonders wenn er Straßenkleidung trägt und versucht nicht durchschaut zu werden. Manchmal ist die Wirkung geradezu unheimlich. Der Kopf wird anmutig gedreht, die Finger sind niemals gespreizt, das Handgelenk ist nie starr, und ich weiß, der Penis ist sorgfältig zurückgebunden (oder operativ entfernt). Die Brüste sind mit Hilfe von Hormonen, Silikon oder Polstern entstanden, und alle verräterischen männlichen Haare sind radikal entfernt worden. Es würde zu einem Transvestiten nicht passen, sich über den abendlichen Bart zu streichen.

Aber gleichgültig wie gut die Vorstellung, und manchmal ist sie sehr, sehr gut, es fällt nicht schwer, einen Fuß zu entdecken, der unwahrscheinlich groß ist, eine seltsam sehnige und harte Wade, unmöglich breite Schultern, einen zu hohen und flachen Hintern und einen zu kräftig entwickelten Bizeps. Ein Transvestit, der sich auch nur einen Augenblick vergißt, verrät sich üblicherweise durch seine unveränderlichen biologischen Merkmale. Männer, die Frauen spielen, sind im allgemeinen zu groß und zu muskulös für die Rolle und haben zu spät im Leben angefangen zu proben. Die Gesten wirken übertrieben, zu hektisch und zu überlegt. Andererseits sind viele Zuschauer bereit, sich mit ein paar Zeichen zufriedenzugeben, mit ein paar aufblitzenden, vertrauten Signalen. Der Autor James Morris, der sich auf die hormonelle und operative Reise zu einem ausgeglicheneren Wesen mit Namen Jan machte, schreibt: »Ich entdeckte bald, daß bereits das kleinste Anzeichen offensichtlicher Weiblichkeit, eine Spur Make-up oder ein paar Armreifen genügten, um mich auf die andere Seite zu stellen und mich zur Frau zu deklarieren... Je mehr man mich als Frau behandelte, je mehr wurde ich zur Frau... Da man mir nicht zutraute, einen Wagen rückwärts einzuparken oder Flaschen zu öffnen, stellte ich fest, daß ich seltsam hilflos und unfähig wurde.«

Frauen bewegen sich anders als Männer. Der anatomische Unterschied verleiht Routinehandlungen, etwa dem Gehen, etwas Typisches, das wir als geschlechtsspezifisch erkennen, denn Größe und Form wirken sich nachhaltig auf die Bewegung von

Objekten aus. Eine neunzig Pfund schwere und ein Meter fünfundfünfzig große Frau mit großen Brüsten, kurzen Beinen, breitem Becken und einem tiefen Schwerpunkt eilt in einem ganz anderen Gang über die Straße als ein neunzig Kilo schwerer Mann, der ein Meter achtzig groß ist, lange Arme, lange Beine, breite Schultern und einen hohen Schwerpunkt hat. Aber dies ist natürlich ein extremes Beispiel; der körperliche Unterschied zwischen den Geschlechtern ist im allgemeinen weniger ausgeprägt.

Betrachten wir uns den Knochenbau. Das Skelett einer Frau ist leichter und dünner als das eines gleichaltrigen und gleichgroßen Mannes. Das Fleisch, das die Knochen umgibt, besteht bei einer Frau im Durchschnitt aus fünfundzwanzig Prozent Fett und dreiundzwanzig Prozent Muskeln; bei einem Mann dagegen sind es fünfzehn Prozent Fett und vierzig Prozent Muskeln. Das ist ein hormonell bedingter Unterschied. Eine Frau kann Muskel um Muskel so stark sein wie ein Mann (aber dieser Punkt ist umstritten.) Der erwachsene Mann ist größer und schwerer – absolutes Körpergewicht, Muskel- und Knochengewicht –, trägt weniger Fett mit sich herum, das im Hinblick auf Kraft und Bewegung totes Gewicht ist. Im allgemeinen steht ihm ein Drittel mehr Körperkraft zur Verfügung als einer erwachsenen Frau. Das meiste dieser zusätzlichen Kraft steckt im Oberkörper. Durch hartes Training kann eine Sportlerin ebensoviel Kraft in ihren Beinen entwickeln wie ein Sportler – in Relation zu Größe und Gewicht –, doch ihre Arm-, Brust- und Rückenmuskeln werden vergleichsweise schwach bleiben.

Die Beine von Männern und Frauen haben die gleiche Funktion. Aber eine Frau hat funktionale Brüste, mit denen sie ein Kind nähren kann, und die Muskulatur ihres Oberkörpers tritt zugunsten der Fähigkeit zur Milchproduktion zurück. Es gibt immer noch Gesellschaften, in denen die Frau das Lasttier ist, während der Mann müßig unter einem Baum sitzt. Aber biologisch gesehen ist der Mann besser zum Heben und Tragen der schweren Last geeignet.

Mit einer großen Ausnahme: Der Uterus besitzt eine kraftvolle Muskulatur, um den wachsenden Fötus in seiner Position zu halten und ihn bei der Geburt nach unten und aus dem Körper hinauszupressen. Dieses großartige, komplizierte Muskelgeflecht dehnt sich bei der Schwangerschaft und zieht sich während der Wehen heftig zusammen. Zu sportlichen Wettkämpfen oder beim Vergleich der Kräfte von Mann und Frau kann man es jedoch nicht heranziehen. Trotzdem leistet der Uterus Arbeit – ermüdendes Pressen und Drücken bis zur Erschöpfung –, auch wenn diese Leistung nur in unregelmäßigen Abständen oder nie von ihm gefordert wird.

Ein großes knochiges Becken, das dem Baby bis zur Geburt einen sicheren Platz bieten muß, ist ein anderer wichtiger Aspekt der Weiblichkeit. Das weibliche Becken hat die Form eines Eimers. Das engere Becken des Mannes ähnelt einem Trichter. Es hat ähnliche Funktionen (es stützt den Oberkörper, nimmt den Bauch auf und bietet den Hüftknochen Halt), aber keinen Platz für einen Geburtskanal. Infolgedessen liegen die Hüftknochen einer Frau weiter auseinander, und die Stellung der Gelenkpfannen erlaubt eine größere Bewegungsfreiheit. Einer Frau fällt der Spagatschritt leichter, aber beim Gehen oder Laufen muß sie das Gewicht verlagern, um ihren Schwerpunkt über das Standbein zu bringen. (Das trägt zu dem leichten Wiegen bei, das manchmal für den Gang einer Frau bezeichnend ist.)
Auch Geschmeidigkeit und fließende Bewegungen sind charakteristisch für Frauen. Im Vergleich zum Mann haben sie meist ein biegsameres Rückgrat und elastischere Sehnen an Knien, Ellbogen und Fingergelenken. Die Lockerheit in diesen Gelenken ist vermutlich eine der Wirkungen des Östrogens. Zierliche, leichte Knochen und bewegliche Finger erlauben Frauen eine bessere feinmotorische Koordination der Hände. Bei traditionellen Frauenarbeiten wie Nähen, Weben, Stricken, Klöppeln und Töpfern, beim Flechten von Körben und Netzen und beim Bemalen von Miniaturen und Porzellantellern hält man das für sehr nützlich. Bei der Arbeitsteilung in den frühen Jäger- und Sammlerhorden erwiesen sich die geschickten Frauenfinger als vorteilhaft beim Ausgraben von Wurzeln, dem Sammeln und Pflücken von Früchten und Samen. In späterer Zeit, als die Menschen seßhaft wurden, beschäftigten sich die flinken Finger mit Säen, Pflanzen und Jäten, aber nicht mit dem Roden von Land und dem Aufbrechen des Bodens. Zu diesen schweren Arbeiten brauchte man Muskelkraft in Armen, Händen und Rücken.

Auch für typische Büroarbeiten wie Aktenablage, Sortieren und Tippen sind geschickte, sensible Finger ebenso erwünscht wie für das Zusammensetzen kleiner Teile und mikroskopischer Chips am Fließband. Zu solchen Arbeiten zieht man in erster Linie Frauen heran. Der Filmschnitt erfordert ähnliche Fähigkeiten; »Cutterin« ist in Europa ein beliebter Beruf – nicht jedoch in den USA, wo die Gewerkschaften sich heftig gegen eine solche Entwicklung gewehrt haben. Der Vorteil sollte sich auch beim Klavierspielen auswirken – besonders, wenn die Tasten schmaler und der Spannweite der weiblichen Hand angepaßt wären – und bei Blas- und Saiteninstrumenten. Man schätzte es sehr, wenn junge Damen zu Hause im Wohnzimmer musizierten, nicht aber im Konzertsaal. Eine große Ausnahme ist die Harfe, denn die anmutig zupfenden Finger sind eine visuelle Komponente des Genusses; bei den Japanern ist es das Samisen und bei den alten Griechen war es die Leier, die vorzugsweise von schönen jungen Frauen gespielt wurden. Flinke Finger und ein geschicktes Koordinationsvermögen erleichtern die Erledigung der unterschiedlichen Küchenpflichten. Schälen, Hacken, Schneiden, Rühren, Schlagen, Teig kneten, das Verzieren von Torten und Gebäck sind klassisch weibliche Tätigkeiten, nicht jedoch im Restaurant. Und schließlich sollten geschickte, bewegliche und schnelle Finger viele Frauen mit diagnostischer Begabung in der Neurochirurgie an die Spitze bringen – überhaupt in allen Bereichen der Chirurgie, denn dort sind »goldene Hände« gleichbedeutend mit Geschicklichkeit beim Schneiden und Nähen; Fertigkeiten, die auch in der Kleiderkonfektion gefragt sind.

Anmut bietet sich jetzt von selbst als Thema an, denn Anmut läßt sich als ästhetischen Wert definieren, den wir fließenden, koordinierten Bewegungen beimessen. Frauenhände sind schlechte Boxerfäuste, denn sie sind klein, zartknochig und nur von begrenzter Kraft. Doch für subtilere Dinge eignen sie sich gut. Finger, die flink über den Stickrahmen flogen, versetzten den Philosophen Rousseau in schwärmerisches Entzücken wegen der Anmut dieser weiblichen Bewegung. Er empfahl, daß eine gehorsame Tochter Nadelarbeit lernen sollte, um ihre hübsche Hand am besten zur Geltung zu bringen. Fingerfertigkeit ist vermutlich die Voraussetzung für die berühmte oder berüchtigte gespreizt gezierte Geste beim Halten einer Teetasse. Bei einer Frau gilt sie als Zeichen großer Kultiviertheit und Weiblichkeit; bei Männern betrachtet man sie als unschicklich und effeminiert.

Heute wird eine Frauenhand nicht in erster Linie wegen ihrer Kunstfertigkeit beim Sticken oder ihrer Anmut an der Schreibmaschine, ihrer heroischen Leistungen in der Küche, noch nicht einmal wegen ihrer sanften Berührung eines anderen Körpers bewundert, sondern eher wegen ihrer Maniküre, der kunstvoll geformten Fingernägel und der täglichen Pflege mit Handcreme, die rauhe Haut vermeidet und ihr ein sanftes, zartes Aussehen gibt, das sie von der kräftigen, starken Hand eines Mannes unterscheidet oder der verarbeiteten Hand einer unterprivilegierten Frau. Man braucht geschickte Finger, um alltägliche Dinge zu bewältigen; etwa das Trockenlegen eines Babys, Koffertragen, Wählen einer Telefonnummer oder das Tippen eines Briefes. Doch wieviel schwieriger wird das Leben mit der selbstauferlegten Behinderung durch Fingernägel von exzessiver Länge.

Lange lackierte Nägel waren am Ende der dreißiger Jahre Hollywoods Beitrag zum Image der verführerischen, eleganten Frau (in Anlehnung an balinesische Tänzerinnen und chinesische Mandarine). Lange Fingernägel verwandeln auch die einfachste Geste in etwas Schwieriges, Wohlüberlegtes, in manchen Fällen Unmögliches oder um jeden Preis zu Vermeidendes. David Kunzel, der Autor von *Fashion and Fetishism* versucht, ihre neue Popularität in den achtziger Jahren zu erklären. Er glaubt, daß die Einschränkung manueller Fertigkeiten durch lange Nägel in ihrem erotischen Reiz der narzißtischen Transformation weiblicher Bewegungen durch Korsett und hohe Absätze vergleichbar ist. Daran denken Frauen im allgemeinen nicht, denn sie sind sich nur selten darüber im klaren, welche Aspekte sich mit den Dingen, die sie verweiblichen, verbinden können. (Keine Frau glaubt ernsthaft, ihr geschminkter roter Mund sei ein provokatives Symbol ihrer Vagina, wie die pornographischen Magazine behaupten.)

Gepflegte Hände sind Zeichen von Geld, Eitelkeit und Kultiviertheit bei Männern und Frauen. Aber die moderne weibliche Psychologie geht noch weiter: Lange Nägel sind eine stolze Leistung, der Beweis, daß eine Frau über persönliche Mängel und realistische Hindernisse triumphiert. Zehn individuellen Nägeln ein gleichmäßiges Aussehen zu geben, ist ein ähnliches Unterfangen wie das Heranziehen kleiner Pflanzen. Man muß nicht unbedingt Gärtner oder Nägelkauer sein, um die Schwierigkeiten zu erkennen oder zu professionellen Hilfsmitteln zu greifen: die Nagelfeile, der Nagelhautentferner, die Gelatinepackung, der flüssige Härter, der cremige Weichmacher etc. etc. Anderen Frauen gelingt es, schöne Nägel zu haben. Warum dir nicht? Der weibliche Konkurrenzkampf um schöne Fingernägel – Frauen gegen Frauen, Frauen gegen die Natur, Frauen gegen sich selbst – ist so aufreibend, daß unter anderem Shirley McLaine und Helen Gurley Brown Schilderungen ihrer Bemühungen um lange Nägel verfaßt haben, die sich lesen, als handle es sich um einen Sieg über die Kinderlähmung.

Und das Ergebnis ist tatsächlich ein taktiles Erlebnis. Daumen gegen Nagel, Nagel gegen Handfläche, Finger an der Türklingel, die kleinste Bewegung erinnert beruhigend an den weiblichen Unterschied. Ein gezackter eingerissener Nagel dagegen ist ein öffentliches Zeichen des Versagens und ein strenger Befehl, von neuem zu beginnen. Hübsch lackierte Fingernägel spielen mit dem romantischen Wunsch nach einem Leben ohne Mühe und Plage. In einer außergewöhnlichen Verdrehung der Funktion der Hände sind die bewunderten Nägel raffinierte Symbole weiblicher Arbeit. Denn jeder einzelne Finger erfordert harte Arbeit, Wachsamkeit und hingebungsvolle Pflege. Selbst wenn es sich um angeklebte Nägel handelt. Falsche Nägel sind vielleicht nicht schick, aber trotzdem eine erlaubte letzte Zuflucht. Das Haus Revlon ist auf dem Mythos aufgebaut, daß eine Frau im Rampenlicht der Öffentlichkeit lange, vollkommene Fingernägel besitzt, die niemals brechen, einreißen oder brüchig werden. (In einer peinlichen Entlarvung dieses Mythos verlor Suzy Parker während der Präsentation der neuen Herbstfarben einmal einen falschen Nagel.)

Die manikürte und lackierte, weibliche Hand wird bewundert, weil sie den materiellen Status so glänzend zur Geltung bringt. Der diamantfunkelnde Verlobungsring verrät den finanziellen Wert des Ehemannes; der schlichte Goldring verkündet, daß man verheiratet ist, Schmuck singt das fröhliche Lied von Reichtum, Glück und Eifersucht. Früher beluden Könige und Päpste ihre Finger mit Ringen, die von den Untertanen als Symbole absoluter Macht geküßt wurden. Im Zeitalter der Demokratie liegt es in der Hand einer Frau, funkelnd und strahlend die Botschaft zu übermitteln, daß manuelle Arbeit »erstaunlicherweise, leider« außer Reichweite liegt. Doch bei Männern werden lange Fingernägel und Schmuck verächtlich als Zeichen von dekadenter Verweichlichung beurteilt.

Ein biegsames Gelenk ist bei Frauen angeblich ein Zeichen von Anmut und bei Männern von Effeminiertheit, doch Testuntersuchungen haben keinen geschlechtsspezifischen Unterschied in der Beweglichkeit des Handgelenks ergeben. Doch das schlaffe Handgelenk ist so oft und bösartig karikiert worden, daß es inzwischen etwas typisch Weibliches ist. Heterosexuelle Männer scheinen sich vor der natürlichen Beweglichkeit des Handgelenks in acht zu nehmen – ausgenommen beim Ballwerfen oder Tennisspielen –, um ihre kräftige, dynamische, maskuline Gestik nicht zu gefährden (man denke an den kräftigen männlichen Händedruck). Frauen und Gays legen sich in ihren Gesten weniger Zurückhaltung auf, um ihre Gefühle besser ausdrücken zu können. C. A. Tripp erläutert in *The Homosexual Matrix:* »Eine Handbewegung, die bei einer Frau anmutig sanft ist, kann, von einem Mann ausgeführt, so energisch und kräftig werden, daß es ›zischt‹ – das Wort Zischen beschreibt das Wirbeln der Luft in Verbindung mit schneller Bewegung. Die effemierte Übertreibung... die wie eine Karikatur wirken kann... ist das Ergebnis der Übertragung gerundeter, lebhafter Bewegungen in das muskulösere und aggressivere Repertoire des Mannes.« Auf jeden Fall fehlt der schlaffen Hand eine biologische Basis.

Die natürliche Wendigkeit einer Frau läßt sich anhand ihrer Fähigkeit demonstrieren, sich aus der Hüfte vorzubeugen und mit den Handflächen den Boden zu berühren. Die Beweglichkeit von Rumpf und Hüfte, die Seitwärtsbewegungen einschließt, lockere Armgelenke und elastische Beinsehnen sind bei bestimmten körperlichen Betätigungen von Vorteil. Mädchen haben schon immer eine Neigung zu ihnen entwickelt oder wurden von ihren Eltern dazu angehalten. Man denke an Ballett, Eiskunstlauf und in neuerer Zeit Gymnastik und Yoga. Spagat, Arabesken, Beugungen, Drehungen, das Heben der Beine und das Kreisen der Arme, zu denen der biegsame weibliche Körper müheloser fähig ist als der männliche, haben einen großen Teil der Menschheit davon überzeugt (Nurejew und Barischnikow werden vielleicht widersprechen, doch Balanchine vermutlich nicht), daß die Frau das anmutigere Geschlecht ist. Abgesehen von der Beweglichkeit, ist ein leichter, zierlicher Körper, der durch die Luft schwebt, ein besonders ästhetischer Genuß für die Augen. Sportjournalisten haben immer wieder festgestellt, daß die siegreichen Sportler beiderlei Geschlechts relativ klein sind – ein schlanker zierlicher Körper wird von Punktrichtern besonders geschätzt –, wie die Beliebtheit der kleinen Cathy Rigby, Olga Korbut und Nadia Comaneci beweisen.

In seinen brillanten Essays über Ästhetik äußert sich Friedrich Schiller über männliche Schönheit. Sie zeichnet sich nach seinen Worten durch kraftvolle Stärke und Adel aus, die Schönheit der Frau durch sanfte Harmonie und Anmut. Schiller hegte keinen Zweifel daran, welches Geschlecht »vom Wesen her wahre Anmut besitzt«. Allerdings zog er gegen die Künstlichkeit ins Feld, die sie angeblich vergrößern sollte. Auch ihm entging nicht, daß eine Frau harmonischere und weniger heftige Bewegungen hat. Er schrieb: »Die zarte Fiber des Weibes neigt sich wie dünnes Schilfrohr unter dem leisesten Hauch des Affekts.« Natürlich wußte er nicht, daß das schwankende Rohr mit Östrogen durchsetzt ist oder daß Muskelkraft etwas mit Testosteron zu tun hat. Deshalb klingen seine Feststellungen poetischer: »Der zärtere weibliche Bau empfängt jeden Eindruck schneller und läßt ihn schneller wieder verschwinden. Feste Konstitutionen kommen nur durch einen Sturm in Bewegung, und wenn starke Muskeln angezogen werden, können sie die Leichtigkeit nicht zeigen, die zur Grazie erfordert wird.«

Im *Pas de deux* des klassischen Balletts, in dem gewisse Regeln nie durchbrochen werden, erleben wir die romantisch verklärte Idealisierung geschlechtsspezifischer Bewegungen. Eine Ballerina gibt ihrem Partner keine Hilfestellung: Sie führt ihn nicht bei Pirouetten, Arabesken, Wendungen und hebt ihn auch nicht in die Luft. Ihr Partner zieht keine Satinspitzenschuhe an und stellt sich nicht auf die Spitze. Ein Tänzer demonstriert stolz die Kraft seines Oberkörpers. Er hebt, fängt und stützt seine Partnerin, er zeigt seine anmutige Beinkraft durch hohe und weite

Sprünge. Eine Tänzerin benutzt ihre Arme, um das Gleichgewicht zu halten und sich ausdrucksvoll zu bewegen. Wir wissen zwar, auch sie muß starke Beine haben, und ihre Waden- und Schenkelmuskeln müssen in harten Proben trainiert sein. Ihre Füße sind kräftig und stark und können einiges aushalten. Doch die ganze Kraft ihrer unteren Körpermuskulatur steht im Dienst der Illusion exquisiter ätherischer Zerbrechlichkeit, wenn sie auf den Spitzen tanzt.

Eine Ballerina darf nicht zu groß sein, sonst könnte sie ihren Partner überragen. Die Brüste dürfen nicht groß und die Hüften nicht breit sein, denn das würde die nymphenhafte Illusion stören. Zarte Zehen würden einer Tänzerin unerträgliche Schmerzen bereiten, wenn sie gegen die harte Verstärkung ihrer Spitzenschuhe gepreßt und gedrückt werden, und ein schmaler, zarter Fuß ist für Sprünge und für das Balancieren nicht geeignet. Ein kräftiger, derber Huf wäre das beste für eine Ballerina, kein schlankes, zartes Füßchen. Die große Pawlowa bestand darauf, daß ihre Füße auf Fotografien von einem geschickten Retoucheur zu ätherischer Feinheit verkleinert wurden, denn sie war sich dieses weiblichen Widerspruchs sehr wohl bewußt; Pawlowas Idol, Maria Taglioni, übrigens ebenfalls. Sie erfand 1831 für ihre Rolle in *La Sylphide* den Spitzenschuh.

Der Körper einer Ballerina ist in keiner Hinsicht typisch. Sie muß die Knie geradezu extrem strecken können, um die Kniescheibe zum Verschwinden zu bringen, wenn sie auf der Spitze steht, denn nur so entsteht die sanfte, schwanenhalsähnliche Kurve, die in den Spann des Fußes übergeht. Voraussetzung für die klassischen Positionen sind Gelenkpfannen, die ihr ein extremes Ausstellen der Beine ermöglichen, und so entsteht der charakteristische entenähnliche Gang, wenn sie nicht tanzt. Sie sollte eine »allgemeine ligamentöse Lockerheit«, kombiniert mit Muskelkraft, besitzen, und sie muß sehr viel schlanker sein als in den Tagen, in denen Degas sie malte. Als Balanchine-Tänzerin wird sie lange Beine und einen kurzen Oberkörper haben, was beim Frauenkörper unüblich ist. »Das Ballet ist die Frau«, sagte Balanchine einmal. Na ja, eine Art Frau.

Man muß keine russische Ballerina oder eine chinesische Kaiserin oder Greta Garbo mit ihrer Größe neun (der Mißklang in ihrer perfekten Weiblichkeit) oder Susan B. Anthony, die

Größe 7½ trug (groß für die damalige Zeit, berichtete hämisch die feindselige Presse), sein, um sich wegen der natürlichen Form und Größe der Füße Sorgen zu machen. Die historische Bedeutung des Fußbindens ist allgemein bekannt. Aber »emanzipierte« Frauen zwängen ihre Zehen immer noch in Schuhe, die ihren Füßen und Beinen eine illusionäre Zierlichkeit und verführerischen Charme verleihen. Wie Aschenputtels Stiefschwestern, die sich Zeh bzw. Ferse abhackten, um den Prinzen zu täuschen und um den kleinen Schuh anziehen zu können (»Keine Sorge, mein liebes Kind«, sagt die Mutter, »wenn du Königin bist, mußt du nicht mehr laufen«), riskieren sie Schwielen, Hühneraugen, Entzündungen, deformierte Hammerzehen, Zerrungen am Fußgelenk, Rückenschmerzen, verkürzte Sehnen und gerissene Bänder, weil sie hohe Absätze tragen wollen. Denn einen nackten Fuß sieht man ohnehin seltener als den beschuhten, und körperliches Wohlbefinden zählt weniger als die psychologische Sicherheit, die man daraus zieht, die weibliche Herausforderung anzunehmen. »Aber ich *kann* darin gehen«, hört man landauf, landab.

Absätze und Strümpfe! Früher war das Korsett aus Fischbein das feierliche Symbol der Initiation; in unserer Zeit fleht und bettelt das Mädchen um die ersten Schuhe mit hohen Absätzen. Sie anzuziehen und darin die ersten schwankenden Schritte zu machen, heißt, ein neues Leben zu beginnen. Die vorgeschobenen Knie und der hochgereckte Hintern verblüffen die junge Eingeweihte und führen auf wunderbare Weise zu dem gestelzten, langbeinigen Klick-Klick-Gang. Man wird ihr sagen, er sei höchst provokativ und eine Augenweide. Wenn sie von nun an die Schuhe mit den hohen Absätzen trägt, wird sie sich vom Rest ihrer Gattung abheben, denn Kinder und Männer gehen, laufen und klettern mit natürlicher Leichtigkeit.

Der Gesellschaftskritiker Bernhard Rudofsky hat geschrieben, eine Frau wird so lange nicht für verführerisch oder elegant gehalten, wie sie ihre Bewegungsfreiheit nicht einem unpraktischen Schuh opfert. »Indem sie auf einen sicheren Gang verzichtet, wird sie unwiderstehlich weiblich. Die Wangen zittern, die Brüste zittern, der Körper hüpft und schwankt. Der vorgereckte Unterleib, das Stakkatogetrippel, all das ist entzückend weiblich... jede Frau weiß, ›Wanderschuhe‹ oder ›vernünftige

Schuhe‹ zu tragen heißt, die Liebe eines Mannes abzukühlen. Unpraktische Schuhe wirken so berauschend wie ein Liebestrank.«

Schon zu Zeiten des Propheten Jeseiah waren Mittel bekannt, um den Fuß zu beschweren oder den Gang zu behindern. Der Prophet zürnte den Töchtern Israels, weil sie goldene Fußketten mit Glöckchen trugen, die sie zu winzigen Schritten zwangen. Stelzenschuhe aus dem Orient waren im feuchten, überfluteten Venedig des sechzehnten Jahrhunderts beliebt. Die *Chopines,* wie man sie dort nannte, erreichten manchmal die atemberaubende Höhe von fünfzig Zentimetern. Sie blieben bis ins siebzehnte Jahrhundert ein bevorzugtes Attribut müßiger Damen. Der sehr kleine Louis XIV. brachte Schuhe mit hohen Absätzen für Männer in Mode, aber es war eine kurzlebige Sitte. Die Männer empfanden ein größeres Bedürfnis nach Beweglichkeit als nach künstlicher Vergrößerung. Als die Frauen sich in den zwanziger Jahren von Korsetts und schweren langen Kleidern befreiten, wurden sehr bald Schuhe mit hohen Absätzen Mode; zum Teil, um die nun enthüllten Beine zu betonen, zum Teil aber auch, um unbewußt die neue weibliche Bewegungsfreiheit wieder einzuschränken.

Ein unnatürlicher weiblicher Gang scheint viele psychologische und kulturelle Bedürfnisse zu erfüllen. Der weibliche Fuß und das weibliche Bein werden in ornamentale Objekte verwandelt; der unpraktische Schuh, der kaum Schutz vor Staub, Regen und Schnee bietet, führt zu Hilflosigkeit und Abhängigkeit. Der betonte Hüftschwung, die Übersteigerung einer gewissen natürlichen Tendenz, erhält im unerbittlichen, aber nie ganz eindeutigen weiblichen Kodex, in dem es von solchen Ungereimtheiten wimmelt, eine doppelte Bedeutung: Er gilt als aufreizend und verführerisch, während die kleinen Schritte und der zögernde unsichere Gang Damenhaftigkeit, Sittsamkeit und Kultiviertheit suggeriert. Außerdem ruft der insgesamt »behindert« wirkende Gang mit einem sadomasochistischen Anflug Gedanken an Fußeisen und Ketten wach, die man Tieren, Gefangenen und Sklaven anlegte, die man ebenfalls mit dekorativen Symbolen ihrer Knechtschaft schmückte.

Wer an dieser sublimen Verbindung zwischen weiblicher Schuhmode und der Zähmung von Gefangenen und Tieren zweifelt, möge sich die kniehohen Stiefel im Schuhschrank ansehen. Die vielen überflüssigen Schnallen und Riemen erinnern eindeutig an Steigbügel und Zügel und rücken die stiefeltragende Frau in die Nähe von Pferd und Reiter. Noch aufschlußreicher ist vielleicht ein Blick in Pornohefte, wo den Stöckelschuhen ein ehrenvoller Platz sicher ist. Wie eindeutig ist die gefesselte, geknebelte nackte Frau, die nur schwarze Schuhe mit dünnen, hohen Absätzen trägt. Eine Seite weiter schwankt die »Herrin« mit der Peitsche in der Hand, ebenfalls auf fünfzehn Zentimeter hohen Stöckeln. Die spitzen Absätze sind so anregend, daß sie beide Seiten der sadomasochistischen Phantasie bedient: als Symbol gefesselter Abhängigkeit und als Waffe zum Treten und Verwunden. (Ähnlich besetzt sind lange, scharfe Fingernägel, durch die eine Hand in ihrer Funktionsfähigkeit beeinträchtigt wird und die es nicht erlauben, die Hand zur Faust zu ballen. Sie werden zu katzenartigen roten Krallen, die kratzen und Blut fließen lassen. Hutnadeln sind eine andere tückische Waffe, die mit Weiblichkeit assoziiert wird.)

Ein Schuh muß nicht unbedingt einen hohen Absatz haben, um als weiblich zu gelten. Er muß nur wirkungsvoll verhindern, daß man unbeschwert einen halben Kilometer auf einem Weg oder einer gepflasterten Straße gehen kann. Holzschuhe, die wie Blei am Fuß hängen und der Ferse keinen Halt bieten, wären in diesem Sinne durchaus weiblich (unter den Alternativen sehr beliebt), ebenso die Riemensandalen mit Plateausohle (in Miami und anderen Urlaubsorten große Mode). Slipper mit hauchdünner Sohle und ohne Absatz (eine Version des Ballettschuhs für die Straße) sind Dauerbrenner bei der weiblichen Jugend, und Frauen allen Alters kommen sich in leichten Riemchensandalen, die auf den schmutzigen Straßen in der Stadt geradezu gefährlich sind, chic und zerbrechlich vor.

Dem Pantöffelchen mit hohen Absätzen, das Ferse und Zehen freigibt, gelingt es, alle wichtigen Gehhindernisse in sich zu vereinen, und könnte auf den ersten Blick scheinbar das Rennen um die Palme der Weiblichkeit gewinnen. Aber nur wenige Frauen sind bereit, soweit zu gehen. Dem Pantöffelchen haftet der Makel an, von Prostituierten in Kimonos getragen zu werden, die im Bordell auf Kundschaft warten. Das Pantöffelchen besteht den Test des guten Geschmacks nicht. Die Schuhe, die eine Frau trägt, dokumentieren deutlicher als alles andere die historischen Gräben, die die Dame von der Hure trennen. Ein Frauenschuh muß die beiden gegensätzlichen Flügel begehrenswerter Weiblichkeit (wie Männer sie nach ihren Wünschen definiert haben) ausbalancieren. Sie bewegt sich dabei auf dem schmalen Grat zwischen den Projektionen unverhüllter Sexualität und Projektionen von Schicklichkeit und Klasse. Ein »zu hoher« Absatz und zu deutlich wiegende Hüften bedrohen den guten Geschmack, und die Waagschale senkt sich in Richtung Hure. Aus der anderen Perspektive gesehen, verschiebt ein zu großer Nachdruck auf das Vernünftige das Gleichgewicht in Richtung Biederkeit. Der offene Riemenschuh mit dem hohen Absatz ist eine durchtriebene Imitation einer Fußfessel, und in gewissen Kreisen als »Fuck-me-Schuh« bekannt. Er ist eine andere Variante der Herr-Sklave-Erotik und deshalb für eine Dame mit Geschmack etwas zu gewagt. Das goldene Kettchen am Fußgelenk (»Ich bin eine Gefangene der Liebe«) wird aus ähnlichen Gründen als vulgär und billig abgelehnt.

Ein Frauenschuh bedeutet für Frauen unterschiedlicher Klassen, Berufe und verschiedenen Alters jeweils etwas anderes. Doch die verbindenden Faktoren lassen sich auf den folgenden Nenner bringen: Der Schuh muß den Fuß kleiner wirken lassen; er muß leicht und empfindlich sein; ein modisches Hindernis muß ihm eine Form geben, mit der sich kein vernünftiger Mann abfinden würde. Nichts daran ist zufällig. Ein Frauenschuh stellt die funktionalen Gründe, aus denen Menschen sich ursprünglich entschlossen haben, Schuhe zu tragen, bewußt auf den Kopf. Ein weiblicher Schuh soll Fuß, Bein und Hüfte bei der praktischen Aufgabe, sich schnell, problem- und schmerzlos zu bewegen, keineswegs unterstützen. Ein Frauenschuh ist nicht dazu geschaffen, der Trägerin zu ermöglichen, sicherer zu gehen, als wenn sie barfuß wäre. Ganz im Gegenteil: Ein weiblicher Schuh kostet ständig ein gewisses Maß an Energie, indem er den Bewegungen einer Frau die Aufgabe zuweist, ihren Körper im Gleichgewicht (und die Schuhe an den Füßen) zu halten, während sie dem tückischen Spalt am Fahrstuhl, den Rissen im Pflaster und den Kanaldeckeln auf dem Gehweg ausweicht. Ein weiblicher Schuh belastet einen so simplen Vorgang wie die Fortbewegung mit den Problemen von Anmut und Befangenheit, und in dieser kunstvoll erdachten Behinderung liegt der Aspekt der Unterwerfung und sein angeblicher Charme.

»Vernünftige Schuhe« verraten eine unweibliche Haltung, ein praktisches Wertsystem, das körperliches Wohlbefinden über die wichtige Aufgabe stellen, einen Geschlechtsunterschied zu schaffen, wo es ihn von Natur aus nicht gibt. Vernünftige Schuhe verraten eine mangelnde Achtung vor den ästhetischen und sexuellen Wünschen der Männer oder die hartnäckige Weigerung, sich anmutig auf Kompromisse in ihrem Sinn einzulassen. Vernünftige Schuhe machen keinen Spaß. Mit ihnen verbindet sich kein Versprechen exotischer Geheimnisse; sie deuten auch keinerlei Unfähigkeit an oder flüstern von unwirksamen Waffen. Vernünftige Schuhe sind nicht sexy. Sie geben die wenig erregende anatomische Tatsache preis, daß auch ein Frauenfuß fünf Zehen und eine Ferse hat und sich im wesentlichen nicht vom Fuß eines Mannes unterscheidet. Vernünftige Schuhe sind nicht chic. Sie stören die sanften anmutigen Linien, sie widersprechen raffinierten Proportionen. Vernünftige Schuhe glänzen und funkeln nicht wie der Champagner an Silvester. Sie sind schlichtweg praktisch, bieten einen festen, sicheren Halt, ermöglichen eine natürliche Haltung, einen festen Stand, der einem ermöglicht, sich auf dem Absatz umzudrehen und schnell davozugehen.

Was kann eine Frau tun, der nichts an wiegenden Hüften liegt? Soll sie sich beschuldigen lassen, von Kopf bis Fuß versagt zu haben? Soll sie den Hindernislauf aufgeben und sich in die Rolle der kleinen alten Dame mit Tennisschuhen schicken? Soll sie wie die kluge Colette winters und sommers Sandalen tragen und sich die Fußnägel leuchtendrot lackieren, um darauf hinzuweisen, wie sehr sie sich doch von Männern unterscheidet?

Wie Colette hatte auch Gertrude Stein eine Vorliebe für Sandalen. Aber anders als Colette (Meisterin weiblicher Illusion, und das selbst noch, als sie über achtzig, arthritisch und an den Rollstuhl gefesselt war) kam es Gertrude Stein vermutlich nie in den Sinn, sich die Fußnägel zu lackieren. Gertrude Stein hielt nichts von weiblichen Künsten. Sie wollte die Männer nicht locken und wenn, dann nur in ihren Salon in der Rue de Fleurus. Picassos eindrucksvolles Porträt zeigt eine kurzhaarige stämmige Frau in einem schlichten Kleid, die breitbeinig und höchst unweiblich auf

einem Stuhl sitzt. Das Bild verkündet: Hier ist ein Individuum, das sich einen Dreck um sexuelle Attraktivität kümmert.
Ich lernte beim Sitzen die Beine dicht nebeneinander zu stellen, doch ich kann mich nicht daran erinnern, daß man mir erklärte, warum. Irgendwann hörte ich, daß Jungen kleinen Mädchen gern unter die Röcke blicken und daß es unsere Aufgabe sei, zu verhindern, daß sie unsere Unterhose sehen. Aber ich traute dieser bösartigen Verleumdung nicht. »Halt die Beine zusammen«, schien eine Sache der guten Haltung zu sein wie »Sitz gerade«, und nicht mehr. Und wie bei so vielen anderen Dingen, die sich in meinem Kopf als eindeutig richtig und weiblich festsetzten, konnte ich später nur ästhetische Gründe finden, wenn ich darüber nachdachte. Ein Rock schien anmutiger zu fallen, wenn die Knie nicht in verschiedene Richtungen wiesen. Um korrekt auf dem Stuhl zu sitzen, hielt man die Beine geschlossen und schräg. (Erst nachdem in den zwanziger Jahren die Kleider kürzer waren, durfte eine Frau die Beine auch übereinanderschlagen.)
In den sechziger Jahren, der Zeit des Minirocks, geriet man in Gefahr, unschickliche Einblicke zu gewähren, wenn man sich bückte, um ein Stück Papier aufzuheben. Und wie andere Frauen, die glaubten, Minis seien wahnsinnig aufregend, wenn wir damit über die Straße gingen, mußte auch ich tief Luft holen, mich zusammennehmen und mit geschlossenen Knien zu Boden sinken, wenn ich etwas fallenließ. In dieser interessanten Zeit trat ein neuer Typ Voyeur auf den Plan – der Treppensteher. Allmählich ging mir auf, daß viele meiner weiblichen Bewegungen, die kontrollierten Gesten, die geschlossenen Beine, das nervöse Richten des Rocks ein Verteidigungsmanöver gegen unanständige, vulgäre Zurschaustellung waren, mit der die weibliche Mode bewußt und provozierend flirtete. Meine Verantwortung bestand darin, beide Aspekte, den provokativen und den züchtigen, in Balance zu halten, selbst wenn es bedeutete, die schön geschwungene, offene Treppe einer bestimmten Buchhandlung in der Fifth Avenue zu meiden.
Aber weshalb dachte ich an Vulgarität, wenn sich alles – und ich konnte das Offensichtliche nicht länger leugnen – um meine Geschlechtsteile drehte. Und wie konnte ich glauben, daß Hosen das Problem auf wunderbare Weise lösen würden?

Das Spreizen der Beine ist ein biologisch wichtiger weiblicher Akt. Eine Frau besitzt nicht nur anatomisch die Fähigkeit, dank der Form ihres Beckens, die Beine weiter zu spreizen als der durchschnittliche Mann, sondern sie muß es beim Geschlechtsverkehr, zur Erfüllung des drängenden Verlangens nach Genuß und bei der Geburt eines Kindes, auch tun, und zwar oft und weit. Vielleicht hat es eine Zeit in der Geschichte gegeben, als diese weibliche Stellung mit Stolz und Freude gefeiert wurde – ich denke an die minoischen Fresken auf Kreta, auf denen junge Frauen anmutig über die Hörner angreifender Stiere springen. (Der sexuelle Symbolismus von Frau und Stier ist von anderen gedeutet worden.) Doch in der Zivilisation, in der wir leben, werden die gespreizten Beine einer Frau mit lockerem, liederlichen Lebenswandel gleichgesetzt. Man denkt an Pornographie, Promiskuität, unterstellt Sittenlosigkeit, unanständige Wünsche und mangelnden Anstand. In anderen Worten, all das soll eine weibliche Frau vermeiden, während sie gleichzeitig andeuten muß, daß ihr Repertoire auch solche Möglichkeiten umfaßt.

Weit gespreizte Frauenbeine sind für Geschlechtsverkehr und sexuellen Genuß so notwendig, wie es für den Mann selbstverständlich ist, die Frau zu besteigen. Ja, im natürlichen Ablauf der Dinge muß die Frau zuerst die Beine spreizen, ehe Sex stattfinden kann. Im Gegensatz dazu ist nichts am männlichen Geschlechtsorgan verborgen. Es ist unübersehbar präsent; die Beine müssen nicht gespreizt werden, um es zu enthüllen. Normalerweise werden sie auch beim Geschlechtsverkehr nicht so weit geöffnet wie bei einer Frau. Der weibliche Verhaltenskodex erlaubt einer Frau nicht, die Initiative aus eigenem Antrieb zu ergreifen, obwohl Geschlechtsakt und andere sexuelle Aktivitäten von ihr verlangen, die Beine weit zu öffnen, um zum Genuß zu gelangen. Aber ihre weibliche Aufgabe im Namen der Sittsamkeit und des Anstands ist es, die Beine fest geschlossen zu halten, ihre »verborgenen Schätze« zu hüten und auf den richtigen Mann zu warten (der angetraute Ehemann, der leidenschaftliche Liebhaber). Er schwingt den Zauberstab und vollzieht das Ritual des »Sesam, öffne dich«. Es wird erwartet, daß sie sich seinem Willen und seinem Handeln unterordnet.

Es geht um Initiative, und das Repertoire weiblicher Bewegungen wurde ersonnen, um diesen Gedanken gar nicht erst aufkommen zu lassen. Die Ideologie weiblicher sexueller Passivität beruht mehr auf zwei geschlossenen Beinen als auf möglichen Theorien über die Wirkungen von Testosteron auf Libido, Aggression und das menschliche Gehirn. Gespreizte Beine bestätigen die weibliche Sexualität als eine positive, sich behauptende Kraft – eine Kraft, die in der Lage ist, Forderungen zu stellen, um Befriedigung zu finden.

Kenner der japanischen Geschichte wissen, daß die Samurais ihre Töchter den Umgang mit Waffen lehrten, damit sie in der Lage waren, Harakiri zu begehen, wenn ihnen Schande drohte. Die Mädchen mußten bei dieser Ausbildung auch lernen, sich die Beine so fest zusammenzubinden, damit sie sich und ihrer Familie einen möglicherweise peinlichen Anblick im Todeskampf ersparten. Die japanische Etikette hat strenge Regeln für schickliche Körperhaltungen einer Frau. Die klassische Position beim Essen erlaubt es den Männern, die Beine aus Bequemlichkeitsgründen leicht zu öffnen, Frauen aber nicht. Männer dürfen mit gekreuzten Beinen auf dem Boden sitzen, doch Frauen müssen mit geschlossenen Beinen knien.

In Asien war es im Mittelalter üblich, daß Frauen auf Reisen in einer Sänfte getragen wurden oder wie ein Mann auf dem Pferd saßen und ritten. In Europa entstand in dieser Zeit die Sitte, daß Damen seitlich auf dem Pferd saßen. Das bedeutete, ein Bediensteter mußte das Pferd am Zügel führen; oder die Dame saß auf einem Sattelkissen hinter einem Mann. (Der züchtige Damensitz war bei Generationen von Malern für die Darstellung der »Flucht aus Ägypten« sehr beliebt. Auf diesen populären Bildern der Heiligen Familie hält Maria das Jesuskind in den Armen; Mutter und Sohn sitzen betrübt auf einem Esel, den Joseph am Zügel führt.) Außergewöhnliche Frauen wie Johanna von Orléans und Diane de Poitiers waren ausgezeichnete Reiterinnen, die richtig im Sattel saßen. Aber im allgemeinen ritt eine Dame nur bei feierlichen Anlässen oder bei Ausflügen ins Grüne und saß dabei mit geschlossenen Beinen im Damensitz. Das geduldige Pferd konnte mit dieser kostbaren, gefährdeten Last wenig mehr als eine gemessene Gangart einschlagen.

Man behauptet, Katharina von Medici habe das Korsett populär gemacht, und ihr schreibt man auch die Erfindung des Damensattels zu – diese geniale weibliche Kompromißlösung. Ein Historiker schreibt: »Sie entdeckte, sicherer als der übliche Damensitz und schicklicher als rittlings zu sitzen, war es, das rechte Knie um den hohen Knauf eines Männersattels zu legen. Es war nur folgerichtig, den Sattelknopf ein paar Zentimeter nach links zu verlagern, denn dadurch saß die Reiterin sicher und bequem.« Mit Varianten und Verbesserungen hielt sich der Damensattel bis ins zwanzigste Jahrhundert. Die Frauenrechtsbewegung, die mühsamen Trecks in den amerikanischen Westen und die Reithose für Damen führten zu einem allmählichen Niedergang.

Der Damensattel war aus vielen Gründen beliebt. Man glaubte, Frauen besäßen nicht genug Kraft in den Schenkeln, um rittlings sicher auf einem Pferd zu sitzen. Ihre Beine waren zu kurz, die Rückenmuskulatur zu schwach und das ständige Auf und Ab im Sattel war nicht nur unanständig, sondern konnte auch zu Verletzungen führen. In den Worten von Charles Chenevix Trench, der sich mit der Geschichte der Reitkunst beschäftigte: »Außerdem hielt man die runden weiblichen Formen im Herrensattel für unelegant. Um es deutlich zu sagen, ihr Hintern war zu breit.« Doch wenn das linke Bein in einem normalen Steigbügel ruhte, das rechte Bein so dicht wie möglich daneben, und ein langer Rock beide Beine bedeckte, bot die Dame eine asymmetrische und bezaubernde Rückenansicht. Außerdem wurde der lustvolle Kontakt des Unterleibs mit dem Sattel geschickt vermieden. Der Elevin der Reitkunst blieb es überlassen, die Gewichtsverlagerung auf die linke Seite des Pferdes dadurch auszugleichen, daß sie die linke Hüfte hob und die rechte belastete, während sie den Oberkörper so weit drehte, um geradeaus blicken zu können. Zum Aufsitzen und Absteigen bedurfte sie der Hilfe starker Männer. Ein Stallbursche hielt die Zügel, und ein Kavalier hob sie in und aus dem Sattel, während sie sittsam die Röcke drapierte. Hatte sie es soweit gebracht, konnte eine Dame reiten, ohne sich wie ein Mann vorzukommen oder so auszusehen. Sie bewältigte unter Umständen sogar einen kleinen Sprung oder einen leichten Trab. Durch die ungleichmäßige Belastung und Beanspruchung ihrer Muskeln ermüdete sie rascher als ihre männliche Begleitung. Aber man erwartete von Damen, daß sie ermüdeten und nicht so stark waren wie ihre Kavaliere. Es zählte nur das eine: Sie hatte auch auf dem Pferderücken ihre Weiblichkeit bewahrt – selbst wenn sie eine einbeinige Reiterin war.

Bis zum zwanzigsten Jahrhundert mußte sich eine sportliche Frau mit einer Vielzahl von Behinderungen abfinden, die ihre natürlichen Bewegungen beeinträchtigten. Dadurch setzte sie sich besonders der Gefahr von Verletzungen bei unglücklichen und demütigenden Stürzen aus. Sie ritt im Damensattel, lief in langen Röcken Schlittschuh, schwamm mit Strümpfen und unförmigen Badeanzügen, fuhr im Sonntagsstaat Fahrrad und spielte Federball im Korsett – dabei kämpfte sie tapfer um ihr Gleichgewicht und wahrte sittsam Haltung. Es ging nicht nur einfach darum, daß Sport etwas Männliches und für eine Frau etwas Suspektes war. Sie war der Überzeugung, ihr Körper beherberge Fortpflanzungsorgane, die von Natur aus höchst empfindlich und entkräftend waren. Und so kreisten ihre Sorgen um den Schutz des Unterleibs.

In der viktorianischen Zeit beschäftigte man sich obsessiv mit »der weiblichen Sphäre«, und man unterstellte dem weiblichen Naturell eine schwache Gesundheit und eine gewisse Invalidität. Ausnahmen waren Dienstboten und Fabrikarbeiterinnen. Die Schwangerschaft einer Dame war gleichbedeutend mit einer Krankheit, die sie ans Haus fesselte. Menstruation galt als ein chronisches Leiden, das man mit Bettruhe und Untätigkeit behandelte. In den Worten von Ehrenreich und English, den Autoren des Buches *For Her Own Good:* »Die Medizin hatte ›entdeckt‹, daß die weiblichen Körperfunktionen von Natur aus pathologisch waren.« Zur Verteidigung der Ärzte schreiben die Autoren: »Die Frauen vor hundert Jahren *waren* in gewisser Hinsicht kranker als die Frauen heute. Abgesehen vom engen Schnüren, den Arsenprisen und der modischen Migräne, waren Frauen gewissen körperlichen Risiken ausgesetzt, die Männer nicht teilten.« An erster Stelle stand die Müttersterblichkeit. Doch neben der sehr realen Gefahr des Todes im Kindbett sah man in den monatlichen Blutungen einen Beweis dafür, daß der Uterus ein höchst empfindliches und krankes Organ war. Es gibt wenig Beweise dafür, daß Frauen die Ansicht ihrer Ärzte nicht teilten.

Man hat die Beeinträchtigung der Bewegungsfreiheit durch die Menstruation weitgehend unterschätzt, als man nach Erklärungen suchte, warum sich die Männer zu weit umherstreifenden Jägern entwickelten, während die Frauen es vorzogen, Früchte und Wurzeln zu sammeln und in der Nähe der Behausung zu bleiben. Schwangerschaft, Stillen und eine schwächere Muskulatur haben offensichtlich die historische Ausrichtung der Geschlechterrollen festgelegt. Vielleicht spielte dabei auch das Menstruationsblut eine wichtige Rolle. Bei den Löwen übernimmt das weibliche Tier neunzig Prozent der Jagd, und bei den Geparden durchstreift das Weibchen und nicht das Männchen das riesige Territorium. Auch weibliche Ratten sind unternehmungslustiger und furchtloser als die Männchen und haben einen größeren Bewegungsradius. Bei den niederen Tieren scheint das Gebären und die Aufzucht der Jungtiere, nicht das Weiblichsein *per se,* die Bewegungsfreiheit zu beeinträchtigen. Aber weiter oben auf der Evolutionsleiter wird das vom Östrogen gesteuerte Fortpflanzungssystem zunehmend komplexer und offensichtlich beschwerlicher. Bei einigen Primaten kennt man Menstruationszyklen, doch nur beim Menschen tritt ein so starker Blutfluß auf, daß die Frau in irgendeiner Form darauf reagieren muß.

Wie reagierten unsere plio-pleistozänen Vorfahrinnen, die hominiden Ahnen auf dem Weg zum *Homo sapiens,* auf ihre Periode? An welchem Punkt der menschlichen Entwicklung, in welchem Stadium der Entwicklung, die unter der Rubrik »Frühmensch« steht, entdeckte die frühmenschliche Frau, daß sie »in diesen Tagen« des Mondzyklus ein blutiges Problem zu lösen hatte? In welchem Jahrtausend der Vorgeschichte steigerte sich der Menstruationsfluß vom unbedeutenden Tröpfeln zu einem unübersehbaren Bluten? Nahm sie ein paar Blätter und stopfte sie sich in die Vagina? Lockte sie mit ihrem Geruch Tiere an? Litt sie unter Krämpfen? Glaubte sie, etwas sei mit ihr nicht in Ordnung?

Der Menstruationszyklus muß als Folge häufiger Schwangerschaften, ständigen Stillens, mangelhafter Ernährung und des täglichen Überlebenskampfes in vorgeschichtlichen Zeiten unregelmäßig gewesen sein. Aber unregelmäßig oder nicht, der beträchtliche Blutfluß machte die Frau im Vergleich zu anderen

Primaten und besonders im Vergleich mit dem unproblematischen Fortpflanzungsorgan des Mannes höchst unbeweglich. Menstruation, Schwangerschaft, Geburt und Stillen waren stichhaltige, physiologische Gründe, um in prähistorischer Zeit auf die Jagd zu verzichten. Daraus entstanden der Horde keine Nachteile, denn in erster Linie ernährten sich diese Menschen von Wurzeln, Samen und Früchten. Die Fruchtbarkeit der Frau, ihr ehrfurchteinflößender Zyklus und die Fruchtbarkeit des Landes spiegeln sich in den frühesten Mythen der Göttin wider. Der Zusammenhang war eine Realität.
Primitive Menstruationstabus waren nicht notwendigerweise eine Erfindung der Männer. Die abgesonderte Menstruationshütte, das Vermeiden von Sex und das Meiden der Männer im allgemeinen, die Befreiung von Feldarbeiten und Kochen waren pragmatische Methoden, um mit Krämpfen und Blutungen fertigzuwerden. Menstruationstabus bedeuteten in der Praxis, freie Zeit an Tagen, an denen eine Frau Gründe hatte, sich unsauber, unwohl, unbeweglich und gestraft zu fühlen.
Je nachdem, was sich in der Umgebung anbot, benutzte man alle möglichen porösen Fasern (und tut es in vielen Ländern auch heute noch), um das Monatsblut aufzufangen: getrocknete Wurzeln und Schoten, selbstgemachte Tampons aus Papierschnitzeln, Baumwolle oder Wolle und mehrfach benutzbare Einlagen aus mehreren Lagen Stoff. Noch in der Generation meiner Großmutter wurden diese anstößigen, dicken Lappen verstohlen in kaltem Wasser gewaschen und an einem versteckten Platz getrocknet. »Der Lappen« hielt sich in der fortschrittlichen westlichen Gesellschaft bis in die zwanziger Jahre als lästige, hygienische Maßnahme. Damals begann man, Gaze und Watte, die man im Ersten Weltkrieg als Wundverbände entwickelt hatte, in einer standardisierten Größe in den USA herzustellen und zu verkaufen. Nicht zufällig tauchten diese Wegwerfbinden, mit denen man »das hygienische Handicap« und »die Tage, die eine Frau früher verlor« erstmals offen eingestand (die Zitate sind einer ganzseitigen Anzeige für Kotex entnommen, die 1926 in der eleganten *Vogue* erschien), in Einklang mit einer dramatisch veränderten Mode auf, die das Korsett verbannte, die Röcke kürzer und enger werden ließ und ein neues lebhaftes Interesse an Hosen erweckte. Saugfähige Wegwerftampons

ohne Bänder und Gürtel und Sicherheitsnadeln, Tampons, die nicht auftrugen und sich nicht abzeichneten und einer Frau an »diesen Tagen« erlaubten, sich frei zu bewegen, sogar auch zu schwimmen, kamen erst 1933 auf den Markt.

Paula Weideger schreibt in *Menstruation und Menopause,* daß die physischen Gegebenheiten der Menstruation nicht als ein Attribut der Weiblichkeit gelten, sondern vielmehr »eine Sünde gegen die weibliche Anmut« sind. Eine Frau mit unregelmäßig einsetzender Periode leidet vielleicht unter der Vorstellung, »nicht weiblich genug« zu sein; eine Frau in der Menopause empfindet das Ende ihrer Fortpflanzungsfähigkeit vielleicht als »einen Verlust an Weiblichkeit«; aber eine Frau mit einem Zyklus von durchschnittlich achtundzwanzig Tagen steht dreizehnmal im Jahr vor anderen, schwierigeren Problemen. Obwohl der Menstruationsfluß ein Zeugnis weiblicher Fruchtbarkeit und der Geschlechtszugehörigkeit ist, steht er in krassem Widerspruch zu den gepriesenen weiblichen Tugenden von Gepflegtheit und Ordentlichkeit und einem hübschen, bezaubernden, sauberen Aussehen.

Anders gesagt, Menstruation ist ein lästiges Ärgernis, gleichgültig, wie positiv man dem Kinderkriegen gegenübersteht. Man lasse alle Menstruationstabus und ihre primitiven Ursprünge beiseite, und die Menstruation ist immer noch ein lästiges Ärgernis. Man kümmere sich nicht um den Abscheu mancher Männer beim Gedanken an eine menstruierende Frau, und die Menstruation bleibt immer noch ein lästiges Ärgernis, ein tropfendes, blutendes, häßliches Übel. Die Periode selbst, die unerbittliche Regelmäßigkeit eines Zyklus, der wie ein Uhrwerk abläuft, ist ein planmäßiger Störfaktor, eine Unterbrechung der Alltagsroutine, die Verpflichtung zu besonderen Vorsichtsmaßnahmen: sicherer Schutz gegen Undichtigkeit, ein Ersatztampon, das Wechseln der Einlage, oder man erlebt die Schmach des Tropfens, Fließens und des Fleckens. Dieses »unsaubere Ereignis«, wie Simone de Beauvoir es nannte, zwingt die Frau, den inneren Funktionen ihres Körpers minutiöse Aufmerksamkeit zu widmen – Männer können das kaum nachvollziehen. Ein gesunder Körper muß überwacht und ihm muß Rechnung getragen werden; man kann die Konzentration auf Einzelheiten nicht vermeiden oder eine Stunde aufschieben, denn die Folgen sind peinlich, ein verräterischer Duft und blutgetränkte Kleider. Man kann es kaum als feminin oder höflich bezeichnen, den Rock, das Bettuch oder die Matratze mit Blut zu beflecken – selbst, wenn es ganz normal ist, daß man blutet, selbst wenn es sich um den primären biologischen Ausdruck der Weiblichkeit handelt: die Fähigkeit zur Fortpflanzung! Es ist auch nichts begehrenswert Weibliches daran, Monat für Monat von Pickeln, strähnigen Haaren, einem geblähten Bauch, schmerzenden Brüsten, dumpfen Krämpfen, Reizbarkeit und Spannungen heimgesucht zu werden. Wie Simone de Beauvoir feststellt: »Es ist nicht leicht das Idol zu spielen, die Fee, die Märchenprinzessin, wenn man ein blutiges Stück Stoff zwischen den Beinen spürt; und überhaupt, wenn man sich des Elends bewußt ist, einen Körper zu haben.«

Es ist auch nicht leicht, mit einem blutigen Lappen zwischen den Beinen sportlich zu sein. In der kritischen Zeit der Pubertät, wenn der Junge stolz seine schwellenden Muskeln zeigt, kommt ein Mädchen vielleicht mit ein paar Zeilen ihrer Mutter in die Schule und läßt sich vom Sportunterricht befreien. Schwimmen oder nicht schwimmen, springen oder nicht springen, in die Gymnastikstunde gehen oder nicht gehen? Die geplante Campingwoche absagen oder versuchen sie zu verschieben, nachdem man einen prüfenden Blick auf den Kalender geworfen hat? Die Menstruation tritt als negative Kraft in Erscheinung, gegen die die körperlich aktive Frau erfolgreich ankämpfen muß. Selbst Frauen, denen ihre Periode wenig zu schaffen macht, fühlen sich häufig müde und abgespannt. Grace Lichtenstein schrieb ein Buch über Tennis und konnte die folgende Feststellung auf genügend Beweise stützen: »Menstruationskrämpfe sind im wahrsten Sinn des Wortes *der* Fluch einer professionellen Tennisspielerin.« Bei Meisterschaftsturnieren eilt mehr als eine Spielerin mitten in einem Satz vom Platz, um das Tampon zu wechseln.

Die Sportlerin des zwanzigsten Jahrhunderts hat eines der verwirrendsten Probleme auf die Spitze getrieben, vor die weibliche Biologie und weibliche Ideale sie stellen. Sie trainiert, um ihren Körper zu entwickeln (während andere Frauen alles daran setzen, zierlicher und schlanker zu werden), doch in den meisten Fällen wird sie wegen ihrer genetisch bedingten Grenzen die

internationalen Rekorde der Sportler nie brechen. Brüste und Becken sind weder beim Langstrecken- noch beim Kurzstreckenlauf von Vorteil. Mit einer »jungenhaften« Figur kann sie mehr erreichen. Lange, wehende Haare, das verläßliche, weibliche Emblem solch starker und schneller Jungfrauen wie Atalanta und die Walküren müssen für den Star des Stadions im Bereich der Träume bleiben. Schöne, schulterlange, offene Haare würden sie nur behindern und ihr ins Gesicht fallen. Selbst das normale Ergebnis einer großen Anstrengung, etwa der Schweiß beim Training, widerspricht dem Image der Weiblichkeit.
Wie soll man bei einem Wettkampf weiblich wirken? Diese Frage quält und beschäftigt die amerikanische Sportlerin. High-Schooltrainer klagen immer wieder darüber, daß ihre besten Läuferinnen mit schweren Armbändern und baumelnden Ohrringen am Start erscheinen und daß ihre Tennisstars ihr Image beim Turnier mit Maskara, Lidschatten und modischem Dress verbessern wollen. Mitunter führt der psychische Konflikt zu höchst seltsamen Äußerungen. Eine amerikanische Olympiaschwimmerin beklagte sich bitter vor der Presse über die unweiblichen, breiten Schultern der DDR-Sportlerin, der sie unterlegen war. Eine Weltklasseläuferin trug plötzlich ein T-shirt, auf dem sie verkündete: »Ich bin eine Frau und *auch* Sportlerin.« Die Verunsicherung dieser Sportlerinnen wurzelt in kulturellen Erwartungen. Es ist zwar schon lange her, daß Fahrradfahren als Gefahr für die weibliche Konstitution galt, aber der Leichtathletikstar weiß, sein verschwitztes Trikot entspricht nicht dem konventionellen Image von einer berühmten Frau; und der Leistungsschwimmerin ist klar, daß die Badeschönheit im Tanga verführerischer wirkt als die Gewinnerin im vierhundert Meter Freistil mit der Badekappe auf dem Kopf.
Aber damit noch nicht genug: Muß sich eine Sportlerin nicht beunruhigt fragen, was Weiblichkeit bedeutet, wenn ein professioneller Tennisspieler sich einer hormonellen und chirurgischen Behandlung unterzieht, sich die Körperhaare entfernen läßt, Namen und Frisur wechselt und man ihm erlaubt, in der Frauenmannschaft zu spielen? Wie soll sie einem aufsehenerregenden Rekord nicht mißtrauen, nachdem man feststellte, daß

Olympiasiegerinnen, eine muskulöse, russische Meisterin im Kugelstoßen und polnische Kurzstreckenläuferinnen mit anormalen Chromosomen geboren wurden – eine ungewöhnliche Mischung männlicher und weiblicher Eigenschaften, die ihnen beim Wettkampf einen erheblichen Vorteil im Hinblick auf Kraft und Geschwindigkeit gegenüber genetisch normalen Frauen einbrachte? Was denkt eine junge Turnerin, wenn sie hört, daß der rumänische Nationaltrainer seinen zierlichen vierzehnjährigen Star auf eine Diät von Salat, Äpfeln und Tabletten setzt, um seine körperliche Entwicklung zu verzögern? Wie kann eine Läuferin, eine Schwimmerin oder eine Ballerina sich keine Sorgen machen, wenn durch hartes Training eine Reduzierung des Körperfetts bewirkt wird und durch Streß ihre Menstruation zeitweilig aussetzt? Die Biologie steht der Sportlerin bei jedem Schritt im Weg, denn wenig Frauliches und nichts Weibliches unterstützt sie in ihren Anstrengungen zu gewinnen – eine Ausnahme sind Disziplinen, in denen Anmut und Wirkung subjektiv nach Punkten beurteilt werden.

Die Untersuchungen von Albert Mehrabian zeigen, daß die Körperhaltung von Frauen im allgemeinen weniger entspannt ist als die von Männern, obwohl sie von Natur aus beweglicher sind. Mehrabian vertritt die Theorie, daß Unterwürfigkeit durch eine gespannte Körperhaltung signalisiert wird. In seiner Analyse der Körpersprache von Männern mit hohem und niedrigem Status stellt er fest, daß Vorgesetzte im Umgang mit Untergebenen entspannter in ihren Gesten sind. Es überrascht nicht, daß Männer generell im Umgang mit Frauen in Gestik und Körperhaltung entspannter sind.

Mehrabians Untersuchungen stimmen mit den Arbeitsergebnissen der Zoologin Thelma Rowell überein, die die Beziehungen von Affen und Pavianen auf Dominanz und Unterordnung untersuchte. Thelma Rowell kommt zu dem Schluß, daß unter den Primaten ein dominantes Tier beim Zusammentreffen mit anderen »nicht denkt, ehe es handelt«. Ein dominantes Tier kletterte unbekümmert auf einen Baum, setzte sich auf einen Ast, ohne auf die Anwesenheit eines untergeordneten Artgenossen zu reagieren. Untergeordnete Tiere duckten sich oder sprangen bei Annäherung des anderen davon. »Also«, schrieb sie, »wahrten die untergeordneten Tiere die Hierarchie und beachteten streng die Regeln.« Die Zoologin spricht davon, daß das Verhalten der untergeordneten Tiere in vielen Situationen dominantes Verhalten auslöst und nicht umgekehrt. »Ducken, Fliehen und Angstgrinsen«, schrieb sie, »sind äußerst wirksame Stimuli, die bei Primaten Angriffsverhalten auslösen. Und dies ist bei den Untersuchungen hierarchischer Beziehungen kaum in Betracht gezogen worden.« Aber vielleicht gab es für die nervösen schwächeren Tiere gute Gründe, sich zu ducken und zu grinsen, nachdem sie bei vorausgegangenen Zusammenstößen ein paar schmerzhafte Bisse einstecken mußten.

Von Frauen erwartet man nicht, daß sie zur Waffe greifen und kämpfen, »wenn die Stunde schlägt«. Frauen lächeln; sie ziehen sich zurück und bieten symbolisch als beschwichtigende Geste den nackten Hals dar, um das von Konrad Lorenz so beliebte Bild zu benutzen. Und demütig zusammengerollt blicken sie aufmerksam, wachsam und gespannt auf die Welt, die sie umgibt. Die »weibliche Intuition«, eine vielgepriesene Eigenschaft, ist im Grunde vielleicht nicht mehr als defensive Wachsamkeit; das Aufgreifen und Zusammensetzen verbaler und nonverbaler Signale ist eine Überlebensstrategie, ähnlich, wie das untergeordnete Tier die Geräusche und Bewegungen des dominanten Tieres, das nicht überlegen muß, ehe es handelt, aufmerksam verfolgt.

Anstandsbücher im Mittelalter für die Frauen des aufstrebenden Bürgertums standen unter der Prämisse: Oberstes Gebot ist die Unterwürfigkeit in Bewegungen und Gesten. Unziemliche Fröhlichkeit, ein schweifender Blick, der plappernde Mund und ein herausfordernder Gang fielen ebenfalls unter die Verbote. *Die gute Ehefrau* belehrte ihre Tochter: »Du darfst nie zu schnell gehen. Halte den Kopf ruhig und deine Schultern!« In einem anderen Anstandsbuch erklärt ein Mann seiner Frau: »Halte beim Gehen den Kopf gerade, senke die Augen und blicke fest auf den Boden... Richte deine Augen nicht auf einen Mann oder eine Frau. Hebe den Blick nicht und bleibe auch nicht auf der Gasse stehen, um dich mit jemandem zu unterhalten und zu lachen!« Beim Sitzen hielt eine Jungfer die Hände ruhig im Schoß gefaltet oder beschäftigte die Finger mit Nadelarbeiten.

Die restriktive weibliche Kleidung der folgenden Jahrhunderte betonte geschickt solche Einschränkungen. Eine Frau der Oberoder Mittelklasse wurde durch die gesellschaftlich geforderte Mode in Zurückhaltung geschult. Im Käfig ihres Korsetts konnte sie sich nicht frei bewegen; viele Meter Stoff hingen an ihr, hemmten ihren Schritt und tyrannisierten ihre Hände, die die schleppende Pracht zu dirigieren und zu arrangieren hatten. Auf der Straße hemmte ein Hut mit Bändern, Federn und Schleier ihre Kopfbewegungen. Die Abhängigkeit von Kavalieren und Dienstboten war eine verständliche Begleiterscheinung der weiblichen Mode.

Ein festes Netz lokaler Bräuche und kommunaler Verordnungen vermehrte die Zahl der Anstandsregeln. Der amerikanische Historiker Geoffrey Perrett schreibt: »Vor dem Ersten Weltkrieg wurden Frauen verhaftet, die in der Öffentlichkeit Zigaretten rauchten, fluchten, am Strand ohne Strümpfe erschienen, ohne einen männliche Begleiter Auto fuhren, ausgefallene Kleidung trugen (etwa Shorts, Hosen, Männerhüte) und sich ohne Korsett aus dem Haus wagten.« Die Sittengesetze wurden am nachdrücklichsten in den Sonntagspredigten der Gemeindepriester verteidigt.

Die romantisch idealisierte feminine Frau hält auf vielen Darstellungen etwas Hübsches, Zerbrechliches in den Händen: einen Veilchenstrauß, ein Brautbukett aus weißen Stephanotis- und Orangenblüten. Ebenso wird der Primaballerina beim Schlußapplaus ein Strauß langstieliger Rosen überreicht. Nachdem bestimmte weibliche Requisiten von der gesellschaftlichen Bühne verschwunden sind – Fächer, Sonnenschirm, ein Blumensträußchen, das immer wieder an die Nase geführt wird –, sind heute lange Nägel, hohe Absätze, die Umhängetasche und das anerzogene Zusammenpressen der Knie beim Sitzen Behinderungen, die der kultivierten Frau auferlegt werden. Die französische Feministin Colette Guillaumin stellt fest, daß den Frauen darüber hinaus verschiedene »physische Lasten« aufgebürdet werden. Es handelt sich um die selbstverständlichen Zeichen ihrer Hausfrauenrolle: Kinder auf dem Arm, Spielzeug und Milchflasche in der Hand, die Tüte mit Lebensmitteln oder ein Paket aus der Reinigung an die Brust gepreßt. Eine Frau genießt selten die Freiheit, mit leeren Händen und unbeschwert spazierenzugehen. Es kommt tatsächlich so selten vor, daß vie-

len Frauen in einem solchen Fall etwas fehlt. Sie sind eine solche Freiheit nicht gewöhnt und machen sich sofort Sorgen, daß sie ein wichtiges Utensil, einen vertrauten Gegenstand (die Geldbörse, die Einkaufstasche) vergessen haben.
Kleine aufgeregte Gesten, die Nervosität oder gespielte Lebhaftigkeit verraten, gelten als mädchenhaft, feminin und hübsch. Zu den Manierismen, die Männer bewußt vermeiden, gehört das Spielen mit einer Haarsträhne, ständiges Kopfnicken, Kichern beim Händeschütteln, das Anlegen der Ellbogen an den Oberkörper und das Übereinanderschlagen der Beine, bei dem zusätzlich ein Fuß um den Knöchel des anderen Beins gelegt wird. Kontrolliert und unaggressiv könnte man Frauen beinahe als Äquivalent zu den sich duckenden, fliehenden und ängstlich grinsenden Tieren unter den Primaten sehen.
Der Schmuck spielt bei der Unterscheidung weiblicher und männlicher Gesten eine subtile Rolle. Mit den Fingern auf den Tisch zu trommeln, ist ein aggressives Zeichen von Verärgerung und als solches eindeutig unweiblich; doch das nervöse Spielen mit der Halskette oder dem Ring ist eine unbedrohliche Methode, sich abzureagieren. Nicht nur Frauen fassen sich schützend an den Hals, die entsprechenden männlichen Gesten sind das Aufknöpfen des Kragens und das Richten der Krawatte – Handlungen, die eine gewisse Kontrolliertheit andeuten.
Haltungen, die den Körper aus dem Gleichgewicht bringen, etwa Stehen auf einem Bein, als würde man im nächsten Moment fliehen, oder das Einknicken des Spielbeins, wie Debütantinnen es tun, oder alles, was an kindliches Verhalten erinnert (das Klischee der verführerischen Sekretärin, die beim Diktat auf dem Knie ihres Chefs sitzt), zählen zum Repertoire der Weiblichkeit und sind als Verhaltensweisen von Männern befremdlich, höchst seltsam und im allgemeinen unvorstellbar. Als Truman Capote vor fünfunddreißig Jahren für den Umschlag eines Buches sich hingegossen wie eine Odaliske fotografieren ließ, wirkte das schockierend, denn diese Pose war ein klassisch feminines Tableau erotisch besetzter Passivität, das in der Kunst einen festen Stellenwert einnimmt. In der Karikierung von Mae West zieht die stehende Odaliske – eine Hand auf der Hüfte, die andere am Hinterkopf – unweigerlich die Aufmerksamkeit auf sich und bedeutet: »Komm mal rüber und besuch mich.«

Natürlich sind weibliche Bewegungen nie für den Soloauftritt gedacht. Die Weinranke, das Schoßhündchen, das zarte Vögelchen brauchen einen sicheren, schützenden Halt. Um Männern zu gefallen, werden die bewußten Manifestationen der Hilflosigkeit und die Zeichen geopferter Selbständigkeit als Ausdrucksformen guten Benehmens und als Signale sexueller Bereitwilligkeit zur zweiten Natur der Frauen. Der zur Aktivität verpflichtete Mann braucht eine nachgiebige Partnerin, damit der Tanz der Interaktion der Geschlechter seine Anmut und Harmonie bewahrt.

Nancy Hanley, Psychologin und Autorin des Buches *Body Politics,* schreibt: »Es ist in Paarbeziehungen so selbstverständlich und wird so subtil gehandhabt, daß die Betroffenen es selbst nicht mehr wahrnehmen, daß der Mann die Frau buchstäblich dorthin schiebt, wohin sie gehen soll: der Arm im Rücken, das Führen um Ecken, durch Türen, in Fahrstühle, auf Rolltreppen... und beim Überqueren der Straße. Das muß nicht unbedingt heftig, energisch oder auf unangenehme Weise, sondern kann leicht und sanft, aber entschieden geschehen, etwa in der Art, wie geschickte Reiter ihre gut trainierten Pferde behandeln.«

Bei diesem vertrauten *Pas de deux* muß eine Frau sich entweder unter anmutiger Zurschaustellung guter Manieren willig führen lassen oder sich beim Anziehen der Zügel scheuen und sich wehren. Das Protokoll männlichen Schutzverhaltens erwartet von der Frau ein williges Aufgeben motorischer Selbständigkeit und physischen Gleichgewichts; die Weiblichkeit fördert die romantische Vorstellung von Fügsamkeit. Lenken und Führen sind Vorrechte der Herrschenden. Untersuchungen, die sich damit beschäftigen, wer wen in einer bestimmten Situation berührt, haben ergeben, daß sich der Überlegene die Freiheit nimmt, dem Unterlegenen freundlich und führend die Hand auf die Schulter zu legen, aber nicht umgekehrt. »Die Politik der Berührungen«, ein Begriff von Nancy Henley, funktioniert bei männlich-weiblichen Beziehungen auf eine äußerst aufschlußreiche Weise.

Nancy Henley hat als erste die männliche Sitte, eine selbständige Frau in Situationen zu leiten, die keiner physischen Führung bedürfen, in einen Zusammenhang mit anderen Formen

des Umgangs gestellt – angefangen von unbedeutenden Demütigungen (das verstohlene Zwicken, der spielerische Klaps auf den Po) bis zum gewalttätigen Schlagen von Frauen und ihrer Vergewaltigung. Das soll nicht bedeuten, daß ein Ehemann, der seine Frau im Restaurant mit einem väterlichen Schubser zum Tisch dirigiert, sich nicht von einem Mann unterscheidet, der Frauen vergewaltigt. Es soll vielmehr ein Hinweis darauf sein, daß eine Frau, die gewohnheitsmäßig erwartet, daß ihre Bewegungen von anderen gesteuert werden, durch ihre weibliche Erziehung sehr schlecht darauf vorbereitet ist, eine unerwünschte Einmischung oder einen gewalttätigen Angriff abzuwehren. Die Angst, für unhöflich gehalten zu werden, ist für viele Frauen eine alltäglichere Realität als die Angst vor körperlichen Übergriffen.
Die Lektionen der Weiblichkeit lehren höfliches Nachgeben; die Regeln der Etikette fordern, daß die Frau in der Öffentlichkeit ihre Initiative aufgibt. Das zarte Netz formalisierter Mann-Frau-Beziehungen ist aus den kunstvollen Fäden weiblicher Abhängigkeitsbeweise gesponnen. Eine Frau läßt sich in den Mantel helfen; sie überläßt dem Mann das Steuer; sie sitzt stumm und ruhig daneben, während der Mann im Restaurant bestellt oder die Rechnung bezahlt. Diese anerzogene Passivität ist vielleicht damenhaft, anmutig, romantisch und verspielt und glättet die schnell gesträubten männlichen Federn, doch für das gesunde, produktive Ich ist sie letzten Endes destruktiv. Der Vorwurf, Feministinnen besäßen keine Manieren, ist berechtigt, denn zum Leidwesen aller, die die Welt ändern wollen, ist die Geschichte von Anstand und Höflichkeit ein Verzeichnis sittsamer Tugenden, das für all jene aus der Mittelklasse gilt, die nach der Kultiviertheit der Oberschicht streben. Die verwöhnte Dame von Stand, für die gesorgt, die bedient wird und die auf einer Wolke hoch über der harten Realität mühevoller Arbeit lebt, ist die Verkörperung all dieser Tugenden. Wenn eine Feministin darauf besteht, selbst die Tür zu öffnen – ein schlichter Beweis physischer Autonomie, der unter Dienstboten, Feld- und Fabrikarbeiten und Frauen, die nicht unter männlichem Schutz standen, nie geführt werden mußte –, kollidiert ihr Verhalten mit den ritterlichen Erwartungen, denn männliches Handeln setzt ein deutliches Zeichen der Hilflosigkeit einer Dame vor-

aus, um höfliche Ehrerbietung demonstrieren zu können. Die weibliche Psychologie paßt sich dem geforderten Verzicht auf Initiative an, indem sie behauptet, sich »damenhaft und geschützt zu fühlen«, sei der angestrebte Zustand. Dazu gehört, daß man in sein Verhaltensspektrum ein beträchtliches Maß künstlicher Passivität übernimmt und leugnet, daß Selbstvertrauen einen wichtigen Wert darstellt.
Verhaltensstudien von Tieren berichten ausführlich über die Wirkungen von Testosteron auf die Entwicklung von Aggression. Die Untersuchungen über den Einfluß von Hormonen auf das menschliche Verhalten sind bemerkenswert wenig aufschlußreich; doch die Ergebnisse sind doch zu verlockend, um sie einfach zu übergehen. Die Auffassungen von Aggression sind sehr unpräzise. Ein Wissenschaftler schrieb pointiert: »Der Versuch, Aggression zu definieren, macht Menschen aggressiv«, aber dieser Begriff umfaßt viele Verhaltensformen, die beim Mann deutlicher ausgeprägt sind: der Verbrauch körperlicher Energie, rauhe Spiele, Reizbarkeit, Drohgebärde als Reaktion auf Angst, Kämpfe gegen Angehörige des eigenen und des anderen Geschlechts, das Zufügen von Körperverletzungen. Die meisten Aggressionsforscher erweitern die Definition auf die Verteidigung territorialer Grenzen, auf das rivalisierende Streben nach Macht und Dominanz innerhalb der sozialen Hierarchie (man behauptet, Hierarchie sei selbst ein Produkt aggressiven Verhaltens), während sie jedoch vor den Implikationen der Gewalt zurückschrecken. Nur wenige räumen in ihren Theorien dem Phänomen der mütterlichen Aggression einen Platz ein. (Eine Mutter beschützt ihren Nachwuchs mit allen Mitteln.) Trotz der Verschwommenheit des Aggressionsbegriffs läßt sich nicht leugnen, daß es beim Menschen eine hormonelle Basis für aggressives Verhalten beim Menschen gibt, obwohl Vererbung, Umwelt und Erziehung in der komplexen Gehirnsteuerung eine entscheidende Rolle spielen. Es wäre verwegen, den hormonellen Einfluß präzise messen zu wollen oder ihn als biologische Determinante auszugeben, die das Schicksal der menschlichen Rasse auch in Zukunft beeinflussen wird. Der Testosteronspiegel des Mannes ist zehnmal höher als der einer Frau; doch der Mann ist nicht zehnmal haariger, zehnmal muskulöser oder zehnmal größer. Innerhalb eines Geschlechts entspricht der

Testosteronspiegel keineswegs der relativen Behaartheit, Größe oder Muskelkraft. Es läßt sich jedoch nicht leugnen, daß der endokrine Unterschied zwischen den Geschlechtern, historisch gesehen, dem Mann in Form reiner brutaler Aggression einen Vorteil verschafft, der die Menschheit in die gegenwärtige Lage gebracht hat. Kriege, Sklaverei, die ersten bekannten Gesetze und die Errichtung von Monolithen sind mehr Produkte geschlechtsspezifischer maskuliner Stärke als das Ergebnis artikulierter Erkenntnisse, edlen Strebens und vernünftig angewandter Fähigkeiten. Erst für das letzte Jahrhundert, und nur für jene Teile der Welt, in denen die industrielle Entwicklung rohe Gewalt irrelevant, wenn nicht sogar zu einem überholten Konzept gemacht hat, kann die Frage nach dem Aggressionstrieb ohne Bezug auf Muskelkraft gestellt werden, von einigen Berufsgruppen abgesehen, auch nur teilweise.

Wie jedes elementare Verhalten einschließlich Essen und elterlicher Fürsorge besteht Aggression aus einer erlernten Reaktion und einer erlernten Hemmung. Dabei spielen Erziehung in der Kindheit, gesellschaftliche Werte, Gesetze, Sitten und religiöse Gebote eine große Rolle. Die Psychologie weiblicher Bewegung geht von der Voraussetzung aus, daß spontane Initiative und Selbstvertrauen das Kräftegleichgewicht in Mann-Frau-Beziehungen stört, sich vielleicht sogar gegen die weibliche Natur richtet. Anstelle direkten Handelns bietet man uns eine Illusion an, die höchst romantisch und erotisch verlockend ist. Nur wenige beschäftigen sich deshalb mit der Frage nach den seltsamen Ausdrucksformen, die diese auferlegten Beschränkungen annehmen – eine Venus von Milo ohne Arme, eine Meerjungfrau ohne Beine, ein schlafendes Dornröschen, das hundert Jahre auf den Kuß wartet.

Gefühl

1970 wurden die Ergebnisse einer Untersuchung von grundlegender Bedeutung veröffentlicht, die in der Fachwelt als *Broverman and Broverman* bekannt ist. Unter anderem steht dort zu lesen, daß eine Gruppe Psychologen das Merkmal »weint sehr leicht« als höchst weibliche Eigenschaft einstufte. »Sehr emotional«, »In kleineren Krisensituationen sehr leicht erregbar«, »Reagiert sehr empfindlich« waren andere charakteristische Züge auf der weiblichen Skala, ebenso wie »Sehr leicht beeinflußbar«, »Äußerst subjektiv«, »Unfähig, Gefühle von Gedanken zu trennen«, »Sehr unlogisch« und »Sehr falsch«. Wie nicht anders zu erwarten, wurde Männlichkeit durch entgegengesetzte Eigenschaften charakterisiert, die mit größerer Standfestigkeit zu tun haben: »Sehr direkt«, »Sehr logisch«, »Trifft mühelos Entscheidungen«, »Weint nie«. Die Bedeutung von *Broverman and Broverman* lag nicht darin, daß dadurch eine Reihe populärer Annahmen und konventioneller Auffassungen zusammengestellt wurde – Tabellen mit Männlich-weiblich-Vergleichswerten hatten bereits einen festen Platz in der psychologischen Literatur als Mittel, Normalität und soziale Anpassung zu erfassen –, sondern in der Beobachtung der Autoren, daß klischeehafte Weiblichkeit eine höchst negative Beurteilung des weiblichen Geschlechts beinhaltet. Außerdem stellte sich heraus, daß viele sogenannte weibliche Eigenschaften nicht mit klinischen Definitionen von Reife und geistiger Gesundheit zu vereinbaren waren.

Weibliche Emotionalität ist eine harte Nuß; sie läßt sich kaum messen, jedoch schwer ignorieren. Die Aufgabe, einem genau definierten körperlichen Ideal zu entsprechen, ist eine Mission des schönen Geschlechts, der sich nur wenige Frauen freiwillig entziehen. Ein anderer Imperativ ist die Anpassung an ein vorfabriziertes emotionales Ideal. Einige der größten Denker der Welt haben im Laufe der Geschichte eine typische Konstellation von Eigenschaften und ihrer äußerlichen Manifestationen als

Beweis der »unterschiedlichen« weiblichen Natur angeführt, um damit ein gesellschaftliches Bedürfnis nach einer Definierung der Geschlechter zu erfüllen und um den zweitrangigen Status der Frau zu rechtfertigen.

»Die Frau«, schreibt Aristoteles, »ist einfühlsamer als der Mann und leichter zu Tränen gerührt. Gleichzeitig ist sie eifersüchtiger, streitsüchtiger, bevorzugt Schimpfen und Schlagen. Außerdem neigt sie mehr zu Verzagtheit und eher zu Hoffnungslosigkeit als der Mann. Ihr fehlen Schamgefühl und Selbstachtung. Sie ist unehrlicher in ihren Worten, hinterlistiger und besitzt ein besseres Gedächtnis. Sie ist auch wachsamer, furchtsamer, schwerer zum Handeln zu bewegen, und sie benötigt weniger Nahrung.«

Ralph Waldo Emerson fand freundlichere Worte für das Wesen der Frau, als er 1855 auf einer Versammlung der Frauenrechtsbewegung sprach. Er vertrat dabei den Standpunkt des neunzehnten Jahrhunderts, der das Anderssein der Frau zur höchsten Tugend erhob. »Frauen«, erklärte er, »haben die Menschheit zivilisiert. Was ist Zivilisation? Ich sage, die Macht guter Frauen... Die Sternenkrone der Frau funkelt durch die Macht ihrer Gefühle, ihrer Liebe und durch die unendlichen Höhen, in die sie uns führen.« (Präsident Reagan hatte vielleicht Emersons Gedanken vor Augen, als er in weniger poetischer Sprache fröhlich verkündete: »Ohne Frauen würden wir Männer immer noch in Fellen herumlaufen und Keulen schwingen.«)

Eine Klärung ist angebracht. Glaubt man, daß Frauen ein breiteres oder tieferes emotionales Spektrum, größere Sensibilität, sagen wir für die Schönheiten der Natur oder die unendliche Vielschichtigkeit der Gefühle, besitzen? Jeder Dichter, Maler, Schauspieler, Meeresbiologe oder Anhänger der Friedensbewegung würde energisch widersprechen. Im allgemeinen einigt man sich eher darauf, daß Frauen auf dem stürmischen Meer der Emotionen treiben, während Männer die starke geistige Ader, die intellektuellen Muskeln besitzen, um die Kontrolle zu behalten. Was den zivilisierenden Einfluß angeht, so muß es sich doch sicher um mehr als Verfeinerung, Kultiviertheit und Geschmack handeln, der einem sagt, daß man mit Messer und Gabel ißt und nach dem Essen nicht rülpst. Die Idealisierung der emotionalen Frau, in der sich die Frauen gerne bestätigt sehen, ist weit romantischer: Ein feines Wesen in einem zerbrechlichen Gefäß, eine sanfte Natur, die von dem doppelten Bedürfnis beherrscht wird, zu lieben und beschützt zu werden; ein Geschöpf, das ohne den Drang schöpferisch zu sein, gute Musik, Kunst, Literatur und andere öffentliche Ausdrucksformen der privaten Seele schätzt; eine Fackelträgerin geistiger Werte, durch deren leuchtendes Beispiel die Männer der Welt zur Wiedergutmachung und zu großen Taten inspiriert werden.

Vor zweitausend Jahren *Dominus Flavit,* weinte Jesus beim Anblick von Jerusalem. »Männer hörten auf zu weinen«, vermutet Simone de Beauvoir, »als das Weinen aus der Mode kam.« Jetzt weint Maria, die *Mater Dolorosa,* aus Mitgefühl für die Menschheit. In mystischen Visionen, in den Reliquiaren dunkler Kirchen und wundersamer Schreine hat man Statuen der Jungfrau, der weiblichsten Frau der Welt, Tränen vergießen sehen. Es gibt immer noch Gesellschaften, in denen die Männer zu Tränen neigen (und zu Küssen), ohne offensichtlich ihrer Männlichkeit dadurch zu schaden; aber ganz besonders die angelsächsische Tradition verlangt von einem Mann, die Zähne zusammenzubeißen. Weinende wehklagende Frauen in schwarzen Gewändern sind bei vielen Nationen ein feststehender Bestandteil der Trauerriten. Zumindest in ihren lauten Äußerungen fällt untröstliche Trauer in den Bereich der Frauen. Wo immer sich eine nationale Tragödie ereignet (ein terroristischer Bombenanschlag, ein Flugzeugabsturz, ein politischer Mord), gehört das Foto der weinenden Frau, die für alle klagt, zum festen Repertoire der Zeitungen.

Man rät Frauen, sich der kathartischen Wirkung der Tränen zu überlassen (»Komm schon, wein dich nur aus«), während man einem Mann vermutlich rät, sich zusammenzureißen oder einen doppelten Whisky zu trinken. Man empfiehlt Männern im allgemeinen nicht, sich »auszuweinen«, wenn sie Kummer haben, denn die Erleichterung, die es bringt, sich Tränen zu überlassen, würde von dem unangenehmen Wissen überschattet, daß der Verlust der Kontrolle alles andere als männlich ist. 1972 beging Senator Edmund Muskie, der demokratische Spitzenkandidat für das Amt des Präsidenten, politischen Selbstmord, als er auf einer Wahlversammlung in aller Öffentlichkeit weinte. Muskie

kommentierte einige bösartige Zeitungsartikel über seine Frau, als ihm die Tränen in die Augen traten. Rückblickend kann man sagen, es war sein Waterloo. Konnte man von einem Mann, der in Tränen ausbrach, weil es im politischen Wahlkampf hoch herging, erwarten, den Russen Kontra zu bieten? Eine Nation, die das hutlose, mantellose Macho-Image eines John F. Kennedy bejubelt hatte, die militärischen Erfolge von General Eisenhower und die Zornesausbrüche von Harry Truman, antwortete: Nein! Die Medien hatten kein Erbarmen mit Muskies allzu menschlichen Tränen. Im Sommer 1983 wertete die israelische und die amerikanische Presse die tiefe Trauer und das große Leid des israelischen Premierministers Menachem Begin beim Tod seiner Frau als Beweis dafür, daß der alte zähe Kämpfer weich geworden war. Möglicherweise teilte Begin die Beurteilung seines emotionalen Zustandes und entschloß sich deshalb, kurz darauf zurückzutreten.
Sichtbarer Ärger und Zorn disqualifizieren einen Mann nicht. Zorn bei Männern wird oft als gerecht oder vernünftig verstanden und entschuldigt. Der Zorn bei Männern wird sogar heroisch verbrämt: Die richtige Reaktion auf eine Beleidigung der Ehre, die einer männlichen aggressiven Handlung vorausgeht. Es ist bekannt, daß zornige Gefühle zu Handlungen führen können, durch die man sich auf Kosten anderer behauptet, ganz zu schweigen von regelrecht physischer Aggression; und deshalb wird Zorn zum unweiblichsten Gefühl, das eine Frau zu zeigen sich gestatten kann.
Zorn bei einer Frau ist alles andere als »nett«. Eine Frau, die vor Zorn kocht, ist »unattraktiv«. Eine zornige Frau ist hart, böse und abstoßend; sie ist unzuverlässig und auf unangenehme Weise unbeherrscht. Ihr Gesicht verzerrt sich: Sie beißt sich auf die Lippen, die Augen werden schmal, sie zeigt die Zähne. Zorn ist ein gefährliches Fauchen, eine feindselige Drohung und eine Kriegserklärung. Die unendliche Nachsicht, die man von Frauen fordert und als weibliche Tugend der Tugend definiert, verbietet Zornesausbrüche. Man stelle sich eine reizende altmodische Szene vor: Die Dame des Hauses sitzt tief über ihre Nadelarbeit gebeugt und bestickt ihre Vorlage im Kreuzstich: »Geduld ist eine Tugend, die man übe, wenn man kann. Sie ist selten bei Frauen und niemals zu finden beim Mann.« Zieht sie

ihre Nadel mit ungewohnter Heftigkeit durch das Tuch? Sticht sie sich frustriert in den Daumen?

Man weiß, daß unterdrückter, schwelender Ärger sich bei Frauen auf kleinliche, boshafte Art Luft machen kann: Eifersucht, Träume von Vergeltung und häßliche Rachepläne. Vielleicht ist es doch besser zu weinen. »Einer Frau kommen schnell die Tränen«, schrieb Simone de Beauvoir, »weil ihr Leben auf dem Fundament ohnmächtiger Auflehnung ruht.« Simone de Beauvoir wollte mit ihrer Bemerkung den Frauen keine stereotype Oberflächlichkeit zuschreiben und erklärte vorsorglich im nächsten Satz: »Es ist auch zweifellos richtig, daß sie, physiologisch bedingt, ihre Nerven schlechter unter Kontrolle hat als ein Mann.« Ist dies »zweifellos richtig« oder trifft Simone de Beauvoir mehr den Kern der Sache, wenn sie fortfährt, daß »ihre Erziehung sie gelehrt, sich schneller gehen zu lassen«?

Babys und Kinder weinen aus Furcht, Enttäuschung, Unbehagen, Hunger, Angst vor der Trennung von Vater oder Mutter und aus Zorn. Die Psychologinnen Eleanor Maccoby und Carol Jacklin untersuchten alle erreichbaren Studien über weinende Neugeborene und kleine Kinder und fanden dabei keine bemerkenswerten Unterschiede zwischen den Geschlechtern. Sollten die endokrinen Veränderungen in der Pubertät dafür verantwortlich sein, daß junge Mädchen und erwachsene Frauen bekanntermaßen mehr weinen als Männer? Es besteht kein Grund, diese Binsenwahrheit anzuzweifeln. Wie steht es um die »verweinten Tage« vor der Menstruation, mit denen so viele Frauen zu kämpfen haben? Wie erklären wir die Neigung zu Depressionen von Frauen in den mittleren Jahren? Sind dies, wie manche Männer behaupten, Symptome einer »eklatanten Störung des hormonellen Gleichgewichts«, durch die das menschliche Gehirn in seinem kühlen, logischen Funktionieren beeinträchtigt wird? Oder kommt es zu weiblichen Depressionen, wenn das Vertrauen an die eigenen Fähigkeiten verlorengeht, wie der Psychiater Willard Gaylin behauptet?

Der Glaube an eine biologische Grundlage der Instabilität weiblicher Emotionen ist in der Geschichte der Medizin immer wieder vertreten worden. Der Arzt Hippocrates führte Hysterie auf einen unbefriedigten Uterus zurück. Im siebzehnten Jahrhundert entdeckte man, daß die Schilddrüse bei Frauen größer

ist als bei Männern. Das führte zu der Theorie, die Schilddrüse bewirke den anmutigen Hals einer Frau; andere vertraten die Ansicht, die Drüse reinige das Blut, ehe es ins Gehirn fließt. Eine größere Schilddrüse »war notwendig, um den weiblichen Organismus vor dem Einfluß häufiger Erregbarkeit und Verstimmung zu schützen«, zu der Frauen leider Gottes neigten. Die Ärzte im neunzehnten Jahrhundert erklärten, Unterleibsbeschwerden seien der Grund für die Klagen der Frauen über »nervöse Erschöpfung«. Wer sich eine ärztliche Behandlung nicht leisten konnte, dem brachten Lydia E. Pinkham's Pflanzentinkturen und andere Präparate Erleichterung. In den vierziger und fünfziger Jahren kam als Behandlung einer Reihe psychischer Leiden, besonders bei Frauen, kurzfristig und tragisch Leukotomie in Mode, denn die Operation »erlöste« die Patienten von ihren unbeherrschten Gefühlsausbrüchen. Heute scheint in solchen Fällen Valium zu genügen.
In den sechziger Jahren begann man ernsthaft den möglichen Zusammenhang prämenstrualer Spannungen mit Unfällen, Selbstmorden, Einweisungen in psychiatrische Kliniken und der Anstiftung zu Gewaltverbrechen zu erforschen und als auslösenden Faktor zu isolieren. Stimmungsschwankungen, Reizbarkeit und kleine emotionale Krisen führen möglicherweise dazu, daß Frauen periodisch ihre Spannungen mehr »ausagieren«. Aber was beweist das außer der zunehmend akzeptierten Tatsache, daß das endokrine System einen entscheidenden Einfluß auf die Reizschwelle des Menschen hat? Die Statistik zeigt, daß Selbstmorde, Gewaltverbrechen und gefährliche psychische Störungen bei Männern vier- bis neunmal häufiger auftreten als bei Frauen. Sollten wir also die Theorie aufstellen, daß eine »eklatante Störung des hormonellen Gleichgewichts« bei Männern ein anhaltender, chronischer Zustand ist? Ein disqualifizierender Faktor? Man kann alle möglichen Berechnungen anstellen, und das aus allen möglichen Gründen – hormonelle Wirkung, die gesellschaftlichen Zwänge, unter denen Frauen stehen, die gesellschaftlich sanktionierten Freuden der männlichen Rolle oder all dies zusammen –, das weibliche Geschlecht ist unzweifelhaft weniger anfällig für irrationales, antisoziales Verhalten. Der Preis für unterdrückten Zorn und ein gewaltfreies Wesen kann sehr wohl ein Krug voll Tränen sein.

Der triumphierende Jubel über einen persönlichen Sieg ist wie ein Zornesausbruch eine höchst unweibliche Reaktion. Natürlich erwartet man von den fairen Siegern beiderlei Geschlechts ein gewisses Maß sportlicher Bescheidenheit, aber das leiseste Anzeichen von selbstbewußtem Triumph – »Ich, ich, ich habe es geschafft!« – ist unvereinbar mit dem Anstand und der Zurückhaltung, die man von Frauen und Mädchen erwartet. Der erhobene Arm des Siegers, der ritualisierte Höhepunkt eines Wettkampfs, eines Ringkampfs oder einer Tennismeisterschaft ist alles andere als damenhaft. Das Gefühl der Macht, das ein Sieg schenkt, die Befriedigung, an der Spitze zu stehen oder einen Kampf gewonnen zu haben, ist und bleibt eine unangemessene Emotion. Der Weiblichkeit angemessener sind die voraussehbaren Tränen der neuen Miß Amerika, wenn sie gekürt wird. Zitternde Lippen und feuchte Augen gehören zum Aschenputtel, dessen Traum sich durch unglaubliches und unverdientes Glück erfüllt. Im Augenblick des Sieges wirkt die Gewinnerin von Amerikas beliebtester Show weniger stolz als überwältigt. Eine Miß Amerika, die ihr Zepter wie eine Trophäe schwingt, würde dem weiblichen Ideal nicht entsprechen.
Das mädchenhafte Erröten, ein unverzichtbares Requisit der Frauenromane des neunzehnten Jahrhunderts, war ein ausgezeichnetes Sinnbild unschuldiger, jungfräulicher Scheu und stand im Gegensatz zur weltlichen Galanterie der Männer. In einer Zeit, deren Sprache sehr viele Redewendungen und Worte mit einem sexuellen Unterton kannte und die insofern unfein und für die Ohren von Frauen nicht geeignet waren, galt weibliches Erröten als selbstverständlich. Männer erröteten nie, zumindest nicht in Romanen, denn bei ihnen setzte man Aufgeklärtheit und sexuelle Erfahrung voraus. Niedergeschlagene Augen, gerötete Wangen, Atemlosigkeit und gelegentliche Ohnmachten waren andere Beweise des zerbrechlichen, unschuldigen weiblichen Wesens, das in der rauhen, unfeinen Männerwelt geschützt werden mußte. (In höchst erfolgreichen Taschenbuchreihen, deren romantische Liebesgeschichten von Leserinnen geradezu süchtig verschlungen werden, erfreut sich das weibliche Erröten noch immer größter Beliebtheit.)
In einer Zeit neuer, relativer sexueller Freiheit oder zumindest

Permissivität verdrängen Keuchen und Stöhnen das Erröten und die niedergeschlagenen Augen. Schreiende Teenager, die in den vierziger Jahren im Paramount Theater reihenweise in Ohnmacht fielen, wenn der schlanke, junge Frank Sinatra schmachtend seine Lovesongs sang (angeblich setzten die Veranstalter die Ohnmachtsanfälle anfangs in Szene), kündigten die orgiastisch wimmernde Ekstase der heutigen Rockkonzerte mit Tausenden von Fans an. Im Gegensatz dazu stehen die jungen Männer automatisch auf, sobald die Band zu spielen beginnt, pfeifen, rufen und schreien. Aber sie wirken selten von ihren Gefühlen übermannt.

Die weiblichen Emotionen sind eindeutig lauter geworden. Das ordinäre Kreischen des typischen Dienstmädchens im elisabethanischen England, ein angebliches Zeichen eines lockeren Lebenswandels, scheint sein Unterklassenstigma verloren zu haben. Ein Nebenprodukt unserer medienbesessenen Gesellschaft, in der das Bedürfnis nach einer Privatsphäre eher verschroben und altmodisch gehalten wird, war die Wiedergabe unmißverständlicher weiblicher Orgasmuslaute auf einer Schallplatte (neben anderen Hits auch Donna Summers »Love to Love You Baby«). Dabei geht es um mehr als um die Kommerzialisierung von Sex. Würden die Töne eines männlichen Orgasmus ausreichen für eine Schallplatte und wären sie unmißverständlich? Ich habe noch keine Untersuchung zu diesem interessanten Unterschied der Geschlechter gesehen. Aber ich glaube, man kann sagen, daß die meisten Frauen sich auf dem Höhepunkt sexueller Leidenschaft lautstarker und unkontrollierter äußern als Männer. Ist diese Reaktion physiologisch, kompensatorisch oder lediglich symptomatisch für die weibliche Mission, ihre Gefühle zu zeigen (und die entsprechende männliche Mission, die Gefühle unter Kontrolle zu halten)?

Weibliche Gefühle konzentrieren sich besonders auf Sentimentalität, Mitgefühl und auf das Eingeständnis der Verletzlichkeit. Diese drei Eigenschaften versuchen die meisten Männer zu vermeiden. Die Freudianer erhoben den Zusammenhang dieser drei Züge mit der weiblichen Anatomie zu einem Glaubensartikel der freudianischen Schule. Erik Erikson sprach zum Beispiel von einem »inneren Raum« (er meinte damit den Schoß), der sich nach Erfüllung durch Mutterliebe sehnt. Helene Deutsch, die Grande Dame der freudschen weiblichen Psychologie, sprach von der psychischen Akzeptanz von Schmerzen und Verletzungen. Menstruationskrämpfe, Defloration und die Qualen bei einer Geburt fordern ein masochistisches Wesen, das sie für naturgegeben hält.

Die Liebe zu Babys, zu jedem Baby und zu allen Babys – nicht nur zu dem eigenen –, wird als eine weibliche Emotion gepriesen und vorausgesetzt. Eine Frau, die beim beliebten Schnappschuß eines Babys nicht in laute Aahs und Oohs ausbricht oder ein Kind nicht bei jeder Gelegenheit an sich drückt, ist sofort verdächtig. Anzeichen eines mütterlichen Wesens, eines gewissen angeborenen Geschicks im Umgang mit Babys oder zumindest ein Hinweis auf mütterliche Gefühle werden vom weiblichen Geschlecht erwartet. Frauen, die keine besonderen Gefühle für Babys haben, sind äußerst vorsichtig, dies einzugestehen, denn die Glorifizierung der Mutterschaft als größte und einzig wirklich befriedigende Rolle, ebenso wie die Bereitschaft, die ganze Last der Pflichten zu tragen, haben den Glauben genährt, daß alle Frauen sich aus einem tiefen emotionalen Bedürfnis heraus danach sehnen, ihre biologische Bestimmung zu erfüllen. Aus den Unterlagen von Krankenhäusern, Gerichten und Sozialbehörden geht eindeutig hervor, daß eine beträchtliche Zahl von Müttern keine natürliche Befähigung für ihre Aufgabe mitbringt. Die Fälle von Körperverletzung und Vernachlässigung sprechen eine allzu deutliche Sprache; in diesen Zusammenhang gehört auch die Sitte der Oberschicht, die Kinder der Fürsorge einer Amme zu übergeben. Trotz dieser Beweise, daß der Alltag einer Mutter keine passende und stimulierende Aufgabe für alle Frauen ist, hält sich der Mythos hartnäckig, daß eine Frau, die es vorzieht, kinderlos zu bleiben, selbstsüchtig und herzlos sein muß – oder daß ihr etwas fehlt.

Über mütterliche Schuldgefühle und die Möglichkeiten, sie auszubeuten, wurden viele Bücher geschrieben. Es handelt sich dabei um das vorherrschende Gefühl, daß eine Mutter tun kann, was sie will, ihre liebevolle Fürsorge ist möglicherweise trotzdem nicht ausreichend oder falsch. Daraus entstehen Folgen, unter denen ein Kind vielleicht ein Leben lang zu leiden hat. Trends in der Kindererziehung (Ernährung aus der Flasche, Füt-

tern auf Verlangen, das schreiende Kind nicht auf den Arm nehmen, das Toilettentraining hinauszuzögern oder den Arbeitsplatz aufgeben, um sich ganz der Familie zu widmen) beleuchten die Furcht vor mütterlicher Unzulänglichkeit als auch die Unbeständigkeit der »Expertenmeinung« in jeder Generation. Die Werbung manipuliert diese weibliche Furcht erfolgreich, um den Produkten ihrer Klienten einen Absatz zu verschaffen. Eine Mutter *muß* ein bestimmtes Müsli kaufen oder einen besonderen Brotaufstrich für den Frühstückstisch, sonst ist erwiesen, daß sie ihr Kind nicht genügend liebt und ihm die Chance vorenthält, »ein Prachtkind« zu sein. Bevor die Gay Liberation für sich selbst sprach, war es ein Allgemeinplatz psychiatrischer Weisheit, daß es in der Macht der Mutter lag, die heterosexuelle Orientierung des Sohns zu verhindern, indem sie ihm nicht rechtzeitig die Kinderlocken abschnitt, ihn nicht vom Ballettunterricht fernhielt oder ihn nicht ermunterte, Sport zu treiben.
Eine Bedingung der Weiblichkeit ist es, daß eine Frau ihr Leben der Liebe weiht – der Mutterliebe, der romantischen Liebe, der Liebe zur Religion, der Liebe, zu sorgen für alle und für alles. Das Territorium des Herzens ist eingestandenermaßen ein Gebiet, das allen offensteht. Aber nur von Frauen erwartet man, daß sie sich seine Erforschung hingebungsvoll zur Aufgabe machen, um alle Abenteuer, Macht, Erfüllung oder Tragödien zu finden, die das Leben innerhalb dieser Grenzen zu bieten hat. Es steht außer Zweifel, daß eine Frau dazu neigt, sich am femininsten zu fühlen, ihrem inneren weiblichen Make-up am meisten zu vertrauen, wenn sie sich glaubwürdig in einem Stadium des Verliebtseins befindet – selbst wenn es sich nur um eine kindische Schwärmerei, um unerwiderte Liebe oder auch um ein gebrochenes Herz handelt. Männer haben um der Liebe willen gelitten, und Männer haben im Namen der Liebe große Taten vollbracht. Aber welcher Mann hat sich je im Hochgefühl seiner Männlichkeit gesonnt, wenn er liebeskrank ist oder unter Liebeskummer leidet?
Gloria Steinem stellte einmal fest, daß beim Verkauf von Mode das Herz ein geschlechtsspezifisches Symbol weiblicher Verletzlichkeit ist. Herzförmige Ringe, goldene Anhänger in Herzform und die herzförmigen Sonnenbrillengestelle mit roten Gläsern

verkünden eine Sucht nach Liebe, die weit über die Grenzen akzeptablen männlichen Schmucks hinausgeht. (Ein Mann trägt sein Herz nicht an der Manschette.) Das gleiche gilt zwar nicht ganz so eindeutig für Blumen.

Es gibt nur wenig berühmte Sängerinnen in der Unterhaltungsmusik – das Alter spielt dabei keine Rolle –, die nicht in erster Linie mit einer Aussage über die Liebe identifiziert werden – meist geht es um die Kehrseite der Liebe (und das beim Blues, Top Forty, Disco oder Rock). Glühende, bittersüße Balladen und traurige, leidvolle Klagen, gemischt mit Schwüren ewiger Treue, die dem gemeinen Kerl gelten, »der-mich-verlassen-haaat«, verkünden die weibliche Botschaft der Liebe um jeden Preis. Die bitteren Hymnen des angeschlagenen Überlebens, angefangen von Fanny Brices »My Man« bis zu Gloria Gaynors »I Will Survive«, die die Tür vor weiterem emotionalen Mißbrauch nicht ganz verschließen, falls der Mann sich doch noch zur Rückkehr entschließt, würden im umgekehrten Fall wohl nie gesungen.

Aber es geht nicht um emotionalen Mißbrauch (außer in extremen, unnatürlichen Fällen), es geht um Gefühl. Frauen lernen von Kindheit an, Hüterinnen des Herzens, Hüterinnen sentimentaler Erinnerungen zu sein. Die emotionale Lebensgeschichte einer Frau wird in Tagebüchern konserviert, ist gebündelt in alten Liebesbriefen, schlummert in Familienalben und Gedichtbänden, in denen eine getrocknete Blüte liegt. Die Erinnerung an Vergangenes – Geburtstage, Jahrestage, Todestage – ist ein weibliches Feld. Die von der Gesellschaft festgesetzte Arbeitsteilung weist der Frau die Aufgabe zu, die emotionalen Bindungen aufrechtzuerhalten – selbst die der Familie des Ehemannes. Es ist ihre Pflicht, einfühlsam das Ferngespräch zu führen, das Geschenk auszusuchen und den Dankesbrief zu schreiben (Chefs übertragen solche Dinge ihrer Sekretärin). Männer sind beschäftigt; sie drängen vorwärts; eine Frau blickt zurück. Es ist bezeichnend, daß in der Bibel Lots Frau einen letzten wehmütigen Blick auf ihre Stadt, ihre Heimat, ihre Vergangenheit warf (und dafür in eine Salzsäule verwandelt wurde).

Liebe bestärkt die weibliche Psyche. Ein vielgepriesener Unterschied zwischen Männern und Frauen (je nach Einstellung entweder die Schwäche oder die Stärke der Frau) ist die hartnäckige Weigerung, Sex von Liebe zu trennen. Verständlich! Alles dreht sich um die Liebe, und von den Frauen erwartet man, daß ihnen dabei schwindlig wird – zu kreisen, zu fallen, sich mit jeder Pore lebendig zu fühlen, am Boden zerstört zu sein. Anstatt eine geeignete Beziehung einzugehen, muß sie sich vielleicht mit einer unpassenden oder einer unerreichbaren zufriedengeben. Aber noch wichtiger: Sex hat für eine Frau, selbst in einer Zeit, in der empfängnisverhütende Mittel zur Verfügung stehen, unter Umständen Folgen, die ihn zu einer ernsteren Angelegenheit machen. Sex, leichtgenommen, kann einen schwerwiegenden Ausgang haben. Ein junges Mädchen denkt an Liebe und Ehe, aber der junge Mann nur an Sex; ihr emotionales Engagement hat seine Wurzeln nicht nur in ihrer Erziehung, sondern auch im biologischen Unterschied. Deshalb kann Liebe zum Alibi für verantwortungsloses Verhalten gehalten werden; sie kann einen Menschen aber auch ganz erfüllen, oder ein verzweifelter Ausweg aus den Frustrationen eines engen Lebens à la Emma Bovary oder Anna Karenina sein.*

In Gotteshäusern, besonders wenn sie in ärmeren Gegenden stehen, versammeln sich weit mehr Frauen als Männer. Dieses Phänomen kann man sicher nicht nur mit der historischen Rolle der katholischen und protestantischen Kirche erklären, die die Frauen zum Kirchgang anhielt. (Auf den Islam und das Judentum trifft das nicht zu.) Man kann auch nicht behaupten, Frauen hätten mehr Zeit zum Beten oder sie seien in der westlichen Welt von Natur aus religiöser. Vielleicht spielt ein anderer Faktor ebenfalls eine Rolle – der zentrale Glaubenssatz der christlichen Religion, »Jesus liebt dich«, spricht vielleicht das Geschlecht besonders an, das sich durch Gefühle der Liebe definiert.

---

* Frauen führen oft den überwältigenden Einfluß der Liebe an, wenn sie unweibliche Dinge tun. Elizabeth Bentley, die berüchtigte Ostagentin im Kalten Krieg der fünfziger Jahre, erklärte ihre illegalen Aktivitäten mit ihrer leidenschaftlichen Liebe zu dem russischen Meisterspion Jacob Golos. Judith Coplons, die Regierungsdokumente entwendete, erklärte verteidigend, sie habe es aus Liebe zu Valentin Gubichew, einem anderen Russen, getan. In jüngerer Vergangenheit versuchte Jean Harris vergeblich, ein Gericht davon zu überzeugen, daß sie den Scarsdale-Diet-Doktor Herman Tarnower so sehr geliebt habe, daß sie nie in der Lage gewesen wäre, ihn zu ermorden.

Das besondere Interesse der Frauen an Liebe und Mitgefühl wird von der Unterhaltungsindustrie bedient und gefördert. Hollywoods Rührstücke waren große Studioproduktionen mit dem einzigen Zweck, Frauen in die Kinos zu locken. Ratschläge für Verliebte waren neben den Gesellschaftsspalten und Geburts- und Todesanzeigen ein traditionelles Betätigungsfeld für Frauen, und das bereits in einer Zeit, in der Journalistinnen in den Redaktionen ebenso selten zu finden waren wie Frauen in einem Kohlebergwerk. In den Glanzzeiten der Boulevardblätter blickten die Journalisten, die sich mit den »ernsten Themen« Politik, Justiz und Krieg beschäftigen, verächtlich auf den »Tränendrüsenjournalismus« herab (ein Terminus für eine »menschliche« Geschichte, die mit herzerweichendem Pathos geschildert wurde – meist von einem hartgesottenen Mann, der das Rezept beherrschte. Nathanael Wests berühmter Antiheld zeichnete seine Beiträge mit Miß Lonelyhearts!). Trotz ihrer Popularität rangierte und rangiert die Regenbogenpresse im Journalismus weit unten. Sie ist als trivial, schwach und unmännlich abgestempelt.

In Regierungskreisen galt es während des Vietnamkriegs als Zeichen emotionaler Weichheit von zartbesaiteten Liberalen und nervösen Schwächlingen zu behaupten, verkohlte Babys, Napalmbomben auf Dörfer und vernichtete Ernten seien ein Grund, die amerikanische Armee abzuziehen. Die Friedensbewegung, so behauptete man, setze sich aus Feiglingen und Wirrköpfen zusammen. Männer, die für Frieden und Gewaltlosigkeit eintreten, stehen immer unter dem Verdacht, unmännlich zu sein und nicht genug praktische Logik zu besitzen. Nur den Frauen, dem schwachen Geschlecht, räumt man einen gewissen emotionalen Spielraum ein. Schließlich wird die weibliche Logik bekanntermaßen von Gefühlen beherrscht. Mitgefühl und Empfindsamkeit bilden die Grundlage ihrer notorischen »Subjektivität«, der die »Objektivität« von Männern gegenübersteht, die sich als objektiven Maßstab betrachten.

Solange die gesellschaftliche Arbeitsteilung verlangt, daß Frauen die Bürde der emotionalen Sorge für das menschliche Leben von der Wiege bis zur Bahre im wesentlichen allein tragen, während Männer den geschlechtsspezifischen Unterschied durch Konkurrenzdenken demonstrieren, das sich in physischer

Aggression niederschlägt, verlangen demonstratives Mitgefühl und Angst vor Gewalt zwingend, Krieg und andere Umweltgefahren zu verabscheuen. Wenn Gesetz und Sitten den Frauen öffentliche Selbstdarstellung und ökonomische Gleichberechtigung in allen Bereichen verweigern, die Männer für sich in Anspruch nehmen, muß eine Frau ihre Hoffnungen, ihre Träume, ihre weibliche Identität und ihre soziale Bedeutung in die Privatsphäre persönlicher Beziehungen und in den Bereich von Ehe, Familie, Freundschaft und Liebe legen. In einer Welt, die aus dem Gleichgewicht geraten ist, in denen Männern suggeriert wird, Härte und lineares Denken seien maskuline Züge von hohem Wert, die sie in die Lage versetzen, strategisch Eroberung um Eroberung zu planen, Feldzug um Feldzug, ohne einen Blick zurückzuwerfen, ohne von Gefühlen abgelenkt zu werden, gibt es und wird es einen emotionalen Unterschied zwischen den Geschlechtern geben – eine Kluft, die sich vielleicht sogar in den Ergebnissen einer Meinungsumfrage widerspiegelt.

Würde die geschlechtsbestimmte Erfahrung des Frauseins auch dann noch ein Spektrum von Meinungen und Werten umfassen, die sich deutlich von denen der Männer unterscheiden, wenn aus den Schatten der historischen Unterdrückung ein wahres Bild auftauchen könnte? Es wäre verfrüht, eine Antwort zu wagen.

Kann eine bestimmte Emotion sich letztlich der Loslösung von ihrer historischen Rolle bei der Machtverteilung der Geschlechter widersetzen? Unsere Beobachtungen erlauben, so viel zu sagen: Die Verflechtung von Anatomie, Geschichte und Kultur bietet ein so einleuchtendes emotionales Argument für »das andere Wesen Frau«, daß die Weiblichkeit selbst in ihren besten Aspekten dazu beiträgt, es festzuschreiben.

Ehrgeiz

Wenn Weiblichkeit sich in hübschem Aussehen und Anmut erschöpfen würde, wäre sie kein verwirrendes Rätsel, und andere Formen des Ehrgeizes stünden nicht so im Widerspruch zur bravourösen Erfüllung weiblicher Tugenden. In gewisser Hinsicht überschattet die Frage nach dem Ehrgeiz diese Untersuchung. Denn jede Geste, mit der eine Frau ihr weibliches Anderssein beweist, ist wieder eine Masche im Strickmuster: Zurückhaltung in Sprache und Verhalten; ein Opfer an Zeit und eine Beschäftigung mit der äußeren Erscheinung, die den Geist ablenkt und den Vorrat an Energie und Willenskraft erschöpft. Sind Zeit und Energie kein Problem, ist Willenskraft kein Ziel, wird die immanente Unterwürfigkeit nicht zu genau unter die Lupe genommen, ist die Ästhetik der Weiblichkeit vielleicht keine Fessel. Im Gegenteil, zu den Belohnungen, die Weiblichkeit bietet, gehört die Möglichkeit, sich dem Bannkreis des Ehrgeizes zu entziehen; ihr strategischer Einsatz ist oft eine gute Tarnung für alle, die ihren Ehrgeiz dem allgemeinen Blick entziehen möchten. Aber man kommt nicht um die Tatsache herum, daß Ehrgeiz kein weiblicher Charakterzug ist. Genauer gesagt, ein Mangel an Ehrgeiz – oder ein eingestandener Mangel an Ehrgeiz oder die Bereitschaft, den persönlichen Ehrgeiz zu opfern – ist ein tugendhafter Beweis des nährenden Wesens der weiblichen Natur. Fehlt es, trifft das mitten ins Herz der schuldbewußten Weiblichkeit.

Bei Frauen gehört zum nährenden Wesen die Liebe zu Kindern, der Wunsch, sie zu haben und aufzuziehen, und eine Veranlagung, die in Richtung gewisser Eigenschaften liegt, die nicht geschlechtsspezifisch sind: Zärtlichkeit, Wärme, Mitgefühl, kontinuierliche emotionale Anteilnahme am Wohlergehen anderer und schwaches oder nicht vorhandenes Konkurrenzdenken. Zu den nährenden Pflichten gehören Kinderpflege, Sorge um den Ehemann, Kochen und Stillen, Trösten und Ausgleichen, Aufräumen und Saubermachen, kleinere Aufgaben wie das Annähen des Mantelknopfes für einen erwachsenen Mann und größere Aufgaben wie die Pflege von Beziehungen und das Beilegen von Streitigkeiten, die Bedürfnisse der Familie über die eigenen stellen, die eigene Arbeit fallenlassen, um sich der Kranken, der Betrübten und Einsamen in Zeiten ihrer Not anzunehmen.

Wenn solche Fürsorglichkeit aus Liebe, Neigung oder Verantwortungsbewußtsein geschenkt wird, kommt die Vermutung auf, dieses Verhalten sei Ausdruck des biologischen Wesens einer Frau, ganz gleich, welche Form es annimmt – sei es Windeln wechseln oder Kuchen backen. Bei Männern werden solche Dinge als außergewöhnlich, möglicherweise sogar als verdächtig angesehen. Bei Dienstmädchen, Haushälterinnen, Kindergärtnerinnen oder Krankenschwestern wird Fürsorglichkeit nur gering bewertet.

Entspricht es dem anatomischen Plan, daß Frauen das nährende Geschlecht sind? Im ursprünglichen Sinn, im Hinblick darauf, was der Körper tun kann, um neuem Leben zu dienen, lautet die Antwort selbstverständlich ja. Bei Menschen und Säugetieren ist die weibliche Natur durch die Methode der Fortpflanzung definiert: Der Schwangerschaft und der Ernährung im Mutterleib folgt die Sorge für das abhängige junge Leben nach der Geburt. Nur wenige werden bestreiten, daß die Pflichten fürsorglicher Mutterschaft als biologischer Prozeß einsetzen und daß Stillen die Mühen der Geburt mit der sozialen Verpflichtung zu anhaltender Fürsorge verbindet. Zumindest weisen die natürlichen Rhythmen, unbeeinflußt von der menschlichen Zivilisation, darauf hin.

Milch ist das entscheidende Band des Lebens für Mutter und Kind, wo immer Gruppen von Säugetieren in der Natur leben – sei es in den Tiefen der Wälder oder im Gras der Savannen. In enger Verbindung dazu stehen das Säubern, das Tragen, das Schützen vor Gefahr (obwohl gleichgültige Mütter durchaus bekannt sind). Für Tiere, die in Herden zusammenleben, ist die aktive mütterliche Fürsorge der ruhende Pol der sozialen Ordnung. Zum Ausdruck kommt sie in starken verwandtschaftlichen Banden, in der Hierarchie von Rang und Macht, die (in manchen Fällen) auf die nächste Generation übertragen wird. Verhaltensweisen, die bei den Männchen einiger Arten deutlicher in Erscheinung treten – Kämpfe, Überlegenheitsgebärden, Verteidigung gegen Feinde und das Recht auf den größten und besten Brocken –, stehen in keinem so engen sozialen Kontext wie die Bande der Mutterbeziehung. Die frühesten universalen menschlichen Gesellschaftsformen waren die Sippen der Sammler und Jäger; und dort war die doppelte Funktion der Frau von zentraler Bedeutung für das Überleben der Gruppe. Sie trug die Verantwortung für die Geburt und das Aufziehen der nächsten Generation und stellte durch Sammeln und Zubereiten der Nahrungsmittel die tägliche Versorgung sicher. Die Frau als Mutter und Sammlerin besaß die gleiche Bedeutung wie der Mann als Jäger, zumindest was produktive Arbeit und soziale Stellung anging. In der Kalahari, wo noch umherziehende Stämme der Kung San in traditioneller Weise leben, ist es auch heute nicht anders.

Es lag nicht an Frauen oder Männern, auch nicht an ihrem ehrgeizigen Streben, daß mit fortschreitender Zivilisation die unveränderlichen biologischen Aufgaben für den sozialen Fortschritt zunehmend unwichtiger wurden. Die ruhelose Intelligenz des *Homo sapiens* war auf ein unproblematisches Fortpflanzungssystem und auf Körperkraft angewiesen, um sich die Natur untertan zu machen und sie dem menschlichen Willen zu unterwerfen. Und diese Attribute waren charakteristisch für den Mann. Mit der Kultivation von Land, dem Entstehen fester Siedlungen und der Entfaltung von Konkurrenzdenken und persönlichem Ehrgeiz, der zur Anhäufung von Reichtum und zum Entstehen von Klassenstrukturen führte, standen die notwendigen Aufgaben der Fortpflanzung und Nahrungsversorgung nicht länger im Mittelpunkt des menschlichen Daseins. Unvermeidlich und logisch wurde die Weiblichkeit mit ihrer natürlichen Befähigung auf zwei nützlichen Bereichen (Fortpflanzung und »anderes«) zu einer weniger mächtigen Kraft im sozialen Gefüge als der Mann mit seinen spezialisierten Fähigkeiten.

Die Anthropologin Sharon Tiffany untersuchte den sozialen Beitrag der Frauenarbeit in vier vorindustriellen Gesellschaftsformen (Sammler, nicht seßhafte Ackerbauern, Hirten und seßhafte Ackerbauern). Sie schreibt, daß die Auffassung von Mutterschaft als der einzigen sinnvollen Funktion einer Frau einhergeht mit strengen Verboten, sich anderen Arbeiten zuzuwenden. Die Abwertung der Frau im allgemeinen ist in Wirtschaftssystemen stets zu beobachten, wenn Produktionsmittel und Machtpositionen eindeutig von Männern beansprucht werden. Wenn Mutterschaft, Kindererziehung und Haushaltspflichten zu einem sozioökonomischen und kulturellen Ideal erhoben werden, das gleichzeitig die Frau von gewinnbringenden Arbeiten ausschließt, dann wird die weibliche Sexualität zu einer männlichen Angelegenheit, die sich an männlichen Interessen orientiert. Das Recht auf freie Sexualität, das Recht zur Geburtenkontrolle, das Recht auf freie Entscheidung für oder gegen Mutterschaft und das Recht, ein Mädchen mit all seinen Anlagen ebenso hoch zu bewerten wie einen Jungen, ist dann abhängig von der jeweiligen Einstellung der Männer.

Vor Tausenden von Jahren verehrten die Menschen in den pantheistischen Religionen die Muttergottheiten (Astarte, Isis und viele andere). In ihnen spiegelte sich die ehrfürchtige Anerkennung der lebensspendenden Kräfte der Frau und der Natur. Die patriarchalische Herrschaft über Frau und Land brachte den monotheistischen Glauben hervor, der sich vom Konzept der Urzeugung abwendete und den Akt der Zeugung dem göttlichen Willen einer männlichen Gottheit unterstellte. In der biblischen Schöpfungsgeschichte spielt Mutterschaft keine Rolle. Adam wird nicht von einer Frau geboren; ihn erschafft die Hand Gottes. Adams Gefährtin Eva wird aus der Rippe des Mannes geschaffen. Mit dieser ungewöhnlichen Umkehrung der biologischen Geburt erhielt die Unterordnung der Frau unter den Mann eine feste theologische Basis. Die historischen Bedingungen, unter denen Mutterschaft sanktioniert wurde (nur innerhalb der Ehe, um die männliche Erbfolge zu sichern), untergruben die mütterliche Macht weiter und belegten die Schwangerschaft mit Elementen von Zwang, Strafe und Schande. Als das Christentum sich ausbreitete und die heidnischen Religionen verdrängte, wurde die Schwangerschaft auf eine Funktion reduziert und beinhaltete nur noch die Fürsorge für das neue Leben. Es enbehrt nicht einer gewissen Ironie, daß die Schmerzen und Gefahren der Geburt (infolge des großen menschlichen Kopfes mit seinen intellektuellen Fähigkeiten) als Lohn der Erbsünde betrachtet wurden.

Als die Überlebensstrategien der Menschheit sich unverkennbar von landwirtschaftlichen Systemen auf industrielle Wirtschaftsformen verlagerten, erlebte der traditionelle Bereich weiblicher Arbeit neue Formen der Auszehrung. Der Herd, der Besen, das Spinnrad und die Wiege waren bislang verehrte Symbole des weiblichen Anteils an der häuslichen Partnerschaft einer produktiven Familie gewesen. Doch das Haus verlor nun zunehmend seine zentrale Bedeutung als Arbeitsplatz, unter anderem auch als Spinnen und Weben von industriellen Produktionsmethoden abgelöst wurden. Fortschreitende Technologie, mechanisierte Macht, Spezialisierung der Arbeit und ein Entlohnungssystem erhöhten den Status und die Beweglichkeit der Männer im ökonomischen Bereich; aber die isolierten Haushaltspflichten der Frauen blieben von alldem »frei«, es sei denn, sie wurden von Dienstboten erledigt. Selbst die Muttermilch erlebte einen drastischen Statusverlust, als Ammen oder die Milch von Kühen oder Ziegen (später auch Trockenmilch) als ausreichender Ersatz betrachtet und dadurch die Überlebenschance des Kleinkindes sogar vergrößert wurde, wenn das Stillen an der Mutterbrust unmöglich oder ungenügend war oder die gesellschaftlichen Normen es mißbilligten.

Religion und Gesetz nutzen ihre Macht, um eine Frau daran zu hindern, eine bezahlte Arbeit anzunehmen, die als männlich galt. Außerdem appellierte man an ihre Weiblichkeit, um ihren Ehrgeiz zu dämpfen und sie zufriedenzustellen. Die Geburt, die man unter männliche Aufsicht stellte, als das Können der Hebammen von der Medizin in Frage gestellt wurde, die seinerseits keine Frauen in ihre Reihen aufnahm – wegen ihres zarten Wesens –, ist ein bitteres Beispiel dafür, wie weibliche Gefühle als Waffe gegen weiblichen Ehrgeiz eingesetzt wurden. Bewaffnet mit den neuesten antiseptischen Mitteln und chirurgischen Kenntnissen, hatte ein Arzt im neunzehnten Jahrhundert mehr zu bieten als eine Hebamme mit ihrem beschränkten traditionellen Können. Diese bedauernswerte Tatsache trug viel dazu bei, ein historisches Band der Schwesternschaft im entscheidenden Moment der Geburt neuen Lebens zu zerreißen. Doch wurde eine Ärztin oder eine Frau, die Ärztin werden wollte, als krankhaft männlich verspottet oder man unterstellte ihr, beim Anblick von Blut in Ohnmacht zu fallen – bei ihrem lächerlichen Versuch, die Schranken ihres Geschlechts zu überwinden, mußte sie so oder so scheitern. Nur die sanften, friedfertigen Aspekte menschlichen Verhaltens blieben ihr überlassen – ein liebenswertes Naturell, der Sinn für Ordnung, der liebevolle Wunsch, für andere zu sorgen –, und man verherrlichte diese Eigenschaften als hohe Tugenden unverdorbener Weiblichkeit und erhob sie zu einem moralischen Ideal: die gehorsame Tochter, die gute kleine Ehefrau und die tugendhafte Mutter. Sie lebten dankbar im geschützten Rahmen ihrer immer kleiner werdenden häuslichen Sphäre.

Die Kultivierung des weiblichen Wesens, die von der Frau verlangte, liebevoll und treu das Haus zu hüten, blieb den Frauen der Arbeiterklasse versagt, die Seite an Seite mit ihren Männern das Feld bestellten oder mit ihren Familien in die Städte zogen, um täglich zwölf Stunden in einer Fabrik zu schuften. Man mußte die Frauen der besseren Gesellschaft nicht erst darauf hinweisen, wie unweiblich Arbeit sei. Sie waren für ein gesellschaftliches Leben mit ästhetischen Genüssen und einer ununterbrochenen Folge gesellschaftlicher Ereignisse und Verpflichtungen bestimmt. Sie legten die übliche Bereitschaft ihrer privilegierten Stellung an den Tag, alle praktische Arbeit, und dazu gehörte auch die Kindererziehung, den Dienstboten zu überlassen. Es bedurfte einer neuen, mächtigen Mittelschicht – die hart arbeitete, einfallsreich, unsicher und wohlhabend war –, um mit großem Ehrgeiz den Frauen der eigenen Klasse das Ideal der aristokratischen, müßigen Dame als Zeichen des gesellschaftlichen Aufstiegs aufzuzwingen. Es bedurfte eines bürgerlichen Wertsystems, das von Leistungskampf und materiellen Normen getragen war, um voll Stolz eine Frau zu kreieren, die in totaler ökonomischer Abhängigkeit in einem Heim residierte, das sie wie ein dekoratives Schmuckstück zierte. Sie war der Lohn des freien Unternehmertums, ein Tribut an den Erfolg des Mannes.

Marxistische Theoretiker des neunzehnten Jahrhunderts analysieren die Fortpflanzung vielleicht als Mittel, durch das die ausgebeuteten Massen ihren Unterdrückern Kanonenfutter und Fabrikarbeiter lieferten. Doch in ihren starren Definitionen von Arbeit und Klasse fanden sie keinen Platz für Mutterschaft und Fürsorge als eigene Formen produktiver Arbeit. Die Sozialdarwinisten sahen die Neureichen in einem freundlicheren

Licht und versuchten, den Kampf der Menschen zu erklären. Sie entwickelten die Theorie vom Überleben des Besten – und das war ausschließlich eine Sache des Konkurrenzkampfes von Mann gegen Mann. In der ersten Hälfte des zwanzigsten Jahrhunderts waren die Freudianer an der Reihe, sich Gedanken über die unglücklichen Frauen der Mittelklasse mit ihren unterdrückten Ambitionen zu machen. Sie boten als Lösung Ehe und Mutterschaft an – und zwar als Ganztagsbeschäftigung. Das Ziel einer gesunden, erwachsenen, integrierten Frau mußte es sein, sich von den männlichen, ehrgeizigen Wünschen zu befreien und ihre unreife, unweibliche Klitorislust zu transzendieren. Völlige Erfüllung und sexuelle Befriedigung konnte sie nur in ihrer Vagina, ihrem Uterus und in ihrer weiblichen Rolle finden.

Zwei Jahrhunderte vor dem Aufkommen des Christentums rühmten die Römer die moralische Tugend der Mutterschaft in der Geschichte der Witwe Cornelia. Die Mutter der edlen Gracchen opferte Reichtum und die Aussichten auf eine mögliche neue Heirat ihren Söhnen, die sie stolz ihre »Juwelen« nannte. Bald übertraf jedoch eine andere Mutter die beispielhafte Tat der Cornelia, und sie hat das weibliche Ideal beinahe zweitausend Jahre lang beeinflußt. Die katholische Kirche hat aufgrund einiger spärlicher Hinweise in den Evangelien, die nicht einmal alle günstig ausfallen, die Geschichte von Maria, der Mutter Christi, geschaffen. Sie ist ein moralischer Appell an die hohe Aufgabe der Mutterschaft als Gipfel weiblichen Strebens, ein Ideal, das die Realität von Sex nicht kennt.

In ihrer brillanten Abhandlung *Alone of All Her Sex* erinnert uns Marina Warner daran, daß die Jungfrau unbefleckt von weltlichen Begierden ist. Sie wird niemals zornig oder versucht ihren Willen durchzusetzen. Sie wendet sich mit Bittgebeten an den schwierigen Vater, widersetzt sich aber nicht Seinen Befehlen und Wünschen und ebensowenig den Befehlen und Wünschen Seines Sohnes. Die Vollkommenheit der Madonna beruht auf ihrer Schlichtheit, ihrer Keuschheit, ihrer sanften Ergebenheit, ihrem barmherzigen Mitleid, ihrer bescheidenen Demut, ihrer gehorsamen Unterordnung und auf ihrem Glück, als heiliger Leib und nährende Brust für den Sohn Gottes erwählt worden zu sein. Für diese Demut wird sie schließlich als Himmelskönigin belohnt. Als einzige aller Frauen hat der Herr Gefallen an ihr gefunden. Die stillende Göttin war ein fester, wichtiger Bestandteil der religiösen Bilderwelt, soweit sich die Zivilisation zurückverfolgen läßt. Eine römische Legende schreibt Juno das Entstehen der Milchstraße zu, deren Milch über den nächtlichen Himmel spritzte, als sie Herkules stillte. Marina Warner stellt fest, daß der christliche Glaube der Jungfrau eine biologische Funktion zugestand: das Stillen. Doch im sechzehnten Jahrhundert führten die damalige Prüderie und die Sitte des Adels, Ammen für die Kinder einzustellen, dazu, daß die stillende Madonna aus der bildenden Kunst verschwand.

Die Volksmärchen der Deutschen des achtzehnten Jahrhunderts, die von den Brüdern Grimm gesammelt und nacherzählt wurden, zeigen uns eine Art Mutterschaft, die auch eine moralische Lektion erteilen. In »Hänsel und Gretel«, »Aschenputtel« und in »Schneewittchen« gibt es Mütter, die nicht wirklich Mütter sind. Es sind lieblose Stiefmütter, der Inbegriff von Egoismus, anmaßendem Stolz und Ehrgeiz. Sie denken nicht an ihre mütterlichen Pflichten oder schmieden sogar Pläne, sich der Kinder zu entledigen. (Der Ehemann ist entweder zu beschäftigt, zu schwach oder so verliebt, um etwas zu merken.) Die böse Stiefmutter ist ein warnendes Beispiel mütterlicher Gleichgültigkeit und Grausamkeit, die am Ende immer die wohlverdiente Strafe erhält.

Um die Mitte des zwanzigsten Jahrhunderts war eine andere Parabel negativer Mutterschaft populär geworden. Im modernen Amerika ist die tyrannische jüdische Mutter ein Klischee, obwohl es nicht nur auf eine ethnische Gruppe beschränkt ist. Sie ist eine rührselige Matriarchin, die die Wechseljahre hinter sich hat. Sie kann nicht akzeptieren, daß ihre Aufgabe erfüllt ist. In ihrer übertriebenen Fürsorglichkeit wird sie tyrannisch, schikaniert ihren Ehemann und setzt ihn herab, rutscht auf den Knien und schrubbt den Fußboden, wenn das Dienstmädchen damit fertig ist; weil sie es besonders gut meint, läßt sie das Essen verkochen; sie macht ihrem Sohn Vorwürfe und Schuldgefühle, weil er sie nicht besucht. Die Psychoanalyse machte die »dominante«, »erdrückende«, »überängstliche« Mutter für die Probleme der Menschheit (Homosexualität, Kriminalität, darunter auch Vergewaltigung neben anderem) ebenso verantwortlich wie die pflichtvergessene Mutter, die sich weigerte, ihre weibliche Rolle zu akzeptieren.

Es geht eigentlich darum: Die Gefühle der Mutterschaft sind dazu bestimmt, die Ambitionen in sich aufzunehmen und sie auf die Aufgabe einer Mutter zu lenken; doch selbst die mütterliche Frau kann für das Allgemeinwohl zu ehrgeizig und zu mächtig sein. Aggressive Mutterschaft hängt drohend als ein unweiblicher Makel über einer Frau – vielleicht ist er auch ein Widerspruch in sich selbst. Die Kulissenmutter, die dafür sorgt, daß ihr talentiertes Kind Karriere macht, und die Berufswitwe, die sich unermüdlich darum bemüht, dem Werk ihres Mannes in der Öffentlichkeit Geltung zu verschaffen, werden als unangenehm und aufdringlich empfunden, obwohl in Kunst, Musik und Literatur nicht wenig Künstler ihre Karriere den Frauen und Müttern zu verdanken haben, die sie auf ihrem Weg betreut haben.

Wenn es um den eigenen Erfolg geht, bringt es einer Frau wenig Wohlwollen ein, hart zu kämpfen. Schweiß unter den Armen, zusammengebissene Zähne, ein wenig damenhaftes Knurren... schließlich sind das unvermeidliche Zeichen großer Anstrengung. Einem Mann dürfen die Schweißtropfen auf die Stirn treten, aber eine Frau legt besser ab und zu eine Pause ein, um ihr Make-up zu überprüfen. Ein gepflegtes Aussehen, so sagt man uns, ist femininer als Erfolg. Es ist ganz selbstverständlich, daß die wenigen Karrieren, die den weiblichen Reizen erwiesenermaßen nicht schaden, nach wie vor diese großen, glanzvollen Träume vom Ruhm sind, die sich nur selten verwirklichen (Schauspielerin, Sängerin, Mannequin, Moderatorin im Fernsehen). Attraktives Aussehen ist dabei ein Teil der Show, und deshalb kann der Wunsch aufzufallen teilweise entschuldigt werden.

Aber nicht ganz. Vor noch nicht allzu langer Zeit erschien der Name einer Dame in den Zeitungen nur bei ihrer Geburt, ihrer Hochzeit und ihrem Tod. Ein »Mannweib« war eine Frau, die es in ihren Leistungen und Fähigkeiten einem Mann gleichtat. Obwohl es in den letzten Jahrzehnten so viele berühmte Frauen gegeben hat, ist in der öffentlichen Meinung eine herausragende Frau noch immer umstritten. In Interviews erwartet man von ihr das Glaubensbekenntnis zu hören, daß Ehemann und Kinder an erster Stelle stehen – oder stehen würden, wenn sie das Glück hätte, eine Familie zu haben. Talent, Fähigkeiten und Intellekt integrieren sich nicht leicht in ein weibliches Idealbild, das nach alter Sitte an die großen Leistungen von Ehemann oder Liebhaber gebunden ist. Ein Hang nach Macht, Status, Geld oder unsterblichem Ruhm liegt nicht im Bereich weiblicher Werte und ist in hohem Maße unbescheiden, selbstsüchtig und widerspricht dem Traum von der großen Liebe.

Metaphern, die mahnend an das weibliche Ideal erinnern, sind doppelt instruktiv, wenn sie die ehrgeizige Frau in ein monströses Licht stellen. Man denke an die schillernde Fassade einer beklemmenden, abschreckenden Faye Dunaway in »Network« oder die zuckersüße und boshafte Anne Baxter in »Alles über Eva«. Die häßliche Hexe mit der gekrümmten Nase und den Warzen am Kinn ist ein furchteinflößendes Bild abgelegter Weiblichkeit. Es wird noch satanischer, wenn die Hexe um Mitternacht auf ihrem Besen durch die Lüfte reitet und so das vertrauenswürdige Symbol der treuen Hausfrau, der tugendhaften Göttin der Sauberkeit zu teuflischen Zwecken mißbraucht. In »Die Erzählung der zwei Städte« benutzt Madame Defarge das Stricken, ihre mütterliche Aufgabe, als grausames Werkzeug ihrer unmenschlichen Rache. Als kinderlose und fanatische Frau verkörpert sie die abscheulichen Exzesse der Französischen Revolution. Lady Macbeth und Hedda Gabler, vermutlich die beiden ehrgeizigsten und destruktivsten Frauen auf dem Theater, sind kinderlos; eine dritte, Medea, ermordet ihre Kinder in einem Racheakt. Bis weit in die sechziger Jahre, ehe die neue Frauenbewegung ihren Einfluß geltend machte, war es in Büchern, Filmen, Theaterstücken und psychoanalytischen Werken üblich, Erfolg, Leistung und besonders Destruktivität bei Frauen darauf zurückzuführen, daß sie kinderlos und ihre mütterlichen Gefühle verkümmert waren.

Im Gegensatz dazu werden wir ständig daran erinnert, daß die Ambitionen der Männer, ihr männliches Streben und ihre Rivalitätskämpfe etwas Großartiges sind und in den inspirierenden Metaphern von Erektion, Kopulation, Ejakulation, ja in der Spermaflüssigkeit selbst und in einem Märchen vom Ablauf der Empfängnis ihren Ausdruck finden. Die eifrigen, aggressiven, abenteuerlustigen Spermien stoßen und drängen sich in einem

spannenden Wettlauf zum passiven Ei. (In Wirklichkeit sind die Schwimmbewegungen der Spermien ziellos und ungesteuert. Sie werden durch Sekrete, deren Absonderung das Östrogen steuert, zum Ei im Uterus befördert, dabei sorgen Muskelfasern und Muskelkontraktionen für die dazu notwendige Bewegung. Spermien, die in Größe oder Gestalt abweichen, werden zur Seite geschoben, zerstört und ausgeschieden. Es dauert immer lange, bis wissenschaftliche Forschungsergebnisse zum Allgemeingut werden, besonders wenn sie einen populären Mythos widerlegen.)
Seit Tausenden von Jahren gelten Mutterschaft und Ehrgeiz als unvereinbare Gegensätze. Es ist im wesentlichen der neuen Frauenbewegung zu verdanken, daß man dem internalisierten Konflikt und der äußeren Wirklichkeit in letzter Zeit wieder größere Aufmerksamkeit schenkt. Für viele Frauen, vielleicht sogar für die meisten, liegt hier wahrscheinlich das eigentliche Dilemma. Die Psychologin Carol Gilligan hat in ihren Arbeiten gezeigt, daß die zwiespältigen Gefühle, mit der eine Frau schwerwiegende Entscheidungen trifft und zu ihnen steht (Abtreibung, Beruf oder Familie), und die lange als weibliche Schwäche angesehen wurden, aus moralischer und ethischer Verantwortung gegenüber der Mutterschaft, der Bedeutung mütterlicher Beziehung, entstehen. (Denn darin sehen Frauen ihre Rolle.)
Ehrgeiz und Mutterschaft sind unvereinbar; doch Weiblichkeit und Mutterschaft waren noch nie eine glückliche Kombination. Der dicke Bauch, Ödeme in Beinen und Füßen, der Blutstrom bei der Geburt, die Brust als Milch erzeugendes Organ und die ermüdenden Aufgaben der Kinderpflege sind alles andere als verführerisch, sexy, zart, romantisch, kultiviert oder passiv – zumindest in dem Sinn, in dem diese Worte üblicherweise aufgefaßt werden.
Der Wunsch, Mutter zu werden, kann ebenfalls ein starker Ehrgeiz sein, besonders wenn sich die Möglichkeit dazu nicht so leicht bietet. Die Motivation, ein eigenes Kind zu bekommen und zu erziehen (aus welchen Gründen auch immer, und es gibt unzählige Gründe), und die Befriedigung, die ein Kind schenken kann, orientiert sich am Ticken der biologischen Uhr und unterliegt einem so starken Drang, der ebenso einmalig für das

Frausein ist wie die Mutterschaft selbst. Andererseits wird die Mutterschaft auf der ganzen Welt als eindeutiger Beweis der weiblichen Natur und als der Sinn des weiblichen Daseins gesehen; deshalb besitzen nur wenige Frauen den Mut zuzugeben, daß ihnen dazu die Begabung fehlt. Sie werden auch nicht eingestehen, daß sie ihre Energien, ihre Gefühle und ihre Befriedigung auf andere Gebiete lenken würden, wenn sie die Wahl hätten.

Die Doppelrolle ist in der weiblichen Biologie so angelegt, daß es schwer ist, sich ihr zu entziehen. (Ohne empfängnisverhütende Mittel kann man ihr auch schwer entgehen.) Die Zielstrebigkeit, mit der ein Mann seine nicht auf Fortpflanzung gerichteten Ziele verfolgt, ist nicht nur der weiblichen Fähigkeit zur Fortpflanzung unbekannt, sondern auch den weiblichen Werten und Eigenschaften fremd, die man bei einer Frau erwartet. Die menschlichen Seiten der Mutterschaft (Güte, Selbstaufopferung und die besondere Hingabe bei der Erfüllung von Wünschen anderer) sind fraglos wünschenswerte Eigenschaften bei der Kindererziehung. Aber ich widerspreche ernsthaft der Ansicht, daß Frauen von Natur aus diese Eigenschaften in stärkerem Maß besitzen als Männer.

Welche Hoffnung besteht, diesem auf zwei Ziele gerichteten Ehrgeiz wirklich gerecht zu werden, ohne eine radikale Umstrukturierung der sozialen Ordnung, die in der gegenwärtigen Form für die extrem ehrgeizigen, wettbewerbsorientierten Männer sehr vorteilhaft ist (worauf ihre Vorväter, die sie geschaffen haben, stolz sein können), und die deshalb wenig objektive Gründe haben, gerade jetzt die Regeln zu ändern? Für die Hierarchie im Geschäftsleben gibt es keinen zwingenden Grund, die Forderungen zu modifizieren, die sie an ihre karrierewilligen Beschäftigten stellt; und nur diejenigen gelangen an die Spitze, die sich mit ganzer Kraft und Hingabe ihren Aufgaben widmen. Der Drang nach Anerkennung in Literatur, Wissenschaft und Kunst ist ein einseitig ausgerichteter Ehrgeiz, der nie umstrukturiert werden kann, denn verständlicherweise ist die Konkurrenz groß. Befriedigende Arbeit, von der man gut leben kann, ist immer selten – gleichgültig, worum es sich dabei handelt. Männer haben recht, wenn sie sagen, daß der Aufwand an Zeit und Anstrengung wenig Raum für die anderen Freuden des Lebens läßt. Doch ein Mann kann, wenn er will, eine Frau oder eine Reihe von Frauen haben, die ihm die Freuden emotionalen Beistands, praktischer Fürsorge, eines Heims und einer Familie schenken. Eine Frau mit den gleichen Bedürfnissen und Wünschen muß sich zweiteilen und sich selbst die traditionelle Belohnung verschaffen, zumindest auf dem Gebiet, das biologisch fest verankert ist.

Ist es unfair, von einer Frau zu erwarten, daß ihr Wunsch, ganz Mutter zu sein, eine Reihe von Jahren respektiert wird? Sollte eine Frau völlig auf Mutterschaft verzichten, um sich die Chance auf ökonomische Selbständigkeit und eine befriedigende Arbeit nicht entgehen zu lassen, die sich im Grunde jedem Mann bietet? Hat eine Gesellschaft, die einsieht, daß Nachkommen notwendig sind, eine moralische Verpflichtung, einer Frau den Weg zu ebnen, die beide Aspekte ihres Ehrgeizes verwirklichen will? Sollte man eine Gruppe von Erwartungen als einen voraussehbaren Rückzug in die Tradition weiblicher Abhängigkeit ansehen, eine andere als individuellen Ausdruck unweiblichen Strebens und die dritte als eine bewundernswerte Lösung, die nur den wenigen äußerst ehrgeizigen, äußerst tatkräftigen Frauen offensteht oder nur jenen, die das Glück haben, mit weniger ambitionierten, fürsorglichen Partnern zusammenzuleben?

Auf diese Fragen gibt es keine einfachen Antworten.

Epilog

Ich habe nicht die Absicht, eine neue Definition der Weiblichkeit vorzuschlagen, die dem kommenden Jahrzehnt angemessener ist oder die moralische (oder physische) Überlegenheit als eine Art Domäne der Frauen beansprucht, die ihnen von Natur aus zusteht. Ich möchte zur Untersuchung einer zwingenden Ästhetik auffordern, die sich im Laufe vieler tausend Jahre entwickelt hat. Wir sollten ihre Ursprünge erforschen und die Gründe für ihr Überdauern erkennen, um die Restriktionen der Entscheidungsfreiheit zu beleuchten.
Ich habe versucht zu zeigen, daß die Furcht, in Geist und Stil nicht weiblich genug zu sein, in der Geschichte als Vorschlaghammer gegen das kollektive und individuelle Streben der Frauen eingesetzt wurde, denn ein Mangel an Weiblichkeit ist gleichbedeutend mit dem Vorwurf, wie ein Mann oder geschlechtslos zu sein, wodurch das biologische Geschlecht ständig unter Beweis gestellt werden muß. Ich sehe als das große Paradox der Weiblichkeit, daß kluge Konzessionen, mal hier, mal da, bekanntermaßen als Schutzmantel in der Männerwelt und als Überlebensstrategie Wunder gewirkt haben. Aber die völlige, bedingungslose Kapitulation hat die Frauen eindeutig daran gehindert, selbst große Werke zu vollbringen. Wie immer Weiblichkeit benutzt wird, und das soll deutlich gesagt sein, Weiblichkeit *wird benutzt;* alle Wege, die zu eindeutig männlichen Zielen führen, wie die Männer sie definiert haben, sind mit Straßensperren und Umleitungsschildern gepflastert, die verkünden: »Weiblichkeit: Hier Abbiegen!«, »Weiblichkeit: Durchfahrt verboten!«, und eine einsame Reisende, die diese Tafeln ignoriert, muß das Risiko selbst tragen.
Im Verlauf der vorsichtigen Reise der Weiblichkeit durch die Jahrhunderte sozialer Umbrüche wurden zumindest drei nostalgisch verklärte Ziele – die Frau als Symbol der Aristokratie, die Frau als bescheidene Dienerin und die Frau als glitzerndes Spielzeug – zu einer geschönten Mischung verschmolzen, die,

verständlicherweise, Sprünge und Verzerrungen hat. Welchen Namen man den einzelnen Teilen auch gibt: die Dame und die Hure; die Provokative und die Keusche; edle, altruistische Fürsorglichkeit und kindliche Abhängigkeit... die eingeschmolzenen Widersprüche machen jede Frau unsicher. Hat sie alle Anweisungen richtig befolgt? Darüber hinaus garantieren die vielen Konflikte, die damenhafte Kultiviertheit (unterwürfiges Verhalten und bezaubernde Reize) mit sich bringt, daß die Frauen untereinander gespalten sind. Sie mißtrauen sich gegenseitig im Versuch, ein unmögliches Ideal zu erfüllen, das den Beifall der Männer findet.

Man kann nicht leugnen, daß die weibliche Abhängigkeit von festen Traditionen – seien es Kleidermoden oder ein Verhaltenskodex– einen psychologischen Halt bietet, um die eigene sexuelle Identität zu finden. Das gilt besonders für jene, deren geschlechtsspezifische Eigenschaften in jenen statistischen Bereich fallen, der biologisch normal, jedoch weit vom kulturellen Ideal entfernt ist. (Das gilt auch für Männlichkeit. Androgynes Aussehen kann für einen Menschen mit androgynen Neigungen angenehm sein. Es ist weniger angenehm – und kann verheerend sein –, wenn das nicht der Fall ist.) Daraus folgt, daß bestimmte künstliche Hinweise und Symbole folgen: Eine Haartracht, eine Neigung, eine Einstellung zur Arbeit werden zum sozialen Ausweis des Geschlechts. Sie wiederum halten überholte gesellschaftliche Werte am Leben und verhindern soziale Veränderungen. Das große kulturelle Bedürfnis, das eine Geschlecht unzweideutig vom anderen zu unterscheiden, fordert von beiden Seiten, den Beweis zu führen. Die Extreme der Männlichkeit können anderen schaden (Vergewaltigung, Mißhandlungen der Ehefrau, Kriminalität, Krieg und eine damit verwandte Unfähigkeit, eine Niederlage einzugestehen), aber die Extreme der Weiblichkeit schaden nur – nur (!) – den Frauen selbst, in Form von selbstauferlegtem Masochismus (Zurückhaltung, Einschränkung, Selbstverleugnung, Verschwendung an Gedanken und Zeit), der bewußt als »wahre Natur« ausgegeben wird.

Am meisten schmerzt vielleicht, daß Weiblichkeit nichts ist, was im Alter gewinnt. Mädchenhaftigkeit mit unschuldiger Bescheidenheit, harmlosen Vorwitz und dem Versprechen einer reifen

Sexualität in einer rosigen Zukunft verkörpert das weibliche Prinzip in seiner ätherischsten, vergänglichsten Form. Frauen, die sich für das Überleben auf weibliche Strategien verlassen, können wenig tun, um das Verblühen ihrer Schönheit aufzuhalten, während sie mit ansehen müssen, wie die Gunst der Stunde vergeht. Ein Soziobiologe würde zweifellos argumentieren, daß dieses weibliche Unglück dem Lauf der Dinge entspricht, denn die kulturelle Uhr ist nur ein Spiegel der biologischen Uhr; und der Zeiger wandert über die Jahre der Fortpflanzungsfähigkeit, deren Zahl begrenzt ist.

Das ist nicht genug. Das Geschlecht wird letztlich durch die Fortpflanzung der Art bestimmt. Das weibliche Geschlecht wird weiterhin durch den XX-Chromosomensatz definiert und durch sein Potential zur Fortpflanzung. Aber viele Frauen haben aufgehört, sich durch ihre Mutterrolle zu definieren. (Männer hat man weder anatomisch noch philosophisch dem Zwang ausgesetzt, sich in erster Linie als Väter zu sehen, denn ihre Rolle bei der Fortpflanzung verlangt weder viel Zeit noch Energie, infolgedessen auch nicht ein entsprechendes Engagement.) Die Neodarwinisten würden gern das Geldverdienen als einen Kampf von Mann gegen Mann und als das Überleben des Besten verbrämen, doch es ist zu etwas anderem geworden. Es wird für beide Geschlechter zunehmend eine Notwendigkeit, wobei Elternschaft als freiwillige und befriedigende Aufgabe empfunden wird, nicht als Dienst an der Arterhaltung oder als moralische Pflicht (oder als Fortbestand der eigenen Gene). Die Lebenserwartung nach dem Erlöschen der Fortpflanzungsfähigkeit wird immer größer, und damit kommt langsam eine Wahrheit ans Licht: Nicht die Frauen sind Versagerinnen in Sachen Weiblichkeit, sondern die Weiblichkeit versagt als ein glaubwürdiges Ziel.

Soviel zur Theorie! Frauen sind immer noch emotional und finanziell benachteiligt. Verständlicherweise greifen sie nach Strategien, die sich in der Vergangenheit scheinbar bewährt haben und die auch heute manchen Frauen offensichtlich gute Dienste zu leisten scheinen. Selbst wenn sie wieder Bekanntschaft mit den höheren Absätzen machen, dem kürzeren Rock, den dünneren Augenbrauen, den längeren Wimpern und dann mit dieser unnachahmlich weiblichen, selbstvergessenen Hingabe einen Schritt vor dem Spiegel zurücktreten, um die Wirkung zu bewundern und um prüfend nach einem Fehler Ausschau zu halten, sind sie dankbar, daß sie sich nicht der ganzen Maskerade der Täuschungen und Behinderungen früherer Generationen bedienen müssen. Denn die Lage bessert sich, ein Fortschritt ist nicht zu leugnen, und in ihrem Bewußtsein, wenn auch nicht in der Freiheit zu wählen, sind Frauen sich selbst ein bißchen nähergekommen.

Danksagung

Das Material für dieses Buch in seinen Anfangsstadien zusammenzutragen, erforderte einen besonderen Spürsinn und Pioniergeist. Ich möchte Barbara Mehrhof dafür danken, daß sie wissenschaftliche Zeitschriften durcharbeitete und sich mit großem Interessen den Arbeiten über Primaten widmete. Alle, die sich bereit erklärten, die Entwürfe zu den einzelnen Kapiteln zu lesen – Myra Terry, Diana Russell, Jane Alpert, Susan Jacoby, Marilyn Kaskell, Barbara Milbauer und Ann Jones –, werden feststellen, daß ich ihre Gedanken und Bemerkungen in der Endfassung berücksichtigt habe. Ich danke Sharon Frost, die mich in Fragen der Kunst und Ästhetik beriet, und Leslie Leinwand, der ich einen Schnellkurs in Genetik und Molekularbiologie verdanke.

Doris O'Donnell, Dianne Burden, Helen Oayne, Marta Vivas, Lillian Lent, Jo Whitlow, Minda Bikman, Andrea Dworkin, Alice Straus, Lilia Melani, Ruby Rohrlich, Andrea Eagen, Mary Cântwell, Charles Mee und Eden Lipson versorgten mich mit Büchern und Artikeln und setzten mich auf neue Fährten. Diskussionen mit Holly Forsman, Lynne Shapiro, Merle Rubine, Arthur Rubine, Maggie Smith, Florence Rush, Ros Fleigel, Alison Owings, David Gurin, Dan Stewart, Susan Braudy, Nancy Milford, Lois Gould, Paula Weideger, Wendy Weil, Claudio Ugalde, Don Conte, Lynn Campbell, Dorchen Leidholdt, Rosetta Reitz und Carol Rinzler inspirierten mich zu Passagen, die sie bestimmt wiedererkennen werden. Paul Johnson redigierte das Manuskript. Mit großer Nachsicht unterbrach er sein eigenes Schreiben, glättete viele Sätze und klärte manchen Gedanken.

Wieder einmal gewährte mir die New York Public Library das Privileg, meine Schreibmaschine im Frederick Lewis Allen Room abzustellen, während ich die einzelnen Abteilungen durchstöberte. Die Zweigstelle der New York Public Library in Mid-Manhattan, die New York Academy of Medicine Library und die Fashion Institute of Technology Library mit ihren offenen Regalen und fachkundigen Bibliothekaren waren eine unschätzbare Fundgrube an Informationen und Erkenntnissen.

Die sachbezogenen Interviews, die ich führte, erwiesen sich als äußerst lehrreich. Ich bedanke mich bei William G. Hamilton, M. D. (Orthopädie und Tanz), Richard M. Bachrach, D. O. (Osteopathie und Bewegung), Ronald G. Levandusky, M. D. (Schönheitschirurgie), Peter M. Pressman, M. D. (Onkologie und Brustchirurgie), Norman Orentreich, M. D. (Dermatologie), Marcia Storch, M. D., und Shelly Kolton (Gynäkologie), Ronni Kolotkin (Elektrolyse) für ihre bereitwillige Zusammenarbeit, ihre sachkundigen und offenen Aussagen.

Zum zweitenmal hatte ich das Glück, mit dem tatkräftigen Verlag Simon und Schuster zusammenzuarbeiten. Marjorie Williams von The Linden Press nahm sich mit großer Feinfühligkeit des Textes an. Gerry Sachs, Carol Wilson und Fran Ross danke ich für einige freundliche Hinweise. Joni Evans stand als Lektorin vom Entwurf bis zur Veröffentlichung als treibende Kraft hinter mir. Ihrer unermüdlichen Tatkraft verdanke ich ein besseres Buch.

Anmerkungen

Für jedes Kapitel gebe ich zunächst einige allgemeine Arbeiten an, die ich herangezogen habe, und weise dann, in der Reihenfolge ihres Auftauchens im Text, auf die speziellere Literatur hin.

Körper

Carmine D. Clemente, *Anatomy; A Regional Atlas of the Human Body*, Baltimor und München 1981.
Madge Garland, *The Changing Face of Beauty*, New York 1957.
Kenneth Clarks Theorien über den vollkommenen Körper in Kenneth Clark, *The Nude; A Study in Ideal Form*, New York 1956.
Zitat von Byron ist aus *Don Juan* (1819–1824).
Die Geschichte von Mary Richardson und der »Rokeby Venus« in Midge Mackenzie (Hrsg.), *Shoulder to Shoulder*, New York 1975.
Erklärung zur Demonstration während der Miss-America-Wahl von 1968 in Robin Morgan (Hrsg.), *Sisterhood is Powerful*, New York 1970.
Léa ist die Heldin in Colette, *Chéris Ende*, Wien 1955.
Die Beschreibung des Reifungsprozesses von Heranwachsenden ist von Herant Katchadourian, *The Biology of Adolescence*, San Francisco 1977.
»Eigenschaften der Östrogene« in Constance R. Martin, *Textbook of Endocrine Physiology*, Baltimore 1976.
»Wachstum und sexuelle Entwicklung« in J. M. Tanner, *Growth at Adolescence*, Oxford 1973; J. M. Tanner, »Growing Up«, *Scientific American*, September 1973. Tanner erklärt, die sexuelle Reifung lasse das weibliche Wachstum schnell zum Stillstand kommen. Nach seiner Auffassung hat der sich darauf ergebende Dimorphismus in der Körpergröße keinerlei Überlebensvorteil für die reproduktionsfähige Mutter und ihren Nachwuchs. Eine Theorie über den Zusammenhang von weiblicher Reproduktion sowie Wachstum und Körpergröße findet sich in: Lila Leibowitz, »Perspectives on the Evolution of Sex Differences« in: Rayn R. Reiter (Hrsg.), *Toward an Anthropology of Women*, New York 1975.
Über Unfruchtbarkeit beim Beginn der Menstruation wird berichtet in Ashley Montagu, *Sex, Men and Society*, New York 1969.

Vergleichende Größenstatistik für männliche und weibliche Amerikaner und prozentuale Einteilungen nach Gruppen vom National Center for Health Statistics, 1976.

»Die größte Frau der Welt«: *New York Times,* 7. August 1978, D-9.

»Briefmarke Lady Di«: *New York Times,* 26. Juli 1981, Arts & Leisure.

»Internationale vergleichende Größenstatistik«: Howard V. Meredith, »Worldwide Somatic Comparisons Among Contemporary Human Groups of Adult Females« in *American Journal of Physical Anthropology,* Bd. 34, Nr. 1, 1971; Phyllis B. Eveleth und J. M. Tanner, *Worldwide Variations in Human Growth,* Cambridge 1976.

»Sexueller Reifungsprozeß bei Pavianen«: Cynthia Moss, *Portratis Behavior Studies of East African Mammals,* Boston 1975; bei Gorillas: George Schaller, *The Year of the Gorilla,* Chicago 1964; bei Gibbons: J. R. Napier und P. H. Napier, *A Handbook of Living Primates,* London und New York 1967.

»Diphormismus und Monogamie«: Sarah Blaffer Hrdy, *The Woman That Never Evolved,* Cambridge 1981. Robert D. Martin und Robert M. May, »Outward Signs of Breeding«, *Nature,* Bd. 293, 1981.

»Hyänen«: siehe Moss, *op. cit.* Walpols Kommentar zu Mary Wollstonecraft in: Eleanor Flexner, *Mary Wollstonecraft,* New York 1972.

»Arten mit größeren Weibchen«: Katherine Ralls, »Mammals in Which Females Are Larger than Males« in *Quarterly Review of Biology,* Bd. 51/2, 1976; Lorus J. und Margery J. Milne, *The Mating Instinct,* Boston 1954; Dean Amadon, »The Significance of Sexual Differences in Size Among Birds« in: Proceeding of the American Philosophical Society, Bd. 103/4, 1959; Caroline M. Earhart und Ned K. Johnson, »Size Dimorphism and Food Habits of North American Owls« in *The Condor,* Bd. 72/3, 1970; Karl E. Lagler, John E. Bardach und Robert R. Miller, *Ichthyology,* New York, 1962; James A. Oliver, *The Natural History of North American Amphibians and Reptiles,* Princeton 1955.

Hrdy über »Tyrannisierung« in Hrdy, *op. cit.*

»Katzenmaki«: Alison Jolly, *Lemur Behavior; A Madagascar Field Study,* Chicago 1966.

»Fettpolster im weiblichen Körper und Ovulation, Schwangerschaft und Milchproduktion« in Jack H. Wilmore, »The Female Athlete«, *Journal of School Health,* April 1977; Rose E. Frisch, Roger Revelle und Sole Cook, »Components of Weight at Menarche and the Initiation of Adolescent Growth Spurt in Girls: Estimated Total Water, Lean Body Weight and Fat«, *Human Biology,* Bd. 45, Nr. 3, 1973; Rose E. Frisch und Janet W. McArthur, »Menstrual Cycles: Fatness as a Determinant of Weight for Height Necessary for Their Maintenance or Onset«, *Science,* Bd. 185, Nr. 4155, 1974.

Rudofskys Theorie und »chinesisches Fußbinden«: Bernard Rudofsky,

The Komono Mind, New York 1965; Bernard Rudofsky, *Are Clothes Modern?,* Chicago 1947. Eine ausführliche Erörterung über das »Fußbinden« in: Andrea Dworkin, *Woman Hating,* New York 1974.

»Korsetts«: Helene E. Roberts, »The Exquisite Slave; The Role of Clothes in the Making of the Victorian Woman«, *Signs: Journal of Women in Culture and Society,* Bd. 2, Nr. 3, 1977; Cecil Willett Cunnington und Phillis Cunnington, *Handbook of English Costume in the Sixteenth Century,* London 1970; –, *The History of Underclothes,* London 1951; Norah Waugh, *Corsets and Crinolines,* London 1954; William Barry Lord, *The Corset and the Crinoline,* London 1868; M. D. C. Crawford und Elizabeth A. Guernsey, *The History of Corsets in Pictures,* New York 1951.

Anne Hollanders Beobachtungen lassen sich nachlesen in Anne Hollander, *Seeing Through Clothes,* New York 1978.

Über feministische und hygienische Beweggründe, die zur Kleiderreform im späten 19. Jahrhundert geführt haben, siehe Abba Louisa Goold Woolson (Hrsg.), *Dress Reform; a series of lectures delivered in Boston on dress as it affects the health of women,* Boston 1874; Mary E. Tillotson, »Progress vs Fashion; An essay on the sanitary and social influences of woman's dress«, New York 1873; und Mary A. Livermore, *What Shall We Do with Our Daughters?,* Boston 1883. Eine ausgedehnte Diskussion über Körperkultur und ästhetische Tanzkulte des späten 19. Jahrhunderts und ihre Beziehung zu Miederwaren und Kleiderreform findet sich in Elizabeth Kendall, *Where She Danced,* New York 1979.

Für die von Rudofsky genannte »Verkündigung der Rüstungsindustrie« siehe: L. M. Vincent, *Competing with the Sylph,* Kansas City und New York 1979.

Über »Damenunterwäsche der zwanziger und dreißiger Jahre« siehe Stella Blum (Hrsg.), *Everyday Fashions of the Twenties as Pictured in Sears and Other Catalogs,* New York 1981; Christina Probert (Hrsg.), *Lingerie in Vogue Since 1910,* New York 1981; Crawford und Guernsey, op. cit.

»Sie hat keine Schenkel« ist eine häufige Bemerkung in Emile Zola, *Nana,* München 1981.

Ein photographischer Essay, der die Vielfalt von weiblichen Brüsten darstellt: Daphna Ayalah und Isaac J. Weinstock, *Breasts; Women Speak About Their Breasts and Their Lives,* New York 1979.

Für einen Essay über die evolutionäre Entwicklung des aufrechten Gangs siehe C. Owen Lovejoy, »The Origin of Man«, *Science,* Bd. 211, Nr. 4480, 1981.

Medizinische Anhaltspunkte, daß große Brüste eine Belastung für die Wirbelsäule, den Brustkorb und den Rücken darstellen: Christine E. Haycock, M. D., Gail Shierman, Ph. D., und Joan Gillette, C. A. T., »The Female Athlete – Does Her Anatomy Pose Problems?«, vorgestellt auf dem 19. AMA-Kongreß über die medizinischen Aspekte des Sports im Juni 1977 und veröffentlicht in den Kongreßberichten; Christine E. Haycock, M. D., »Breast Problems – Jogging and Other Sorts«, *Nautilus Magazine*, Bd. 3, Nr. 4, 1981; Christine E. Haycock, »Breast Support and Protection in the Female Athlete«, American Association of Health, Physical Education, Recreation and Dance, Symposium Papers, Bd. I/2, 1978; Gena Vandestienne, »Breast Reduction – When Less Is More«, *Ms.*, 1982; Interview der Autorin mit Ronald S. Levandusky, M. D., am 11. Januar 1982, mit Peter I. Pressman, M. D., am 12. Januar 1982 und mit Richard M. Bachrach, D. O., am 13. Januar 1982.

Trends in der Schönheitschirurgie für Brüste aus dem Levandusky Interview.

Desmond Morris Spekulation über die Entwicklung der großen Brust finden sich in Desmond Morris, *Der nackte Affe*, Knaur Taschenbuch 3224.

Florenz Ziegfelds weibliches Ideal – mit Maßen – in Marjorie Farnsworth, *The Ziegfeld Follies*, New York 1956.

Die Maße von Lillian Russell und Anna Held und Zeitungsinterviews über ihre geschnürten Taillen sind von der Robinson Locke Collection, Bd. 264, New York Public Library im Lincoln Center. Eine Diskussion über die Gerüchte und deren Zurückweisung um Anna Helds Rippen findet sich in: Charles Higham, *Ziegfeld*, Chicago 1972.

Eine Analyse des Konkurrenzdrucks auf Ballerinen, schlank zu bleiben, und eine kurze Geschichte über das Ideal »Appetitlosigkeit« und Twiggy finden sich in L. M. Vincent, *Competing With the Sylph*, op. cit.

Über Unterschiede im Stoffwechsel und im Kalorienverbrauch bei Männern und Frauen berichtet M. P. Vessey, »Gender Differences in the Epidemiology of Non-neurological Disease«, in Ounsted und Taylor (Hrsg.), *Gender Differences; Their Ontogeny and Significance*, Baltimore 1972.

Eine Erörterung über Anorexie und Streben nach Perfektion findet sich in Steven Levenkron, *Treating and Overcoming Anorexia Nervosa*, New York 1982. Eine feministische Auffassung vom Idealkörper wird behandelt in Kim Chernin, *The Obsession; Reflections On the Tyranny of Slenderness*, New York 1981.

Haar

Wendy Cooper, *Hair; Sex, Society, Symbolism*, New York 1971; Smithonian Institution, *Hair,* ein in Zusammenhang mit einer Ausstellung des Cooper-Hewitt-Museums veröffentlichter illustrierter Katalog, New York 1980.

»Genetik der Kahlheit«: Curt Stern, *Principles of Human Genetics*, San Francisco 1973; James B. Hamilton, »Age, Sex, and Genetic Factors in Regulation of Hair Growth in Man; A Comparison of Caucasian and Japanese Populations«, in Montagna und Ellis (Hrsg.), *The Biology of Hair Growth*, New York 1958; Owen Edwards und Arthur Rook, »Androgen-dependent Cutaneous Syndroms«, in Arthur Rook und John Slavin (Hrsg.), *Recent Advances in Dermatology*, Nr. 5, London, New York, Edinburgh 1980; »Kahlheit bereitet den Neo-Darwinisten Schwierigkeiten«: siehe Ernst Caspari, »Sexual Selection in Human Evolution«, in Bernard Campbell (Hrsg.), *Sexual Selection and the Descent of Man*, Chicago 1972.

»Samsons lange Haare«: Richter, 16; »Absaloms lange Haare«: 2. Samuel, 14,18.

»Langhaarige Griechen«: Homer, *Ilias*, Buch 2.

»Kurzhaarige Römer«: Suetonius, *Leben der Caesaren*, dtv 6005. Julius Caesar, XLV.

»Paulus über Haare«: 1. Korinther, 11.

»Chrysostomos über Haare«: Predigten über den 1. Korinther, Predigt 26.

»Philip Stubbes über Haare«: Philip Stubbes, *Anatomy of Abuses*, Teil 2, London 1583.

»William Prynne über Haare«: William Prynne, *Histrio-Mastix*, London 1633.

»Milton über Haare«: John Milton, *Paradise Lost*, Buch IV, 1667; dt.: *Das verlorene Paradies*, Reclam UB 219.

Brunno Bettelheims Deutung der Rapunzel-Geschichte läßt sich nachlesen in Bruno Bettelheim, *The Uses of Enchantment; The Meaning and Importance of Fairy Tales*, New York 1976; dt.: *Kinder brauchen Märchen*, dtv 1481.

Liane de Pougys Bemerkungen finden sich in Liane de Pougy, *My Blue Note-Books*, New York 1979.

Rede von Charlotte Perkins Gilman an die Arbeiterinnen: siehe Bericht in *The New York Times*, 15. März 1916; die *Times* brachte die Satire am folgenden Tag: *The New York Times*, 16. März 1916. Die Kündigung einer Verkäuferin aufgrund von kurzen Haaren wird erwähnt in *The New York Times*, 10. August 1921. Der Kommentar de *Times* erschien drei Tage später: *The New York Times*, 13. August 1921. Der Kommentar in *The Nation* erschien in der Ausgabe vom 24. August 1921.

»Mary Garden und Mary Pickford über Haare«: *Pictorial Review*, April 1927. Weitere Informationen über Pickford finden sich in Robert Windeler, *Sweetheart; The Story of Mary Pickford*, New York 1974.

Die Bemerkungen von Marjorie Rosen über Blondinen in Hollywood lassen sich nachlesen in Marjorie Rosen, *Popcorn Venus*, New York 1973.

Die fünf Bildreportagen in der Zeitschrift *Life* über Veronica Lake erschienen in den Ausgaben vom 3. März 1941, 14. April 1941, 24. November 1941 (rühmende statistische Angaben über ihr Haar), 8. März 1943 (Veronica steckt ihr Haar hoch, um einen Kriegsbeitrag zu leisten) und 17. Mai 1943. Weitere Informationen über die Lake finden sich in Veronica Lake mit Donald Bain, *Veronica*, New York 1972.

»Szene zwischen Hagar, Reba und Pilate« aus Toni Morrison, *Song of Salomon*, New York 1977.

»Today I'm be a white girl« ist aus dem Schauspiel »Spell 7« von Ntozake Shange, 1970.

»Römische Haarmoden« aus Jerome Carcopino, *Daily Life in Ancient Rome*, New Haven 1940.

Edith Whartons Bemerkungen über Frauen und Haar stammt aus Edith Wharton, »The Touchstone« (1900), *Madame de Treymes and Others*, New York 1970.

Kleidung

Bernard Rudofsky, *Are Clothes Modern?*, Chicago 1947.

Cecil Willett Cunnington und Phillis Cunnington, *Handbook of English Costume in the Sixteenth Century*, London 1970; –, *Handbook of English Costume of the Seventeeth Century*, London 1966; –, *Handbook of the English Costume in the Eighteenth Century*, London 1957; –, *Handbook of the English Costume in the Nineteenth Century*, London 1959.

Quentin Bell, *On Human Finery*, New York 1976.

Ernestine Carter, *20th Century Fashion*, London 1975.

Jane Dorner, *Fashion in the Twenties and Thirties*, London 1973.

Thorstein Veblen, *The Theory of the Leisure* (1899), New York 1934.

Jane Trahey (Hrsg.), *Harper's Bazar; 100 Years of the American Female*, New York 1967.

James Laver, *The Concise History of Costume and Fashion*, New York 1969.

»Biblische Anweisung hinsichtlich geschlechtsunterschiedlicher Kleidung«: Deuteronomium (5. Buch Mosis), 22,5.

Eine dokumentarische Geschichte der »Kleiderordnung« findet sich in Frances Elizabeth Baldwin, *Sumptuary Legislation and Personal Regulation in England*, Baltimore 1926.

Bei der Geschichte der Suffragetten und der Bloomer-Kleidung habe ich auf folgende Quellen zurückgegriffen: Ida Husted Harper, *The Life and Work of Susan B. Anthony*, 3. Bde., Indianapolis 1899, Bd. 1, S. 112–117; Theodore Stanton und Harriet Stanton Blatch (Hrsg.), *Elizabeth Cady Stanton, As Revealed in Her Letters, Diary and Reminiscences* (2 Bde.), New York 1922, Bd. 1, S. 200–204, Bd. 2,

S. 32–50, 339; Elizabeth Cady Stanton, Susan B. Anthony, Mathilda Josely Cage (Hrsg.), *History of Woman Suffrage,* Rochester 1881, Bd. 1, S. 470ff., 836–844; Amelia Bloomer (Hrsg.), *The Lily,* eine Zeitschrift, die während der 50er Jahre des 19. Jahrhunderts in Seneca Falls, New York, veröffentlicht worden ist. Ein großer Teil dieses Dokumentationsmaterials findet sich in Aileen S. Kraditor (Hrsg.), *Up from the Pedestal,* New York 1968.

Für einen kurzen Bericht über das spätere Schicksal der vernünftigen Kleidung siehe Mary E. Tillotson, *History of the First Thirty-Five Years of the Science Costume Movement of the United States of America,* Vineland, New York, 1885.

Die Geschichte der Bergwerksarbeiterinnen von Lancashire und Wigan wird dargestellt in Michael Hiley, *Victorian Working Women,* Boston 1970. Der Band ist mit Bildern versehen.

Bei meinen Überlegungen zu Frauen, die Männerkleidung getragen haben, waren folgende Bücher hilfreich: Andrew Lang, *The Maid of France,* Londin 1908 (Johanna von Orleans); Joseph Barry, *Infamous Woman; The Life of George Sand,* New York 1977; Theodore Stanton (Hrsg.), *Reminiscences of Rosa Bonheur,* New York 1976; Jane Cannary Hickok, *Calamity Jane's Letters to Her Daughter (1877–1902),* Berkeley 1976; Frances Anne Kemble, *Records of a Later Life,* New York 1884; Robert Phelps, *Belles Saisons; A Colette Scrapbook,* New York 1978; Nigel Nicolson, *Portrait of a Marriage,* London 1973 (V. Sackville-West); Meryle Secrest, *Between Me and Life,* New York 1974; Elizabeth Evans, *Weathering the Storm,* New York 1975.

Virginia Woolfs Anmerkung über Kleidung:»A Sketch of the Past«, in Virginia Woolf, *Moments of Beeing,* hrsg. v. Jeanne Schulkind, New York 1976, dt.: *Augenblicke,* Stuttgart 1981.

»Denunzierungen von Frauen wegen ihrer Vorliebe von Mode als Zeichen für Stolz, Ehrgeiz und Prostitution« siehe in Jesaja 3 und Tertullian, *On the Apparel of Women* (A. D. 202).

Stimme

»Stimmänderung in der Pubertät«: Herant Katchadourian, *The Biology of Adolescence,* San Francisco 1977; James M. Tanner, »Growth and Endocrinology of the Adolescent«, in Lytt I. Gardner (Hrsg.), *Endocrine and Genetic Diseases of Childhood,* Philadelphia und London 1969.

»Transsexuelle Stimmänderung«: Richard Green und John Money (Hrsg.), *Transsexualism and Sex Reassignment,* Baltimore 1969, 1975.

»Tonhöhe und -umfang«: Dennis Fry, *Homo Loquens; Man as a Talking Animal,* Cambridge 1977; —, *The Physics of Speech,* Cambridge 1979; Dorothy Uris, *A Woman's Voice,* New York 1975.

»Geschlechtsdimorphismus bei den Hirnfunktionen«: Die Literatur über dieses Gebiet ist sehr umfangreich. Ein nützlicher Überblicksartikel ist Jerry Levy, »Sex and the Brain«, *The Sciences,* März 1981. Der umfassende Text ist Robert W. Goy und Bruce S. McEwen, *Sexual Differentiation of the Brain,* The MIT Press, 1980. Die ausführlichste Darstellung der Geschlechtsunterschiede im Verhalten, von denen die Autorinnen glauben, daß sie nicht angeboren sind, bleibt Eleanor Emmons Maccoby und Carol Nagy Jacklin, *The Psychology of Sex Differences,* Stanford University Press, 1974.

Das Shakespeare-Zitat stammt aus »König Lear«.

Rousseaus Theorien weiblicher Bildung lassen sich nachlesen in Jean Jacques Rousseau, *Emile,* 1762. Wollstonecrafts Angriff auf Rousseau ist enthalten in Mary Wollstonecraft, *A Vindication of the Rights of Woman,* New York 1967.

Dorothy Parker sagte: »Männer machen Frauen, die Brillen tragen, selten den Hof«, »News Item«, *Enough Rope,* New York 1926.

»Viktorianische Besorgnis über die Auswirkung von Bildung auf den Uterus« findet sich in John S. Haller, Jr., und Robin M. Haller, *The Physician and Sexuality in Victorian America,* Urbana 1974.

»Miltons Äußerung und die Verteidigung seines Biographen« finden sich in William Riley Parker, *Milton,* Oxford 1968, Bd. 1.

Ein Essay über die »Befreiung« orthodox-jüdischer Frauen vom Gebet in der Synagoge hat Cynthia Ozick geschrieben, *Lilith* Nr. 6, 1979.

Des Apostels Paulus Anweisung, in der Kirche zu schweigen, steht in *Korinther* 1, 14,34.

Eine Erörterung der aktiven Rolle von Frauen in der frühchristlichen Kirche findet sich in Rosemary Radford Reuther (Hrsg.), *Religion and Sexism,* New York 1974; und in Rosemary Reuther und Eleanor McLaughlin (Hrsg.), *Women of Spirit,* New York 1970. Über Tyndalls Auseinandersetzung mit Thomas Morus und über das »Buch des Ritters von La Tour-Landry« wird berichtet in G. G Coulton, *Medieval Panorama,* New York 1946.

Das »zänkische Weib« wird definiert in *Blackstone's Commentaries on the Laws of England,* Buch 4, Kap. 13.

»Tauchstühle und Maulkörbe«: Alice Morse Earle, *Curious Punishments of Bygone Days,* Chicago 1896; —, *Colonial Dames and Good Wives,* Boston 1895; Carl Holliday, *Woman's Life in Colonial Days,* Boston 1922.

»Grammatikalisches Geschlecht«: William J. Entwistle, *Aspects of Language,* London 1953; Otto Jespersen, *The Philosophy of Grammar,* London 1924; Willem Graff, *Language and Languages,* New York 1964; Herman Paul, *Principles of the History of Language,* College Park 1970.

Maxine Hong Kingstons Erfindung einer »amerikanisch-weiblichen Sprechidentität« findet sich in Maxine Hong Kingston, *The Woman Warrior*, New York 1976.

»Weibliches Sprechen«: Barrie Thorne und Nancy Henley (Hrsg.), *Language and Sex; Difference and Dominance*, Rowley, Mass., 1975 (enthält Beiträge von Thorne, Henley, Cheris Kramerae, Ruth M. Brend und Jacqueline Sachs); Nancy M. Henley, *Body Politics; Power, Sex and Nonverbal Communication*, Englewood Cliffs, New York, 1977; Mary Ritchie Key, *Male/Female Language*, Metuchen, New York, 1975; Robin Lakoff, *Language and Woman's Place*, New York 1975; Sally McConnell-Ginet, »Intonation in a Man's World«, *Signs*, Frühjahr 1978; Pamela M. Fishman, »Interaction; The Work Women Do«, *Social Problems*, April 1978; George Steiner, *After Babel*, London und New York 1975.

»Farbenblindheit«: Curt Stern, *Principles of Human Genetics*, San Francisco 1973.

Barbara Howars Gespräch mit Lucie Baines Johnson findet sich in Barbara Howar, *Laughing All the Way*, New York 1973.

»Der große Ruf des Gibbon«: Joe Tom Marshal, Jr., und Elsie R. Marshall, »Gibbons and Their Territorial Songs«, *Science* (Bd. 193, Nr. 4240), 16. Juli 1976.

»Flüche«: Lee Ann Bailey und Leonora A. Timm, »More on Women's and Men's Expletives«, *Anthropological Linguistics* (Bd. 18, Nr. 9), Dezember 1976.

Kritik an Margaret Thatchers Stimme erschien in *Newsweek* v. 14. Mai 1979 und in *The New York Times* v. 6. März 1981.

Der Gebrauch von *Kana* durch Dame Murasaki und Sei Shonagon wird erörtert in Ivan Morris, *The World of the Shining Prince*, New York 1964.

Schreiben in Jiddisch bei Frauen und ungebildeten Männer wird erörtert in Mark Zborowski und Elizabeth Herzog, *Life is With People; The Culture of the Shtetl*, New York 1962.

»Virginia Woolf über weibliches Schreiben«: Virginia Woolf, *A Room of One's Own* (1929); dt.: *Ein Zimmer für sich allein*, Fischer Taschenbuch 2116, und »A Sketch of the Past«, in Virginia Woolf, *Moments of Being*, op. cit.

Rachel Brownsteins Anmerkung zu Jane Austen findet sich in Rachel M. Brownstein, *Becoming a Heroine*, New York 1982.

Über die Universitätsstudie zur Ermittlung von Leserreaktionen auf einen literarischen Text wird berichtet in Mary Ritchie Key, *Male/Female Language*, op. cit.

Untersuchung über »einhundert zeitgenössische Autorinnen und Autoren« in Mary Hiatt, *The Way Women Write*, New York 1977.

Southeys Brief an Charlotte Brontë wird zitiert in Margot Peters, *Unquiet Soul; A Biography of Charlotte Brone*, New York 1975.

Haut

Thomas B. Fitzpatrick et al., *Dermatology in General Medicine*, New York 1979.

Fenja Gunn, *The Artificial Face; A History of Cosmetics*, London 1973.

Neville Williams, *Powder and Paint*, London 1957.

Wendy Cooper, *Hair; Sex, Society, Symbolism*, New York 1971.

Richard Corson, *Fashions in Makeup*, New York 1972.

»Bericht über die vierjährige Untersuchung über Hautkrankheiten in den Vereinigten Staaten«: Marie-Luise Johnson und Robert S. Stern, »Prevalence and Ecology of Skin Disorders«, in Fitzpatrick, *Dermatology, op. cit.*

»Japanisches Ideal des weißgepuderten Gesichts«: Ivan Morris, *The World of the Shining Prince*, New York 1964.

Michele Wallaces Bemerkungen stehen in Michele Wallace, *Black Macho and the Myth of the Superwomen*, New York 1979.

»Elizabeth Bennets Sommerbräune« ist Gesprächsgegenstand in Jane Austin, *Pride and Prejudice* (London 1813).

Akne, »ihr häufigeres Auftreten bei Männern, und die beruhigende Wirkung von Östrogen«: John S. Strauss, »Sebaceous Glands«, in Fitzpatrick, *Dermatology, op. cit.*

»Auswirkungen der Schwangerschaft«: Robert B. Scoggins, »Skin Changes and Diseases in Pregnancy«, in Fitzpatrick, *Dermatology, op. cit.*

Über ihre seelische Not und die Angst davor, einen Bart zu bekommen, berichtet Vera Brittain in *Testament of Youth*, London 1933, New York 1980.

»Bart und Körperhaare, Follikeln, Wachstumsvergleich nach Rasse und Geschlecht«: James B. Hamilton, »Age, Sex, and Genetic Factors in the Regulations of Hair Growth in Man; A Comparison of Caucasian and Japanese Populations«, in Montagna und Ellis (Hrsg.), *The Biology of Hair Growth*, New York 1958; Edith McKnight, »The Prevalence of ›Hirsutism‹ in Young Women«, *The Lancet* v. 22. Februar 1964 (Untersuchung der University of Wales); P. K. Thomas und D. G. Ferriman, »Variation in Facial and Public Hair Growth in White Women«, *American Journal of Physical Anthropology* (Bd. 15, Nr. 2), Juni 1957; John A. Ewing und Beatrice A. Rouse, »Hirsutism, Race and Testosterone Levels; Comparison of East Asians and Euroamericans«, *Human Biology* (Bd. 50, Nr. 2), Mai 1978; Owen Edwards und Arthur Rook, »Androgen-dependent Cutaneous Syndromes« in Arthur Rook und John Slavin (Hrsg.), *Recent Advances in Dermatology, Nr. 5*, Edinburgh, London, New York 1980.

»Zwanghafte Beschäftigung mit Bärten«: Siehe John Hurrell Crook, »Sexual Selection, Dimorphism, and Social Organisation in the Primates«, in Bernard Campbell (Hrsg.), *Sexual Selection and the Descent of Man,* Chicago 1972.

»Schaller über Löwen«: George B. Schaller, »Life With the King of the Beasts«, *National Geographic,* April 1959; —, *The Serengeti Lion; A Study of Predator-Prey Relations,* Chicago 1972.

Tanners Theorie über das Schamhaar als Möglichkeit für ein Kleinkind, sich anzuklammern: James M. Tanner, »Growth and Endocrinology of the Adolescence«, in Lytt I. Gardner (Hrsg.), *Endocrine and Genetic Diseases of Childhood,* Philadelphia und London 1969.

Darwins Ansicht der Haarlosigkeit und der sexuellen Selektion wird erörtert in Crook, *op. cit.* Die moderne Variante dieser Theorie finde sich in Desmond Morris, *The Naked Ape,* New York 1967.

Ovids »häßliche Ziege« ist aus *Ars Amatoria.*

»Lombrosos Theorien«: Cesare Lombroso und William Ferrero, *The Female Offender,* übers. aus dem Italienischen, New York 1897.

Zu Lombroso siehe Ann Jones, *Women Who Kill,* New York 1980.

»Entwicklung der Badekleidung«: Claudia Kidwell, *Women's Bathing and Swimming Costume in the United States,* Washington 1968; Christina Probert, *Swimwear in Vogue Since 1910,* New York 1981.

»Popularität von Revuegirl-Filmen in den zwanziger Jahren«: Marjorie Rosen, *Popcorn Venus,* New York 1973.

»Evolution der Strümpfe von undurchsichtig zu durchsichtig«: Milton N. Grass, *History of Hosiery,* New York 1955; Ira J. Haskell, *Hosiery Thru the Years,* Lynn, Mass., 1956 (in der New York Public Library).

Anzeigen zu »Zip« und »Neet« erschienen in den Jahren 1923 und 1924 auf den Rückseiten von *The Delineator.*

Shelley Winters erzählt ihre Geschichte von dem schulterfreien Abendkleid in Shelley Winters, *Shelley; Also Known as Shirley,* New York 1980.

»Ekkrine und Apokrine Schweißdrüsen«: R. H. Champion, »Sweat Glands«, in Champion *et al., An Introduction to the Biology of the Skin,* Philadelphia 1970; Harry J. Hurley, Jr., »Apocrine Glands«, in Fitzpatrick, *op. cit.;* Dorothy V. Harris (Hrsg.), *DGWS Research Reports: Women in Sports,* Bd. II, Washington 1973.

Anne Hollanders Bemerkungen über »Schamhaar in der Kunst« findet sich in Anne Hollander, *Seeing Through Clothes,* New York 1978.

Eine Kompilation von Euphemismen für Schamhaar findet sich in Wendy Cooper, *Hair, op. cit.*

Zu den christlichen Verteufelungen der Kosmetika siehe Tertullian, Philip Stubbers, *Anatomy of Abuses* (1583), und William Prynne, *Histrio-Mastix* (1633).

Speers Anmerkungen zur Kosmetik-Produktion und seine Äußerungen über Goering finden sich in Albert Speer, *Erinnerungen,* Berlin 1969.

»Wirkung von Östrogen auf das Dünnwerden der Haut während des Alterns«: A. Jarrett, *The Physiology and Pathophysiology of the Skin,* Bd. 1, London und New York 1973; Interview der Autorin mit Norman Orentreich im März 1981.

Bewegung

Die Geschichte von Athene und ihrer Flöte findet sich in Robert Graves, *The Greek Myths,* Hammondsworth, England, 1960, und in H.J. Rose, *A Handbook of Greek Mythology,* New York 1959.
Huck verkleidet sich als Frau in den Kapiteln 10 und 11 von Mark Twain, *The Adventures of Huckleberry Finn* (1884).
»Tricks für die Verwandlung in eine Frau«: Esther Newton, *Mother Camp; Female Impersonation in America,* Englewood Cliffs, New York, 1972; Peter Underwood, *Life's a Drag!,* London 1974.
Chirurgische und kosmetische Veränderungen: Richard Green und John Money (Hrsg.), *Transsexualism and Sex Reassignment,* Baltimore 1975. Die Äußerungen von James Morris stehen in Jan Morris, *Conundrum,* London 1974.
»Anatomische Unterschiede hinsichtlich Kraft und Bewegung«: Jack Wilmore, »The Female Athlete«, *Journal of School Health,* April 1977; Jack H. Wilmore, »Alterations in Strength, Body Composition and Anthropometric Measurements Consequent to a 10-Week Weight Training Program«, *Medicine and Science in Sports* (Bd. 6, Nr. 2), Sommer 1974; –, »Body Composition and Strength Development«, *Journal of Physical Education and Recreation,* Januar 1975; James McIlwain, »Physiological Considerations for Training Female Track and Field Athletes«, *Athletic Journal* (Bd. 58, Nr. 7), März 1978.
»Uterine Muskulatur, Unterschiede in der Beckenform bei den Gelenkpfannen«: J.M. Tanner, *Growth at Adolescence,* Oxford 1973; Interview der Autorin mit William G. Hamilton im Februar 1981.
»Geschmeidigkeit und Beweglichkeit«: Janice Kaplan, *Women and Sports,* New York 1979; H. Harrison Clarke (Hrsg.), »Joint and Body Range of Movement«, *Physical Fitness Research Digest* (Reihe 5, Nr. 4), Oktober 1975; H. Harrison Clarke (Hrsg.), »Physical and Motor Sex Differences«, *Physical Fitness Research Digest* (Reihe 9, Nr. 4), Oktober 1979; John L. Marshall et al., »Joint Looseness; A Function of the Person and the Joint«, *Medicine and Science in Sports and Exercise* (Bd. 12, Nr. 3), 1980.
»Fingerfertigkeit«: Eleanor Emmons Maccoby and Carol Jacklin, *The Psychology of Sex Differences,* Stanford University Press, 1974.
Theorie über die erotische Attraktivität langer Fingernägel in David Kunzle, *Fashion and Fetishism,* Totowa, New York, 1982.

Persönliche Berichte über das Wachsen von Fingernägeln erscheinen in Shirley MacLaine, *You Can Get There From Here,* New York 1975; Helen Gurley Brown, *Having it ALL,* New York 1982.

»Suzy Parker und Revlon«: Andrew Tobias, *Fire and Ice,* New York 1976.

»Tripps Erklärung der ›zischenden‹ Handbewegung«: C. A. Tripp, *Homosexual Matrix,* New York 1985.

»Leichter, zierlicher Körper erfolgreicher Turnerinnen«: Patricia C. Morris und Carol S. Underwood, »The Woman Athlete: Structurally Speaking«, in Dorothy V. Harris (Hrsg.), *DGWS Research Reports: Women in Sports,* Bd. II, Washington; Harold B. Falls und L. Dennis Humphrey, »Body Type and Composition Differences between Placers and Nonplacers in an AIAW Gymnastics Meet«, *Research Quarterly* (Bd. 49, Nr. 1), März 1978.

»Ballett-Regeln«: Jennifer Dunning, »Partnering as an Art«, *The New York Times* v. 6. Februar 1981; Lee Edward Stern, »Feet – the Fragile Pedestal of Ballet«, *The New York Times* v. 20. Juli 1980; John und Roberta Lazzarini, *Pavlova,* New York 1981; Interview der Autorin mit William G. Hamilton am 9. Februar 1981.

Susan B. Anthonys Schuhgröße und der Zeitungskommentar finden sich in Ida Husted Harper, *The Life and Work of Susan B. Anthony,* Indianapolis 1899.

»Medizinische Probleme bei hohen Absätzen«: Jane Brody, »Personal Health«, *The New York Times* v. 14. Februar 1979.

Rudofsky über unpraktische Schuhe: Bernard Rudofsky, *The Kimono Mind,* New York 1965; siehe auch Bernard Rudofsky, *Are Clothes Modern?,* Chicago 1947.

Jesaja über Fußketten: Jesaja 3.

Colettes Sandalen und Fußnagellack: Robert Phelps, *Belles Saisons,* New York 1978.

Geschichte der Samurai und die japanische Etikette: Siehe Rudofsky, *The Kimono Mind, op. cit.* Siehe auch Ruth Benedict, *The Chrysanthemum and the Sword* (1946), New York 1974.

»Damensitz«: Charles Chenevix Trench, *A History of Horsemanship,* New York 1970; Lida Fleitmann Bloddgood, *The Saddle of Queens,* London 1959.

»Der pathologische Uterus«: Barbara Ehrenreich und Deirdre English, *For Her Own Good; 150 Years of the Experts' Advice to Women,* New York 1978.

»Beutesuche bei Geparden«: George W. und Lory Herbison Frame, »Cheetahs; In a Race for Survival«, *National Geographic,* Mai 1980.

»Rattenverhalten in der Freiheit«: Jeffrey A. Gray *et al.,* Gonodal Hormone Injections in Infancy and Adult Emotional Behaviour«, *Animal Behaviour,* Bd. 13, Nr. 1, Januar 1965.

»Menstruation«: Janice Delaney, Mary Jane Lupton und Emily Toth, *The Curse; A Cultural History of Menstruation and Menopause,* New York 1976; Paula Weideger, *Menstruation and Menopause,* New York 1976; Beauvoirs Anmerkungen stehen in Simone de Beauvoir, *Das andere Geschlecht,* rororo 662.

»Krämpfe auf dem Tennisplatz«: Grace Lichtenstein, *A Long Way, Baby; Behind the Scenes in Women's Pro Tennis,* New York 1974.

»Sport und das weibliche Ideal«: Sue Tyler, »Adolescent Crisis; Sport Participation for the Female«, in Dorothy V. Harris (Hrsg.), *DGWS Research Reports: Women in Sports,* Bd. 2, 1973. Jack H. Wilmore und C. Harmon Brown, »Physiological Profiles of Women Distance Runners«, *Medicine and Science in Sports* (Bd. 6, Nr. 3), Herbst 1974; Dorothy V. Harris, »Research Studies on the Female Athlete; Psychosocial Considerations«, *Journal of Physical Education and Recreation,* Januar 1975; P. S. Wood, »Sex Differences in Sports«, *The New York Times Magazine,* 18. Mai 1980; Nadine Brozan, »Training Linked to Disruption of Female Reproductive Cycle«, *The New York Times,* 17. April 1978; Neil Amdur, »Seven Women Athletes Banned for Drugs«, *The New York Times,* 26. Oktober 1979; —, »The Drug Game Threatens International Amateur Sport«, *The New York Times,* 4. November 1979; —, »Women Facing More Than an Athletic Struggle«, *The New York Times,* 21. Dezember 1980; Dick Lacey, »Women Athletes Help to Educate a Male Coach«, *The New York Times,* 18. Dezember 1977.

Über die Untersuchungen von Mehrabian wird berichtet in Nancy M. Henley, *Body Politics; Power, Sex and Nonverbal Communication,* Englewood Cliffs, New York, 1977.

Rowell über die Dominance von Primaten: Thelma E. Rowell, »The Concept of Social Dominance«, *Behavioral Biology,* II, 1974.

»Anstand im Mittelalter«: G. G. Coulton, *Medieval Panorama,* New York 1946.

»Amerikanische Anstandsregeln vor dem Ersten Weltkrieg«: Geoffrey Perrett, *America in the Twenties,* New York 1982.

»Guillaumins Theorie«: Colette Guillaumin, »The Question of Difference«, *Feminist Issues* (Bd. 2, Nr. 1), Frühjahr 1982. Siehe auch Colette Guillaumin, »The Appopriation of Women«, *Feminist Issues* (Bd. 1, Nr. 2), Winter 1981.

Nancy Henleys Analyse der männlichen und weiblichen Körperbewegungen in *Body Politics, op. cit.,* ist das klassische Werk auf diesem Gebiet.

»Testosteron und Aggression«: K. E. Moyer, »A Preliminary Physiological Model of Aggressive Behavior«, und F. H. Bronson und C. Desjardins, »Steroid Hormones and Aggressive Behavior in Mammals«, in Eleftheriou und Scott (Hrsg.), *The Physiology of Aggression and Defeat,* New York 1971; Arthur King, »Testosterone and

Aggressive Behavior in Man and Non-Human Primates« in Eleftheriou and Sprott (Hrsg.), *Hormonal Correlates of Behavior,* Bd.1., New York 1975; Rod Slotnik, »Brain Stimulation and Aggression: Monkeys, Apes, and Humans« in Ralph L. Holloway (Hrsg.), *Primate Aggression, Territoriality, and Xenophobia,* New York 1974 (Ich zitiere im Text den Wissenschaftler Plotnik); Robert M. Rose *et al.,* »Androgens and Aggression: A Review and Recent Findings in Primates« in Holloway, *Primate Aggression, op.cit.;* David M. Hamburg, »Psychobiological Studies of Aggressive Behaviour«, *Nature,* Band 230, 1971; Laurel Hollidy, *The Violent Sex,* Guerneville, Cal. 1978.

»Vergleich der Testosteronspiegel von Männern und Frauen«: die Zahlen variieren von Studie zu Studie, ebenso die einzelnen Testosteronwerte (besonders bei Männern). Auch findet eine metabolische Umwandlung von einem Hormon in das andere statt. Eine durchschnittliche Differenz von zehn zu eins für Männer und Frauen wird angegeben in W. R. Butt *et al., Hormone Chemistry,* Bd.2, New York 1976. Diese Angabe korreliert mit den Produktionsraten in Goodman und Gilman, *The Pharmacological Basis of Therapeutics,* New York 1975.

Gefühl

Broverman and Broverman: Inge K. Broverman, Donald M. Broverman et al., »Sex-Role Stereotypes and Clinical Judgments of Mental Health«, *Journal of Consulting and Clinical Psychology,* Bd.34, Nr.1, 1970. Siehe auch Jacob Orlofsky, »Relationship Between Sex Role Attitudes and Personality Traits and the Sex Role Behavior Scale-1: A New Measure of Masculine and Feminine Role Behaviors and Interests«, *Journal of Personality and Social Psychology* Bd.40, Nr.5, 1981.

»Auszüge von Aristoteles und Ralph Waldo Emerson« finden sich in Rosemary Agonito (Hrsg.), *History of Ideas on Woman; A Source Book,* New York 1977.

»Bemerkung Präsident Reagans« in *Time,* 12.September 1983.

»Jesus weinte«: Lukas 19:41.

»Maria als Mater Dolorosa«: Marina Warner, *Alone of All Her Sex; The Myth and the Cult of the Virgin Mary,* New York 1976.

»Die Tränen von Muskie«: »Campaign Teardrops«, *Time,* 13.März 1972.

»Begins Trauer«: »Begin's Deep Depression«, *Newsweek,* 26.September 1983; »Begin's Clouds of Gloom«, *Newsweek,* 1.August 1983.

»Beauvoir über das Weinen«: Simone de Beauvoir, *Das andere Geschlecht,* op.cit.

»Studien über das Weinen bei Neugeborenen und kleinen Kindern«: Eleanor Maccoby und Carol Jacklin, *The Psychology of Sex Differences,* Stanford University Press, 1974.

»Störung des hormonellen Gleichgewichts«: Edgar Berman, *The Compleat Chauvinist; A Guide for the Bedeviled Male,* New York 1981.

»Depression«: Willard Gaylin, *Feelings,* New York 1979; Pauline Bart, »Depression in Middle-Aged Women« in Gornick und Moran (Hrsg.), *Woman in Sexist Society,* New York 1971.

»Hippokrates und der unbefriedigte Uterus«: Joanna B. Rohrbaugh, *Women; Psychology's Puzzle,* New York 1979.

»Theorien über die Schilddrüse«: Louis S. Goodman und Alfred Gilman, *The Pharmacological Basis of Therapeutics,* New York 1975.

»Nervöse Erschöpfung«: Sarah Stage, *Female Complaints; Lydia Pinkham and the Business of Women's medicine,* New York 1979.

»Prämenstruale Spannungen«: Bahnbrechende Arbeit auf diesem Gebiet leistete Katharina Dalton, *The Menstrual Cycle,* New York 1969.

»Innerer Raum«: Erik Erikson, *Identity, Youth and Crisis,* New York 1968.

»Weiblicher Masochismus«: Helene Deutsch, *The Psychology of Women* (2 Bde.), New York 1944, 1945; dt.: *Die Psychologie der Frau,* Fischer Taschenbuch 42246.

»Mütterliche Schuldgefühle« werden erörtert in Shirley Radl, *Mother's Day Is Over,* New York 1973; Adrienne Rich, *Of Woman Born,* New York 1976; Jane Lazarre, *The Mother Knot,* New York 1976.

»Weibliche Gefühle in der Unterhaltungsmusik«: Aida Pavletich, *Rock-a-Bye, Baby,* New York 1980.

»Geschlechtsbedingte Unterschiede in Meinungsumfragen«: *Newsweek,* 19. September 1983.

Ehrgeiz

»Nährende Fürsorglichkeit«: Nach Eleanor Maccoby und Carol Jacklin (*The Psychology of Sex Differences,* 1974) wurde der Begriff »nährende Fürsorglichkeit« von H. A. Murray (*Explorations in Personality,* Oxford 1938) geprägt und bezeichnet hilfe- und trostspendendes Verhalten gegenüber anderen. Seither benutzten Psychologen, Feministinnen und Sachbuchschreiber den Begriff »nährende Fürsorglichkeit« als Kürzel für ein fürsorgliches Verhalten, das über die wörtliche Bedeutung von »Ernährung« hinausgeht.

Für eine Beschreibung der mütterlichen nährenden Fürsorge im Tierreich und der Beziehung zum späteren Rang der Nachkommenschaft siehe Thelma Rowell, *The Social Behaviour of Monkeys,* London 1972; Cynthia Moss, *Portraits in the Wild; Behavior Studies of East*

African Mammals, Boston 1975; und Sarah Blaffer Hrdy, *The Woman That Never Evolved*, Harvard University Press, 1979.

Eine Darstellung der Frau als Mutter und Sammlerin bei den !Kung San findet sich in Richard Borshay Lee, *The !Kung San; Men, Women, and Work in a Foraging Society*, Cambridge 1979.

Sharon Tiffanys Analyse der »Mutterschaft in vorindustriellen Gesellschaften« ist in Sharon Tiffany, *Women, Work, and Motherhood*, Englewood Cliffs, New York 1982.

»Prämonotheistische Verehrung der Muttergottheiten« wird ausführlich, mit Quellenangaben, dargestellt in Merlin Stone, *When God Was a Woman*, New York 1976.

»Status des Stillens« wird erörtert in Lawrence Stone, *The Family, Sex and Marriage in England 1500–1800*, London 1977.

»Die Verdrängung der Hebammen« durch die Ärzteschaft im 19. und frühen 20. Jahrhundert in Amerika wird erörtert und dokumentiert in Barbara Ehrenreich und Deirdre English, *For Her Own Good; 150 Years of the Experts' Advice to Women*, New York 1978.

»Ein satirisches Porträt einer Ärztin« findet sich in Henry James, *The Bostonians* (1886).

Eine umfassende Darstellung der »Weiblichkeit« aus der Sicht Freuds findet sich in Helene Deutsch, *The Psychology of Women* (2 Bde.), op. cit.

»Die Geschichte der Maria« wird untersucht in Marina Warner, *Alone of All Her Sex; The Myth and the Cult of the Virgin Mary*, New York 1976.

Ein weitverbreiteter Klassiker über die Schuldzuweisung an die Mutter ist Philip Wylie, *Generation of Vipers*, New York 1942, der den Begriff »Monism« in den allgemeinen Sprachgebrauch einführte. Für eine umfassende Erörterung der Hetze gegen die Mutter in den vierziger und fünfziger Jahren siehe Kapitel 7, »Motherhood as Pathology«, in Ehrenreich und English, op. cit. Für eine Erörterung der an Freud orientierten Psychologen und Kriminologen, die Mütter für die Vergewaltigungen ihrer Söhne verantwortlich zu machen, siehe Kapitel V, »Der Täter aus den Polizeiakten«, in Susan Brownmiller, *Gegen unseren Willen; Vergewaltigung und Männerherrschaft*, S. Fischer Verlag, Frankfurt am Main 1978.

Das Eindringen der Spermien in den Uterus wird beschrieben in Constance R. Martin, *Textbook of Endocrine Physiology*, Baltimore 1976.

»Entscheidungen bei Frauen« werden erörtert in Carol Gilligan, *In a Difference Voice; Psychological Theory of Women's Development*, Harvard University Press, 1982.

Namen- und Sachregister

Zusammengestellt von Alfonsa Schmitt

Abenteuer des Huckleberry Finn, Die (Twain) 178, 260
Abhängigkeit 11, 28, 120, 190, 239
Abolitionist 86 f.
Absätze
 –, hohe 9, 29, 75, 93, 169, 179, 184, 189, 191, 206
 –, Pfennig- 75, 93
Accessoires, weibliche 76, 83, 98
Achselhaare 145, 151 f., 158, 162
Adam(s-) 78, 230
 – apfel 103 f.
Adel, adlig, Adliger 80, 83, 111, 125, 133, 135, 234
 s. a. Aristokratie
Ägypten (altes)
 –, Haartracht i. 53
 –, Kosmetik i. 166
 –, Kunst i. 133
Ästhetik (d. Weiblichkeit) 10, 14, 26, 28, 45, 77, 241 *s. a.* Ideal, Schönheitsideal
Afghanistan, Frauen i. 95
Afrika
 –, Brüste i. 35–37
 –, Haare i. 53, 68–70
Aggression, aggressiv 210 f., 225, 235
Agonito, Rosemary 261
Akne 132, 138 f., 256
Akt, weiblicher 133, 158 f.
Alcott, Louisa May 58 f.
Alechem, Sholem 126
Altes Testament 54, 78 *s. a.* Bibel
Amadon, Dean 248
Ambrosius, hl. 167
Amdur, Neil 260
Amerika
 –, Durchschnittsgröße i. 21–23, 250
 –, Frauen i. 39, 46, 152

 –, Haare i. 57, 68
 –, Hautkrankheiten i. 130, 256
Amme(n) 57, 221, 231, 234
Anatomie, weibliche 38, 220, 228
Androgene 52, 138, 141, 144
androgyn 91, 93, 242
Anmut, anmutig 183, 186 f., 201, 208, 227
»Annie Hall-Look« 92
Anorexie 46, 250
Anstandsbücher 111, 205
Anthony, Susan B. 86 f., 93, 188, 253, 259
Anthropologe, Anthropologie, anthropologisch 13, 21, 38, 72, 142, 146, 229
Arbeit(er-, -s-)
 – in(nen) 84, 89, 198
 –, Frauen- 99, 182 f., 229
 – klasse 137, 169, 232
 – kleidung f. Frauen 90, 101 f.
 – teilung 114, 182, 223, 225
Arden, Elizabeth 49 f., 167
Aristokratie, aristokratisch 56, 131, 133, 135, 167, 241
Aristophanes 110, 160
Aristoteles 110, 214, 261
Arsen(prisen) 135, 198
Aschenputtel (Grimm) 189, 262
Athene, Göttin 175, 258
Augen
 – brauenzupfen 143
 – »machen« 119
Austen, Jane 127, 255 f.

Balanchine, George 187 f.
Ballerina, Ballerinen 45, 187 f., 206, 250
Ballett 147, 162, 175, 186 f.
Bart 104, 141 f.
 –, Frauen- 129, 140–142

265

Bauch 15f., 26, 31, 46, 82, 94, 159, 161
Beauvoir, Simone de 201f., 217, 260, 262
Becken 19, 45, 82, 181f., 203
Begin, Menachem 216, 262
Bein(e) 65, 80ff., 102, 148–151
–, behaarte 132, 144–149, 162
–, Frauen- 162, 197
– kleider 81, 89
–, Männer- 80
– rasieren 77, 144f.
– schminken 150
– spreizen 178f., 195
– stellungen 195–197
Bell, Quentin 81, 252
Bernhardt, Sarah 91, 169
Bettelheim, Bruno 56, 251
Bewegung(s-) 175–212, 258–261
– freiheit 80f., 89, 95
–, Einschränkung d. (v. Frauen) 26f., 81–83, 189, 193, 198f., 206
–, geschlechtsspezifische 187
–, männliche 179
–, weibliche 175–177, 205, 208, 211
Bibel 69, 99, 223
  s. a. Altes Testament
Bifurkation, bifurkiert 80f.
Bikini 43f., 161
»Black is Beautiful-Bewegung« 70
Blondine(n) 67f., 124, 136, 251
– kult, amerik. 64f., 67f.
Bloomer, Amelia 86, 88f., 253
Bloomer-Kleidung (»Bloomers«) 86, 88f., 252
Blue jeans 19, 76
Body Politics (Henley) 208
Bordell 167, 191
Boticelli, Sandro 42, 66, 159
Bourgeoisie, Bürgertum 84, 95, 169, 205
Brend, Ruth M. 116, 255
Brittain, Vera 140, 256
Brontë, Schwestern 127f., 256
Broverman and Broverman-Untersuchung 213, 261
Brownstein, Rachel 127, 255
Brust (Brüste), Busen 15–19, 26, 31, 34–42, 65, 80, 102, 180f., 203, 237, 249
–, behaarte 147
– fixierung d. Amerikaner 40
–, funktionale 40, 181
– krebs 35
– warzen 36f., 41, 138
Büstenhalter, BH 19, 32–36, 41f., 76
Byron, George Gordon Noel, Lord 16, 247

Caesar, Julius 54, 251
»California Girl« 137
Cambell, Bernard 251, 257
Capote, Truman 207
Carson, Johnny 124
Carter, Ernestine 252
Carter, Rosalynn 45
Castle, Irene 60, 93
Castro, Fidel 117
Chador (mosl. Schleier) 96
Charles, Prinz v. Wales 22
Charme, weibl. 30, 109, 115, 119, 173
Chéris Ende (Colette) 19, 247
China (altes)
  –, Fußbinden i. 248f.
  –, Schönheitsideal i. 27f.
Chopines, die (Stelzenschuhe) 190
Christentum 111, 167, 230
Christliche Wissenschaften 113
Chromosome 19, 52, 204, 243
Churchill, Winston 117
Chrysostomus, hl. 55, 251
Clark, Kenneth 15, 247
Clarke, H. Harrison 258
Colette, Sidonie-Gabrielle 91, 193, 247, 259
Comaneci, Nadia 187
Competing with the Sylph (Vincent) 46
Cooper, Wendy 250, 256f.
Coplons, Judith 224 Anm.
Coulton, G. G. 254, 260
Courbet, Gustave 159
Courrèges, André 44, 85
Cunnington, Cecil Willett 249, 252
Cunnington Phillis 249, 252
Cyprianus, hl. 167

Darwin, Charles 146, 257
David, König 54
Defloration, deflorieren 96, 221
Degas, Edgar Hilaire Germain 159, 188
Dekolleté 41, 94
Delaney, Janice 262
Delineator, The (Zschr.) 151, 257
Demagogie, männl. 125
Denken
–, abstraktes, analytisches 105, 109, 118
–, lineares 226
Depilation, Depilierung 144, 158
Depression, weibl. 217, 262
Derek, Bo 68
Dermatologe(n) 137, 172
Deutsch, Helene 220, 262f.
Diana, Göttin 159
Diana, Prinz. v. Wales (Lady Di) 22, 248
Diane de Poitiers 196
Dickens, Charles 106
Dienstbote, Dienstmädchen 198, 206, 228, 231
Dietrich, Marlene 93
Dimorphismus 248
–, sexueller 19, 25, 254
–, vokaler 123
Dior, Christian 85
Dornröschen (Grimm) 211
Drittes Reich 170
Duft 75, 155–157 *s. a.* Körpergeruch
Dunaway, Faye 236
Duncan, Isidora 33

Earle, Alice Morse 112, 254
Edwards, Owen 251, 257
effeminiert, Effeminiertheit 74f., 184, 186
Ehe 107, 224, 226, 230, 233
Ehrenreich, Barbara 198, 259, 263
Ehrgeiz 227–239, 262–264
Eifersucht 173, 217
Eigenschaften
–, geschlechtsspezifische 242f.
–, weibliche 106–108, 110, 227f., 213, 216, 238 *s. a.* männlich, weiblich

Einkaufen 98, 117
Einschnüren v. Körperteilen, Schnüren 18, 26–32 *s. a.* Fußbinden
Eisenhower, Dwight D. 216
Eitelkeit, weibl. 48, 51, 164
Eleftheriou, Basil Eleftherios 261
Elektrolyse 141 *s. a.* Depilation
Eliot, George 93, 127
Elisabeth I., Königin v. England 29, 134
Ellis, A. 251, 256
Emanzipation, emanzipiert 32, 57, 88, 95, 110, 124, 148, 189 *s. a.* Frauenbewegung
Emerson, Ralph Waldo 214, 261
Emile (Rousseau) 107f.
Emotion(en), Emotionalität 117, 165, 213–215, 219–221 *s. a.* Gefühl
Empfängnisverhütung, empfängnisverhütend 224, 238 *s. a.* Geburtenkontrolle, Pille
England
–, elisabethanisches 106, 167, 220
–, viktorianisches 80, 89, 107, 198
English, Deirde 198, 259, 263
Enthaarung(s-)
– institut 129, 161
– mittel 141, 148, 151
Entwistle, William J. 254
Erbfolge, männliche 230
Erfolg 11, 172, 235
Erikson, Erik 220, 262
Erotik, erotisch 27, 31, 36, 40, 56, 94, 96, 100, 104, 155, 159f., 169, 211
Erröten 168, 219
Erzählung der zwei Städte, Die (Dickens) 236
Erziehung 122, 210f.
–, weibliche 209, 217, 223 *s. a.* Mädchen
Eva 56, 78, 113, 159, 230
Evolution, evolutionär 24f., 53, 142, 146, 153, 199
Ewing, John A. 256

Fächer 75, 83, 206
Falten (b. Frauen) 109, 131 f., 158, 172 s. a. Frauen u. Alter
Farb(e, en)
 – blindheit 118, 255
 – i. d. Kleidung 97, 101
 – symbolik 134
 – vokabular, weibl. 117
Farmerstochter, amerikanische 67
Fascinating Womanhood (Organis.) 100
feminin 11, 80, 155, 206 s. a. weiblich
Feminismus, Feminist(in, innen), feministisch 34, 39, 42, 60, 75 f., 140, 163, 165, 209 s. a. Frauenbewegung
Fetisch, Fetischismus, Fetischist 16, 31 f., 36, 160
Fettgewebe 19, 25 f., 45, 181, 250
Figur, ideale 20, 29, 42, 44 f., 169 s. a. Körper, Schönheitsideal
Film
 – schauspieler 97
 –, Stumm- 169
 –, Ton- 64 f.
Finger
 – fertigkeit 182 f.
 – nägel 15, 117, 165, 169, 206
 –, falsche 185
 –, lackierte 93, 184
Fischbein 27, 29, 99, 189
Fishman, Pamela M. 121, 255
Fitzgerald, F. Scott 58
Fitzpatrick, Thomas B. 256
Flapper, der 34, 43, 57 f., 72, 149
Flirt, Flirten 119, 175
Fluchen, Flüche 124, 255
Fortpflanzung(s-) 53, 229, 232, 238
 – aufgabe, -fähigkeit (d. Frau) 21, 35, 201 f., 228 f., 238, 243
 – organe, männliche 200
 –, weibliche 9, 198
Fortschritt, industrieller, wissenschaftlicher 83, 166
Franklin, Benjamin 110
Frau(en)
 – und Alter(n) 94, 131 f., 172 f., 242 f. s. a. Falten

 – bewegung 9, 24, 51, 124, 140, 163, 166, 236
 –, amerikanische 16 f., 86 f.
 –, englische 16 s. a. Suffragetten
 – und Bildung 106–108, 113 f.
 –, Bindegewebe v. 94, 172
 – mit Brille 109
 – und Fremdsprachen 93 Anm., 109 f., 126
 –, Idealkörper v. 47, 213, 250
 – in Männerkleidung 82, 90–94, 255 s. a. Hosen
 – in der Malerei 16, 143, 158 ff. s. a. Kunst
 – aus dem Mittelmeerraum 147
 – mode 84 f., 89, 101 s. a. Kleidung, Mode
 –, Musikinstrumente f. 183
 –, psychische Leiden v. 217 f.
 – recht(e, s-) 16, 33, 81, 87, 113, 160
 – bewegung 197, 214
 – und Reiten 196–198, 259
 –, schwarze (vs. weiße) 51, 68–71
 –, Sektengründungen v. 113
 – sprache 105, 116–120
 – stimme 115 f., 122–125
 – strafen 56, 112 f.
 –, »Subjektivität« d. 225
 – unterwäsche 32, 249
 – zeitschriften 63, 137
Freud, Sigmund 121, 263
Freudianer 98, 220, 233
Friedensbewegung 100, 225
Frisch, Rose E. 26, 248
Frisur, moderne 50–52, 60 f., 70–74 s. a. Haare
 –, Afro- 70
 –, Bubikopf- 57, 61 f.
 –, Castle- 60
Fruchtbarkeit, weibliche 200 f.
Fügsamkeit 28, 208
Fürsorglichkeit, nährende 228, 232, 234, 262 f.
Fuß (Füße) 15, 107
 – binden 27 f., 189, 248 f.
 –, »Gänse-« 28
 – nägel, lackierte 193

Gang 179–181, 189f.
– , aufrechter 38, 249
Gannett, Deborah Sampson 92
Garbo, Greta 93, 188
Garden, Mary 63, 251
Gardner, Lytt I. 253, 257
Gay(s) 116, 158, 186 s. a. Homosexueller
– Liberation 222
– und Mode 97f.
»Gay Deceivers« 36
Geburt(en-) 139, 181, 195, 200, 221, 228–231, 237
– kontrolle, Recht auf 230 s. a. Empfängnisverhütung
Gefühl(e) 109, 120, 213–226, 231, 263f. s. a. Emotion
– , Kontrolle der 215, 220
Gehirnhälften 105, 118
Gelenke, Gelenkpfannen 182, 188
Gene 52, 141f., 243
Genitalien 19, 80
Geschlecht(er-, s-)
– , biologisches 241
– erkrankungen 130, 139
– , grammatikalisches 114, 254
– identität 79
– merkmale 78, 104, 141
– rolle(n) 71, 199, 218, 233
– trennung 78
– unterschied 11, 79, 104, 143f., 193, 211, 220 s. a. Dimorphismus
– verkehr 195
Gesellschaften, vorindustrielle 198f., 229
Gesicht(s-)
– bemalung 167
– haare 129, 132, 138, 140, 144, 146 s. a. Bart
– maske 132
– straffung 132, 173
– , ungeschminktes 163, 165
– , weißgepudertes 256
Gestik
– , männliche 186
– , weibliche 205–208
Gewalt 210
– losigkeit 218, 225
– tätigkeit 25, 209f.

Gibbon(s) 24, 123, 248, 255
»Gibson Girl« 42
Gilligan, Carol 237, 264
Gilman, Alfred 261f.
Gilman, Charlotte Perkins 60–62, 98, 251
Glamour, glamourös 169f.
»Glamour Girl« 169
Gleichberechtigung 124f., 164, 226
s. a. Emanzipation, Frauenrecht
Godiva, Lady 55f.
Göring, Hermann 170, 258
Goodman, Louis S. 261f.
Gorilla(s) 24f., 142, 248
Gornick, Vivian 262
Gospelsängerinnen 113
Gott(vater) 78, 87, 142
Gottheiten, männliche 230
Goya, Francisco de 133, 136
Grable, Betty 144
Gracchen, die 233
Graham, Billy 117
Green, Richard 253, 258
Griechenland (antikes)
– , Haartrachten i. 251
– , Kleidung i. 79f.
– , Schönheitsideal 15
Griechisch 110, 126
Grimke, Schwestern 86
Grimm, Brüder 131, 234
Guillaumin, Colette 206, 260
Gunn, Fenja, 140, 170, 256

Haar(e) 49–74, 250–252 s. a. Achselhaare, Gesichtshaare, Körperhaare etc.
– ausfall 138
– , Ergrauen d. 51
– farbe 63–68, 73, 93, 170 s. a. Blondine
– länge 49, 53–63, 71, 87, 93
– mode(n), -tracht(en) 43, 52–54, 57, 68, 70, 252
– polster 60
– pudern 134
– , »schönes« vs. »häßliches« 68–70
– als sex. Symbol 55f.

Hänsel und Gretel (Grimm) 234
Hamilton, James B. 251, 256
Hamilton, William G. 258f.
Hand, weibliche 182–185
Handschuhe
  – parfümierte 134
  – weiße 76
Harlow, Jean 34, 65, 68
Harper, Ida Husted 87, 252, 259
Harris, Dorothy V. 257, 259f.
Hatshepsut, Königin 142
Haut 129–174, 256–258
  –, alte vs. junge 131f., 172 *s. a.* Falten
  – bleichmittel 136f.
  – farbe 130, 133–137
  – krankheit(en) 130, 138f., 256
  – pflege, Professionalisierung d. 171
  – probleme d. Männer 132
  –, »schöne« 131f.
Haute Couture 86, 162
Haycock, Christine E. 249f.
Hayworth, Rita 170
Hebamme(n) 231, 263
Heian-Zeit 125
Heinrich VIII. 29, 134
Held, Anna 43, 250
Hellman, Lillian 99
Henley, Nancy M. 115, 120, 208, 255, 260
Henry, O. 57
Hepburn, Audrey 93
Herland (Gilman) 61
Herrschaft, patriarchalische 230
Herzog, Elizabeth 255
Hetäre 167
heterosexuell 22, 93f., 96f., 116, 158, 222
Hexe(n) 146, 236
  – bart 140
Hiatt, Mary 127, 256
Hickock, Jane Cannary 253
»High Yaller«, der 136
Higham, Charles 250
Hintern, Hinterteil 16, 82, 179, 197
Hippocrates 217, 262
Hitler, Adolf 117, 170
Hoffman, Dustin 123

Hollander, Anne 31, 158f., 249, 257
Hollywood 39, 64f., 68, 93, 124, 149, 152, 169, 184, 225, 251
Homo sapiens 199, 229
Homosexualität, homosexuell, Homosexuelle(r) 46, 67, 78, 96, 116, 168 *s. a.* Gays, Lesbierin
Hormone, hormonell 130, 172, 180f., 210f.
Horne, Lena 153
Hose(n) 79f.
  – beutel 29
  –, für Frauen 76, 82, 89f., 175, 200
  – rock 89
  – schlitz 82
Howar, Barbara 257
Hrdy, Sarah Blaffer 25, 248, 263
Hüft(e, en) 16, 26, 42, 44, 47, 82, 193
  – gürtel 18, 44
  – halter 140, 151 *s. a.* Korsett, Mieder
Hughes, Howard 33
Humphrey, Hubert 119
Humphrey, L. Dennis 261
Hyäne 24, 106, 248
Hygiene 152, 155
Hysterie 217

Ideal, weibliches 14, 69, 133, 219, 236 *s. a.* Ästhetik
Identität(s-) 226, 242
  – krise, weibliche 168
Industrialisierung, industriell 84, 231
Ingres, Jean 42, 159
Initiation(sriten) 31, 189
In-Ohnmacht-fallen 30, 220, 231
Ins-Wort-fallen 121f.
Intimsprays 154, 157
»Intuition, weibliche« 205

Jacklin, Carol Nagy 217, 254, 259, 262
Jackson, Mahalia 113
Jahrhundert
  –, 16.: 55, 234

–, 17.: 55, 217
–, 18.: 83, 107, 111, 140
–, 19.: 31, 80f., 84, 96, 127, 146f., 168, 214, 218f., 232
  50er Jahre: 86f.,
  60er Jahre: 81, 151,
  80er Jahre: 81,
  90er Jahre: 32, 149
–, 20.: 85, 96, 134 Anm., 148, 158f., 166, 197f., 202, 233f.
  20er Jahre: 33, 44, 57, 62, 72, 81, 91, 93, 137, 148, 150, 194, 200,
  30er Jahre: 34, 91, 93,
  40er Jahre: 40, 44, 62, 67, 120, 136, 169, 218,
  50er Jahre: 33, 43f., 57, 67, 75f., 118, 152, 170, 218,
  60er Jahre: 19, 41, 43f., 50, 70, 73f., 85, 100, 137, 150, 171, 194, 218, 236,
  70er Jahre: 38, 71, 73f., 76, 163, 171,
  80er Jahre: 9, 12, 76, 165, 171, 184
James, Henry 263
Japan
  –, Frauenliteratur 125f.
  –, Körperhaltung (v. Frauen) 196
  –, Schönheitsideal 135
Jespersen, Otto 114 Anm., 254
Jiddisch 126, 255
Johanna v. Orléans 90f., 196
Judaismus, Juden(tum) 67, 110, 126, 134 Anm., 224

Kahlheit 52f., 251
Kana (japan.) 126, 255
Kant, Immanuel 108f.
Kaplan, Janice 260
Karriere 76f., 97, 101f.
Katchadourian, Herant 247, 253
Katharina v. Medici 29, 196
Katzenmaki 25, 248
Keaton, Diane 92
Kellerman, Annette 148
Kelly, Grace (Fürstin v. Monaco) 76
Kemble, Fanny 91

Kennedy, Jacqueline 44f.
Kennedy, John F. 216
Keuschheit 233, 242
Key, Mary Ritchie 115, 255
Kichern 123, 207
Kidwell, Claudia 148, 257
Kilt (schott.) 79
Kinder
  – erziehung 221, 238
  – liebe 221, 227
  – wunsch 237–239
King, Arthur 261
Kingston, Maxine Hong 114, 255
Kirche 80, 113, 224, 254
Klatsch 110, 121
Kleider, Kleidung(s-) 75–102, 252f. *s. a.* Mode
  –, Bade- 148f., 257
  – reform(bewegung) 33, 75, 86–88, 93f., 249
  –, Straßen-, Revolution d. 44
  – ordnungen, -vorschriften 78, 83
  –, »vernünftige« 86, 255
  –, weibliche 75, 97f., 101, 205f.
Klitoris 160, 233
Knicks 175, 177
Knie 18, 148, 169
Körper 15–48, 247–250
  – bewegungen, weibl. vs. männl. 180–182, 204, 207, 260
  – form, Eingriffe in d. 26–37
  – geruch 154–158
  – gewicht 181
  – größe 18, 21–23, 104, 122, 144, 211, 249
  – haare 130, 138, 141–147, 161 *s. a.* Achselhaare etc.
  –, Entfernung d. 158, 203
  – kraft 25, 67, 126, 181, 211, 229
  – kultur(bewegung) 33, 248
  – sprache 122
Kohlenschlepperinnen 89f.
Kolonialzeit (amerik.) 112f., 134
Komikerinnen 124
Kompliment(e) 75, 137

Konkurrenz *s. a.* Rivalität
- denken 120, 227, 229
  d. Frauen 73
  d. Männer 225
- kampf 10
  d. Frauen 12f., 22, 35f., 39, 45, 77, 148, 185
  d. Männer 13, 21, 233
- verhalten
  d. Frauen 58
  d. Männer 25
Koordinationsvermögen, weibl. 183
Kopfkissenbuch (»Sei«) 126
Korbut, Olga 187
Korsett 27, 29–31, 42, 57, 81, 83, 95, 99, 149, 184, 189, 196, 200, 206, 249
Kosmetik 163–169
- industrie 130, 137, 165, 171
- salon 72
Kramerae, Cheris 115, 257
kreativ, Kreatives 75, 126, 166
Krieg(e, s-) 211, 226, 242
- moral 169f.
- verweigerer 42
Krieg und Frieden (Tolstoi) 141
Krinolinen 84f.
Kultur, weiße 68
Kung San (afrik.) 229, 263
Kunst
-, afrikanische 36f.
-, gotische 15
-, griech. 15
-, japanische 53f.
-, mittelalterliche 133, 143
- d. Renaissance 56, 133
Kunstfaser 44
Kunzle, David 184, 261
Kurtisane 57, 158, 168

Lacey, Dick 262
Lächeln 123, 173, 205
Lake, Veronica 65f., 252
Lakoff, Robin 115, 118, 255
Latein 110, 126
Laufmasche(n) 150f.
Laver, James 252
Lazarre, Jane 262
Lazzarini, John 259

Lazzarini, Roberta 259
Lee, Richard Borshay 263
Leibowitz, Lila 247
Leistung(en, s-) 172f.
- drang 84
- kampf 232
Lenglen, Suzanne 95
Lesbierin, lesbisch 49, 91, 96 *s. a.* homosexuell
Leukotomie 218
Levenkron, Steven 250
Levy, Jerry 254
Lichtenstein, Grace 202, 260
Lidschatten 93, 163f.
Liebe 11, 96, 146, 190, 192, 222, 226, 228, 236
Lily, The (Zschr.) 86, 253
Linke, die (polit.) 100
Lippenstift(e) 9, 33, 75, 85, 140, 162f., 168, 170
Lippi, Filippo 66
Little Women (Alcott) 58f.
Livermore, Mary A. 251
Lombroso, Cesare 147, 257
Lord, William Barry 249
Lorelei 55
Lorenz, Konrad 205
Lotosblüte 27
Louis XIV. 190
Lovejoy, C. Owen 249
Lukas, hl. 56
Luxus 166, 171
- steuer 170

McArthur, Janet W. 248
Macbeth (Shakespeare) 140
Maccoby, Eleanor Emmons 217, 254, 259, 262
McConnell-Ginet, Sally 115, 255
McEwen, Bruce S. 254
Macht
- beziehung zw. Frauen u. Männern 114
-, Fehlen v. 109
-, d. Frauen 119
- hunger d. Frauen 29
-, d. Männer 71, 97, 124f., 172, 186, 230
-, d. Mütter 222
McIlwain, James 258

Mackenzie, Midge 247
McKnight, Edith 256
MacLaine, Shirley 259
McLaughlin, Eleanor 254
McPherson, Aimee Semple 113
Mädchen
 –, Erziehung v. 7f., 98, 175
 –, i. Unterschied zu Jungen 20,105, 178f.
männlich, Männlichkeit 11, 21f., 28, 80, 83, 97, 117, 132, 142, 156f., 215, 242 *s. a.* unmännlich
Märchen 131, 234
Make-up 75, 93, 132, 137, 139, 153, 163–165, 169, 171, 235 *s. a.* Schminken
Malinowski, Bronislaw 160
Maniküre, manikürt 184, 257
Mann, Männer
 – kleidung 80–84, 101 f.
 –, Körpergröße d. 21–33
 –, »Objektivität« d. 225
 – parfüm 155
 –, psychische Leiden v. 218
 –, Schminken d. 134, 170
 –, mit hoher Stimme 104, 115
Mannequin 45, 235 *s. a.* Model
»Mannweib« 55, 78, 235
Mansfield, Jayne 43
Marble, Alice 95
Maria, Mutter Gottes 233 f.
Maria Magdalena 56
Marshall, Elsie R. 123, 255
Marshall, Joe Tom 123, 255
Marshall, John L. 260
Marshall Field (Kaufhaus) 62
Martin, Constance R. 247, 263
Martin, Mary 173
Martin, Robert D. 248
marxistisch 232
Maske(n) 134, 165
 – bildner 171
Masochismus, masochistisch (weibl.) 93, 221, 242, 262
 –, sado- 100, 190 f.
Maulkorb 112, 254
May, Robert M. 248
Medien 171 f.
Medizin 198, 217 f., 231

Medusa 55
Mehrabian, Albert 204, 260
Melanin 133
Melasmen 138
Memling, Hans 143
Menopause 201
Menstruation(s-) 19 f., 199–202, 217, 221, 260
 – blut 155, 199
 – hütte 200
 – tabus 200 f.
Meredith, Howard V. 248
Michelangelo Buonarroti 158
Mieder 34, 37, 80, 85, 91
 s. a. Korsett
Milchstraße, Entstehung d. 234
Miller, Elizabeth Smith 86, 88
Miller, Robert M. 248
Milne, Lorus L. 248
Milne, Margery J. 248
Milton, John 56, 110, 251, 254
Miß Amerika(-Wahl) 17, 219, 247
Mittelalter, mittelalterlich 80, 83, 111, 133, 143, 196
Mittelklasse, Mittelschicht 71, 83 f., 137, 232 f., 206, 209, 232 f.
»Moches, Les« (Schönheitspfläsuterchen) 140
Mode, modisch 30, 37, 39, 43 f., 46, 73, 78–82, 93 f., 97 f., 117, 148, 194, 200, 206, 222, 241
 s. a. Kleidung
 – muffel 76
 –, Pariser 34
 – revolution, antibourgeoise 150
 –, Strand- 148
 – Tyrannei 88
 – zentren 85 f.
Model(s) 45, 68, 136, 148, 165, 171 *s. a.* Mannequin
Modigliani, Amadeo 159
Mohammed, Prophet 142
Monatsbinden 33
Mondzyklus 199
Money, John 253, 258
Monogamie 248
Monotheismus 230
Monroe, Marilyn 18, 40, 68
Montagna, William 251, 256

Montagu, Ashley 21, 249
Montagu, Mary Wortley 139f.
Moral, doppelte 32
Moralist 95, 100, 166f.
Moran, Barbara K. 262
Moran, Gorgeous Gussi 95
Morgan, Robin 247
Morris, Desmond 39, 146, 250, 257
Morris, Ivan 135, 255f.
Morris, James 180, 258
Morris, Jan 258
Morris, Patricia C. 259
Morrison, Toni 69, 252
Morus, Thomas 111, 254
Moss, Cynthia 248, 263
Moyer, K. E. 261
Muff 83
Murasaki Shikubu 126
Murray, H. A. 262
Muskel(n), Muskulatur 20, 25, 45, 126, 144, 181f., 211
Muskie, Edmund 215f., 262
Mutter (Mütter), mütterlich 28, 31, 221
– , »dominante« 234
– , jüdische 234
– gottheiten 230, 263
– liebe 222
– mal 132
– milch 37, 57, 228, 231, 237
– produktion 41, 181, 248
– pflichten 110
– rolle 98, 233, 243
– schaft 21, 25f., 84, 228–229, 263
– sterblichkeit 21, 198
– , Stief- 234

Nackte Affe, Der (Morris) 146
Nacktheit 15f., 31, 55, 78f., 94f., 150
Nana (Zola) 151
Napier, J. R. 248
Napier, P. H. 248
Narben 130, 132, 139
Narzißmus, narzißtisch 32, 70, 97, 174, 184
National Organization of Women 79

Natur, weibliche 110, 211, 214, 238
Naziideologie 67f.
Neo-Darwinisten 52–54, 243, 259
Newton, Esther 258
Nicolson, Nigel 253
Nixon, Pat 45, 100
Nixon, Richard 100
Nonnen 56
Nurejew, Rudolph 187
Nymphomaninnen 174

Oberschicht 13, 26–28, 35, 72, 80f., 106, 134f., 149, 155, 206, 209, 221
O'Connor, Sandra Day 102
Odaliske 16, 151, 207
Ölknappheit (amerik.) 170
Ölung, letzte 156
Östrogen 19, 103, 138, 172, 182, 199, 237, 249, 258
Oliver, James A. 248
On Human Finery (Bell) 81
Orgasmuslaute, weibl. 220
Orlando (Woolf) 92
Orlofsky, Jacob 261
Ovid 146, 257
Ovulationszyklus, Aussetzen d. 26
Ozick, Cynthia 254

Paarbeziehungen 208
Pankhurst, Emily 16
Parfüm 75, 86, 155–157, 163, 167
   s. a. Duft
Parker, Dorothy 109, 254
Parker, Suzy 185
Parker, William Riley 254
Pas de deux 187, 208
Passivität 196, 207, 209f.
Paul, Herman 255
Paulus, hl. 54f., 110f., 113, 251, 254
Pavian(e) 24f., 142, 204
Pavletich, Aida 262
Pawlowa, Anna 188
Pearl Harbor 65
Pelze 99f.
Penis 82, 180
Perfektion, Streben nach 250
Perrett, Geoffrey 206, 260

Perron, Evita 125
Perseus und Andromeda (Ingres) 159
Perücke(n) 57, 66, 134, 179
Peters, Margot 256
Pharaonen 53, 142
Phelps, Robert 253, 259
Picasso, Pablo 159, 193
Pickford, Mary 63f., 251
Pigmentflecken 131f., 138
Pille, die 138 *s.a.* Geburtenkontrolle
Pinkham, Lydia E. 218
»Pin-up-Girl« 144, 169
Pinzette 143, 163
Pisanello (eigentl. Antonio Pisano) 143
Playboy (Zschr.) 160
Plutarch 110
Pocken 130, 139
Popcorn Venus (Rosen) 64f.
Pornographie, pornographisch 31f., 159f., 184, 191, 195
–, chinesische 27f.
–, harte 113
Pougy, Liane de 57, 251
Pranger 112
Pressman, Peter I. 250
Primaten 24f., 123, 199f., 204f., 207
Prinzessin auf der Erbse, Die (Andersen) 131
Prinzip
–, genetisches 141
–, männliches u. weibliches 10f.
Probert, Christina 249
Progesteron 138
Promiskuität 78, 195
Prostituierte 94, 147, 159, 167, 191f.
Protestant, protestantisch 67, 111, 168
Prüderie 94
Prynne, William 55, 251, 258
Psychoanalyse 234
Pubertät 17–21, 103, 141, 144f., 154, 202, 217
Pucci, Emilio 44
Puder 163, 168
– dose 163, 168
– quaste 168
–, weißer 134f.
Punks, die 71
Puppe(n) 7, 98
Puritaner, puritanisch 55, 152, 167
Pygmalion (Shaw) 106

Quäker 112
Quant, Mary 85

Radl, Shirley 262
Radner, Gilda 45
Raffael 159
Ralls, Katherine 248
Rapunzel (Grimm) 56, 251
Rasierapparat (f. Frauen) 151
Rasse, Rassismus 133, 135, 141
Rastafaris, die 53
Reagan, Nancy 45
Reagan, Ronald 214, 261
Recamier, Madame 34
»Rednecks« 134
Reife(prozeß) 213
–, sexuelle(r) 19–21, 145, 247
Reizwäsche 86
Religion 117, 231 *s.a.* Kirche
–, pantheistische 230
Requisiten, weibl. 206
Revelle, Roger 248
Revolution
–, französische 83, 134, 236
–, industrielle 84, 134
Rich, Adrienne 264
Richardson, Mary (Polly Dick) 16, 247
Rigby, Cathy 187
Rivalitätskampf *s.a.* Konkurrenz
– zw. Frauen, Rivalin(nen) 47, 131, 171–174
– zw. Männern 236
Roberts, Helene E. 249
Rock, Röcke
– vs. Hosen 76f., 90–93
–, Humpel- 81, 85
–, lange vs. kurze 81–83, 86–89
–, Mini- 81, 194
–, Reif- 81, 84f.
Rocker, die 71
Rockkonzert 220

Rohrbaugh, Joanna B. 262
Rokeby Venus (Velásquez) 16, 247
Rom (antikes)
–, Haare i. 66, 72, 251 f.
–, Kleidung i. 80
–, Mutterschaft i. 233
Romantik, romantisch 9, 22, 61, 89, 96, 98, 208, 211
Rook, Arthur 253, 257
Rose, Robert M. 263
Rosen, Marjorie 64, 149, 251 f., 257
Ross, Diana 45
Roth, Philip 40
Rouge 137, 163, 166, 168 s. a. Make-up, Schminke
Rouse, Beatrice A. 258
Rousseau, Jean-Jacques 107–109, 183, 254
Rowell, Thelma E. 204, 260, 263
Rubens, Peter Paul 159
Rubinstein, Helena 167
Rudofsky, Bernard 27, 189, 248 f., 252, 259
Rüstung(s-) 29, 47, 90, 166
– industrie 33, 65 f., 170, 249
Russel, Jane 18, 33
Russel, Lillian 42 f., 250

Sacher-Masoch, Leopold v. 100
Sachs, Jacqueline 115, 257
Sackville-West, Vita 91 f.
Sänfte 196
Säugetiere 228
Saint Laurent, Yves 44, 85
Salomons Lied (Morrison) 69 f.
Samson 54, 251
Samurai 196
Sand, George 90, 127
Savitch, Jessica 116
Schaller, George 142, 248, 257
Schamhaare 69, 144 f., 158–161, 257
Schandpfahl 112
Schauspieler(in, innen) 136, 167 f., 171, 179, 235
Schenkel 16 f., 26, 36, 44, 159, 249
Schilddrüse 217 f.
Schiller, Friedrich 187
Schlankheit(s-) 19, 44–47
– diät, – kur 44–47

Schleier 95 f.
Schmerz(en) 28 f., 221
Schminke(n) 134, 140, 162, 166, 169 s. a. Make-up, Rouge etc.
Schmuck 99, 163, 167, 185 f., 207
Schneewittchen (Grimm) 131, 173, 234
Schönheit(s-)
– chirurg, – chirurgie, – chirurgisch 39, 130, 173, 252
– ideal 15–17, 25, 27–31, 42–45, 136, 143, 148 s. a. Ästhetik
–, jugendliche 173
–, künstliche 140
–, männliche 187
– salon 71 f.
–, weibliche 58, 107, 148, 152, 164, 172
Schuh(e), Schuhmode(n) 189–193, 261
– de – rigeur – 76
– mit Plateausohle 30
– Spitzen- 188
Schuldgefühle 170
–, mütterliche 221, 262
Schulkind, Jeanne 253
Schultern 18, 20, 29
Schutz
– impfungen 139 f.
– verhalten, männliches 208 f.
Schwäche 29, 117, 120
Schwanensee (Tschaikowsky) 147 f.
schwanger, Schwangerschaft(s-) 138 f., 182, 199 f., 230, 248
– streifen 139
Schwarze, amerik. 51, 68–70, 97, 135 f.
Schweiß 152–155, 235 s. a. Körpergeruch
– ausbrüche 130
– blätter 153
– drüsen 152, 154, 257
Schwiegermutter-, Schwiegervaterwitz 124
Scoggins, Robert B. 256
Secrest, Meryle 253
Sei Shonagon 126
Seide(n) 83
– raupenzucht 99

Sekretärin 137, 207
Selbst
 – sicherheit 25, 114
 – vertrauen 119, 210
 – verwirklichung 158
 – zerstörung 46
Sex 96, 224, 233
 – appeal 65
 – bombe 36
 – symbol, androgynes 93
Sexualität
 –, gefährliche 169
 –, männliche 11 f., 27 f., 32, 41, 193, 230
 –, unterdrückte 152
 –, weibliche 95, 160, 166, 170, 196
Sexualmoral 80, 180
sexy 32, 40 f., 93, 100, 144, 193, 237
Shakers, die 113
Shakespeare, William 106, 110, 160, 254
Shampoo (Film) 74
Shange, Ntozake 70, 252
Shaw, George Bernard 106
Sheppard, Eugenia 76
Shields, Brooke 143
Shierman, Gail 249
Shorell, Irma 167
Signale, biochemische 155
Silent Woman, The (Johnson) 110
Silikon 37, 132, 180
Sinatra, Frank 220
Sklave(n), Sklavin(nen) 52, 72, 108, 113, 135, 190
Slavin, John 251
Slotnik, Rod 261
Smith, Gerrit 86
Smyth, Ethel 92
Sommersprossen 132, 158
Sonne(n)
 – baden 148
 – haube 134
 – hut 138
 – schirm 134–138, 206
 – schutzmittel 138
Sophokles 110
Southey, Robert 128, 256
Sozialdarwinist(en) 232

Spannungen, prämenstruelle 218, 262
Speer, Albert 170, 258
Sperma, Spermien 155, 236 f.
»Sphäre, weibliche« 198
Sphinx 121
Spiegel 131, 173, 175, 244
Spitzen(tuch) 32, 95 f.
 – klöpplerinnen 99
Sport (v. Frauen) 198, 202–204, 260
 – büstenhalter 38
 – lerin(nen) 26, 38, 181, 202 f.
Sprach(e), Sprech(en) 104 f. *s. a.* Frauensprache
 – »in Anführungszeichen« 116
 – erziehungskurse 106
 – fehler 115 f.
 – identität, amerikanisch-weibliche 114 f., 255
 – weise, unterschiedliche (Frauen vs. Männer) 115–119, 255
Stage, Sarah 262
Stahl 27, 29, 33
Stanton, Elizabeth Cady 86–89, 253
Stanton, Theodore 253
Stapleton, Jean 124
Statuen, klassische 15, 148, 176
Staupsäule 112
Stein, Gertrude 193
Steinem, Gloria 222
Steiner, George 255
Stern, Curt 251, 255
Stern, Lee Edward 259
Stern, Robert S. 256
Stillen 35 f., 40 f., 199 f., 227 f., 234
Stimme 103–128, 253–256
 – höhe und Umfang 104, 115–118, 122 f., 254
 – in der Pubertät 103, 253
Stoffe 83
Stoffwechsel 45 f., 250
Stolz und Vorurteil (Austen) 137
Stone, Lawrence 263
Stone, Lucy 88
Stone, Merlin 263
Stottern 105, 115
Stripteaseshow 39

Strumpf, Strümpfe
- bänder, Strapse 32, 76, 149, 151
- hosen 32, 44
- industrie 149
- Netz- 147
- Nylon- 76 f., 102, 144, 150 f.
- Rayon- 150
- Seiden- 149 f., 170

Stubbes, Philip 55, 251, 258
Sünde(n) 167, 169, 201
-, Erb- 113, 230
- fall 78
Suffragetten 86–89, 101, 252 s. a. Frauenbewegung
Summers, Donna 220
Swift, Jonathan 110

Tätigkeiten, klassische weibl. 183
Tagebücher 172 f., 223
Taglioni, Maria 188
Taille 16–18, 29, 31, 47, 84
Talmud 110
- kundiger 134 Anm.
Tampon(s) 200 f.
Tanga, der 161, 203
Tanner, James M. 145, 155, 247 f., 259 f.
Tanzstar, Tänzerin 38,, 60, 251
Tarnower, Herman 224 Anm.
Tasche
-, Hand- 83, 98
-, Umhänge- f. Männer 98
Tauchstuhl 111 f., 254
Taxi-Rufen 123
Teint 133 f. s. a. Hautfarbe
Temple, Shirley 175
Tennis
- kleidung 95
- spielerin 202
Tertullian, Quintus Septimius Florens 167, 258
Testosteron 20, 103, 129, 196, 210, 261
Teufel 166 f.
Thatcher, Margaret 125, 255
Theater 165, 236
Thomas, P. K. 258
Thorne, Barrie 115, 255
Tiere
-, Angriffsverhalten d. 204 f.

-, Reifeprozeß, sex. d. 24, 248
-, Töne d. 104 f.
Tillotson, Mary E. 249, 253
Timm, Leonora A. 257
Tintoretto (eigentl. Jacopo Robusti) 42
Tizian (eigentl. Tiziano Vecellio) 15(
Tobias, Andrew 259
»Tölen« 116
Tolstoi, Leo 141
Tootsie (Film) 123
Toth, Emily 260
Toulouse-Lautrec, Henri de 159
Toupé 30
Tournüre 85
Tränen 11, 215–219 s. a. Weinen
- säcke 132
Trahey, Jane 252
Transpirieren 152 f. s. a. Schweiß
Transsexueller 103
Transvestit 180
Trench, Charles Chenevix 197, 259
Tripp, C. A. 259
Trippeln 27, 179
Trobriander 160
Trockenmilch 231
Truth, Sojourner 113
Tubman, Harriet 90
Tucker, Betsy 112
Tucker, John 112
Türkische Bad, Das (Ingres) 42
Tune, Tommy 179
Twain, Mark 178, 258
Twiggy 44, 250
Tyler, Sue 260
Tyndale, William 111, 254

Una (Lady Troubridge) 92
Unabhängigkeitskrieg, amerikanischer 92
Underwood, Carol S. 259
Underwood, Peter 258
Unfruchtbarkeit 247
United Artists 63
unmännlich 104, 225 s. a. männlich
Unsicherheit 28, 42, 50, 73, 117, 124, 164
Unterdrückung (d. Frau) 94, 226
Unterhaltungsbranche, Unterhaltungsindustrie 97, 225

Unterordnung 204, 230, 233
Unterrock (Unterröcke) 75, 81, 85–87, 149
Unterschied (zw. Frauen u. Männern) *s. a.* Frau, Geschlecht, Mann etc.
–, anatomischer 19, 131, 180, 260
–, biologischer 25, 122, 133, 158, 224
–, emotionaler 223–226
Unterwerfung (d. Frauen) 13, 27, 156, 193
Unterwürfigkeit 28, 31, 205, 227
unweiblich 23, 49, 95, 193, 216, 219, 239, 241 *s. a.* weiblich
Urzeit 21
Uterus 19, 109, 181 f., 198, 217, 233, 237

Vagina(l-) 184, 199, 233
– deodorant 157
– sekret 155
Valium 218
Vamp, der 169
Van der Weyden, Rogier 143
Van Eyck, Jan 143
Vandestienne, Gena 252
Veblen, Thorstein 252
Velásquez, Diego 16, 247
Venus, Göttin 159
–, Tyrannei d. 16 f.
Venus, Die Geburt der (Boticelli) 42, 159
Venus von Milo 211
Venus im Pelz, Die (Sacher-Masoch) 100
Venus von Willendorf 16
verführerisch, Verführung 31 f., 56, 81, 166, 171, 180, 189, 203, 207, 237
Vergewaltigung 41, 209, 242
Verlorene Paradies, Das (Milton) 56
»Veronika Lake-Locke« 65 f.
Vessey, M. O. 250
Vietnamkrieg 39, 71, 100, 225
Vincent, L. M. 46, 249 f.
Vindication of the Rights of Woman, A (Wollstonecraft) 108

Visagist 171
Vivien, Renée 91
Vogue (Zschr.) 136, 151, 200
Vollkommenheit 15, 48, 117, 158
Voyeur 82, 194
Vulva 160

Wade 148, 180
Walker, C. J. 167
Walküren 203
Wallace, Michele 136, 256
Walpole, Horace 24, 139, 248
Walters, Barbara 115
Wanderpredigerin 113
Warner, Marina 233 f., 261, 263
Waugh, Norah 249
Webereien 84
Wegwerfbinden 200
Wehen 153, 182
Weiblichkeit, weiblich 47, 49, 67, 72, 74, 77, 83, 89, 93, 105, 108 f., 124, 126, 134, 137, 144 f., 149, 156 f., 169 f., 182, 191 f., 198, 202 f., 207 f., 222, 226 f., 231, 236, 241 f.
–, Aufgabe d. 81
–, biologische 9, 139, 177
–, Erziehung zur 7–14
–, Farbe u. 162 f.
–, Grundregel d. 22
–, »Rückkehr zur« 85
–, Symbole d. 98, 168 *s. a.* feminin. Frau, unweiblich etc.
Weideger, Paula 201, 260
Weinen 215 *s. a.* Tränen
Weinstock, Isaak J. 249
Weltwirtschaftskrise 150
Werbung 222
Wertungssystem, bürgerliches 232
West, Mae 207
West, Nathanael 225
Wharton, Edith 74, 252
White, Ellen G. 113
Williams, Neville 256
Wimpern
–, falsche 169
–, zange 163
Winters, Shelley 124, 152, 257
Wolfe, Elsie de (Lady Mendl) 76

Wollstonecraft, Mary 24, 108, 248, 254
Woman Warrior, The (Kingston) 114
Women's Liberation Movement, The 17 s. a. Frauenbewegung
Wood, P. S. 262
Woolf, Virginia 92, 127, 253, 255
Woolson, Abba Louisa Goold 251
Working Women's Protective Union 61
World of the Shining Prince, The (Morris) 135
Wylie, Philip 254

Xantippe 106

Young, Loretta 151

Zankweib 111 f.
Zborowski, Mark 255
Ziegfeld, Florenz 42, 44, 250
Zimmer für sich allein, Ein (Woolf) 127
Zivilisation 37, 105, 214, 229
Zobel 83, 100
Zola, Emile 46, 151 f., 249
Zopf (Zöpfe) 59 f., 72
Zorn 216–218

Bitte umblättern:

Die Frau in der Gesellschaft

Band 3754

Band 3726

Band 4702

Elisabeth Beck-Gernsheim

Das halbierte Leben
Männerwelt Beruf –
Frauenwelt Familie
Band 3713

Vom Geburtenrückgang zur Neuen Mütterlichkeit?
Band 3754

Susan Brownmiller

Gegen unseren Willen
Vergewaltigung und
Männerherrschaft
Band 3712

Weiblichkeit
Band 4703

**Richard Fester /
Marie E. P. König /
Doris F. Jonas /
A. David Jonas**
Weib und Macht
Fünf Millionen Jahre
Urgeschichte der Frau
Band 3716

Shulamith Firestone
**Frauenbefreiung und
sexuelle Revolution**
Band 4701

Signe Hammer
Töchter und Mütter
Über die Schwierigkeiten einer Beziehung
Band 3705

**Marielouise
Janssen-Jurreit**
Sexismus
Über die Abtreibung
der Frauenfrage
Band 3704

Jean Baker Miller
**Die Stärke
weiblicher Schwäche**
Band 3709

Erin Pizzey
Schrei leise
Mißhandlung
in der Familie
Band 3404

**Penelope Shuttle /
Peter Redgrove**
**Die weise Wunde
Menstruation**
Band 3728

Uta van Steen
**Macht war mir
nie wichtig**
Gespräche mit
Journalistinnen
Band 4715

Gerda Szepansky
**»Blitzmädel«,
»Heldenmutter«,
»Kriegerwitwe«**
Frauenleben im
Zweiten Weltkrieg
Band 3700

Fischer Taschenbuch Verlag

fi 14 / 10

Die Frau in der Gesellschaft

Band 3769

Gerhard Amendt
Die bevormundete Frau oder Die Macht der Frauenärzte
Band 3769

Hansjürgen Blinn (Hg.)
Emanzipation und Literatur
Texte zur Diskussion –
Ein Frauen-Lesebuch
Band 3747

Colette Dowling
Der Cinderella-Komplex
Die heimliche Angst der Frauen vor der Unabhängigkeit
Band 3068

Marianne Grabrucker
»Typisch Mädchen...«
Prägung in den ersten drei Lebensjahren
Band 3770

Band 3770

Astrid Matthiae
Vom pfiffigen Peter und der faden Anna
Zum kleinen Unterschied im Bilderbuch
Band 3768

Ursula Scheu
Wir werden nicht als Mädchen geboren – wir werden dazu gemacht
Zur frühkindlichen Erziehung in unserer Gesellschaft
Band 1857

Alice Schwarzer
Der »kleine« Unterschied und seine großen Folgen
Frauen über sich –
Beginn einer Befreiung
Band 1805

Dale Spender
Frauen kommen nicht vor
Sexismus im Bildungswesen
Band 3764

Band 3745

Karin Spielhofer
Sanfte Ausbeutung
Lieben zwischen Mutter und Kind
Band 3759

Senta Trömel-Plötz
Frauensprache – Sprache der Veränderung
Band 3725

Senta Trömel-Plötz (Hg.)
Gewalt durch Sprache
Die Vergewaltigung von Frauen in Gesprächen
Band 3745

Hedi Wyss
Das rosarote Mädchenbuch
Ermutigung zu einem neuen Bewußtsein
Band 1763

Fischer Taschenbuch Verlag

Die Frau in der Gesellschaft

Band 3761

Ann Cornelisen
Frauen im Schatten
Leben in einem
süditalienischen Dorf
Band 3401

Gaby Franger
Wir haben es uns
anders vorgestellt
Türkische Frauen
in der Bundesrepublik
Band 3753

Marliese Fuhrmann
Zeit der Brennessel
Geschichte einer
Kindheit. Band 3777
Hexenringe
Dialog mit dem Vater
Band 3790

Imme de Haen
»Aber die Jüngste war
die Allerschönste«
Schwesternerfahrungen
und weibliche Rolle
Band 3744

Band 3758

Helga Häsing
Mutter hat
einen Freund
Alleinerziehende
Frauen berichten
Band 3742

Helena Klostermann
Alter als
Herausforderung
Frauen über
sechzig erzählen
Band 3751

Marianne Meinhold/
Andrea Kunsemüller
Von der Lust
am Älterwerden
Frauen nach der
midlife crisis
Band 3702

Jutta Menschik
Ein Stück von mir
Mütter erzählen
Band 3756

Band 3739

Erika Schilling
Manchmal hasse
ich meine Mutter
Gespräche mit Frauen
Band 3749

Marianne Schmitt (Hg.)
Fliegende Hitze
Band 3703

Inge Stolten (Hg.)
Der Hunger
nach Erfahrung
Frauen nach 1945
Band 3740

Irmgard Weyrather
»Ich bin noch aus dem
vorigen Jahrhundert«
Frauenleben zwischen
Kaiserreich und
Wirtschaftswunder
Band 3763

Fischer Taschenbuch Verlag

fi 404 / 4

Zum Thema Vergewaltigung

Band 3712

Band 3781

In diesem bereits als Standardwerk der Frauenbewegung bezeichneten Buch schildern zahlreiche Vergewaltigungsopfer auf erschütternde Weise ihre Leiden und traumatischen Erlebnisse. Die Autorin kommt zu dem Schluß, daß die Drohung, Anwendung und kulturelle Billigung sexueller Gewalt ein allgegenwärtiger Einschüchterungsprozeß ist, von dem alle Frauen, nicht nur die tatsächlichen Opfer einer Vergewaltigung, betroffen sind.

Zeigt eine Frau eine Vergewaltigung an, sieht sie sich nicht nur mit den psychischen Folgen der Tat und deren Bewältigung konfrontiert, sondern stößt im Kontakt mit den staatlichen Institutionen Polizei und Gericht auf eine Behandlung, die oft als zweite Vergewaltigung empfunden wird. Die in diesem Band abgedruckten Gespräche und Sachartikel stellen beide Aspekte der Vergewaltigung dar.

Fischer Taschenbuch Verlag

Emanzipation und Literatur

Texte zur Diskussion
Ein Frauen-Lesebuch
Herausgegeben von Hansjürgen Blinn

Die Diskussion über die Stellung der Frau und ihre Rolle in Gesellschaft und Familie, über ihre geistigen und sozialen Fähigkeiten wird in Deutschland seit der Frühaufklärung auch auf literarischem Feld geführt. Von der vehementen Verteidigung des weiblichen Zugangs zu den Künsten und Wissenschaften durch G. C. Lehms (1715) über die neuen Definitionen weiblichen Selbstverständnisses im Vormärz und in der Literatur der Jahrhundertwende bis zu den jüngsten literarischen Produktionen unserer Tage reicht die Bandbreite der hier vereinten Texte, die sich teils um ein neues Frauenbild und Geschlechterverhältnis bemühen, teils aber auch die tradierten Vorstellungen konservieren bzw. verteidigen. Daß die Diskussion über die Rolle der Frau zu

Band 3747

jeder Zeit heftig geführt wurde, wird durch die Aufnahme auch gegenteiliger Positionen verdeutlicht, die das konventionell-konservative Frauenbild vertreten. Deshalb wurden auch misogyne Autoren wie etwa Nietzsche, Möbius und Weininger aufgenommen.

Fischer Taschenbuch Verlag

Elizabeth Hardwick
Verführung und Betrug
Frauen und Literatur
Essays. 248 Seiten. Leinen

Die Verführung war eines der klassischen Themen des Bürgerlichen Romans. Richardson, Hawthorne, Tolstoi, Hardy, Flaubert waren fasziniert von diesem Thema, ihre großen Romane kreisen um das Schicksal der verführten, betrogenen, verlassenen Frau. Um die Verführung und den sich daran anschließenden Betrug geht es in den stilistisch unvergleichlichen Essays von Elizabeth Hardwick in diesem Band, aber neben die sexuelle Verführung tritt die gesellschaftliche, die kulturelle, neben den ehelichen Betrug der existentielle. So schreibt Elizabeth Hardwick nicht nur über Tess von den D'Urbervilles, über Tolstois und Flauberts betrogene Heldinnen, sondern auch über moderne »Verratene« wie Sylvia Plath.
Verführung und *Betrug* kreist um die Rolle der Frau in der Literatur, sowohl als Autorin als auch als Heldin oder Opfer in den erzählerischen Werken der Weltliteratur. Elizabeth Hardwick stellt uns die Brontës vor Augen, die Frauen in Ibsens Dramen, die »Opfer und Sieger« Zelda Fitzgerald, Sylvia Plath und Virginia Woolf, und die »Amateure«, die Begleiterinnen großer Männer, Dorothy Wordsworth und Jane Carlyle, die selber Tagebücher und Skizzen von hohem Wert hinterließen. Im großen abschließenden Essay, der der Sammlung den Titel gegeben hat, setzt sie sich in allgemeiner Form mit der Verführung der Frau, dem Betrug, der zur Einsamkeit verurteilt, auseinander.

S. Fischer

Shulamith Shahar
Die Frau im Mittelalter

Lebendig und engagiert wird hier das Bild der Frau in der mittelalterlichen Gesellschaft entworfen: ihre Stellung in Staat, Gesellschaft, Kirche und Familie. Dabei werden erstmalig historische Befunde zutage gefördert, die, wären sie nicht anhand von Quellen belegt, eher wie abenteuerliche Erfindungen anmuten würden. So erfahren wir etwa ungewöhnliche Einzelheiten über das arbeits- und konfliktreiche Klosterleben der Nonnen (sittliche Vergehen Einzelner wurden von ihren Schwestern auf das grausamste geahndet), erfahren von der Armut, dem Elend und der Unterdrückung mittelalterlicher Frauen auf dem Land wie in der Stadt, von den selbst im Fall der Edelfrauen außerordentlich begrenzten privaten und öffentlichen Handlungsspielräumen und nicht zuletzt von Ketzerinnen und Hexen, deren Verfolgung schonungslos betrieben wurde. Eine Geschichte also des gesellschaftlichen Lebens der Frauen aller Stände im Mittelalter und gleichzeitig eine Geschichte, deren Spuren bis in die Gegenwart reichen.

Band 3475

Fischer Taschenbuch Verlag

fi 17/2